개정판

진로상담의 이해

장선철 저

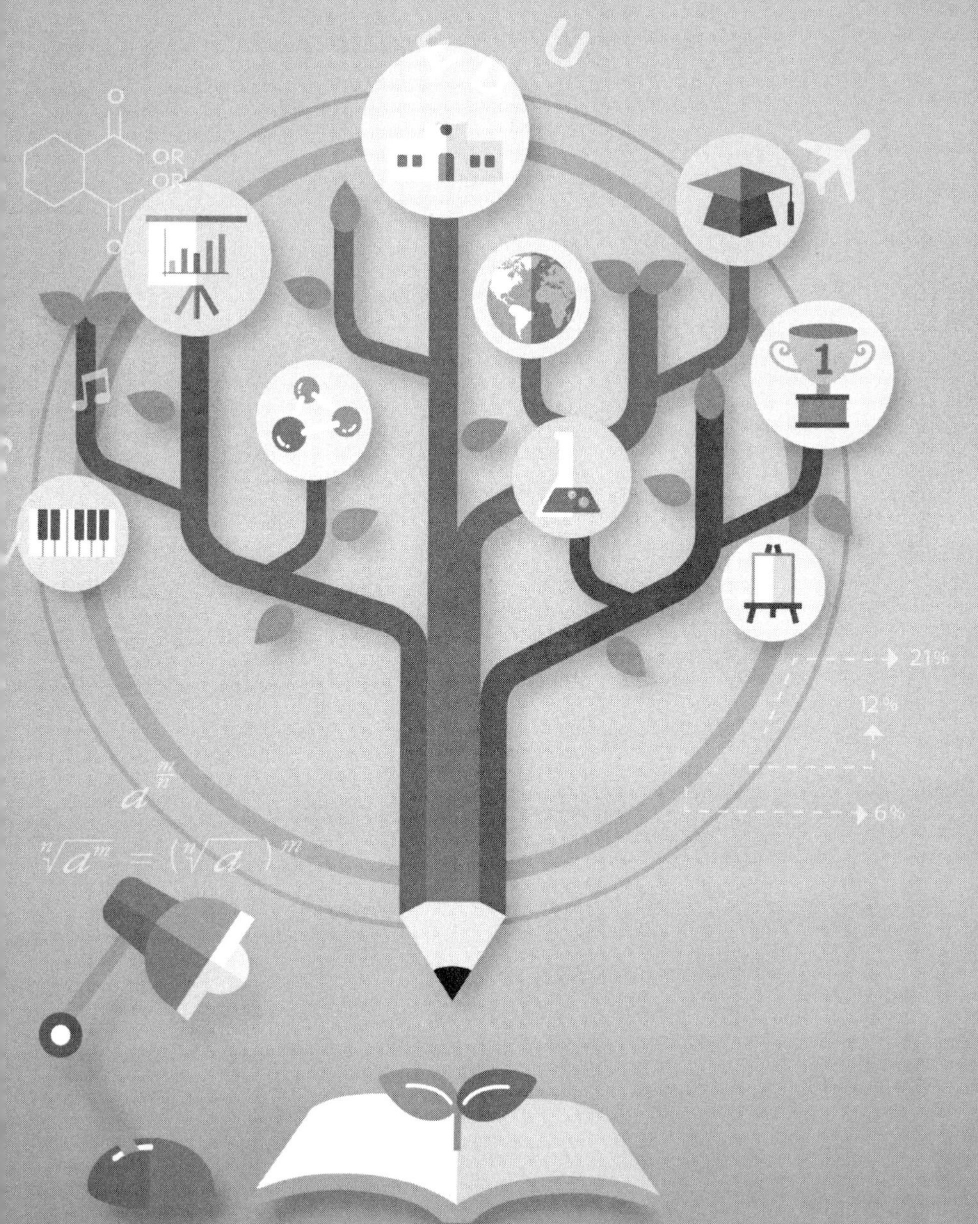

태영출판사

머리말

진로상담은 내담자의 진로선택, 진로결정 등 진로발달을 도와주는 체계적이고 전문적인 상담 활동이다. 정도의 차이는 있지만 누구나 자신의 미래가 어떻게 전개되고 이루어질 것인가에 대하여 희망을 품기도 하고 고뇌와 회의를 가지기도 한다. 또한 급변하는 21세기 현대사회에 어떻게 잘 적응해 나갈 것인가라는 불확실한 전망 속에 고민에 빠지기도 한다.

과거의 전통적 농본국가처럼 농업이 주된 일이었던 단순사회였을 때는 미래에 대한 불확실성이 지금과 같이 심각하거나 고통스럽지가 않았다. 가부장적 제도 속에서 일정한 연령이 지나면 성인식을 거쳐 조상 대대로 물려받은 농사짓기를 계승하면 생계가 유지되었다. 따라서 직업준비나 취업에 대하여 신경을 곤두세우지 않아도 일상생활의 모든 문제가 해결되었다.

그러나 산업사회 이후 모든 것이 판이하게 달라졌다. 인구의 폭발적 증가, 과학기술 문명의 발달에 따른 산업구조의 변화, 21세기 최첨단 과학 산업의 등장, 가치관의 변화, 급변하는 직업세계, 고학력에 따른 교육 수준의 팽창, 자동화·기계화·로봇의 등장으로 인한 고용 인력의 감소, 직업가치관의 혼란 등은 한 개인의 진로선택과 결정에 많은 어려움을 가져왔다.

이로 인해 학교에서 이루어지는 교과교육만으로는 '행복한 미래의 삶'을 영위하기 위한 진로의 문제를 해결하는 데 상당한 어려움에 놓이게 되었으며, 진로 문제는 중차대한 사회적 이슈로 등장하였다. 청년실업대란, 캥거루족, 88만원 세대, 이태백, 삼포세대, 오포세대, 인구론, 이케아 세대, 니트 등과 같은 신조어가 이런 현실을 잘 시사한다.

이러한 시점에 진로상담은 대단히 중요해졌다. 이 책은 진로상담을 위한 지침서이다. 저자는 이 땅의 젊은이들에게 꿈과 희망을 심어주기 위해 노력하는 진로상담자, 학부모, 교사, 진로관련 전문가들, 그리고 진로상담을 전공하는 학생들에게 조금이나마 도움을 주고자 진로상담에 대한 보다 통합적인 이론과 실제를 이 한 권의 책에 담으려고 노력하였다.

이 책은 모두 9장으로 구성되어 있다. 제 1장 진로상담의 이해에서는 진로상담의 개념과 역사, 그리고 진로상담이 지향하는 일반적인 목표와 그 목표를 이루기 위한 진로상담 모델과 일반적인 과정을 알아본 후 진로상담자의 역할 영역과 그 역할을 잘 이행하기 위하여 진로상담자가 갖추어야 할 이론과 자질에 대하여 알아보았다. 제 2장에서 제 4장까지는 진로상담의 방향과 기법을 제시해 주는 진로상담 이론을 담았다. 특성-요인, 정신역동, 인간중심, 행동주의, 인성, 욕구이론 등 진로선택 이론을 제 2장에, 진로선택 발달, 생애진로 발달, 제한-타협 이론, 직업정체감 발달과 진로개발 교육이론 등 진로발달 이론을 제 3장에, 인지, 가치, 사회학습, 포괄적 이론을 제 4장에 서술하였다.

진로상담의 효율성을 높이기 위한 진로정보와 컴퓨터, 그리고 심리검사의 활용을 제 5장과 제 6장에 다뤘으며, 제 7장에서는 진로의사결정의 이론과 모형을 담았다. 또한 학교나 청소년 상담실에서 활용 가능한 집단진로상담에 대한 이론과 실제를 제 8장에 제시하였으며, 100세 시대를 맞아 '보다 풍성한 인생'을 영위하기 위해 최근에 관심을 가지게 된 구직, 직업적응, 진로전환상담의 이론과 실제를 제 9장에 담았다.

이 책에서 필자는 진로상담을 위한 보다 다양한 이론과 정보, 그리고 기법을 담고자 노력하였다. 그러나 언제나 느끼는 것이지만 탈고 후에는 아쉬움이 남는다. 무언가가 부족하다. 다듬어지지 않은 부분은 판을 거듭하면서 수정, 보완하고

자 한다.

이 책이 있기까지 많은 분들의 수고와 노력이 있었다. 자료 수집과 교정을 위해 헌신해 준 전주대학교 석, 박사과정 상담심리 전공 선생님들과 기쁨으로 이 책의 출간을 허락해 주신 태영출판사 김현태 사장님, 그리고 출판의 모든 과정에 전문적 식견으로 도움을 주신 오세복 상무님과 제작진에게 감사드린다.

2017년 7월
장선철

차 례

제 1 장

진로상담의 이해

1. 진로상담의 개념
2. 진로상담의 역사적 배경
3. 진로상담의 필요성과 목표
4. 진로상담 모델과 진로상담 과정
5. 진로상담 기법
6. 진로상담자와 진로이론

이 장에서는 진로상담의 개념과 진로상담이 역사적으로 어떻게 변모 발전해 왔는지를 살펴볼 것이다. 그리고 진로상담이 지향하는 일반적인 목표와 그 목표를 이루기 위한 진로상담 모델과 일반적인 과정을 알아본 후 진로상담자의 역할 영역과 그 역할을 잘 이행하기 위하여 진로상담자가 갖추어야 할 이론과 자질에 대하여 알아볼 것이다. 끝으로 우리나라 진로상담이 당면한 문제점과 전망을 밝혔다.

이 장에서 학습해야 할 목표는 다음과 같다.
첫째, 진로상담의 정의를 내리고 역사적 배경을 요약할 수 있다.
둘째, 진로상담의 필요성과 목표를 진술할 수 있다.
셋째, 진로상담자의 자질과 역할을 설명할 수 있다.
넷째, 진로상담의 모델과 일반적인 과정을 요약·설명할 수 있다.
다섯째, 진로상담과 이론과의 관계를 설명할 수 있다.
여섯째, 한국 진로상담의 문제점과 나아갈 방향을 제시할 수 있다.

1. 진로상담의 개념

진로상담career counseling은 내담자의 진로선택, 진로결정 등 진로발달을 도와주는 체계적이고 전문적인 상담 활동이다. 정도의 차이는 있지만 누구나 자신의 미래가 어떻게 전개되고 이루어질 것인가에 대하여 희망을 품기도 하고 고뇌와 회의를 가지기도 한다. 또한 급변하는 21세기 현대사회에 어떻게 잘 적응해 나갈 것인가라는 불확실한 전망 속에 고민에 빠지기도 한다.

과거의 전통적 농본국가처럼 농업이 주된 일이었던 단순사회였을 때는 미래에 대한 불확실성이 지금과 같이 심각하거나 고통스럽지가 않았다. 가부장적 제도 속에서 일정한 연령이 지나면 성인식을 거쳐 조상 대대로 물려받은 농사짓기를 계승하면 생계가 유지되었다. 따라서 직업준비나 취업에 대하여 신경을 곤두세우지 않아도 일상생활의 모든 문제가 해결되었다.

그러나 산업사회 이후 모든 것이 판이하게 달라졌다. 인구의 폭발적 증가, 과학기술 문명의 발달에 따른 산업구조의 변화, 21세기 최첨단산업의 등장, 가치관의 변화, 급변하는 직업세계world of work, 고학력에 따른 교육 수준의 팽창, 자동화 · 기계화 · 로봇의 등장으로 인한 고용 인력의 감소, 직업가치관의 혼란 등은 한 개인의 진로선택과 결정에 많은 어려움을 가져왔다.

이로 인해 학교에서 이루어지는 교과교육만으로는 '행복한 미래의 삶'을 영위하기 위한 진로의 문제를 해결하는 데 상당한 어려움에 놓이게 되었으며, 진로 문제는 중차대한 사회적 이슈issue로 등장하였다. 청년실업대란, 캥거루족, 88만원 세대, 이태백20대의 태반은 백수라는 뜻, 삼포세대연애, 결혼, 출산 등 3가지를 포기한 세대, 오포세대연예, 결혼, 취업, 집, 친구까지 5가지를 포기한 세대, 칠포시대연애, 결혼, 취업, 내 집 마련, 인간관계, 꿈, 희망, 인구론인문대 졸업생 90%가 놀고 있는 청년, 실신청년실업자+신용불량자, 이케아 세대고스팩을 쌓고도 취업하지 못하는 청년들을 품질 좋지만 저렴한 가격으로 판매되는 가구 브랜드 이케아에 빗댄 말, 니트NEET, 'Not in Education, Employment or Training'의 머리 글자를 따서 만든 단어로 의무교육을 마치고 진학도, 취직도 하지 않고 직업훈련도 받지 않는 '청년 백수'의 총칭 등과 같은 신조어가 이런 현실을 잘 시사해 준다.

그동안 진로상담은 학교현장에서 진로교육의 한 부분으로 학생들이 당면한 중 · 고 · 대학 진학이나 직업 선택과 관련하여 상급학교 입학 및 취업 정보 제공, 진로계획 수립, 의사결정 능력 함양을 돕는 활동으로 이뤄져 왔다. 또한 진로상담의 초창기에는 상담자가 내담자에게 여러 가지 검사를 실시하고 그 결과에 부합되는 직종을 발견하여 개인과 직업을 결합시켜 주는 일련의 작업을 수행하는 데 주력하였다.

그러나 생활지도의 창시자인 파슨스Parsons 이후 진로선택 및 진로발달에 관한 이론이 체계화되고 진로문제에 영향을 미치는 여러 요인이 밝혀짐에 따라 진로상담의 전통적인 개념에 변화가 일어났다. 그 중에 가장 두드러진 것이 진로를 하나

'니트(NEET)'의 유형별 분류

비행형
중학교 졸업, 고교 중퇴가 많고 가정형편도 넉넉하지 못한 경우가 대부분

두문불출형
학교에 가지 않고 집에 틀어박혀 사는 스타일. 대인 기피증세가 심각함

지기실현추구형
대졸 등 고학력자가 대부분. 취직활동에서 자기에게 걸맞은 일에 지나치게 집착해 웬만한 직장에 만족하지 못함

자신상실형
한 번 취직했다가 곤배로 퇴직한 경우. 다른 직장을 찾아 나서기를 주저함

의 발달과정으로 간주하는 것이며, 또 다른 하나의 관점은 진로에 대한 새로운 해석이다.

진로라는 어원은 중세 라틴어의 '차도'에서 기원해 영어로는 경마장이나 경기장의 코스를 의미한다. 이런 어원에서부터 진로란 사람이 걸어온 행적, 역사 등을 의미하는 것이 되었다. 이런 의미에서, 인간의 전 생애에 걸쳐 진로발달과정을 연구하고 진로발달단계를 제시한 수퍼Super, 1976는 진로를 삶을 구성하는 사건들의 행로course라고 정의 내렸다. 이는 진로란 다른 삶의 역할들과 직업들의 계열sequence로서 한 개인이 전체적인 자기발달의 유형 내에서 일에 대해 전념하고 있음을 보여준다는 의미를 담고 있다. 또한 '진로'라는 말은 영어 'career'를 우리말로 옮긴 것으로 'vocation', 즉 '직업'이라는 의미보다는 '생애'를 의미한다. 따라서 career education, career guidance, career development를 직업교육, 직업지도, 직업발달이라고 하기보다는 생애교육, 생애지도, 생애발달 등으로 부르는 것이 본래의 의미에 더 가까워진다.

그럼에도 불구하고 그동안 진로를 일이나 직업에만 국한하여 협의로 다루어 왔다. 'career'란 용어의 뜻에서 알 수 있듯이 진로, 즉 '생애'는 훨씬 더 포괄적인 개념으로 개인의 인생행로를 의미한다. 이에 따라 진로상담에 대한 다양한 정의가 나오게 되었다.

크릿츠Crites는 진로상담을 '의미 있고 생산적인 일을 통하여 개인이 현실과 접하고 이를 유지해 나가는 데 있어서 개인에게 가장 적합한 심리적 방법의 하나를 구성해 줄 뿐만 아니라, 중요한 사회적 변화를 가능케 하는 경제적 수단을 제공하는 과정(행위)Fitzgerald and Crites, 1980'으로, 수퍼Super, 1951는 '일의 세계에서 적절히 융화된 자신의 역할상과 자아상을 발전시키고 수용하여 그것을 현실에 검토해 보고, 검토한 자체를 자신에 만족하고 사회에 유익한 현실로 전환하도록 개인을 도와주는 과정'이라고 정의하고 있다.

따라서 진로상담은 개인의 학업, 직업, 여가 등이 주요 관심이 된다. 진로상담은 내담자가 자기 자신에 대해 좀 더 정확한 이해를 할 수 있게 하고, 일의 세계world of work를 포함한 환경에 대해 명백하고 체계적인 이해를 할 수 있게 하여 당면한 진로문제를 해결하며, 진로에 관한 계획과 선택을 조직하도록 돕는다. 김충기1995는 이런 관점에서 진로상담을 "내담자가 불확실한 진로를 개척하기 위하여 계획을 세워 미래사회에 어떻게 대처해 나갈 것인가에 관한 여러 가지 문제, 즉 교육 · 직업 · 가정 · 신체 · 사회 · 이성 · 성격 · 도덕 · 종교적인 문제를 현명하게 선택하고 적응하는 방법과 진로발달 과정을 통하여 자기이해와 자신의 잠재력을 발견할 수 있도록 전문가인 상담자와의 원만한 인간관계 속에서 합리적으로 진로탐색과 진로결정을 할 수 있도록 돕는 종합적인 과정이다"라고 정의 내리고 있다.

상담은 전문적인 활동으로 충고, 조언, 권고, 제안, 훈육, 제언, 대화 이상의 의미를 지니고 있다. 상담은 상담자와 내담자의 관계에서 생활과정상의 문제를 해결하고 생각 · 감정 · 행동측면의 인간적 성장을 위해 노력하는 학습과정이며 이장호, 1995, 내담자의 성장과 발전을 촉진하는 심리적인 조력의 과정박성수, 1986이다. 장선철2005은 여러 학자들의 정의를 토대로 상담을 "도움이 필요한 사람이 전문적인 훈련을 받은 사람과의 만남, 즉 심리적 관계에서 통찰을 경험하고 생각, 감정, 행동 측면의 통합적 성장을 위하여 스스로 노력하는 과정이다."라고 정의 내리고 있다.

진로상담과 상담에 대한 이런 정의를 놓고 볼 때 진로상담은 다음과 같이 정의 내릴 수 있다.

> "진로상담이란 아직 진로를 결정하지 못한 내담자가 전문적인 진로상담 전문가와의 만남, 즉 심리적 관계에서 자신의 진로를 스스로 탐색하고 결정하여 21세기 급변하는 현대사회에 잘 적응해 갈 수 있도록 돕는 계획적 · 지속적인 과정이다."

2. 진로상담의 역사적 배경

진로상담의 역사는 산업주의의 탄생과 인간능력에 관한 연구로 시작된다. 1800년대 말기, 산업주의industrialism의 발흥은 작업환경과 생활 여건을 극적으로 변화시켰다. 도시지역은 이주민들에 의해서 급속도로 성장하였다. 도시 지역이 이처럼 급성장하고 산업의 중심지로 자리를 잡자 일자리를 필요로 하는 많은 사람들이 관심을 갖기 시작했다. 많은 사람들이 도시 공장 생활은 노동에 상당히 긴 시간을 보내야 한다는 것과 공동주택에서의 번잡한 생활 조건이 바람직하지 못하다는 것도 알게 되었다. 또한, 많은 사람들은 복잡한 작업환경과 생활환경 속에서 서서히 자신의 정체감이 상실되어 가고 있다는 사실을 경험하게 되었다. 이와 같은 비인간적인 산업시스템과 도시생활의 혼돈에 대한 반작용으로 미국과 유럽에서 개혁정신spirit of reform이 싹트기 시작하였다.

한편 잉글랜드의 갈톤Galton은 1874년과 1883년에 인간능력의 기원에 대한 저서를 출간하였다. 1879년에 분트Wundt는 인간행동을 연구하기 위하여 독일의 라이프치히에 실험실을 창설하였다. 미국에서는 1883년에 홀Hall이 아동의 신체적 · 정신적 특성을 측정하고 연구하기 위하여 실험실을 설립하였다. 1890년에 카텔Cattell은 개인차를 측정하는 하나의 도구로 지능검사를 언급하였다.

1800년대 말 사회 개혁운동과 도시의 발달은 파슨스의 관심을 사로잡았다. 그는 여성의 참정권, 세제개혁, 만인을 위한 교육 등의 주제로 사회 개혁운동에 관한 단행본과 논문을 저술하였다. 1908년 5월 파슨스는 진로지도 운동에 중대한 영향을 미친 강연을 하였다. 그의 보고서는 체계적인 지도 절차를 기술하고 있었는데 80명의 남녀를 상담하는데 적용되었다. 그의 주요 업적인 『직업선택』Choosing a Vocation이라는 저서는 그가 세상을 떠난 뒤인 1909년 5월에 유작으로 출간되었다. 파슨스는 1908년 9월에 세상을 떠났지만, 그는 진로지도의 개념적 틀을 마련하였다.

1913년 10월 미시간의 그랜드 라피드에서 국가직업지도연합회National Vocational Guidance Association가 창설되었고, 현재는 국가진로개발연합회National Career Development Association: NCDA로 변경되었다.

독일의 분트실험실에서 개인차에 대한 흥미를 갖게 된 카텔은 미국으로 돌아와 측정 운동에 적극 참여하였다. 카텔은 1890년 논문에서 '정신검사'라는 용어를 최초로 사용하였고, 프랑스의 비네와 시몽Binet & Simon이 최초의 지능검사를 제작하였다. 제 1차 세계대전과 함께 여케스Yerkes의 지도하에 최초 군인을 위한 집단 지능검사인 육군 알파검사 및 육군 베타검사가 만들어졌다. 이렇듯 검사 및 측정 운동은 그 이후 20여 년 동안 지속되었다.

1939년 윌리암슨Willamson이 출간한 『How to Counsel Students』라는 책은 진로지도 운동에 큰 영향을 미쳤다. 이후 1942년 로저스Rogers는 『Counseling and Psychotherapy』라는 책을 저술하여 진로상담 분야에서 초기에 설정된 가정을 재검토할 수 있는 계기를 마련하였다.

제 2차 세계대전 이후 응용심리학의 발달은 측정운동의 성장에 중요한 기여를 했다. 검사 관련 서적이 많이 출판되었으며, 검사결과의 출력 및 해석방법 등이 컴퓨터로 처리됨에 따라 진로에 있어서 검사의 활용에 대한 유용성이 더욱 증대되었다.

1950년대 초기 긴즈버그Ginzberg, 로Roe, 수퍼Super 등은 진로발달 및 직업선택 이론을 발표하였고, 이는 진로지도 운동의 획기적인 전기가 되었다.

1960년대와 1970년대에는 인간의 삶 속에서 일의 의미와 역할을 중요시하는 견해가 생겨났고, 여성운동과 노령인구에 대한 직업지도 등과 같은 쟁점이 진로지도 운동을 구체화해 나갔다. 특히, 1970년대 초에는 상담자가 갖추어야 할 능력의 표준이 마련되었고, 상담이 전문직으로 발전하는 계기를 마련하였다.

우리나라 진로상담의 발전은 미국에서 이루어진 노력에 많은 영향을 받았다. 현재 우리나라는 초등학교의 경우 일반교과의 일부 단원에서 진로와 관련된 사항을 발달지향적 측면에서 가르치고 있다. 또한, 중등학교에서는 '진로와 직업'이라는 독립된 교과를 통해 진로를 탐색하고 성찰할 수 있는 기회를 제공한다. 대학의 경우 학교 내 커리어센터나 취업지원센터에서 취업지원관 및 진로상담전문가가 활동하고 있고, 성인의 경우 전국 고용센터에서 직업상담원들이 전문적 직업상담 활동을 하고 있다.

3. 진로상담의 필요성과 목표

1) 진로상담의 필요성

벌써 오래 전, 이재창1996은 우리나라 청소년들이 진로선택과 진로결정을 제대로 하지 못하는 원인으로 입시위주의 진로지도, 부모위주의 진로결정, 자신에 대한 이해 부족, 왜곡된 직업의식, 일의 세계에 대한 이해 부족 등을 꼽았다. 이에 대해 장석민1997은 청소년 개개인의 '발달적 측면'에서 적성과 능력을 포함한 자아특성의 발견과 계발, 다양한 일과 직업세계에 대한 이해, 일과 직업에 대한 적극적 가치관 및 태도 육성, 진로선택의 유연성과 다양성 재고, 능동적 진로개척 능력과 태도의 육성 등을 위해, 김봉환 등2000은 청소년기의 발달적 특징, 노동시장 환경의 급속한 변화, 대학 입시제도의 변화 등으로 인해 진로상담과 진로지도가 청소년에게 특히 필요함을 강조하였다.

이들의 제언은 다음의 세 가지로 요약된다.

첫째, 청소년기의 발달적 특징은 에릭슨Erikson, 1963이 언급하였듯이 긍정적인 측면에서는 자아정체감 형성을, 부정적인 측면에서는 역할 혼미를 경험하는 시기이다. 따라서 이 시기 동안 청소년들의 선택과 결정에 대한 다양한 경험은 정체감 형성에 중요한 영향을 미친다. 해비거스트Havighurst, 1972도 청소년기에 반드시 성취해야 할 발달 과업으로 경제적인 자립의 필요성을 인식하고 이를 위한 준비, 즉 직업에 대한 준비와 선택을 꼽았다. 그러므로 청소년기에 객관적인 자기이해 및 인식을 통해 진로계획 및 결정과 선택을 도울 수 있는 진로상담의 역할은 매우 중요하다. 진로상담을 통하여 진로목표의 설정과 함께 이를 달성하도록 돕는 일은 자아정체감의 형성과 발달 과업 수행은 물론 부적응행동의 예방이라는 차원에서도 매우 중요하다.

둘째, 노동시장 환경의 급속한 변화 측면에서 진로상담은 매우 중요하다. 현대 사회는 직업 세계의 변화 측면에서는 분류방식의 변화에 따른 이유도 있지만 10여 년 간에 1,000여 개의 새로운 직업인공지능연구원, 인공위성개발원, 초전도연구원, 행사도우미, 이미지 관리인 등이 생겨난 반면, 300여 종의 직업고속버스 안내원, 타자수, 활판 인쇄원, 합성고무 건조원 등이 자취를 감추는 등 급격한 변화가 이루어지고 있다.

또한 노동시장의 유연화, 세계화의 바람으로 시장경제의 논리, 구조조정, 다운사이징, 아웃소싱 등과 같은 용어의 출현과 함께 실업자는 증가하고, 평생 직장의 개념은 사라지고 있다. 이러한 변화는 한 개인이 평생 여러 개의 직업을 갖게 될 것이라는 전제와 함께 이를 돕기 위한 진로상담에 대한 요구가 증가할 것임을 예상하게 한다.

특히 중등교육 현장에서는 이렇듯 변화무쌍한 노동시장에 진입할 청소년들에게 노동시장 전반에 대한 인식, 즉 일의 체계 전반에 대한 이해와 함께 이에 적응할 수 있는 사전 준비를 충분히 하도록 돕기 위해서도 보다 체계적인 진로상담과 교육이 더더욱 필요하다.

셋째, 대학입시제도의 변화 측면에서 진로상담은 중요하다. 진로상담은 진학상담과 매우 관련이 높다. 우리나라 교육 여건상 대학입시 상황이 많이 바뀌었다고는 하지만 아직도 입시위주의 교육 현상은 중등학교 진로지도의 방향과 내용에 지대한 영향을 미치고 있다. 지금까지 대학입시 제도는 '교육 정상화'를 목표로 수없이 많은 변화를 시도해 왔다. 그러나 아직까지 성공적인 목표 달성을 하지 못한 것으로 평가되고 있다.

교육부는 지속적으로 입시위주의 교육을 근본적으로 개혁하고자 새로운 대학입학제도 도입을 시도하고 있다. 즉, 다양한 자료를 통한 다양한 방법의 전형방식을 제시함으로써 학생들의 다양한 능력과 품성 개발을 꾀하기 위해 진로교육을 강조하는 등 교육 정상화를 시도하고 있다.

이러한 새로운 시도는 학교에서 진로지도를 활성화할 수 있는 좋은 계기가 된다. 그러나 한편으로는 제도 자체의 복합성과 조삼모사朝三暮四와 같은 교육정책의 변화무쌍함 때문에 진로계획과 진로선택이 더 어려울 경우도 예상할 수 있다. 이렇듯 불안정한 입시제도 하에서는 새로운 대학입학제도의 내용을 면밀히 숙지하고 이에 적절히 대응할 수 있는 진로상담과 진로지도 방안이 강구될 필요성이 더욱 높아지고 있다.

크릿츠1981는 진로상담이 심리치료 못잖게 필요함을 다음과 같은 다섯 가지 가정을 통해 강조하고 있다.

① 진로상담에 대한 요구가 심리치료에 대한 요구보다 더 많다.
② 진로상담도 치료적일 수 있다.
③ 진로상담은 심리치료와 연결되어 진행되어야 한다.
④ 진로상담이 심리치료보다 더 효과적이다.
⑤ 진로상담이 심리치료보다 더 어렵다.

2) 진로상담의 목표

진로교육의 과업은 자신에 대한 자각, 기회에 대한 자각, 결정에 대한 자각, 전환학습이다. 그림 1-1처럼 이 이론을 진로상담의 목표에 적용하면, 진로상담의 목표는 첫째, 자신에 대한 정확한 이해 증진, 둘째, 일의 세계에 대한 이해 증진, 셋째, 합리적인 의사결정 기술의 훈련 및 학습, 넷째, 전환 및 전직에 대한 훈련 또는 학습을 돕는 것이다.

그림 1-1 진로교육의 과업(The tasks of career education)

이런 맥락에서 이정근1989은 진로상담의 방향을 내담자가 자신을 정확히 이해하고, 주위 여건을 충분히 고려하여 자신에게 적합한 진로를 계획·선택하고, 이를 개척해 나감으로써 자신 및 사회의 역군으로서 공헌할 수 있는 기틀을 마련해 주는 데 있다고 보고, 이에 대한 구체적인 목표로 자아개념의 구체화, 일의 세계에 대한 이해, 진로계획에 대한 책임감, 의사결정 능력, 협동적인 사회 행동, 일에 대한 긍정적인 태도를 들었다.

크럼볼츠Krumboltz는 진로상담의 목표는 내담자가 끊임없이 변화하는 직업 세계 속에서 만족스러운 생활을 창조하기 위해 기술, 흥미, 신념, 가치, 일, 습관, 개인적 자질을 학습하는 것을 촉진하는 데 있다고 하였다장대운 등, 1996에서 재인용. 이와 비슷하게 피글러Figler etc, 1999 등은 진로상담의 목표를 진로에 대해 책임감을 갖게 하고, 진로 가능성을 상상하게 하며, 개인이 좋아하는 기능적이고 적용된 기술을 사용하고, 진로과정을 방해하는 부정적인 정서나 사고를 다루며, 진로목표의 단계들을 어떻게 결정하는지를 알고, 의미와 목표가 있는 일을 선택하도록 돕는 것이라 하였다.

이런 이론을 기초로 김봉환 등2000은 진로상담의 목표로 자신에 대한 보다 정확한 이해 증진, 일과 직업세계에 대한 이해 증진, 합리적인 의사결정 능력의 증진, 정보탐색 및 활용능력의 함양, 일과 직업에 대한 올바른 가치관 및 태도 형성을 제시하고 있다.

(1) 자신에 대한 이해 증진

파슨스의 특성요인 이론 이후 진로상담의 목표는 올바른 진로선택을 위한 자기 자신에 관한 정확하고, 객관적인 이해가 첫 번째 요인으로 중요시되었다. 그러나 오늘날 우리나라 교육현장에서는 아직도 입시위주의 교육이 시행되다보니 이 부분이 거의 간과되고 있다.

오늘날과 같이 복잡한 일의 세계에서 개인에게 가장 적합한 직업을 선택하고, 성공적인 직업생활을 영위한다는 것은 결코 쉬운 일이 아니다. 직업의 종류에 따라 요구되는 능력과 적성, 기능, 가치, 역할이 매우 다양하기 때문이다. 따라서 한 개인이 적절한 일과 직업을 선택하기 위해서는 무엇보다도 개인의 가치관, 능력, 성격, 적성, 흥미, 신체적 특성 및 주변 환경 등에 대하여 올바르게 이해하는 일이 필수적이다. 진로상담에서도 이러한 자기 이해를 중요한 목표의 하나로 삼아야 한다.

(2) 직업세계에 대한 이해 증진

진로상담의 또 다른 주요 목표는 직업 세계에 대한 이해와 증진을 돕는 것이다. 현대인들은 그 어느 때보다도 복잡하고 다양한 일과 직업의 세계에 살고 있다. 산업혁명 이래 세계는 산업화를 거쳐 이제는 정보화 시대를 맞았다. 이에 따라 직업의 전문화·고도화가 급속하게 진전되었다. 이에 선진국의 경우 2만~3만 종류의 직업이 존재하고 있으며 한국의 경우도 1만 가지 이상의 직업이 존재하고 있다. 무엇보다 급변하는 21세기에서는 현존 직업의 50% 정도가 소멸되면서 새로운 직종이 등장하며 일의 수행 방법 또한 다양화될 것으로 전망되고 있어 보다 효율적이고 성공적인 진로상담을 위해서는 직업의 종류, 직업세계의 구조, 직업세계의 특성, 변화하는 직업의 요구 조건과 필요한 기술, 고용기회 및 경향, 피고용자와 고용자와의 관계 등에 대한 객관적인 이해와 정확한 정보수집이 반드시 필요하다. 따라서 일과 직업세계의 다양한 측면과 변화양상 등을 올바르게 이해할 수 있도록 돕는 일은 진로상담의 매우 중요한 목표가 된다.

(3) 합리적인 의사결정 능력의 증진

개인의 일생은 매순간 결정과 선택의 과정이라 해도 과언이 아니다. 그러므로 개개인에게는 현명하게 선택하고 결정할 수 있는 능력과 기술이 요구될 수밖에 없다. 일생 동안 경험하는 수많은 결정 가운데 진로 결정은 개인이 달성해야 할 가장 중요한 과업 중에 하나이다. 톨버트Tolbert, 1980도 언급했듯이 진로선택의 결과가 능력발휘의 기회, 거주 환경, 친구 유형, 사회 · 경제적 지위, 정신 및 신체적 건강, 가족 간의 관계 등 개인 생활의 많은 부분에 직 · 간접으로 영향을 끼치기 때문이다.

한 개인이 자신의 진로를 제대로 선택, 결정하기 위해서는 앞에서 언급한 자신에 대한 이해, 직업세계에 대한 이해 등을 토대로 적절한 의사결정을 해야만 한다. 아무리 정확한 자기 이해와 일의 세계에 대한 정보를 가지고 있다고 할지라도 이를 적절히 통합, 활용해서 최선의 선택을 할 수 있는 의사결정 기술을 갖추고 있지 않으면 올바른 진로결정을 하기가 어렵다.

피아제Piaget의 인지발달 단계상 청소년기는 형식적 조작기가 시작되는 시기이다. 개인차는 있으나 초반기에 추상적인 사고와 융통성 있는 사고의 발달과 함께 후반기에는 가설 연역적인 사고가 가능해지면서 고차원적인 문제해결 능력을 획득한다. 이러한 발달단계에 있는 청소년들에게 올바른 진로결정을 할 수 있도록 의사결정 기술의 훈련과 학습의 기회를 제공하는 것은 매우 중요하고 의미가 있는 일이다.

진로상담의 최종 결과도 다른 모든 활동들과 마찬가지로 '결정'이라는 과정을 통해 나타난다. 그러나, 겔라트Gelatt, 1962가 진로지도의 중요한 목적 중에 하나로 학생들로 하여금 훌륭한 결정을 내릴 수 있도록 돕는 것이라고 가정하면서도 결정은 결과만 가지고 평가할 것이 아니라 결정을 내리게 되는 과정에 의해서 평가되어야 한다고 주장한 바 있듯이, 청소년을 위한 진로상담에서는 청소년들의 진로에 관한 의사결정 과정에 초점을 두고 의사결정 기술을 훈련 · 학습하도록 조력하는 것을 중요한 목표로 삼아야 할 것이다.

(4) 정보탐색 및 활용능력의 함양

현대사회를 지식 및 정보화 시대라고 한다. 이는 일상생활에 있어서 지식과 정보가 그만큼 중요한 역할을 하고 있음을 의미한다. 앞으로 더욱 고도화된 정보화 시대를 살아갈 청소년들이 자신에게 필요한 다양한 정보를 신속하게 수집, 분석, 가공하여 적절하게 활용하는 능력을 갖출 수 있도록 정보탐색 및 활용능력을 훈련시키는 것은 매우 중요한 진로상담 목표 중의 하나이다.

진로상담 과정에서 자신에 대한 이해, 일의 세계에 대한 정확한 이해, 합리적인 의사결정을 위해서도 정보의 수집 및 활용능력은 매우 중요하다. 그러므로 진로상담자는 정보제공자로서의 역할을 하는 것도 중요하나, 내담자 스스로 필요한 정보를 탐색, 활용하도록 안내하는 역할도 매우 중요하다. 특히 청소년들은 스스로 정보탐색 및 수집을 시도해 보는 가운데 자기가 필요한 정보를 스스로 수집, 활용하는 능력을 체득하게 된다. 그리고 이러한 경험은 청소년기에서만 아니라 미래의 삶의 모든 영역에까지 확장되어 활용되어진다.

(5) 일과 직업에 대한 올바른 가치관 및 태도 형성

진로지도의 중요한 목표 중의 하나는 일과 직업에 대한 올바른 가치관 및 태도를 갖도록 돕는 것이다. 아직도 우리 사회는 노동을 천시하거나 싫어하는 풍조를 갖고 있으며, 직업을 사회봉사나 자아실현의 수단으로 보기보다는 돈과 권력,

혹은 명예를 획득하는 수단으로 보는 경우가 허다하다. 지위 지향적 직업관, 직업에 대한 귀천의식 등이 여전히 존재하기 때문이다. 해마다 되풀이되는 치열한 입시경쟁은 우리 사회의 일과 직업에 대한 왜곡된 가치관에 기인한다.

이와 관련하여 이재창1997은 청소년들이 올바른 직업관과 직업의식을 갖도록 하기 위해서는 첫째, 일 자체를 목적보다는 수단으로 여기는 생각에서 벗어나야 하며, 둘째, 직업 자체에 대한 편견을 버리도록 해야 하고, 셋째, 성 역할에 대한 고정관념에서 벗어나도록 해야 한다고 보았다. 이렇듯 일과 직업에 대한 잘못된 견해를 수정하여 올바른 직업관과 직업의식을 갖도록 돕는 것은 진로상담의 또 다른 중요한 목표가 되어야 할 것이다.

영화로 만나는 진로상담

세 얼간이, 3 Idiots, 2009

줄거리

천재들만 간다는 일류 명문대 ICE, 성적과 취업만을 강요하는 학교를 발칵 뒤집어 놓은 대단한 녀석 란초! 아버지가 정해 준 꿈, '공학자'가 되기 위해 정작 본인이 좋아하는 일은 포기하고 공부만하는 파파보이 파르한! 찢어지게 가난한 집, 병든 아버지와 식구들을 책임지기 위해 무조건 대기업에 취직해야만 하는 라주! 친구의 이름으로 뭉친 '세 얼간이'! 삐딱한 천재들의 진정한 꿈을 찾기 위한 세상 뒤집기 한판이 시작된다!

모두다 외쳐봐! 알 이즈 웰…알 이즈 웰…

4. 진로상담 모델과 진로상담 과정

1) 진로상담 모델

진로상담 모델은 '진로상담이 어떻게 시행되어야 하는지?'에 대한 전체그림을 그릴 수 있게 한다. 일반적으로 진로상담 모델은 도입과 관계 형성, 내담자의 진로 및 직업과 관련된 문제들에 대한 탐색, 내담자가 문제의 해결을 향해 나아가는 단계 등으로 구조화된다.

대표적 진로상담 모델 중 하나인 스포켄Spokane, 1991 모델은 도입, 활동, 완료의 세 가지 주요 단계로 구성된다김봉환 외, 2013에서 재인용.

표 1-1 **스포켄의 진로상담 모델**

주요단계	도입단계			활동단계			완료단계	
하위단계	시작하기	고무시키기	완화하기	평가하기	질문하기	합의하기	실행하기	추후 점검하기
주요한 치료적 과제	치료적 맥락의 확립	내담자 열망에 대한 열거	불일치점에 대한자각	인지구조에 대한 포착	구조적 행동의 동기화	불안 다루기	지속적인 추구	성과에 대한 강화
상담자 과정	자기 기대	희망의 활성화	불일치의 정의	가설의 일반화	가설 검증	가설 공유	불일치의 해결	종결
상담자 기술	구조화, 수용	환상	반영, 명확화	검증, 해석	조사, 지도	자신감 찾기, 안심하기	강화	간헐적 접촉
내담자 태도	안도	흥분	불안	전진, 통찰	자기 효능감, 통제, 탐색	타협	철수, 충성	만족, 확신

첫째, 도입단계는 시작하기, 고무시키기, 완화하기란 세 가지의 하위단계를 포함한다. 시작하기에서는 상담 전체 진행과정을 놓고 내담자와 상담자가 함께 문제를 찾아내는 등 상담을 위한 구조화를 한다. 고무시키기에서는 내담자의 꿈, 희망, 열망에 대해 상상하게 하거나 묻거나 하여 내담자가 탐색하고 싶어하는 영역을 찾아낸다. 완화하기에서는 내담자의 현재 모습과 되고자 하는 진로 사이의 불일치를 찾을 수 있도록 돕는다.

두 번째 단계인 활동단계에서 상담자는 내담자의 통찰을 증진하고 변화를 촉진한다. 이 단계도 평가하기, 질문하기, 합의하기의 세 가지 단계로 이루어진다. 평가의 해석까지 포함하여 평가하기에서는 내담자의 관심 영역과 내담자의 자기자각에 대한 가설을 발전시켜 나간다. 질문하기에서는 내담자와 상담자가 함께 인터뷰와 평가 도구를 통해 정보를 모으고 가설들을 설정하기 시작한다. 합의하기에서는 타협과정을 통해 내담자는 대안을 선택한다.

진로상담의 마지막 완료단계는 실행하기와 추후 점검하기가 포함된다. 실행하기에서 상담자는 내담자가 목표에 적절한 행동을 할 수 있도록 강화하고, 내담자는 불일치를 해결하고 진로를 선택한다. 달성단계에서는 내담자와의 상담을 끝내고 추수상담으로 넘어간다. 경우에 따라 상담자는 추수 회기를 갖지 않기도 하고 정기적으로 내담자의 상태를 점검하기도 한다.

2) 진로상담 과정

(1) 진로상담 과정의 특징

진로상담과 심리상담을 엄밀하게 구분하는 것은 쉽지 않다. 실제 상담을 진행해보면 내담자가 단순히 진로문제만 갖고 내방하는 경우는 드물다. 내담자의 심리적인 특성과 진로문제가 얽혀 있는 경우가 대부분이다. 진로상담을 요청하는 당시에는 진로문제가 부각되지만 진로문제가 해결되면 심리적인 갈등이나 어려움을 호소한다. 혹은 그 반대로 심리적인 갈등이나 어려움이 먼저 부각되고 그 문제가 해결되면서 진로문제를 호소한다. 그럼에도 불구하고 진로상담은 심리상담과 다음과 같은 세 가지 측면에서 차이를 보인다김봉환 외, 2013.

첫째, 진로상담은 문제를 이해하고 그에 대한 목표를 수립하는 과정보다는 의사결정이나 행동화하기 위한 전략의 구상 또는 행동화를 위한 조력과정이 심리상담에 비해 더욱 중요하며 이를 중점적으로 다룬다.

둘째, 심리상담에 비해 진로상담, 특히 진학상담은 전문가에 의해 주도되기보다는 비전문가에 의해 실행되기 때문에 상담자의 가치관 및 사회 전반적인 진로문화에 의해 오염되는 경우가 많다. 따라서 비교적 가치중립적으로 내담자 문제에 접근하려고 노력하는 심리상담에 비해 진로상담자의 명시적 또는 암시적 영향력이 커질 수 있다.

셋째, 내담자가 놓인 경제 현실 및 진로 상황에 따라 개인의 진로선택 및 의사결정이 상당히 변화될 수 있으므로, 진로상담자는 개인의 심리적 특성 분석에 의해 선택이나 의사결정을 한다는 '심리적 환원주의'의 오류를 벗어나야 한다.

(2) 진로상담 과정

진로문제를 호소하는 내담자의 문제는 다양하지만, 실제 진로상담은 심리상담처럼 접수면접, 관계수립 및 내담자 분류, 문제평가 및 목표 설정, 행동계획 수립 및 행동 실행을 위한 조력, 종결 및 추수지도라는 다섯 단계로 진행된다.

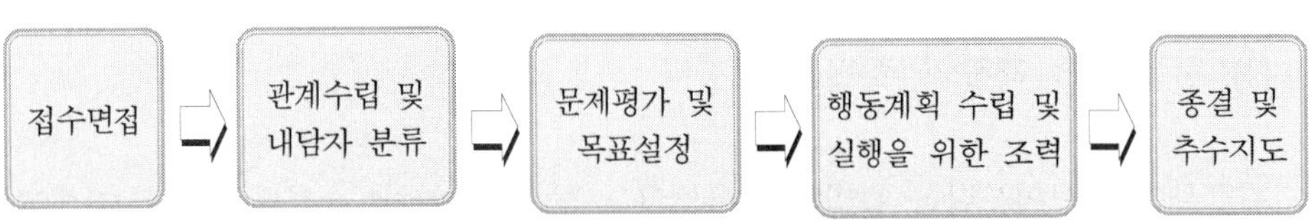

그림 1-2 진로상담의 일반적인 과정

1 접수면접

접수면접에서는 실제 상담 이전에 내담자가 호소하는 문제가 무엇인지, 상담기관에서 다룰 수 있는 문제 영역을 확인하고, 실제 상담자와 연결짓기 위한 기본적인 정보를 수집하는 대화가 이루어지기 때문에 소홀히 취급할 수 있다. 하지만, 내담자들이 상담을 처음에 접하는 장이기 때문에 접수면접에 대한 인상이 곧 상담에 대한 인상을 결정한다.

접수면접 단계에서 상담자는 내담자의 주된 문제가 진로 문제인지, 아니면 심리적인 문제인지를 판단해야 한다. 접수면접은 내담자의 욕구를 파악하고 후속적으로 이어질 진로상담의 방향을 결정하기 위한 기초단계라 할 수 있다. 이 단계에서는 내담자들에게 자신의 이야기가 존중받고 있으며, 문제를 해결할 수 있다는 희망을 고취시키고, 상담에 대한 긍정적인 동기를 높여줄 수 있도록 진행되어야 한다.

또한, 접수면접을 통해 사례개념화가 이뤄져야 한다. 사례개념화를 통하여 목표가 무엇인지를 정확하게 파악함으로써 내담자는 막연하게 알던 자신의 문제들을 보다 명확하게 알게 되고 이는 상담에 대한 동기 수준을 높이는 계기가 된다. 필립스Phillips, 1992는 진로선택과 준비단계에 있는 내담자들에게 적용할 수 있는 5가지 영역의 사례개념화 틀을 제시하였다. 5가지 영역은 자기탐색과 발견, 선택의 준비도, 의사결정 과정, 선택과 결정, 실천이다. 필립스 이후 웨스트우드, 애먼슨과 보겐Westwood, Amundson, & Borgen, 1994은 취업 로드맵을 통하여 진로선택 이후의 진로문제까지 포함하는 진로 경로의 전체 단계를 아우르는 사례개념화 틀을 개발하였다. 이들은 진로탐색, 직업 기술 연마, 일자리 찾기 기법, 직장/직업 유지란 4개의 영역을 그림 1-3과 같이 취업 로드맵으로 제시하고, 실제 내담자와 상담자가 자신의 현재 상황을 파악하고 각 단계에 따른 기법을 적용할 수 있는 청사진으로 활용하여 불필요한 시간과 노력을 절약할 수 있게 하였다.

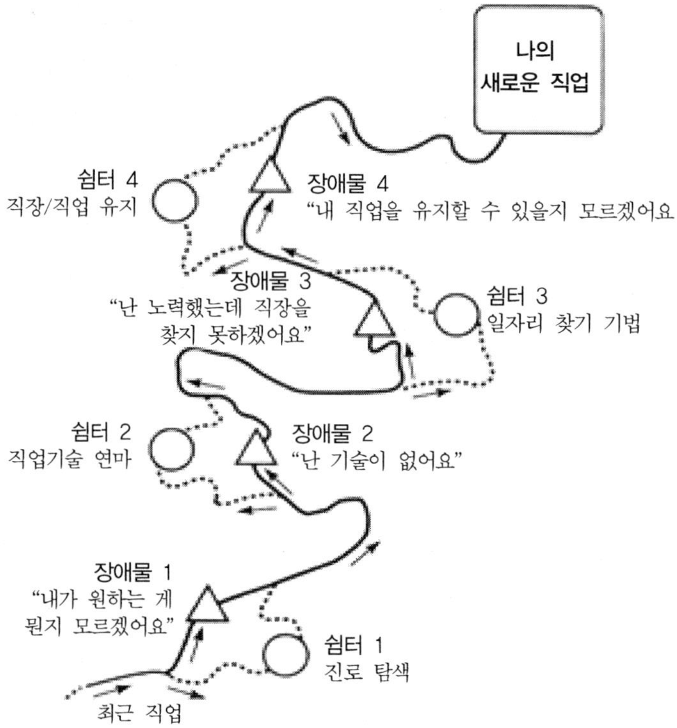

그림 1-3 취업 로드맵

2 관계 수립 및 내담자 분류

① 관계 수립

내담자와 상담자 사이의 우호적인 분위기가 형성되지 않으면 이후 상담이 어려워지기 때문에 상담의 토대는 내담자와의 긍정적이고 협력적인 관계 수립이다.

진로상담에서는 작업동맹으로 이해될 수 있는 편들어 주기mattering 개념이 제시된다. 편들기란 내담자가 잘하든 못하든 중요한 사람으로 인식되며, 주목받고 있고, 배려받으며, 인정받고 있다는 '믿음'이다. 이러한 편들기는 다섯 단계를 거친다.

시작단계는 주목하기visibility 단계이며, 이 단계에서 중요시sense of real importance 단계로 진전되고, 도움 주고받기offer help 단계를 거쳐, 마지막으로 개인적/전문적 관계 맺기personal & professional relationship 단계로 이어진다. 이러한 과정을 거치게 되면 내담자는 상담자를 믿게 되며, 이러한 기본적인 토양 위에서 이후 상담을 진행해 나갈 수 있는 힘을 얻게 된다.

진로상담자가 내담자와 좋은 관계를 형성하기 위하여 고려할 사항은 다음과 같다.

첫째, 상담을 하러 온 내담자는 불안도가 높기 때문에 상담자는 내담자의 현실 검증 능력과 낙관적인 기대감을 높여 상담에 대한 기대감과 동기를 향상시켜야 한다.

둘째, 상담자는 내담자가 그동안 해왔던 노력을 인정하고 격려해야 한다. 이는 내담자로 하여금 적극적으로 문제를 해결하고자 하는 의지를 지지함으로써 내담자들의 능동성을 강화할 수 있다.

셋째, 상담자는 내담자와 전문적이면서 개인적인 관계를 형성해야 한다.

넷째, 상담자들은 내담자의 바람과 욕구를 파악하고, 상담자를 찾아온 시점을 확인해 보아야 한다.

다섯째, 관계 수립과 동시에 상담자는 진로상담에 대한 구조화 작업을 해야 한다.

② 내담자 분류

관계 수립 못지않게 중요한 작업은 내담자 분류이다. 각기 다른 배경과 호소문제를 가진 내담자를 적절한 기준에 따라 분류하면 효과적인 상담전략을 수립할 수 있고, 나아가 상담의 효율을 높일 수 있다.

진로상담자들은 자신이 처한 상담환경에 따라 문제 분류의 틀을 갖고 있어야 한다. 그 틀에 따라 상담에서의 개입전략이 달라지기 때문이다. 하지만 지나치게 내담자 문제를 한 가지 유형으로 분류하려고 노력할 필요는 없다. 내담자 분류기준은 어디까지나 잠정적인 것이며, 내담자의 문제가 여러 영역에 복합적으로 걸쳐 있는 경우도 많기 때문이다.

여기서는 먼저 샘슨, 피터슨, 렌즈와 리어든Sampson, Peterson, Lenz, & Reardon, 1992의 분류, 문제의 원인을 중심으로 분류한 보딘Bordin, 1946의 분류, 그리고 호소영역별로 본 청소년 대화의 광장1998의 분류를 살펴본다김봉환 2013에서 재인용. 샘슨 등Sampson et al., 1992은 진로의사결정 정도에 따라 내담자를 진로 결정자, 진로 미결정자, 진로 무결정자로 구분한 바 있다. 그들의 내담자 분류방식과 내담자의 특징은 표 1-2와 같다.

표 1-2 **진로의사결정 정도에 따른 내담자 분류**

분류	특징
진로결정자 (the decided)	▸자신의 선택이 잘되었음을 명료화하길 원하는 내담자 ▸자신의 선택을 이행하기 위해 도움이 필요한 내담자 ▸진로를 결정한 것처럼 보이지만 실제로는 결정을 못하는 내담자
진로 미결정자 (the undecided)	▸자신의 모습, 직업 혹은 의사결정을 위한 지식이 부족한 내담자 ▸다양한 능력으로 진로결정이 어려운 내담자 ▸진로결정은 어려워하지만 성격적인 문제는 없는 내담자
진로 무결정자 (the indecisive)	▸생활 전반에 걸쳐 불안을 동반한 내담자 ▸일반적으로 문제해결 과정에서 부적응적인 성격을 지니고 있는 내담자

진로 욕구에 근거한 분류와는 달리 진로 문제의 원인을 중심으로 한 보딘의 분류도 진로 문제의 원인을 파악할 수 있다는 측면에서 유용한 분류기준이 될 수 있다. 그에 의하면 내담자 문제는 다음의 다섯 가지 원인에 기인한다.

· **의존성**: 내담자가 문제해결이나 의사결정을 위한 적극적인 노력을 못하도록 방해하는 의존성으로 인해 갈등하는 경우
· **정보의 부족**: 체험의 폭 제한, 체험의 부적절성, 필요한 기술을 습득할 기회의 부족
· **내적 갈등**: 내부의 심리적 요소 간의 갈등이나 자아개념과 환경 자극 간의 차이에서 비롯됨
· **선택에 대한 불안**: 여러 가지 대안 중에 결정 내리지 못하고 불안한 느낌
· **확신 결여**: 직업적 대안 선택에도 불구하고 확신을 갖지 못하고 타인으로부터 구하려고 하는 경우

청소년 대화의 광장의 분류는 구체적으로 청소년들이 호소한 내용들을 중심으

로 한 분류다. 이러한 분류방식은 청소년들의 현실을 반영하고 있고, 그들의 입장에서 제시한 실제적인 어려움을 반영하고 있다는 점에서 주목할 필요가 있다. 청소년들이 주로 호소한 진로문제들은 다음과 같다.

장래에 대한 무계획/인생관 부재, 적성과 소질에 대한 인식 부족, 진로에 대한 정보 부족, 희망과 현실의 괴리, 진로에 대한 두려움이나 압박, 진로선택에 따른 갈등, 자격증 취득 때문에 생기는 스트레스, 결혼에 대한 고민, 병역에 대한 고민이다.

한편, 이상의 문제 중심 분류와는 달리 진로상담 이론에 따라 내담자의 문제를 다르게 분류할 수도 있다. 각 이론마다 진로문제를 설명하는 독특한 방식이 있기 때문에, 상담자가 지향하는 이론이 있다면 그 이론에 따라 내담자의 문제도 다르게 이해된다. 다양한 진로상담 이론이 있지만 그 이론들은 대개 네 가지 유형으로 범주화할 수 있다.

첫 번째는 매칭이론이라 할 수 있다. 이 이론을 따르게 되면 상담자는 내담자의 문제를 자기 이해, 직업세계에 대한 이해, 매칭의 문제로 이해하게 되며, 그에 따라 내담자 문제를 분류하고 전략을 구안하게 된다.

두 번째 범주는 진로 발달 또는 성숙의 측면에서 이해하려는 이론들이다. 이들 이론에서는 내담자의 문제를 발달과정 또는 성숙의 과정으로 파악하고 진로문제를 겪는 내담자의 성숙도를 높이려는 방향에서 해결방안을 마련하고자 한다.

세 번째는 진로의사결정 이론들로서, 진로문제를 진로결정의 합리성 부족 또는 의사결정 경험 부족으로 보고 내담자의 진로의사결정 능력 또는 학습능력을 함양하는 것에 상담의 초점을 두고 있다.

네 번째는 진로문제를 심리적 문제로 보기보다는 개인을 둘러싼 사회구조적인 문제의 하나로 이해하려는 이론들로서 사회학적 관점의 이론이라 할 수 있다. 이들 이론에서는 내담자 진로문제를 단순히 심리적인 측면에서 이해하기보다는 다양한 사회적 맥락들과의 연관성을 고려해서 파악해야 한다는 점을 강조한다. 따라서 동일한 문제라 하더라도 자기 이해의 문제로 이해되거나 진로 미성숙의 문제, 진로기술의 학습문제 등으로 해석될 수 있으며, 그에 따라 다른 접근법으로 내담자 문제에 개입하게 된다.

이상에서 제시한 내담자 분류방식 외에도 다양한 측면에서 내담자를 분류해 보려는 시도들이 이어지고 있다. 그 대표적인 것이 진로 관련 인지와 행동상의 불일치를 중심으로 한 이차원적 유형화김봉환, 1997다. 진로 인지와 행동 간의 불일치를 토대로 네 가지 유형이상적인 유형, 진지하지 못한 유형, 행동 지향적인 유형, 미성숙한 유형이 분류되었으며, 각 유형의 특징적인 행동방식과 그에 따른 접근법들이 모색되고 있다.

최근의 연구에서는 진로에 대한 개인의 내적 자신감과 외적 환경에 대한 평가 간의 불일치를 토대로 이차원적 유형화김연중, 2011도 시도된 바 있다. 이러한 노력들은 다양한 진로문제를 단순화할 수 있다는 점에서 주의해야 하지만, 내담자들의 다양한 특성을 범주화함으로써 상담자들의 불필요한 노력을 줄일 수 있다는 측면에서는 긍정적으로 이해할 필요가 있다.

3 문제평가 및 목표설정

① 문제평가

내담자가 호소하는 문제의 내용과 심각도, 내담자의 상태를 파악하는 것은 매우 중요하다. 상담자는 내담자의 문제를 확인하고, 왜 발생하였고, 내담자가 문제를 어떻게 이해하고 있는지를 파악해야 한다. 브라운과 브룩스1990는 내적변인과 외적변인이라는 수퍼의 생애 아치에 제시된 항목들을 중심으로 내담자의 문제를 평가하였다. 또한, 김봉환, 정철영, 김병식2006은 내담자 문제를 평가하기 위하여 일반적 정보, 진로계획과 관련된 정보, 진로발달에 과한 정보로 구분하였다.

내담자를 평가하는 과정에서 단순히 심리적 변인에만 초점을 맞추어서는 안 되며, 내담자의 문제를 부정확하게 평가할 가능성도 고려해야 한다. 내담자가 갖고 있는 어려움에만 초점을 맞추면 진로상담 과정에서 내담자가 위축되거나 문제를 과대평가할 가능성이 있기 때문에 내담자의 강점을 상담 중에 수시로 확인하는 작업이 필요하다.

② 목표설정

문제가 파악되면 내담자와 더불어 진로상담 목표를 설정해야 한다. 상담자는 전문가이기 때문에 목표를 설정하고자 하는 욕구가 있지만, 반드시 내담자와 합의하여 목표를 설정해야 한다. 진로상담의 목표를 수립할 경우 내담자 분류 양식을 활용하는 것이 좋다.

내담자와 목표를 수립할 때 고려할 사항으로 크럼볼츠Krumbotz, 1987 등은 목표는 구체적이고, 관찰 가능한 형태로 진술되어야 하며, 현실적이고, 성취 가능한 것으로 해야 한다고 주장하였다. 상담을 통해 내담자들이 가능한 한 구체적이며 내담자의 현재 역량을 토대로 실현 가능한 작은 목표를 수립할 수 있도록 돕는 것이 중요하다.

4 행동계획 수립 및 행동실행을 위한 조력

목표 수립은 행동계획의 수립과 자연스럽게 연결된다. 목표가 세워지면 최종적인 것이 아니기 때문에 내담자의 상태변화에 따라 행동계획도 변경될 수 있다. 기스버스Gysbers, 헤프너Heppner와 존스톤Johnston, 1998은 행동계획을 세울 때 상담자들이 유념해야 할 사항을 다섯 가지로 정의하고 있다.

첫째, 내담자로 하여금 목표와 행동계획의 실행을 위한 기대와 욕구를 정해야 한다.

둘째, 목표를 세우는 과정 연습, 계획 재검토와 비판, 계획 정교화할 수 있도록 도와주어야 한다.

셋째, 상담자와 내담자 모두 성과를 관찰하고 기록할 수 있어야 한다.

넷째, 목표를 달성하기 위하여 내담자는 목표와 계획을 말하고, 쓰고, 연습하고, 시각화하는 기회를 주어야 한다,

다섯째, 계획대로 안 될 때에는 그동안 노력한 내담자와 자신의 노력을 평가절하하지 말아야 한다. 이상의 제안을 통하여 진로상담자들의 자세와 역할을 제시하고 있다.

상담자는 단순히 진로문제의 해법이나 취업기술을 학습시키는 기술자를 넘어 내담자가 자신의 역량을 최대한 이끌어 낼 수 있도록 격려자, 강화자, 지원자의 역할을 담당해야 한다.

내담자의 전반에 대한 조력상담을 진행하다 보면 내담자가 현재에 안주하고픈 욕구가 생길 때 다양한 저항 현상을 경험하게 된다. 내담자의 이러한 저항을 제대로 다루기 위해서는 내담자의 저항을 적극적으로 발견하고 대처해야 한다. 그렇지 못할 경우, 상담자는 내담자가 표출하는 행동이나 감정을 잘못 해석하고 이해하게 되므로 해결되지 않은 문제를 자신에게 돌리거나 내담자를 탓하게 된다.

기스버스, 헤프너, 존스톤은 저항의 유형을 상담에 대한 두려움, 책임지기에 대한 두려움, 비합리적인 신념이라고 제시하였다. 이렇게 저항적인 내담자들을 만날 때 상담자는 무력감이나 상담 장면에서 다양한 형태의 저항행동을 보인다. 상담자들도 상담 중에 나타나는 자신의 정서적 반응과 행동상의 변화를 민감하게 알아차리고, 이를 극복하기 위해 수퍼비전 같은 전문적인 활동에 적극적으로 참여할 필요가 있다.

5 종결 및 추수지도

종결 회기는 전체 상담과정 중에서 가장 어려우면서도 가장 중요한 시간이다. 이 과정을 통하여 상담의 효과가 측정될 수 있으며 미진한 사항들을 논의한다. 또한 내담자의 장점이 확인되고 격려될 수 있다. 종결 후 내담자가 효과적인 진로행동을 취하고 있는지, 만족감을 유지하고 있으며 적응을 잘하고 있는지 확인하고 지도하기 위해 추수지도를 할 수 있다.

5. 진로상담 기법

1) 목표 수립을 위한 진로상담 기법

상담목표를 정하는 것은 내담자와 상담자의 노력의 방향을 정하는 것이며 목표

설정은 상담자와 내담자의 협력에 의해 내담자의 특성과 현재의 상황을 고려하여 정하는 협력의 과정이다. 초기 면접에서 내담자의 욕구가 파악되면 목표가 정해지는데 이는 잠정적으로 회기가 거듭될수록 새로운 목표가 추가되거나 변경될 수 있다.

(1) 목표 설정을 위한 기법 : 면담리드

내담자가 진로상담 장면에서 자신이 원하는 목표나 자신의 문제를 정확하게 진술하지 못하는 경우 면담리드 기법을 사용한다. 면담기법은 상담자가 적절한 질문을 통해 내담자의 욕구나 가치 정보를 표현하도록 돕는 기법이다.

(2) 진로목표 설정의 준거

진로상담에서 만족스러운 결과를 도출하기 위해 진로목표를 설정할 때는 다섯 가지 활동을 유념해야 한다.

첫째, 목표를 가능한 구체적으로 표현할 수 있도록 하는 것이다. 상담자는 내담자가 자신의 목표를 구체적으로 탐색하고, 구체적으로 표현할 수 있도록 조력하고, 연습을 통해 내담자와 함께 상담의 목표를 구체적으로 세울 수 있도록 돕는다.

둘째, 목표를 관찰 가능한 방식으로 표현하는 것이다. 상담자는 내담자가 목표를 구체적이고 관찰 가능한 방식으로 표현할 수 있도록 조력해야 한다.

셋째, 목표의 달성 시점을 지정해야 한다. 목표 달성 시점을 정하는 것은 목표 달성 가능성을 높이는 역할을 할 뿐 아니라 내담자에게 목표 달성 동기를 부여하는 역할을 한다.

넷째, 내담자의 열정을 손상시키지 않으면서 합리적인 요소를 고려하여 달성 가능한 목표를 설정해야 한다.

다섯째, 실천 행동을 계획하는 것이다.

(3) 현실치료의 WDEP 기법

윌리엄 글래서William Glasser의 WDEP 기법이 진로상담의 목표를 설정하는데 활용될 수 있다.

표 1-3 현실치료 WDEP기법 질문

기법	질문내용
W(want)	무엇을 원하는가? 어떤 직업을 갖기를 원하는가? 당신의 삶이 어떻게 되기를 원하는가? 현재의 상태에서 변화를 원하는 것은 무엇인가? 당신의 부모(혹은 상담자)가 어떻게 해 주었으면 하는가?
D(doing)	당신은 지금 원하는 직업을 위해 무엇을 하고 있는가? 직업에서 보람을 느꼈을 때는 어떤 행동을 했는가? 일(혹은 학업)과 관련해서 재미있었을 때 어디에서 누구와 무엇을 하고 있었는가?
E(evaluation)	현재 당신은 직업을 얻기 위해 적절한 행동을 하고 있는가? 그런 행동을 계속하면 어디로 갈 것 같은가? 그런 행동을 계속하면 원하는 것을 얻게 되는데 도움이 되는가?
P(plan)	무엇을 언제부터 하면 당신이 원하는 것을 얻게 될까? 지금 바로 실천할 수 있는 것으로 무엇을 찾아보겠는가?

2) 내담자 특성 파악을 위한 진로상담 기법

내담자의 특성 파악은 상담목표를 확인하고 목표를 명료화하는데 도움을 주며, 문제해결 및 개입방법의 중요한 기초자료가 된다.

(1) 생애진로 사정 및 구조

생애진로 사정은 아들러의 개인심리학에 기초한 것으로 내담자의 정보를 수집하는 단계에서 사용될 수 있는 구조화된 면접기법으로 매우 탄력적으로 활용될 수 있다.

생애진로 사정은 상담자와 내담자의 긍정적인 라포형성에 도움을 주며 내담자의 기능수준 뿐만 아니라 환경을 어떻게 극복할 것인가에 대한 정보를 알 수 있다.

생애진로 사정은 진로사정, 일상적인 하루, 강점과 약점, 요약으로 구성되어 있지만 형식을 꼭 따라야 하는 것이 아니라 내담자의 반응에 따라 유연하게 변화 가능하다.

진로사정은 직업경험, 교육과 훈련, 여가활동의 세 부분으로 되어 있다. 내담자의 일상생활 조직 방법에 따라 독립적-의존적, 체계적-임의적인지 탐색할 수 있으며, 강점과 약점을 통해 내담자가 갖고 있는 자원을 탐색할 수 있다. 또한 면접 동안 얻은 정보를 요약함으로써 내담자 스스로 표현할 기회를 제공하여 내담자가 무엇을 놓치고 있는지 알 수 있게 한다.

(2) 진로가계도

보웬의 가계도를 응용한 것으로 진로상담의 정보수집 단계에서 활용할 수 있다.

진로가계도는 진로가계도의 목적을 내담자에게 설명하고 그릴 수 있는 방법을 안내하고, 진로에 영향을 미친 것들을 탐색하는 3단계로 진행된다. 진로가계도 작성으로 내담자의 진로기대 형성에 중요한 역할을 한 사람이 누구인지 알 수 있고, 내담자의 직업세계, 진로장벽, 성 역할 편견을 알아낼 수 있어서 내담자 개방에 도움을 줄 수 있다.

(3) 직업카드 분류법

직업카드 분류방법은 내담자들의 흥미, 욕구, 가치, 능력, 선입견, 직업선호 등을 분류하거나 우선순위를 매기는 비표준화된 접근법이다. 이 카드 분류방식을 통해 내담자가 능동적으로 직업분류과정에 참여할 수 있고, 상담자가 목적에 맞게 변형하여 활용할 수 있어 유연성이 높다.

(4) 표준화된 검사

내담자는 검사를 통해 자신에 대한 이해도를 높이고 직업환경에 적합한지 확인할 수 있다. 검사는 진로상담의 과정과 결과를 증진할 뿐 아니라 과학적으로 상담을 가능하게 해 준다.

3) 의사결정 조력을 위한 진로상담 기법

(1) 의사결정 유형 검사

하렌Harren, 1984이 개발한 진로의사결정 검사척도에 포함되어 있는 검사로 '예', '아니오' 형식의 30문항으로 구성되어 있다. 이 검사를 통해 내담자는 자신의 의사결정 유형이 합리적 양식, 직관적 양식, 의존적 양식 중 어느 유형에 속하는지 알 수 있다.

합리적 양식은 의사결정 과정에 대하여 논리적이고 체계적 접근을 의미하는 것으로 매우 신중하고 논리적으로 이루어지는 것이 특징이다. 직관적 양식은 개인 내적인 감정적 상태에 의존하는 것으로 결정과정에 대해 선택과 수용이 비교적 빨리 이루어지며, 어떻게 결정에 도달하였는지 진술하지 못하기도 한다. 마지막으로 의존적 양식은 결정에 대한 자신의 책임을 거부하며, 그 책임을 자신 이외의 가족이나 친구 또는 동료에게 전가하는 특징을 보인다.

(2) 진로자서전 쓰기

내담자가 과거에 진로에 관해 어떤 의사결정을 했는지 알아보기 위해 학교선택, 고등학교 졸업 후의 직업훈련, 시간제 일을 통한 경험, 고등학교에서 배운 지식과

기술, 중요한 타인을 기술하게 하는 활동이다.

(3) 주관적 기대효용 활용

선택에 있어 개인은 자신의 행복이나 즐거움, 만족에 대한 감정을 충족하기 위하여 선택한다. 그러기 위하여 목표를 정하고 마음에 드는 항목을 결정하며 선택한 항목 중에서 한 가지를 선택하는 과정을 거친다. 합리적 의사결정을 위해서는 목표 파악, 선택 가능한 것 조사, 가치 파악, 중요성 평가, 계획세우기, 전략선택, 선택 가능한 것 파악, 적절한 시기에 선택하는 단계를 거쳐야 한다. 의사결정의 단계를 철저하게 따르면 자신에게 장애가 될 만한 것들에 대해 신중하게 생각하게 되고, 의사결정을 내리는 것이 수월해진다. 의사결정을 위해 자신을 인식하는 것은 매우 중요하다.

(4) 근거 없는 믿음 확인하기

진로상담에 있어 방어적이거나 종잡을 수 없고 근거 없는 믿음과 왜곡된 사고를 갖고 있는 내담자의 경우 A활성화된 경험-B신념-C신념의 결과-D근거 없는 믿음에 대한 논쟁-E논쟁의 효과 모델을 활용할 수 있다.

4) 은유로 저항감 다루기

진로상담에 동기가 없고 저항감을 나타내는 내담자에게 은유를 사용하는 것은 책임에 대한 두려움을 극복하고 수용하도록 돕는다. 시, 소설, 동화, 우화, 비유, 노래, 영화, 농담, 광고 등의 은유 소재를 통해 은유를 들은 사람들은 자신과 유사한 경험을 그 속에서 찾아낸다. 이러한 이야기들을 자신의 관심사와 연결하여 통찰하는 것은, 상담자나 내담자가 내담자의 현재 상황을 이해하는데 도움을 준다.

6. 진로상담자와 진로이론

1) 진로상담자

(1) 진로상담자의 역할

진로상담은 상담자가 협력적으로 내담자의 진로와 관련된 결정을 명확히 하고, 구체화, 시행, 적응하는 것을 돕는 전문적 과정이다. NCDA에서는 진로상담자가 수행해야 하는 활동을 다음과 같이 제시했다김봉환, 2013에서 재인용.

① 내담자가 자신의 특성을 이해할 수 있도록 표준화된 검사를 비롯한 다양한 검사를 실시하고 해석한다.

② 내담자가 경험을 바탕으로 하는 탐색활동을 하도록 격려한다.

③ 진로계획 시스템이나 진로정보 시스템을 활용하여 내담자가 직업의 세계를 이해하도록 돕는다.

④ 내담자가 의사결정을 향상시킬 수 있는 기회를 제공한다.

⑤ 내담자가 자신의 진로계획을 설계해 보도록 돕는다.

⑥ 직업탐색 전략이나 면접기술, 이력서 작성방법 등을 가르친다.

⑦ 내담자의 대인기술을 향상시킴으로써 직장에서 겪게 될 갈등을 해결할 수 있도록 돕는다.

⑧ 내담자가 직업과 삶의 역할을 통합하도록 돕는다.

⑨ 내담자가 직장 스트레스, 실업, 이직 등을 경험할 때 도움을 제공한다.

(2) 진로상담자의 자질

진로상담자가 갖추어야 할 자질이나 역량에 대해 관련 학회나 단체에서는 직무분석 내용과 자질, 역량에 관한 보고서를 통해 제안하고 있다. NCDA에서는 진로상담에 필요한 역량, 즉 진로상담자가 반드시 갖추어야 하는 자질로서 진로발달이론, 개인 및 집단상담, 개인 및 집단검사, 정보, 프로그램 개발 및 실행, 코칭과 자문 능력 향상, 다양한 사람들, 수퍼비전, 윤리문제, 연구 및 평가, 과학기술이라는 11개 항목으로 제시하고 있다김봉환, 2013에서 재인용.

· **진로발달 이론**: 이론에 대한 지식은 전문가가 진로상담을 수행하는 데 기본적으로 요구되는 것이다.
· **개인 및 집단 상담**: 개인 및 집단 상담 기술은 효과적인 진로상담을 위하여 기본적으로 필요한 것이다.
· **개인 및 집단 검사**: 개인 및 집단 검사 기술은 전문가가 진로상담을 하는 데 기본적으로 요구되는 것이다.
· **정보**: 정보력은 전문가가 진로상담을 하는데 기본적으로 요구되는 것이다.
· **프로그램 개발 및 실행**: 다양한 영역에서 진로발달 프로그램을 적용하기 위해서는 진로발달 프로그램을 개발하고 실행할 수 있는 기술이 필요하다.
· **코칭과 자문 능력 향상**: 개인과 조직이 진로상담과 발달에 효과적으로 영향을 미치도록 하기 위해 코칭과 자문에 대한 지식과 기술이 필수적으로 필요하다.
· **다양한 사람들**: 다양한 사람들에게 진로상담을 하기 위해서는 이들에 대한 지식 및 상담기술이 요구된다.
· **수퍼비전**: 수퍼비전에 대한 지식과 기술은 상담자의 능력을 정확하게 평가하고, 전문 기술을 유지하고 발전시키는 데 기본적으로 필요한 것이다.
· **윤리문제**: 윤리문제에 대한 지식은 윤리적이고 합법적인 진로상담을 실시하는 데 필요하다.
· **연구 및 평가**: 연구 및 평가에 대한 지식과 기술은 진로상담 관련 연구 및 평가를 실시하고 이해하는 데 필요하다.
· **과학기술**: 내담자가 진로계획을 하는데 과학기술을 활용하는 것이 필요하다.

2) 진로상담과 이론

(1) 이론의 의미

'그 많은 직업 가운데 왜 그 직업을 갖고 살아가고 있는가?'

이론은 이런 질문에 대한 답을 제공한다. 진로상담에 있어서 이론의 역할은 다음과 같다Zaccaria, 1970.

① 상담 자료를 일목요연하게 정리해 준다.
② 복잡한 문제를 단순화시켜 준다.
③ 문제에 대한 접근방법을 시사해 준다.
④ 예측하지 못한 사항이나 관계를 발견하게 해 준다.
⑤ 조작적인 정의를 사용할 수 있게 해 준다.
⑥ 가장 핵심적인 사항에 주의를 집중하게 해 준다.
⑦ 용어를 일관되게 사용할 수 있게 해 준다.
⑧ 새로운 연구방법을 시사해 준다.
⑨ 일반화시킬 수 있는 원리를 도출해 준다.
⑩ 타인의 행동과 의미를 파악할 수 있게 해 준다.

이와 같이, 이론은 '내담자가 진로를 어떻게 선택하고 결정하며 잘 적응할 수 있는가?'라는 문제를 이해하도록 도울 뿐만 아니라 상담자가 진로상담의 과정에서 부딪히는 문제를 극복하고, 보다 효율적으로 진로상담을 발전해 나가도록 돕는다.

(2) 진로상담 이론

진로상담 이론은 관점과 시기에 따라 분류하기도 한다. 선택적 관점의 이론에는 특성-요인 이론, 욕구 이론, 인성 이론, 직업적응 이론, 사회학적 이론, 진로의사결정 이론 등이 있으며, 발달적 관점의 이론에는 긴즈버그와 수퍼의 진로발달 이론, 제한타협 이론, 포부 이론 등이 있다.

또한 진로 이론을 시기에 따라 전통 이론과 신생 이론으로 구분하기도 한다.

오랜 역사를 통해 타당성이 입증된 특성-요인 이론, 성격유형 이론, 발달 이론을 전통이론으로 분류하고, 직업적응 이론, 사회학습 이론, 사회인지 진로 이론, 구성주의 발달 이론, 여성진로발달 이론 등을 신생 이론으로 분류하기도 한다.

톨버트Tolbert, 1980는 주요 진로상담 이론으로 특성이론, 발달이론, 욕구이론, 정신분석 이론, 사회이론, 의사결정 이론, 사회학습 이론으로 분류하고 주요 개념 등을 다음의 표 1-4와 같이 요약 제시하였다.

표 1-4 **진로상담이론 개요**

구분	이론가	주요 개념	연령 구분	생활지도에 응용	연구지원 방안
특성 이론	E. G. Willamson Frank Parsons Hull Kitson	특성의 평가, 일의 요소와 특성의 연계	고등학생, 성인	의사결정을 위한 선택	타당성의 여러 가지 결과
발달 이론	Donald E. Super Eil Ginzberg Tiedman and O'Hara	발달단계, 진로유형, 직업적 자아 개념, 직업성숙도	일생을 통하여 이루어진다.	여러 연령층에 알맞게 상담 및 프로그램 계획	단계별 계열성과 같은 주요 개념을 기초로 한 실질적 지원
욕구 이론	Anne Roe John L. Holland Robert Hoppock	경험과 속성에서 발생하는 욕구, 욕구에 기초한 선택.	전 생애를 통해 일어난다. 그러나 아동기에 초점을 둔다.	생활지도에 있어서 욕구개념을 광범위하게 응용한다.	이론가에 따라 변화된다. Roe는 일부 지원하고는 일반적으로 타당하다고 한다.
정신 분석 이론	Edward S. Bordin Nachmann Segal Galinsky Freud	발달에 대한 정신분석학적 이론	유아기에 있어서 인성발달을 강조하지만 평생을 통하여 욕구는 상존한다.	주로 욕구탐색을 포함하는 상담에 사용된다.	어떤 연구는 개념에 대한 지원을 하고 있다.
사회 이론	Blau Gustad Jessar, and Wilcock Miller and Form August B. Hollingshad	진로발달에 있어서 사회적인 영향, 진로 기회의 중요성과 역할	평생을 통한 활동	광범위하게 응용되고 있다.	여러 가지 측면에서 지지를 받는다. 예를 들면 선택기회의 효과 등

구분	이론가	주요 개념	연령 구분	생활지도에 응용	연구지원 방안
의사결정이론	H. B. Gelatt Hershenson and Roth Knefelkamp and Slepitza Katz Jepson	의사결정, 분류하는 과정	일생을 통하여 전개되지만, 처음 다가오는 2, 30년대를 주로 강조한다.	광범위하게 응용되고 있다.	소수가 지원을 한다.
사회학습이론	Mitchell, Jones and J. D. Krumboltz Thoreson and Ewart	학습유형을 이용, 경험의 효과, 기술을 습득	일생을 통하여 이루어지며 처음 다가오는 2, 30년대를 주로 강조한다.	광범위하게 응용되고 있다.	소수만이 지원을 한다.

제 2 장

진로선택 이론

1. 특성-요인 이론
2. 정신역동적 이론
3. 인간중심 이론
4. 행동주의 이론
5. 인성이론
6. 욕구이론

진로 이론은 상담 자료를 일목요연하게 정리해 주고 진로상담을 보다 체계적이고 효율적으로 진행하기 위한 기초가 된다. 진로상담은 개인과 직업의 특성에 관한 과학적이고 객관적인 자료를 매칭matching하게 하여 가장 합리적인 진로선택을 돕는 선택 이론으로 시작하였다. 진로상담의 초창기 이론으로 불리는 진로선택 이론에는 특성-요인 이론, 정신역동적 이론, 인간중심 이론, 행동주의 이론, 인성 이론, 욕구 이론이 있다. 이 장에서는 각 이론의 이론적 배경과 상담모형 등을 살펴보았다.

이 장에서 학습해야 할 목표는 다음과 같다.
첫째, 특성-요인 이론의 배경을 이해하고, 상담 모형을 설명할 수 있다.
둘째, 정신역동적 이론의 배경을 이해하고, 상담 모형을 설명할 수 있다.
셋째, 정신분석 이론의 배경을 이해하고, 상담 모형을 설명할 수 있다.
넷째, 인간중심 이론의 모델과 일반적인 과정을 요약·설명할 수 있다.
다섯째, 행동주의 이론의 배경을 이해하고, 상담 모형을 설명할 수 있다.
여섯째, 인성 이론의 배경을 이해하고, 상담 모형을 설명할 수 있다.
일곱째, 욕구 이론의 배경을 이해하고, 상담 모형을 설명할 수 있다.

1. 특성-요인 이론

1) 이론의 개요

특성-요인 이론trait-factor theory은 생의 어느 특정한 시기에 의사결정을 하려고 할 때 도움을 줄 수 있는 이론으로서 개인차 심리학과 응용심리학에 근거를 두고 있다. 대표적인 이론가로는 파슨스Parsons, 윌리암슨Williamson, 헐Hull 등이 있다.

이 이론은 개인적이고 객관적이고 과학적인 측정방법을 통해 개인의 특성을 식별하여 직업선택과 결정에 연결시키는 것을 핵심으로 하고 있다.

생활지도의 아버지로 불리는 파슨스는 그의 저서 『직업의 선택』Choosing A Vocation, 1909에서 현명한 직업선택에 관련되는 세 가지 주요 요인을 다음과 같이 들고 있다.

① 자신에 대한 명확한 이해, 즉 적성, 능력, 흥미, 포부, 환경 등의 이해

② 여러 직업에 따른 자격요건, 장·단점, 보수, 취업기회, 장래전망 등에 관한 지식

③ 위의 두 요인간의 합리적인 연결, 즉 내담자학생 자신의 개인적 요인에 관한 자료와 직업에 관한 자료를 토대로 진로상담을 통해 내담자가 현명한 선택을 하도록 도와주는 조력 활동

파슨스의 모형은 특성요인 이론의 기초를 제공하였으며, 과학적 측정 방법을 통해 개인의 특성을 측정하려는 개인차 심리학에 큰 영향을 끼쳤다.

패터슨Paterson과 함께 미네소타 고용안정연구소Minesota Employment Stability Research Institute에서 연구했던 달레이Darley는 특성-요인 이론과 유사한 개념인 '미네소타 관점Minesotal Point of View을 제시하였으며, 미네소타 대학의 직업심리학자들은 여러 가지 특수적성검사Special Aptitude Tests와 성격검사, 그리고 여러 가지 측정도구를 개발함으로써 특성-요인 이론의 기초를 마련하였다.

밀러Miller는 특성-요인 이론이 다음과 같은 다섯 가지 가정에 기초하고 있다고 보았다.

① 직업발달은 개인과 직업특성간의 관계를 합리적으로 추론하여 의사결정을 도출해 가는 인지과정이다.

② 직업선택에서는 발달보다는 선택 자체를 강조한다.

③ 개인에게는 각기 자기에게 맞는 하나의 적절한 직업이 있다. 한 사람이 여러 가지 직업에 두루 적합하다고 볼 수는 없다.

④ 각 직업에는 그 직업에 맞는 특정한 형태의 사람이 종사하고 있다. 따라서 어떤 특정한 직업에서 유능하게 일할 수 있는 사람의 특성에는 어떤 제한이 있다

고 볼 수 있다.

⑤ 누구나 자신의 특성에 알맞은 직업을 선택할 수 있다.

2) 상담 모형

특성요인 진로상담Trait-Factor Career Counseling 이론은 지시적 상담이론에 근거하여 윌리암슨에 의해 주로 직업상담의 토대 위에서 발전된 상담방법이다. 특성요인 진로상담은 개인차 심리학에 그 배경을 두고 있다Anastasi, 1958. 여기서 특성요인이란 주로 일반지능, 특수적성, 학업성취도, 작업능력 등을 포함하는 여러 능력과 직업적 관심, 성격, 포부 등의 요인이 포함되는 개념이다Super & Crites, 1962.

'직업과 사람을 연결'시키려는 직업선택 이론에서 유래한 이 접근법은 다음과 같은 세 가지 가정에서 출발한다Crites, 1969.

① 개인은 각자 독특한 심리학적 특성을 갖고 있기 때문에 각기 자기에게 맞는 특수한 직업 유형에 잘 적응할 수 있다.

② 여러 가지 다른 직업에 종사하는 근로자들은 각기 다른 심리학적 특성을 갖고 있다.

③ 개인의 특성과 직업에서 요구하는 것들 사이의 조화의 정도에 따라 개인의 직업 적응도가 결정된다.

(1) 모형

[1] 진단

특성요인 진로상담에서 가장 기본이 되는 것은 변별진단differential diagnosis이다. 윌리암슨은 진단의 개념을 다음과 같이 정의하고 있다. '진단이란 일련의 관련이 있는, 또는 관련이 없는 사실들로부터 일관된 형식이 갖는 의미를 논리적으로 사고하는 과정이다. 그리고 내담자의 장래 방향설정과 적응을 위해 이런 일관된 형식이 갖는 의미를 판단하고 예측해 주며, 내담자의 장점과 경향성을 이해하는

것이다.

진로의사 결정 시에 나타나는 여러 가지 문제를 진단하는 데 도움을 주기 위해 윌리암슨은 변별진단을 전혀 선택하지 못함, 불확실한 선택, 현명하지 못한 선택, 흥미와 적성 간의 모순이 되는 선택으로 분류하였다. 그러나 이와 같은 변별진단의 체계가 연구결과 불확실한 것으로 나타나서Sioan & Pierce-Jones, 1958 ; Pepinsky, 1948 이런 결함을 극복하기 위해 Crites1969는 내담자의 진로선택 시에 발생하는 문제를 적응문제, 우유부단의 문제, 비현실성의 문제로 분류하고, 내담자의 문제를 해결하기 위하여 독립성 있고 상호배타적인 진단체계를 표 2-1과 그림 2-1과 같이 제시하였다.

표 2-1 **직업선택 문제들에 대한 정의**

▣ 적응문제

(1) 적응된(adjusted) 사람

자신의 흥미분야와 적절한 적성수준에서 직업을 선택한다. 그는 다양한 흥미유형을 갖고 있을지 모르나, 적어도 직업선택에서는 그런 유형 중의 하나와 일치시킨다. 그가 확신이 없이(Pepinsky, 1948) 상담하러 올지라도 실제로 그에게는 문제가 없다(Bordin, 1946).

(2) 부적응된(maladjusted) 사람

직업선택은 그의 흥미분야나 적성수준과 일치하지 않는다. 여기서의 문제는 의사결정 과정에 관련된 변인들 사이의 완전한 불일치이다.

▣ 우유부단의 문제

(1) 가능성이 많은(multipotential) 사람

두 번 또는 그 이상의 선택을 하기도 하지만, 이런 선택의 각각은 그의 흥미분야나 적성수준에서 일치한다. 그는 흥미유형이 다양할 수 있지만 직업선택 시에는 자신의 흥미유형의 하나와 일치되는 것을 선택한다. 그의 문제는 그가 이런 여러 대안들 중에서 하나를 결정할 수 없다는 것이다.

(2) 우유부단한(undecided) 사람

선택을 하지 못한다. 그는 또한 여러 흥미유형을 갖고 있을 수도 있고, 적성수준이 높거나 보통이거나 또는 낮을 수도 있다. 그러나 이런 변인들의 수준에 관계없이, 그의 문제는 미래에 그가 하고자 하는 직업에 확신을 갖고 말할 수 없다는 것이다.

▣ 비현실성의 문제

(1) 비현실적인(unrealistic) 사람

그의 흥미분야와 일치하거나 또는 일치하지 않는 분야를 선택한다. 그러나 그는 측정된 그의 적성수준보다 높은 적성을 요구하는 직업을 선택한다.

(2) 수행불가능한(unfulfilled) 사람

그의 흥미분야와는 일치하지만, 측정된 적성수준보다 낮은 적성을 요구하는 직업을 선택한다.

(3) 강요된(forced) 사람

적절한 적성수준에서 선택을 하지만, 그의 흥미분야와는 일치하지 않는 직업을 선택한다. 그의 문제가 비록 적응이나 우유부단의 문제로 보이지만 선택이 이루어졌기 때문에 여기에 기록된다. 내담자의 선택이 비현실적으로 되는 이유는 그것이 적절하지 못한 흥미영역에서 이루어지기 때문이다. Strong(1955)은 개인이 적절한 직업을 갖게 될 때, 그가 다른 직업으로 전환할 가능성이 약 5 : 1 이라는 것을 발견했다.

* 출처 : Crites, 1969.

이 체계의 기본 원리는 내담자의 적성 · 흥미 · 선택 사이의 일치의 원리이다.

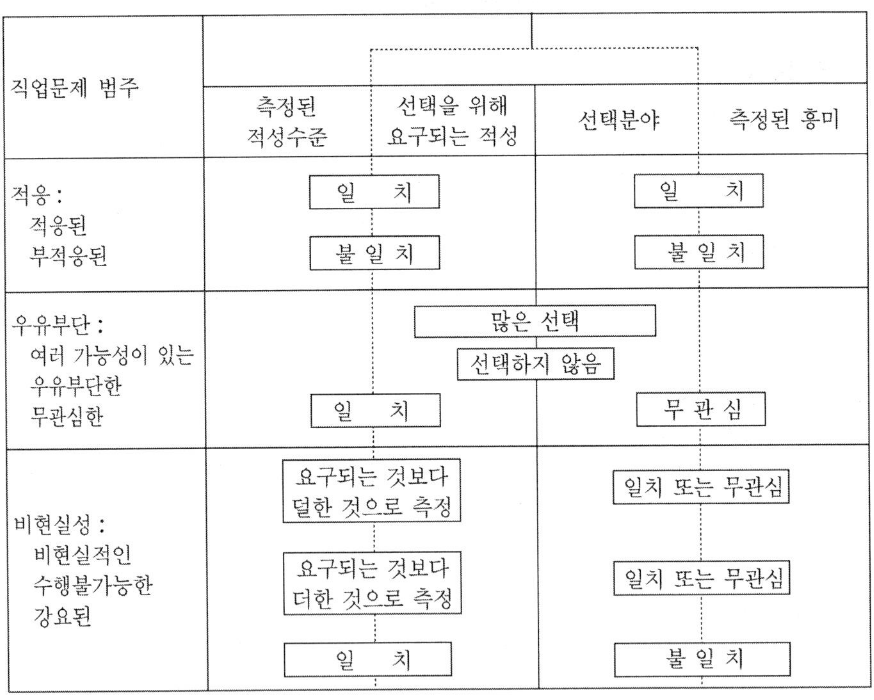

그림 2-1 직업선택 문제 분류준거표Crites, 1969

2 과정

특성요인 진로상담의 과정은 과학적이고 합리적이다. 윌리암슨은 6단계 상담과정을 다음과 같이 기술하고 있다.

① 분석

내담자에 관한 각종 자료로부터 표준화 검사나 심리검사를 통해 태도, 흥미, 가족배경, 지적 능력, 교육적 능력, 적성 등에 관한 자료를 수집한다.

② 종합

내담자의 특성이나 개별성, 즉 개인의 장점과 단점, 욕구, 문제 등을 종합적으로 분류 · 탐색하기 위해 사례연구나 검사목록의 방법에 의해 자료를 수집하고 종합한다.

③ 진단

내담자의 진로문제와 특성을 분류하고 학문 · 직업적인 능력과 특성을 비교하여 진로 문제의 원인을 탐색하고 객관적으로 진단한다.

④ 예측

선택 가능한 직업에 대한 가능한 대안과 조정가능성, 그리고 성공여부를 탐색하고 예측한다.

⑤ 상담

앞의 4단계를 통해 얻어진 자료를 중심으로 하여 상담자는 문제해결을 조력한다. 이해와 수용과 공감의 분위기에서 미래 또는 현재의 직업면에서 바람직한 적응을 하기 위해 어떻게 해야 할지 내담자와 협동적으로 상담한다.

⑥ 추수지도

내담자가 행동계획을 실천하도록 계속 조력하고 지도한다.

이 과정에서 처음 4단계는 상담자가 일방적으로 주도하지만, 나머지 2단계는 내담자도 능동적으로 참여한다. 특성요인 상담에서는 내담자에 대한 자료들을 수집하고 분석 · 평가하는 과정이 상담과정의 대부분을 차지하기 때문에 상담자의 능력과 능동적인 활동이 요구된다.

3 결과

특성요인 진로상담의 목표는 개인의 특성을 여러 가지 검사를 통해 자세히 밝혀내고 그것을 각 직업의 특성과 연결시키려는 것이다. 객관적이고 과학적인 방법에 의해 내담자는 자기에 대한 이해를 명확히 할 수 있기 때문에 합리적이고 현실적인 의사결정을 할 수 있으며, 그와 같은 결정이나 해결의 방법도 배울 수 있다.

요약하면 특성요인 진로상담은 개인의 특성이나 각 직업에서 요구하는 조건이나 직업특성들을 과학 · 합리적으로 분석하여 이 둘 사이를 현명하게 연결시켜 합리적이고 현명한 직업선택을 하도록 조력하는 모형이라고 할 수 있다.

(2) 방법

1 상담기법

윌리암슨은 진로상담의 기법으로 촉진적 관계형성, 자아이해의 신장, 실제적인 행동의 계획이나 설계, 계획의 수행, 위임을 들고 있다.

① 촉진적 관계형성

상담자는 내담자에게 신뢰감을 줄 수 있는 분위기를 만들고 문제해결을 촉진할 수 있는 관계를 형성한다. 촉진관계는 진로상담의 성공여부를 결정하는 주요 기법이다.

② 자아이해의 신장

상담자는 내담자가 자신의 장점이나 특성에 대해 개방된 평가를 하도록 도우며, 그러한 장점이나 특성이 내담자의 진로문제를 해결하는 데에 어떻게 관련되는지에 대해 통찰력을 갖도록 격려한다. 유능한 상담자는 '내담자로 하여금 그의 장점을 최대한으로 이용하여 진로면에서 성공과 만족을 얻도록 조력하는 사람'이다.

③ 실제적인 행동의 계획이나 설계

상담자는 내담자가 이해하는 관점에서 상담이나 조언을 한다. 또 내담자가 말한

학문 · 직업적인 선택이나 내담자의 감정, 태도 등에 대해 언어로써 명료화시켜 준다. 이런 과정을 통하여 상담자는 내담자가 실제적인 진로행동을 계획하고 설계하도록 조력한다.

④ 계획의 수행

촉진적 관계형성을 통하여 자기이해가 신장되고 실제적인 진로행동을 계획하고 실행하였으면 상담자는 내담자와 그러한 계획을 실행에 옮겨서 직접 직업을 선택해 보도록 적극적으로 돕는다.

⑤ 위임

한 사람의 상담자가 모든 종류의 내담자를 전부 상담할 수는 없다. 윌리암슨은 이런 경우에 상담자는 다른 적절한 상담자를 소개하거나 내담자 스스로 다른 상담자를 찾아보도록 권고하라고 충고하고 있다.

⑥ 유의사항

특성요인 진로상담의 과정에서 유의할 사항은 다음과 같다Darley, 1950.

· 내담자에게 강의하거나 고자세로 말하지 말라.
· 간략하고 명료한 언어를 사용하고, 내담자에게 가급적이면 꼭 필요한 정보만 제공하라.
· 어떤 정보나 해답을 제공하기 전에 내담자가 정말로 상담하기를 원하는지 확인하라.
· 내담자가 지니고 있는 여러 가지 문제와 상담자에 대한 내담자의 태도를 상담자가 지각하고 있는지 확인하라.

2 검사의 해석

특성요인 진로상담에서는 내담자의 특성에 대한 자료를 과학적으로 수집하고 분석 · 종합하여 객관적이고 합리적인 의사결정을 하도록 조력하는 면을 강조하기 때문에, 검사의 결과를 해석하고 조언을 하는 과정이 매우 중요하다. 검사결과를 해석해 주는 방법에 대해 윌리암슨은 세 가지 방법을 제시하고 있다.

① **직접충고**direct advising

이것은 내담자가 할 수 있는 가장 만족할 만한 선택이나 행동 또는 실행계획에 대해 상담자가 자신의 견해를 솔직하게 표명하는 것을 말한다. 윌리암슨은 상담자가 이 방법을 쓸 때는 내담자의 문제의 성격과 성격특성을 충분히 고려해야 한다고 충고한다. 즉, 내담자가 집요하게 상담자의 솔직한 견해를 요구하거나, 내담자가 심각한 좌절이나 실패를 가져올 행동이나 진로선택을 고집하는 때에만 이 방법을 사용해야 한다.

② **설득**persuasion

상담자는 내담자가 여러 가지 대안을 생각할 수 있도록 합리적이고 논리적인 방법으로 자료를 정리한 후에 내담자가 이해할 수 있는 방법으로 설득을 한다. 상담자는 내담자의 선택에 직접 관여하지는 않지만 내담자가 비합리적인 선택을 하지 않도록 돕는다.

③ **설명**explanation

상담자는 검사 결과뿐 아니라 내담자가 검사 결과가 주는 의미를 이해해서 현명한 선택을 하도록 돕기 위하여 내담자에 관한 기타 여러 가지 자료들을 해석해 준다.

직접충고, 설득, 설명의 방법에 의해 내담자가 진로결정에 있어서 검사결과를 유용하게 사용할 수 있게 되면 상담자는 상담의 초점을 의사결정 과정에 맞추게 된다. 직업선택과 결정은 특성요인 상담의 핵심이요 절정이 되는 과정이다.

3 직업정보의 기능

특성-요인 이론 상담에서 상담자가 내담자에게 제공하는 직업정보의 기능은 다음과 같다Brayfiled, 1950; Cristensen & Baer & Roeber, 1951.

① **정보제공 기능**

상담자가 내담자에게 직업정보를 제공해 주는 목적은 이미 선택한 바를 확인하게 하거나, 두 가지 선택이 똑같이 매력적이어서 내담자가 결정을 망설일 때 해결해 주거나, 내담자의 진로선택에 관한 지식을 증가하도록 조력하기 위한 것이다.

② 재조정 기능

직업정보의 또 다른 기능은 내담자가 현실에 비추어 부적당한 선택을 했는지 재조명해 보는 기초를 제공해 주는 것이다. 상담자는 내담자가 환상적 생각을 버리고 냉철하게 현실검증을 할 수 있도록 직업정보를 제공해 준다.

③ 동기화 기능

상담자가 직업정보를 제공해 주는 또 다른 이유는 내담자가 의사결정 과정에 적극 참여하도록 동기화시키기 위해서이다. 상담자는 의존적인 내담자가 스스로 한 선택에 대해 책임감을 갖게 될 때까지 내담자를 조력하며, 진로선택을 위한 동기를 강화시키기 위해 정보를 제공해 준다.

④ 탐색 기능

직업정보의 또 다른 기능은 내담자가 일의 세계에 대해 보다 폭넓은 지식을 갖도록 탐색하게 하는 것이다.

⑤ 확신 기능

상담자는 내담자의 진로선택이 합리적이라는 것을 확신하게 하기 위해 직업정보를 제공해 준다.

⑥ 평가 기능

직업군이나 직업에 대한 내담자의 지식과 이해가 신뢰할 수 있는 정도인지, 관련이 깊은지를 평가하도록 돕기 위해 상담자는 직업정보를 이용한다.

⑦ 확인 기능

상담자는 내담자가 어떤 직업을 선택한 후에 그 직업에 대해 확실한 지식과 태도를 갖고 있는지 확인하기 위해 직업정보를 제공해 준다.

(3) 상담사례

특성요인 진로상담의 모형과 방법을 예시하기 위하여 대학 상담소에서 대표적인 내담자를 선정하였다. 18세의 1학년 남학생인 Mark는 1학기 크리스마스 휴가 직전에 주 1회의 면담을 세 차례 받았다. 상담소의 관례대로 짤막한 예비면담(30분)을 받았다. 그는 진로상담을 받게 되어 고참상담자(전일 근무자)에게 인계되었고, 상담자는 그를 다음 주에 만났다. 이 사례에 대한 자료—면담초록, 검사결과, 성장사, 신상조사 자료 등—는 특성요인 진로상담 모형, 즉 진단, 과정, 결과에 따라 조직되었고, 면담방법, 결과해석, 직업정보사용법이 모형과 관련지어 논의되었다. 전자는 후자를 보완하는 수단이 되었다.

(1) 진단

상담자와 첫 번째 접촉에서 40분 동안 Mark는 말하였다. '제 자신의 진로를 선택해야겠다는 것은 알고 있지만 확정을 짓지 못하고 있습니다.' 특성요인 상담의 과정(분석)을 따르는 상담자는 내담자에 대한 배경과 신상자료를 얻어 종합진단을 내리기 위하여 Mark가 제시하는 문제를 중심으로 사실중심의 질문을 하였다. 그리하여 내담자의 말이 '불확실한 선택' 인지 아니면 '선택하지 않은 것'인지를 판단할 수 있게 된다. Mark는 고등학교 때까지는 예술에 흥미를 가졌다고 했다. 그는 그리기, 도자기 공예, 판화를 즐겨서 했을 뿐 아니라, 부모와 친구는 물론 선생님으로부터도 그 방면에서 뛰어나다는 말을 들었다. 그의 그림이나 판화는 전시되었었고 상도 몇 번 받았다. 그러면서도 그는 예술분야에서의 경쟁이 치열하며, 사람은 누구나 성공할 수 있는 재능이 몇 가지 있다는 것도 알고 있었다. 예술방면에 대한 자신의 진로에 그가 회의를 품게된 것은 다음과 같은 생각에서 비롯되었다. 즉, 자신이 예술을 직업으로 할 만큼 충분한 적성이 있는가였다. 면담 끝 무렵에 Mark가 한 말로 미루어 상담자는 '선택하지 않은 것'이 아니라 '불확실한 선택'이라고 잠정적으로 진단을 내렸다. 즉, Mark는 분명히 예술을 택했으나, 부수적인 객관적 자료에 반대되는 그의 결심을 현실적으로 검증할 필요가 있었다.

이러한 자료를 수집하기 위하여 상담자는 심리측정가와 협의하여 Mark에게 두 번째 면담 전에 검사지를 선정하여 검사받게 하였다. 예술적성을 알아내기 위한 알맞은 검사가 극히 적다는 사실을 안 상담자는 이용가능한 것 중에서 가장 좋다고 생각되는 Meier 예술판단검사(Meier Art Judgement Test)만을 부과하고 예술과 교수를 찾아뵙도록 하여, 자신의 검사결과에 대한 전문적 평가를 받도록 하였다. Mark의 일반학문에 대한 적성이 대학에서 성공할 수 있는지를 예측해 보기 위해 상담자는 종합 ACT(미국대학검사) 점수를 구하였다.

그의 점수는 85백분위점을 나타내어 학사학위를 취득할 가능성은 평균을 상회했다. 특별능력과 일반능력이 뛰어난 것에 대한 칭찬과 아울러 상담자는 Mark의 직업적 흥미를 다음 두 가지 이유로 평가하고자 했다. 즉, ① Mark가 표현한 예술선택성을 인정(또는 부정)하기 위하여, ② 예술부문에 흥미가 없거나, 있어도 적성이 맞지 않아 성공하기가 힘든 경우에 다른 흥미양식을 확인하기 위하여, 상담자는 또한 Mark의 진로선택에 관련된 배경정보를 끌어내기 위하여 광범위한 개인적 자료설문지(personal data blank)를 작성하게 했다. 예술적 능력이 '유린된다'라는 상당한 증거가 나타나서 상담자는 이를 점검해 보기로 하였다. 그러나 성격검사는 실시하지 않았다. 왜냐하면 '예술적 성격'이 있다는 것이 매우 부정적으로 나타났기 때문이다. 면담과정에서 Mark는 적절히 반응하기 시작하였다.

(2) 과정

첫 면담 후 Mark는 검사지와 다른 것들을 집에 가지고 가서 완성해 왔다. 두 번째 면담에서는 검사를 해석하는 데 이 단계는 특성요인 진로상담에선 절차상의 단계이자 시간적 틀이었다.

검사해석 단계에서 상담자는 Mark의 서류(검사)에 대하여 미술과 교수로부터 평가서를 받았으며, 그 평가는 전반적으로 호의적이었다. 그 평가서에는 Mark가 판화와 석판화에도 뛰어나다고 적혀 있었으며 Mark도 그것을 수긍하였고, 이 평가서는 미술분야에서 Mark가 관심을 집중시킬 수 있는 방향을 제시해 준 셈이었다. Meier Art Judgement Test에서 Mark의 점수는 대단히 높아(미술과 대학생과 비교해서 99백분위였고, 미술가와 비교하면 95백분위였음) 미술과 교수의 의견이 합당함을 증명해 주었다.

또한 Strong-Campbell Interest Inventory(SCII)와 Personal Data Blank(PDB)에서도 Mark가 미술분야에 대하여 진로를 선택할 것을 지지하는 증거가 나타났다. Mark가 SCII에서 보여준 유일하고 중요한 흥미양식은 미술가집단의 특성과 같았고, General Occupational Theme and Basic Interest Scales의 미술영역에서도 가장 높은 점수를 받았다. 미술적성은 물론, 흥미양식이 유전되었음을 증명이라도 하듯이 Mark의 점수는 그의 배경, 특히 부계와 일치하고 있었다. 그의 아버지는 미술을 공부했었다. 나중에는 작가가 되었지만, 그의 할아버지는 미술에 조예가 깊었었다. 그의 첫째 숙부는 국가적으로 유명한 건축가였다. 이렇듯, Mark의 인적사항이나 심리검사결과는 대체로 Mark의 미술에 대한 진로선택(특히 판화나 석판화)을 지지하고 있었다.

이 단계에서는 검사해석이 대화의 90%를 거의 차지했었는데, Mark도 적극적으로 반응하였으며 때로는 확인질문까지도 하였다. 상담자는 검사결과에 대해 충분히 이야기하고 난후에 Mark에게 소감을 물었다. Mark는 '글쎄요, 새로운 것은 없지만 제가 원하는 것을 할 수 있는 능력이 있음을 알게 되어 좋습니다'라고 대답하였다. 상담자도 Mark의 진로선택이 합당한 듯하다고 말하였다. Mark는 직업정보에 대하여 좀 더 현실적 검증을 하고 싶어할지도 모른다. 그것은 다음 면담에서 상담자와 함께 조사해 볼 수도 있을 것이다.

Mark는 미술과 교수와의 면담에 동의하였고, 교수는 Mark의 미술방면에 대한 진로선택에 대한 자료를 평가하여 자유업, 교사, 미술스튜디오 경영, 상업미술가 등의 진로를 제시하였다. 상담자는 이들 진로의 하나하나에 대한 자료는 물론, 이들을 종합할 수 있는 자료도 구비하고 있어야 한다. 세 번째 면담에서 상담자와 Mark는 수집한 정보를 서로 검토하고 예측했다. ① Mark가 경쟁이 심한 미술분야에서 성공하려면 결국 대학원에 진학하여야 할 것이다. ② 대학원에 다닐 자금을 마련하기 위해서는 미술학사 취득 후 몇 년간 직업을 가져야 할 것이다. ③ Mark가 미술분야에 계속 정진하려면 교사를 하거나 사업을 하여 돈을 벌어야 할 것이다.

상담은 Mark의 다음과 같은 말로 끝맺었다.

'기분이 좋아졌습니다. 이제는 제가 올바른 일을 하고 있는지 어떤지에 대하여 방황하지 않고 미술공부를 계속해 나갈 수 있습니다.'

(3) 결과

Mark가 졸업 직전에 상담자를 만나러 들렀을 때 추수지도가 이루어졌다. 그는 전 교과의 GPA에 3.25를 받아 미술과 학사과정을 마쳤으며, 전공에서는 거의 A를 받았다. 그는 비축해 놓은 돈을 다 썼기 때문에 대학원 입학 전에 최소한 1년간 취업하기로 하였다. 그는 판화전에 출품하여 고무적인 평가를 받았으며, 보다 많은 인정을 받기 위해서는 훈련이 더 필요함을 느꼈다. 상담자는 이 말을 듣고 Mark의 문제점은 불확실한 진로선택이었다고 진단한 것이 근본적으로 옳았음을 확인하였다. 더욱이 미술계통의 진로에 대하여 검사를 하고 자신과 직업정보에 대한 탐색을 한 것이 효과적인 상담전략이었던 것으로 나타났다. 최소한 불확실성이

해결되었다는 간접적인 증거가 있고, Mark의 의사결정 능력이 높아졌다는 간접적인 증거가 있다. 후자는 표면적인 상담목표는 아니지만, Mark의 장래계획에 나타난 부산물이었다.

3) 이론의 평가

특성요인 진로상담 이론은 한때 심리검사의 개발과 세계대전의 발발로 상당한 각광을 받아 왔고 현재도 진로지도에 공헌하는 바가 크다. 특히 직업선택에서 적성을 고려하도록 하였다는 사실이 주요 공헌으로 평가되고 있다. 이 이론은 그 후 다양한 연구들이 수행될 수 있도록 자극을 주었는데, 적성검사연구가 그 대표적인 것으로 스토롱Strong, 1983의 직업흥미검사, 쿠더Kuder, 1963의 직업선호검사 등이 여기에 속한다.

그러나 특성요인 진로상담 이론은 이론적 공헌에 못지않게 많은 결함을 내포하고 있기도 하다. 특히 심리검사를 통해 개인이 특정 직업에 성공할 확률을 예측하는 예언타당도가 극히 낮다. 실제로 2차 세계대전 중에 군대에서 검사를 받은 10,000명의 직업유형을 추적 조사한 결과, 12년 전에 받았던 검사는 각 개인들이 가지고 있는 직업에서의 성공을 정확히 예측하지 못하고 있음을 보고하고 있다 Thorndike & Hagen, 1959. 또한 다른 연구에서도 직업훈련 프로그램의 검사에서 나타나는 성공예언은 적당히 믿을 만한 것일 뿐이지 지나친 믿음을 갖는 것은 위험한 것임을 경고하고 있다.

따라서 검사를 통해 얻은 정보는 진로선택과 결정에 참고 자료로 활용하는 정도에 그쳐야 한다. 특성요인 접근 주창자들 가운데서도 많은 학자들이 진로상담에서 사용되는 검사의 남용을 결코 인정하지 않는다고 주장하고 있다Brown & Brooks, 1990. 실제로 윌리암슨은 검사의 결과는 개인차를 평가하기 위한 한 가지 수단일 뿐이며 오히려 직업경험과 일반적인 배경과 같은 자료들이 진로상담 과정에 있어 더 중요한 것이라고 주장하고 있다Zunker, 1998.

이 밖에도 특성요인 진로상담 이론은 직업선택을 일회적인 행위로 간주하여 장기간에 걸친 인간의 직업적 발달을 도외시하고 있으며, 개인이 갖고 있는 여러 특성 간의 역동성 및 개인이 그 많은 요인 중에서 어느 것을 우선적으로 고려하느냐에 따라 직업선택이 달라질 수 있다는 점을 고려하지 못한다는 한계를 지니고 있다.

2. 정신역동적 이론

1) 이론의 개요

정신역동적 진로상담Psycho-Dynamic Career Counseling 이론은 프로이드Freud의 정신분석 이론을 진로상담에 도입한 이론이다. 정신분석학에 뿌리를 둔 정신역동적 진로상담은 진로선택과 의사결정에 있어서 심리학적인 요인을 중시한다. 이 접근법은 특성요인 접근법과 인간중심 접근법을 포괄하면서 내담자의 동기유발과 방어기제에 초점을 둔다. 이 상담이론은 사람과 직업을 연결시키는 것을 기초로 삼고 있지만, 그 기초 위에 어떻게 그와 같은 선택이 이루어지는 지에 대한 복잡한 개념들을 설명하려고 노력한다.

정신역동 이론에서는 선택의 자유를 갖고 있는 한 개인이 자기의 직업 활동에서 만족을 추구할 수 있는 최선의 방법을 추구하며 불안으로부터 사람을 보호할 수 있는 최고의 직업을 선호하는 경향이 있다고 본다. 따라서 정신역동 이론에서는 직업에 대한 발전적 접근법으로 출생, 나아가 태아 때부터 인성을 형성하는데 영향을 주는 모든 것들을 조사할 것을 강조하고 있다.

이와 같이 정신역동적 진로이론에서는 진로결정 과정에 정신분석적 원리를 적용하여 진로선택은 내담자의 욕구를 포함한 것이며 그것은 발전적 선택 과정이라고 해석한다.

정신역동적 진로상담 이론은 다음과 같은 5가지 가정에 기초를 두고 있다Bordin, Nachman & Segal, 1963.

① 인간발달은 지속적이다. 유아기의 단순한 심리 · 생리적 발달과정은 성인이 된 후의 복잡한 지적 활동과 깊은 관련을 가진다.

② 개인이 선호하는 직업은 생후 6년간에 만들어지는 욕구need에 의해 결정적으로 선택된다.

③ 만족을 추구하는 본능은 유아기의 단순행동에서처럼 성인기의 복잡한 행동에서도 나타난다.

④ 넓은 의미에서 보면 일이란 유아적인 행동을 사회적으로 수용될 수 있는 행동으로 승화시킨다.

⑤ 모든 직업은 욕구충족의 일환으로 기술될 수 있다.

이와 같이 정신역동 이론에서는 개인의 내적 동기와 과정변인을 중시한다. 또한 정신역동 이론에서는 생리적 욕구를 지닌 인간의 욕구와 충동을 사회적으로 용납될 수 있는 일이라는 형태로 승화시키는 것에 관심을 갖고 있기 때문에 일을 조직사회를 위해서 필수적인 것으로 보았지만, 그리 유쾌하지는 않은 의무라고 보았다.

2) 상담 모형

정신역동적 진로상담을 개념화하면서 보딘과 동료들은 진로결정 과정에 정신역동 과정을 적용할 것을 제안하였다Bordin, Nachman & Segal, 1963. 보딘이 제안한 정신역동적 진로상담 이론의 기저는 두 가지로 요약될 수 있다. 즉, 진로선택의 주요 요인은 내담자의 욕구를 포함하는 것이며 그것은 발전적 선택과정이라는 것이다.

(1) 진단

1 진단 문제 영역

정신역동적 진로상담의 문제 영역은 다음과 같다.

① 의존성dependance

내담자들이 자신의 진로문제를 해결하고 책임을 지는 것을 어렵다고 느끼거나 발달과업을 완수하기에 어려움을 겪는다. 이들은 자신의 생을 영위하는 모든 문제를 지나치게 다른 사람들에게 의존한다.

② 정보의 부족lack of information

진로의사결정과 관련된 정보가 부족하여 진로결정에 어려움을 겪고 현명한 선택을 하지 못한다. 경제적으로나 교육적으로 궁핍한 환경에서 사는 사람들은 적합한 정보를 접할 기회가 없기 때문에 현명한 선택을 하지 못하는 경우가 많다.

③ 자아갈등self-conflict

자아개념과 다른 심리적 기능의 갈등으로 진로선택이나 기타 삶에서 중요한 결정을 내려야 하는 경우에 개인은 갈등을 겪게 된다.

④ 진로선택에 따르는 불안

진로선택과 관련하여 불안을 경험한다. 자신이 하고 싶어하는 일과 중요한 타인이 기대하는 일이 다를 경우 진로선택에서 불안과 갈등을 겪는다.

⑤ 문제가 없음non problem

내담자가 현명한 선택을 하였지만 선택한 것에 대한 확신이 부족한 경우다. 이 경우, '문제는 없고 확신이 부족한 경우'라고 명명할 수 있지만, 이와 같은 확신의 결여 또한 여러 가지 문제를 야기할 수 있다.

2 욕구와 진로문제 영역

크릿츠Crites는 호나이Horney, 1945 ; 1950의 인성심리요법 이론과 에드워드 인성선호검사Edwards Personal Preference Schedule, EPPS를 통합한 것을 기초로 진로상담 전과 중간에 사용할 수 있고 또 처리 전략을 선택하는 기준이 될 수 있는 정신역동적 분석체계를 만들었다. 개인의 욕구와 진로문제의 관련성에 주목하여 상담전략을 수립하는 것이 필요하다고 본 크릿츠는 EPPS 검사의 결과 나타난 욕구를 통하여 내담자의 진로문제 영역, 즉 잠재적 능력, 미결정, 강요, 비현실적, 무관심, 불만족인 측면의 진로문제를 알아보고자 하였다. 예를 들어, 표 2-2에서와 같이

'과시의 욕구가 강한 내담자'는 의상이나 행동으로 타인의 주의를 끌려는 욕구로 인하여 비현실적인 진로선택과 결정을 하게 된다.

표 2-2 **EPPS에 의해 측정되는 욕구와 진로문제 영역**

진로문제영역	욕 구	변인과 관련된 정의
잠재적 능력이 있는	제휴(affiliation)	친구들과 많은 활동에 참여함
	양육(nurturance)	타인에 대하여 동정과 애정을 느끼고 도와줌
	사색(intraception)	행위의 근저에 깔린 동기의 관점에서 생각함
미결정인	복종(deference)	관행을 준수하고 타인의 지도력에 따름
	굴욕(abasement)	일이 잘못되었을 때 죄의식을 느끼고 자책함 일반적으로 소심하고 열등함
	원조(succorance)	타인으로부터 격려, 연민, 애정을 받음
강요된	인내(endurance)	과업이 완수될 때까지 노력함
	질서(order)	조직과 개인행동의 올바름을 강조함
비현실적인	이성애(heterosexuality)	이성과 사회적 관계, 성관계를 가짐
	과시(exhibition)	의상이나 행동으로 타인의 주의를 끎
	변화(change)	새로운 경험을 하며 일상적인 것을 회피함
무관심한	자율(autonomy)	타인이나 관습에 대해 독자적으로 행동함
	공격(aggression)	타인을 비웃고 비난 공격함
불만족한	지배(dominance)	타인과의 관계에서 지도적 역할을 함
	성취(achievement)	사회적, 개인적으로 의미 있는 과업을 성공적으로 달성함

(2) 과정

보딘은 진로상담 과정을 세 단계로 나누었다. 이 단계들은 진로발달의 전 과정을 포괄하는 하나의 소우주microcosm이다.

1 탐색과 계약체결 단계

상담자는 내담자가 자신의 욕구 및 정신역동적 상태를 탐색할 수 있도록 돕고 앞으로의 상담전략을 합의한다. 이 단계에서는 이 접근법이 의미하는 바와 같이 진로결정의 정신역동, 즉 내담자의 삶에 있어서 인성과 직업과의 접촉관계에 초점을 맞춘다. 예를 들면, 정신역동적 진로상담은 무리한 요구를 하는 엄격한 아버지를 둔 낙제생 공학도가 전공을 바꾸고 싶지만 두려움을 느껴 방어적 인식을 하는 경우, 그 의미를 파악하려고 노력한다. 이 과정을 '예행연습'rehearsal이라고 일컫는데, 정신역동적 진로상담의 세 'R' 중 첫 번째이다. 나머지 두 개의 'R'은 '재조명re-focusing'과 '재구성reconstruction'이다.

첫 단계에서 내담자는 비임상적 세계에서 다른 사람들에게 수없이 설명했으나, 해결책을 찾지 못한 '자기 이야기'를 되풀이한다. 이때 상담자는 따뜻한 관심, 관대함, 솔직한 의사소통에 입각한 치료적 관계를 형성한다는 맥락에서 내담자의 이야기에 귀를 기울인다. 이러한 관계의 양상은 내담자중심 진로상담에서의 감정이입, 무조건적 · 긍정적 수용, 진실함과 대체로 일치한다.

2 비판적 결정의 단계

진로에 대한 비판적 결정뿐 아니라 선택이 제한된 것들 또는 인성변화를 포괄하는 문제들도 포함하는 결정단계이다. 자신의 성격적 제한을 그대로 받아들이고 그 성격에 맞게 직업을 선택하느냐, 아니면 직업선택에 제한을 두는 성격을 변화시켜 어떤 직업을 선택할 것인가를 결정하는 것이다. 정신역동적 진로상담자는 내담자에게 개인 상호간의 관계와 진로발달을 다루는 과정에서 보다 광범위하게 참여할 수 있는 선택의 대안들을 제시한다. 만약 내담자가 이 목표를 선택한다고 하면 이것이 '조명'이다. 상담자는 내담자와의 협력적인 상호작용을 통해 의사결정 관계에서 자아의 수용self-in-relation-to-decision을 쉽게 하면서 내담자와 상담자는 동등하게 적극적으로 참여하게 된다.

3 변화를 위한 노력 단계

이 단계에서는 비록 직업의 실제에 한정된 것이라 하더라도 내담자로 하여금 적어도 어느 정도의 인성변화를 일으킬 것이라고 가정한다. 이 마지막 단계는 자아의 인식과 이해를 점점 확대하도록 추진된다. 비록 의사소통에 의해 촉진되기는 하나, 재구성이나 혹은 내담자가 어떤 종류의 사람인지를 재정의하는 과정은 원칙적으로 진로상담의 관계적 차원과 병행하여 이루어진다. 설리번Sullivan이 강조한 '바로-지금right-now'의 관계를 이용하면서 정신역동적 진로상담자는 내담자가 나타내는 감정에 반응을 보인다. 이 단계에서 내담자는 직업과 관련해서 어떤 성격의 변화를 택할 것인지를 결정하며, 그 변화를 시도하려고 노력한다.

(3) 결과

정신역동적 접근법은 내담자가 현명한 진로선택을 하고 자신의 선택에 대해 책임을 수용할 줄 아는 사람으로 변화하도록 돕는 이론이다. 이 접근법에서는 내담자가 갖고 있는 불안이나 정서장애를 제거시켜 내담자가 자유의지로 책임감 있게 진로를 선택하도록 내담자의 성격구조를 재구성하는 면을 강조하고 있다.

(4) 방법

1 상담 기법

보딘은 다음과 같이 세 가지 방법을 제시하고 있다.

① 명료화

현재의 진로문제와 관련된 내담자의 생각과 감정을 언어로써 명료하게 재인식시켜 준다. 이를 위하여 진로문제와 관련된 내담자의 생각과 그들의 언어적 표현양식에 초점을 두고 개입한다. 명료화는 개방적 질문, 충고적인 제안, 약간의 설명이 포함된 개방적 질문형식을 취한다. 개방적 질문 형태는 '예', '아니오'로 답할 수 없기 때문에 수동적 의존성의 내담자에게 특히 효과적인 방법이다.

② 비교

내담자가 갖고 있는 문제와 역동적인 현상간의 유사점과 차이점을 비교하는 방법이다. 상담자는 비교를 통하여 내담자가 갖고 있는 문제와 역동적인 현상

중에서 유사한 점과 차이점을 더욱 명확하게 구분하게 된다. 예를 들어, 부모에 의해 강요된 진로열망에 대응하는 우유부단한 내담자에게 "당신 부모는 당신이 원하지 않는 어떤 일을 하기를 원합니다. 그러나 당신은 당신이 원하는 것이 어떤 것인지 결정할 수가 없습니다. 당신은 이 둘 사이의 관계를 이해합니까?"와 같은 질문을 함으로써 내담자의 무의식적인 반항에 반응할 수 있다.

③ 소망-방어체제의 해석

내담자의 욕구나 소망과 방어체계를 상담자가 해석해 주는 방법이다. 예를 들어, 의학에 잘 적응하고 있는 내담자가 전공을 건축으로 바꾸고 싶다고 말했다. 의학 쪽에 재능이 없는 것 같다는 게 내담자의 진로변경 이유이다. 면담을 계속하는 동안 그가 전공을 바꾸기로 마음먹기 직전에 어머니가 뇌빈혈로 쓰러지셨고, 아버지는 그 일이 부분적으로 내담자에게 책임이 있다고 암시를 해 왔다는 것을 상담자가 알게 되었다. 아들이 공부할 때 어머니가 늘 옆에서 시중을 들었기 때문에 병이 났다는 것이다. '여성의 모습을 상징적으로 나타내는 것이 건축물'이라는 정신역동적 가정에 따라 상담자는 내담자가 건축으로 전공을 바꾸고 싶어하는 것은 죄의식에서 벗어나고 싶기 때문이라는 해석을 내렸다. 이와 같은 해석을 통해 내담자는 건축이 비현실적이고 반동적인 선택이었다는 것을 알게 되고 의학 공부를 계속하기로 결정하였다.

이와 같이 소망-방어체제 해석은 상담자가 내담자의 내적 동기 상태와 진로 의사결정 과정 사이의 관계를 인식하고 그에 따른 도움을 줄 수 있다.

2 검사의 해석

심리검사의 상담 자료에 의한 진단이 이 접근법의 핵심자료이다. 보딘Bordin, 1968은 상담자는 심리검사를 통해 내담자의 심리상태를 정확히 이해하고 상담에 대한 내담자의 기대를 충족시키기 위해 검사결과를 활용해야 한다고 보았다. 이 접근법의 초점은 내담자에게 신뢰도가 높고 타당한 정보를 제공해서 내담자로 하여금 자기 자신에 대해 보다 깊이 있고 타당한 이해를 하도록 조력하는 데 있다.

3 직업정보의 활용

이 접근법에서는 개인의 욕구분석에 관한 정보를 중시한다. 이것은 특성-요인 이론의 영향을 받은 것으로 개인이 자기self와 직업세계와의 정신역동적 구조를 잘 이해하게 되면 그는 자신의 욕구를 잘 충족시켜 주는 직업을 선택할 수 있고, 욕구와 현실과의 타협을 할 수 있다는 가정에 기초하는 개념이다.

(5) 상담사례

Randy Grant라는 내담자는 20세의 남자 대학생으로, 수학을 전공했다. 당시 그는 상담을 요청해 왔다. Randy는 평균(GPA) 3.91을 받았고, 신입생 입학검사에서는 95점 이상을 받았는데, 그는 '학문적으로 지도하는(academic advising)' 직업에 종사하고 싶었으나 경리직원이 되었다고 말했다. 상담자는 그의 상담신청서에 그가 매우 침울하고 혼란되어 있는 것처럼 보였다고 적었다.

(1) 진단

첫 번째 면담에서 상담자와 내담자 모두 고통스러웠다. Randy는 간단한 대답만을 하면서도 의자에 앉아 안절부절하는 혼란스러운 모습이었다. 상담자는 Randy가 왜 상담하러 왔는가, 비꼬인 대화를 하면서 그가 나타내는 욕구불만의 감정이 무엇인가를 찾는 데 실패했다. 결국 상담자는 일종의 연결을 위한 노력의 일환으로, 대화적 차원에서 관계적 차원으로 방향을 바꾸기로 결정했다. 그는 Randy의 어깨에 손을 얹으며 '당신이 나를 더 잘 알게 하기 위해 내 이야기를 하겠다'고 말하였다. Randy는 이 태도에 긴장을 풀고, 상담자가 자신에 대해 말하는 것을 진지하게 들었다. 두 번째 면담이 어느 정도 끝나갈 때 Randy는 상담을 하러 온 이유를 말할 수 있었다. 비록 심적으로 혼란한 상태였으나 그는 교육과 직업에 대한 자신의 문제점을 말하기를, GPA 4.00을 받지 못하고 '겨우' 3.91을 받았다고 했다. 그는 이렇게 자기 비판을 했지만, 어쨌든 수학을 좋아했고 또 잘했다고 했다.

정신역동적 진단을 이용한 세 번째 면담에서 상담자는 Randy가 매우 배타적이며 엄격한 성격의 부모에게서 과도한 성취기대를 받았다는 것을 알아내었다. 성취지향적인 사람은 전공과 마찬가지로 진로선택과 의사를 결정하는 데에 상당한 고통이 따른다. Randy는 정통적인 기독교 가정에서 태어났고, 아버지의 권위는 완벽했으며 완고했다. 그의 아버지는 늘 Randy를 대신해서 결정했고, Randy의 결정에 대해서는 비판적이었다. Randy도 결정을 하는 것에 무력함을 느꼈고, 진로선택의 고통으로 마비를 일으킬 정도였다. EPPS에 의해 상담자는, 면담을 통해 받은 Randy에 대한 진단적인 느낌을 점검해 보았다. EPPS에서 그의 최고점수는 복종(deference) · 굴욕(abasement) · 원조(succorance)였으며, 질서(order) · 인내(endurance)에서는 평균 이상의 점수를 보였고, 가장 낮은 점수는 '타인 적대(moving against others)'였다.

상담자는 면담의 가설을 확신하고, 이를 충분히 설명하기 위해 검사 프로파일을 해석했다. Randy의 점수가 첫 번째는 원형도의 '자아효율적임(self-effecting)'이고, 두 번째는 '거부된

(resigned)'에 위치했다. 상담자는, Randy에게 '타인 회피(moving away others)' 감정의 흐름이 나타나는 것이라고 말해 주었다. 즉, 혼란된 내적 성향이 Randy의 진로결정을 어렵게 했고, 그가 원하는 것을 결정할 때에 Randy는 갈등하는 내적 성향에 의해 찢겨져서(산만해져서) 정지될 수밖에 없었다.

(2) 과정

Randy가 당면한 문제는 분명히 개인적(내적)인 것이 관여되었지만, 교육과 직업문제로 정의될 수 있다. Randy가 진로상담에 임할 당시, 그는 진로선택에 대한 준비가 전혀 되어 있지 않았고, 더욱이 진로선택에 관한 나쁜 감정을 경험하였다. 결과적으로 상담자는 자신의 심리수준으로 Randy를 대하였다.

그리하여 우선 상담의 관계성에 토대를 두고 그와 근본적인 상담관계를 갖자고 그에게 제의하였다. Randy의 문제점을 해결하기 위하여 초기에 한계를 신중히 정하고, 계약상황(contract setting)을 암시적으로 설정하고 출발하였다. 상담자의 기대목표는 상담관계가 발전함에 따라 더욱 확실해졌다. 상담자는 네 번째 또는 다섯 번째의 상담기간 동안 심각한 결정단계에 Randy가 자신의 성격문제를 직접 해결할 수 없다는 것을 알게 되었지만, 무엇인가의 변화가 그에게서 일어나고 있음은 느끼게 되었다, 상담자는 문제에 대한 접근법에서 인성적 및 직업적 역동성이 평형을 이루어야 함을 알게 되었다.

상담자의 기법은 다음과 같은 반응유형과 관계되어 있었다. 즉, '당신은 진로선택 문제로 나에게 왔지만, 나에게 말하는 것이 무척 어려운 모양이군요. 왜 그럴까요?' Randy는 중요한 타인, 특히 남자에 의해 처벌받을 위협이 없는 상황에서는 잘 반응할 수 있게 되었다.

진로상담의 마지막 단계(변화를 위한 작업)에서 Randy는 자기 인생과 진로에 대해 적극적인 책임감을 갖게 되었다. 초기증세인 우울하고 적대적이며 혼란된, 정신분열과 같은 증세는 많이 개선되었다. 그의 안색은 밝아지고, 그 후의 면담에서는 정신이 보다 정리되어 보였다. 비록 Randy가 말은 적게 했지만 상담자와의 관계를 가치 있게 여겼으며, 열 번의 상담 동안 한 번도 약속을 어기지 않았다. Randy를 위한 정신역동적 치료요법이 효과적이었던 것은 바로 이러한 상담관계 때문이었다. 이러한 상담관계가 영향(적절한 자극작용, modus operandi)을 주면 줄수록 그는 자신을 보호하기 위한 '방어적인 정체감(defensive identify)'(Mowrer, 1950)에서 벗어나 '발전적 정체감'을 이루었고, 그 자신의 생에 대처해 나가는 데 있어 자신감을 갖게 되었다. 많은 변화들이 말로는 표현되지 않았으나 Randy가 자신이 삶에 적극적으로 임하게 되었다고 보고함으로써 확실해졌다. 현실과 관련된 Randy의 기본적인 문제는 학업과 진로에 대한 계획이었다. 처음 대학 1년 동안 Randy는 성취만을 위한 성취보다는 그의 공부로부터 본질적인 만족을 얻게 되었다. 그리고 그는 대학원 수학과 과정을 위한 장학금을 신청하였다.

(3) 결과

진로상담은 보통 그 결과로서 진로선택을 하는 것을 목적으로 하지만, Randy의 경우에서는 내포적(암시적)인 형태로 영향을 끼쳤다. 그는 수학교과에 성공적이었을 뿐 아니라, 이 교과가 적성에 매우 맞는 것 같았다. 그러나 그는 결정하는 경우에 아버지에게서 벌을 받았던 과거의 기억 때문에 혼자서 결정하기를 두려워했다. 상담자와 진실한 관계를 갖게 된 후로 그의 방어적인 태도는 자신이 원하는 것을 할 수 있고 그것을 즐겁게 생각하는 쪽으로 완화되었다. 몇 년간의 불행했던 시절에 비해 Randy가 학업에서 느끼는 즐거운 경험은 아주 독특하였다. 그는 새로운 자유를 느끼고 학업에 열중했다. 그는 대학생활을 홀로 보냈지만, 상급학년이 되면서 캠퍼스 밖에서 사귄 친구와 함께 낡고 큰 집을 빌렸다. 졸업 후 그는 아버지의 권위에 복종하지 않고 가을학기에 대학원에 갈 돈을 벌기 위해 고속도로 건설작업장에 가기로 결정했다.

4년 후 그는 일류대학에서 높은 성적으로 Ph.D를 받고, 수학자로서 항공 프로그램을 기획하는 직업을 갖게 되었다. 방금 시작된, 그러나 관계형성의 본질적인 수준에 의해 Randy는 인성적으로나 직업적으로 현실과 일의 세계를 통합시키는 감정과 의미를 주관적으로(주체적으로), 보다 높은 차원으로 종합시켰다.

3. 인간중심 이론

1) 이론의 개요

인간중심 이론은 로저스Rogers의 인간중심 상담의 원리를 바탕으로 특성-요인 이론에서 주장하는 '사람과 직업의 조화'라는 개념과 수퍼가 주장하는 진로발달의 자아이론에 영향을 받았다. 그러나 특성요인 진로상담이 각 개인을 특성과 요인의 집합체로 보고 외적으로 비교하고 법칙화하는 것에 중점을 두는 데 비해, 인간중심 진로상담Person-Centered Career Counseling은 개인을 자아실현의 경향성을 지닌 존재로 규정하고 각 개인의 구체적이고 현상적인 경험의 세계를 중시한다. 즉, 인간은 본질적으로 스스로의 문제를 해결할 수 있는 능력을 가지고 있다고 보는 것이다. 그러므로 상담자는 내담자를 진심으로 이해하고, 수용하며 스스로 진로문제를 해결하도록 돕는 조력자의 역할을 해야 한다. 이렇듯 인간중심 진로상담에서는 성장을 위해서 필요한 자유와 안전을 내담자에게 허용하는 촉진적인 조건을 제공하는 것을 강조하고 있다.

2) 상담 모형

(1) 모형

1 진단

특성요인 진로상담과 인간중심 진로상담에서 진단의 개념은 매우 다르다. 특성요인 진로상담에서 진단이 가장 중요한 개념인데 비해서, 인간중심 접근법에서는 진단을 중시하지 않는다.

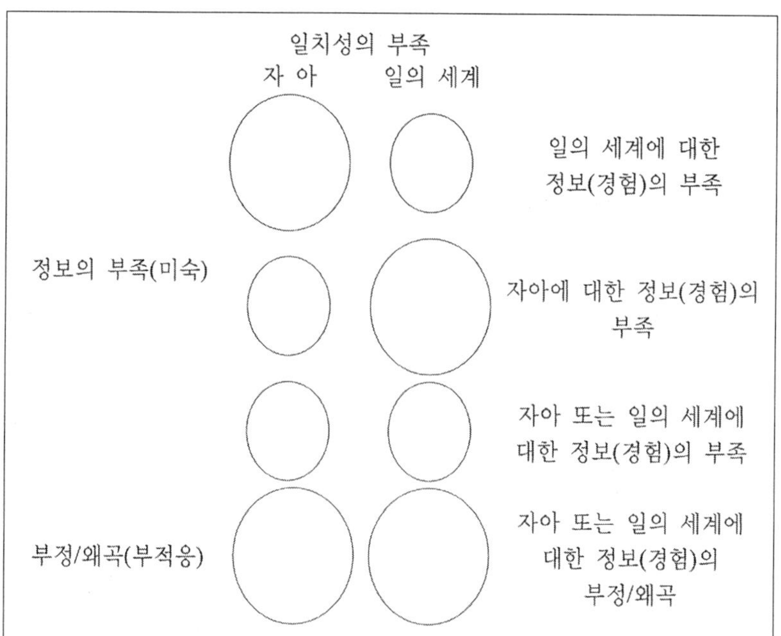

그림 2-2 인간중심 진로상담의 변별진단

로저스Rogers, 1951는 진로상담에서 심리적인 진단이 오히려 내담자에게 어떤 편견을 갖게 하고 다양한 선택의 폭을 줄이는 등의 피해를 줄 수 있다고 경고하고 있다. 패터슨Patterson,1964도 진로상담은 각 개인의 생활 중에서 진로문제라는 특정한 문제를 다루는 것이므로 지나치게 심리검사에 의존해서는 안 된다고 주장하였다. 로저스에 의하면 인간은 스스로 성장할 수 있는 잠재력이 있기 때문에 심리적 진단은 상담과정에서 꼭 필요할 때에만 조건적, 보조적으로 사용하는 것이 바람직하다고 보았다.

그러나 후기의 인간중심 진로상담자들은 어느 정도의 심리검사는 필요하다고 보았다. 이들은 그림 2-2와 같이 내담자의 자아와 관련된 정보 및 일의 세계에 대한 정보의 부족, 거부, 왜곡과 관련하여 내담자 문제를 진단하고 진로상담을 이끌어 간다. 이들은 자아와 일의 세계에 대한 정보나 경험의 부족, 자아와 일의 세계에 대한 정보의 거부나 왜곡으로 자아와 일의 세계 사이에 일치하는 부분이 적어 진로부적응이 일어난다고 보았다.

2 과정

인간중심 진로상담자는 내담자가 상담을 통해 자아와 경험을 보다 많이 일치시키고, 자신을 보다 많이 경험하며, 자신에 대한 방어를 최소화하는 과정을 거쳐 자아와 일의 세계에 대한 정보를 탐색하여 진로관련 문제를 스스로 해결해 나가도록 돕는다. 인간중심 진로상담의 과정은 다음과 같이 7단계로 진행된다.

① 1단계

내담자는 자기 자신에 대해 노출하기를 꺼린다. 단지 외부적인 것에 대해 피상적인 대화에 머문다.

② 2단계

대화가 계속되나 자아와 관련되지 않은 주제에 머문다. 내담자는 계속 자기의 문제가 아닌 외부의 사건을 언급하며, 과거 경험에 대해서만 이야기한다.

③ 3단계

내담자는 대화의 내용에 대해 신경을 덜 쓰게 됨으로써 감정적으로 이완되지만, 상담자와 진실한 접촉은 하지 않는다.

④ 4단계

내담자는 자신의 감정을 보다 진실하고 밀도 있게 다룬다. 그러나 상담자의 조력 없이는 아직 자기감정을 제대로 표현하지 못한다.

⑤ 5단계

내담자는 현재-여기서 느끼는 감정들을 표현하기 시작한다. 자기의 경험을 노출시키며 자기문제에 대해 책임감을 갖고 해결하려고 한다.

⑥ 6단계

내담자의 경험은 생생하고 감정은 자유로워지며 객관적 대상으로 자기를 보던 시각이 없어진다. 경험과 자각 사이의 모순이 사라지고 감정이 민감해진다. 이제 더 이상 내담자는 자기 문제를 회피하거나 남의 일 보듯 하지 않고 직면해서 자기 문제를 해결한다.

⑦ 7단계

내담자는 자기 경험을 주관 · 반성적reflective으로 인식한다. 잘 조화된 감정과 더불어 내면적인 의사소통을 할 수 있게 되며, 내담자는 효율적이고 새로운 존재 방식을 자발적으로 선택한다.

3 결과

인간중심 진로상담의 결과는 상담자와 내담자의 상호작용의 과정에서 이루어지므로 과정과 결과를 명백히 구분하기가 어렵다. 결과를 평가하려면 상담 초기와 상담 종료기의 태도나 행동 · 정서의 변화를 면밀히 관찰해야 한다. 이 접근법의 직접적인 목적은 상담과정에서의 내담자의 성장이지만 궁극적인 목적은 자아실현Patterson, 1964에 있으므로, 상담 시에 자아와 일의 세계에 초점을 맞추면서 자아개념이 직업적 자아개념직업정체감으로 전환되도록 조력해야 한다.

(2) 방법

인간중심 상담에서 상담자의 성장 과정을 촉진하는 적절한 관계 · 분위기 · 조건 등을 만들어 낸다. 내담자가 상담관계에서 지각해야 할 필수적 성장 조건은 무조건적 · 긍정적 관심, 진실성, 또는 일치성, 공감적 이해 등이다.

인간중심 진로상담은 기법보다는 상담자의 태도와 자질에 중점을 두는 상담이다. 로저스1957는 상담자가 지녀야 할 태도에 대해 다음과 같이 기술하고 있다.

① 일치성congruence

상담자는 진실하고 개방적인 존재여야 한다. 상담자는 내담자의 인간적 측면과 문제를 동시에 보며, 내담자뿐 아니라 자신의 감정을 인식하고 수용한다.

② 공감적 이해empathic understanding

상담자는 내담자의 주관·현상적인 세계를 내담자의 입장에서 그대로 인식하며, 내담자의 내담세계를 '마치 자신의 것처럼' 인식한다.

③ 무조건적 수용unevaluative acceptance

상담자는 내담자를 무조건으로 수용한다. 내담자의 갈등과 부조화를 비평가적이고 온정적으로 수용하며 내담자를 하나의 인간으로 있는 그대로 받아들인다.

1 상담기법

인간중심 진로상담은 비지시적 방법, 반영적 방법, 경험적 방법, 인간중심적 방법의 단계를 거치면서 발전해 왔다Hart & Tomlinson, 1970. 인간중심 진로상담의 목표는 내담자의 자아개념을 직업적 자아개념으로 전환시키고 내담자의 경험을 풍부히 해 주는데 있다. 이와 같은 목표를 달성하기 위해 인간중심 진로상담자는 다음과 같은 방법을 사용한다Snyder, 1945, 1963.

① 안내

상담자는 지시·비지시적인 안내와 질문을 하여 상담과정을 구조화하고 이를 내담자에게 이해시킨다.

② 반영

재진술, 명료화, 해석, 충고, 정보제공 등의 방법이 이에 포함된다.

③ 지지

내담자의 정서와 감정을 지지하고 도움을 제공해 준다.

④ 주의 환기

내담자의 주의를 환기시키고 내담자의 불만이나 욕구에 대해 주의를 집중하게 한다.

2 검사의 해석

초기에 로저스는 심리검사가 내담자를 자기 방어적으로 만들고 내담자의 자기 수용적인 태도를 감소하게 한다고 반대했으나, 최근에는 심리검사를 통해 개인의 직업적성이나 흥미를 평가하는 것도 좋다고 보았다. 그러나 검사결과에 지나치게 의존해서는 안 되며 검사는 진단을 위한 척도가 아니라 상담과정에서 꼭 필요할 때 보조적으로 사용하는 것이 바람직하다고 보았다. 검사의 결과는 수용적인 분위기에서 객관적으로 해석되어야 하며, 상담자는 심리검사의 실시와 그 결과의 해석에 있어서 전문적인 식견을 가져야 한다.

3 직업정보의 활용

패터슨은 내담자에게 직업정보를 제시할 때 다음과 같은 점에 유의해야 한다고 강조하였다.

① 직업정보는 내담자의 입장에서 거기에 대해 인정할 만한 필요가 있을 때 상담과정에 도입된다.

이러한 절차의 바탕에 깔려 있는 원리는, 상담자는 내담자를 현재의 그들의 상태로 받아들인다는 것이다. 그리하여 만약 내담자가 시기보다 이르게 정보를 요구하면 상담자는 내담자가 그 정보를 받을 준비가 될 때까지 기다려야 한다. 바꾸어 말하면, 상담자는 내담자가 그 정보를 검토할 준비태도를 갖추기 전까지는 직업정보를 자진하여 제공하지는 않는다.

② 직업정보는 내담자에게 영향을 주거나 조작하기 위해 사용되어서는 안 된다.

상담자는 적절한 직업정보를 제공함으로써 내담자가 고려하지 못한 가능한 진로선택의 방법들을 제시할 수도 있다. 그러나 내담자중심 이론의 관점에서는 상담자들은 내담자들이 어떤 직업에 대해서 다른 직업보다도 더 선호하게끔 설득하려 해서는 안 된다. 즉, 평가적인 방법으로는 직업정보를 사용해서는 안 된다는 원리이다.

③ 직업정보를 제공하는 데 있어서 가장 결정적이고 내담자의 자발성과 책임감을 극대화시킬 수 있는 방법은, 내담자가 원자료raw materials, 즉 출판주, 고용주

그리고 그 직업과 관련된 사람들로부터 정보를 얻도록 격려하는 것이다.

이러한 원리는 상담자가 내담자를 위해 정보를 수집하고 정리해 준다기보다는 오히려 내담자의 인간적 책임감을 가정하고 그들에게 독립성을 부여한다는 것이다.

④ 직업과 일에 대한 내담자의 태도와 감정은 자유롭게 표현되어야 하며, 치료적으로 이루어져야 한다.

상담자는 직업정보의 객관적인 측면뿐 아니라, 정보가 내담자에게 갖는 주관적 의미에도 유의해야 한다. 예를 들면, 내담자들이 결정한 직업이 그들이 생각하지 못했던 전제조건을 가지고 있다는 점은, 상담자가 내담자와 함께 내담자중심 진로상담의 면담기법을 사용하여 진로상담을 할 필요가 있다는, 상당히 인간적인 측면에서 중요성을 가질 수도 있다.

그룸몬Grummon, 1972은, 직업정보를 제시하는 과정에 있어서 진로상담자는 현상학적 이론으로부터 유래한 '개인에게 있어서 현실reality은 그 현실에 대한 그의 지각perception이다'라는 로저스의 격언을 잊어서는 안 된다는 것을 보다 강조한다. 루세일럼Rusalem, 1954 역시 '직업정보를 제시하는 데 있어 내담자를 위해서는 그것이 선택적 지각의 과정이 된다는 것을 가정하지 않으면 안 된다'며 이런 관점을 되풀이하고 있다. 요약하면 이러한 접근법은, 내담자의 일의 세계에 대한 지각은 특이하며, 상담자의 역할은 이러한 직업정보를 평가하는 것이 아니고 내담자가 그러한 직업정보를 탐색하고 명료화하는 것을 도와주는 것이다.

(3) 상담사례

> 인간중심 진로상담에 대한 사례연구로, 한국전쟁 이후에 민간인 생활로 되돌아갔던 25세 된 제대군인 Brad Johnson의 경우가 있다. 그는 전투에서 입은 부상을 치료한 뒤 10주 동안 1시간 정도 제대군인 행정병원의 상담심리부에서 상담을 받았다. 그는 군복무 이전에는 소작농이었다. 전투에서 입은 부상이 그를 신체장애자로 만들지는 않았지만 그는 자신에 대해 뭔가 공허한 이질감을 느꼈으며, 그의 진로로서의 농사일에 대해서도 다시 생각해 보고자 했다. 그는 징집되기 전에 전체 3.49의 GPA를 취득함으로써 대학에서 농학사의 학위를 취득하였으나 병역법에 의해서 좀더 교육과 훈련을 받도록 되었다.

(1) 진단

Brad가 처음 상담하러 왔을 때 그는 의기소침하고 괴로워하는 것처럼 보였다. 그는 한국전쟁에서 지뢰를 밟았으나 다행히도 특별히 심한 신체장애가 없어 목숨을 건졌다. 그러나 그의 신체는 혹심한 충격을 받았으며, 파편을 제거하기 위한 수술은 너무나 고통스러워 그로 하여금 악몽과 불면증에 시달리게 했다. 그의 의기소침은 예사로운 증상이 아니었으며, 상담자는 그것이 그의 입원치료에 대한 부작용보다 더 심각한 문제라는 것을 알았다. 그것은 Kierkegaard가 '죽음에 이르는 병'이라고 불렀던, 삶에 있어서의 실존적 위기를 동반하는 비애나 절망감 같은 것이었다. Brad에 있어서 이러한 위기는 그의 자아정체성에 문제가 될 뿐 아니라, 과거의 자아상에 대해서도 말할 수 없게 될 것 같았으며, 특히 이와 같이 산만한 자아개념을 의미 있는 직업적 역할로 전환시킬 수 없는 결과를 낳을 것 같았다.

상담자의 최초의 진단은 Brad가 자신과 세계를 보는 방법 사이에 일치성이 결여되었다는 데 대한 함축적이고 일반적인 진단이었다. 이러한 불일치는 그것이 자아와 일에 대한 왜곡과 부정으로부터 유래하든 또는 정보의 결핍으로부터 유래하든 간에 상담자가 차후에 진단적 결정을 하는 데에 영향을 주게 된다. 초기의 면담 과정에서 Brad는 이야기하기 싫어했으며 비협조적이었다. Brad는 상담자가 자신의 곤란한 부분을 알아차린다든지, 자신의 현상적인 장으로 들어간다든지, 그의 현실 속으로 파고드는 것을 방어함으로써 상호작용을 수동적으로 하고, 책임을 상담자에게 돌렸다. 그러나 세 번째 면담에서는 상담자가 상호작용에 있어서 조성하려고 했던 수용 · 공감 · 감정이입 · 진실성과 같은 내담자중심 상담이론의 조건들이 충분히 효력을 나타냈으며, Brad도 그리 위협을 느끼지 않게 되었다. 그는 좀 더 많이 이야기하기 시작했으며, 그가 전에 자신에 대해 가졌던 감정들을 표현하기 시작했다. 그는 그의 아버지가 늙어서 더 이상 일을 할 수 없게 된 뒤에 농장을 떠맡을 것을 그의 부모들이 강력하게 기대했기 때문에 큰아들로서 농업을 전공했다고 말하였다. 그는 초기의 면담과정에서, 그가 상담과정에서 상담자와 처음에 그랬던 것처럼 그의 부모와 의사소통을 하는 데에 극도의 어려움을 겪었으며 묵묵히 부모의 기대에 따랐었다고 말하였다. 그는 자신의 감정을 부정하도록 배워 왔으며, 상담자는 이런 종류의 기제가 Brad의 일치성의 결여(lack of congruence)라는 성격의 일부를 설명해 준다고 결론지었다. 그러나 거기에는 세상에 대한 천진난만함으로부터 비롯되는 것으로 보이는 또 다른 부분도 명백히 있었다. 그리고 이것은 그가 아마도 시골에서 성장한 데에서 유래한 것일지도 모르지만, 이러한 천진성 또는 정보의 결핍도 또한 중요한 요인이 될 수 있다고 상담자는 생각하였다. 네 번째 면담에서 상담자는 이런 가능성에 대해 Brad와 함께 논의했다. 그리고 다양한 직업에 종사하는 사람들이 자신들의 직업에 대해 갖는 '좋아하고 싫어하는 것(likes and dislikes)'의 감정을 비교하는, 재미있는 검사를 해 보자고 제안하였다. 상담자는 그가 생각하고 있는 재미있는 검사, 즉 Strong의 직업흥미검사(Strong Vocational Interest Bank, SVIB)가 일의 세계와 관련하여 자아를 탐색해 보는 편리하고 흥미로운 검사라는 것을 설명해 주었다. 이 검사는 자아지각에 관한 것들을 표집하여(직업, 부업, 교과목, 사람 등등의 개인적 선호에 대한 400여 개의 항목) 그것들을 SVIB 직업척도에 점수로 나타냄으로써 그것들을 진로선택으로 바꾼 것이다.

Brad는 SVIB를 실시하는 것이 도움이 될 것이라고 생각했다. 왜냐하면 그는 과거의 자신의 모습과 앞으로 무엇을 하게 될 것인지에 대해 불안을 느끼고 있었기 때문이다. 그러나 그는 그 검사가 자신이 그런 직업에 흥미를 갖지 않았음을 보여 줄지도 모른다고 걱정했다. 상담자는 왜 흥미가 유형화되지 않았는가에 대해 함께 검토해 보자고 제의했다. Brad의 SVIB(Strong Vocational Interest Bank) 프로파일에서는 비록 그의 직업수준(OL : Occupaional Level) 점수는 꽤 높다고 하더라도 A와 B+가 없으며, Crites(1950)가 발견한 보다 낮은 자아강도 또한 빈약한 적응상태와 관련되어 있었다. 직업포부(열망) 면에서도 미분화된 높은 수준을 보였는데, 이는 Brad의 개인적 부적응을 나타내는 특질이다. 자아개념과 현실세계에 대한 천진난만함을 명료화하지 못하는 것으로 보아 Brad는 진로에 대한 우유부단함으로 표현되는 개인적 불일치라는 증후군에 해당되는 것으로 보인다고 할 수 있다.

(2) 과정

내담자중심의 진로상담은 Brad에게 특히 적합한 것 같았다. 그의 일치도의 결여는 그의 외적 · 내적인 경험의 세계들과 관련되어 있었다. 첫 단계에서는 그는 머뭇거리고 방어적이었으나, 마지막 단계에서는 자아에 대해 보다 많이 수용함으로써, 10번의 면담과정을 통해 계속된 상호과정의 내용을 보면 Brad는 경험의 기저를 이루는 연속선에 따라 의미있게 변하고 있었다. 상담자는 처음 세 번의 면담에 대한 녹음테이프로부터 Brad가 Rogers(1961)의 심리치료과정에서의 네 번째 단계에 접근하였다고 평가했다. 그는 자신의 감정을 표현하려고 애썼으나 그러한 감정들이 이전의 경험과 자신을 금지하는(억제하는) 습관에 의해 봉쇄되고 있었다. 그러나 네 번째 · 다섯 번째 · 여섯 번째에 와서는 상담자의 탁월한 반성적(reflective) 유형의 상담법에 반응함으로써 Brad는 Rogers의 '감정이 자유로이 표현되며', '경험이 유연해지고, 더 이상 격리되지 않으며, 종종 거의 지연되지 않고 일어나는', 그리고 '직면하고 있는 문제들에 대한 수용적인 자질이 증가하는' 다섯 번째 단계로 나아갔다. 마지막 네 번째의 면담 동안 Brad는 Rogers의 도식에 있어 보다 자아에 대한 일치를 보였고, 특히 그의 문제에 대해 '인정'을 할 줄 아는 여섯 번째 단계에 도달할 수 있었다. 상담자는 Brad의 자아개념에서 그가 외적 세계와 내적 세계를 통합하려는 초기단계의 감각을 갖고 있음을 감지했다. 그러나 자아통합은 아직 불완전했다. Brad는 Rogers이론의 일곱 번째와 마지막 단계의 연속선 위에 도달하려고 노력했다. 그러나 완전히 자아통합이 이루어지지는 못하였다.

Brad의 진로상담과정에 나타난 상담자의 기법은 반성(reflection)과 재진술(restatement)의 혼합법이었다. 예를 들면, 세 번째 면담의 마지막 부분에서 발췌한 것을 보면 Brad는 그의 가족사회 안에서의 의사소통에 관해 이야기하기 시작한다.

Brad : 부모님들은 날씨와 곡식에 대한 이야기를 제외한 다른 것들에 대해서는 별로 말하지 않았습니다. 우리 가족들은 내가 농장에 남을 것이라고 생각했습니다.

상담자 : 당신이 하고자 하는 것, 당신이 느끼는 것에 대해 부모님들과 얘기하기가 어려웠겠군요.

마찬가지로 SVIB에 대해 논의할 때도 상담자는 평가적(evaluative) · 진단적이라기보다는 오히려 사실적 · 기술적이었다. 상담자는 Brad에게 '당신의 흥미는 이런 직업에 있는 다른 사람들과 같지 않군요', '당신의 직업수준 점수는 꽤 높군요.'라고 말하였다. Brad는 낮은 흥미지표와 높은 직업수준의 점수가 의미하는 바를 질문했으며, 상담자는 그런 것들이 Brad가 자신을 평가하는 것이라고 설명했다. 그는 높은 수준(level)의 직업을 원하고 있지만 어느 방향으로 나아갈 것인지에 대해서는 잘 알지 못하였다. 여덟 번째 면담에서 Brad는 자신이 생각하게 될지도 모르는 직업에 대해 어떻게 하면 좀더 잘 알 수 있을까에 대해 질문하였다. 상담자는 그에게 병원의 도서관에 있는 직업자료에 관한 열람실을 이용해 보라고 권고하였다. Brad는 직업자료실을 폭넓게 이용하였으며, 군농림직 공무원, 식량작물 관리인, 농기구 판매인과 같은, 농업에 관련된 진로에 대해 얼마간 흥미를 나타내었다. 마지막 면담에서 Brad는 이러한 직업들에 대한 직접적인 지식을 그 분야에 종사하는 사람들과 이야기함으로써 많은 정보를 얻었으며, 상담자와 다음 기간에 추수면담을 하기 위해 돌아와야겠다고 생각하였다.

(3) 결과

Brad의 진로상담은 매우 활동적이고 적극적인 것이었다. 처음에는 물론 그 소득이 미미했다. 그러나 그 기간 동안 상담자와의 관계를 유지했다는 사실은 그 자체가 하나의 진전의 표시였다. 그리고 상담과정의 결정적인 단계에서 종종 그 이전의 금기(inhibitions)를 깨뜨리고, 자신을 수용하는 데에 자유로움을 느끼고, 주위세계와 일치하기 시작하는 것처럼 보였다. 마지막 단계에서는 실제로 진로선택을 하지는 않았으나 의사결정과정에 참여하는 것을 거부하지 않았다. 그는 자신의 역할을 다하는 데 있어 보다 큰 자신감과 자기 통합을 보였고, 진로선택에 대한 인간적인 책임감이 싹트기 시작했다. 그는 생활면에서도 보다 효율적이고 자신을 통제할 수 있게 되었다. 그는 뒤로 물러서기보다 오히려 적극적으로 팔을 뻗쳐 자신의 진로를 선택하려 했으며, 농장에 관련된 직업에 대해 보다 더 배우기 위해 추수면담의 계획을 세웠는데, 이는 주목할 만한 일이었다. 그가 몇 번의 면담을 위해 두 달 뒤에 돌아왔을 때 그는 SVIB를 다시 실시해 보고 싶어했으며, Allis-Chalmers나 International Harvester 같은 대기업에서 농기구를 판매하는 직업을 선택하고 싶어하는 그의 잠정적인 선택에 대한 현실적 검토를 위해 검사실시를 원했다. 그는 이런 상사들 중의 어느 한 상사에게 그의 높은 직업적 포부를 충족시킬 수 있고, 또 그의 농장에서의 경험과 농학지식이 도움이 되리라고 생각했다. 그는 농장에 남는 것과 농장을 완전히 떠나는 것 사이의 타협(통합)을 보았다. 두 번째 SVIB 검사결과는 Brad의 통찰을 확신시켜 주는 경향을 나타내었다. 즉, 그는 사업 관련 직종에 일차적 흥미를, 그리고 기술적 직업군에 이차적 흥미를 나타내었다. 그 속에는 농업도 포함되어 있었다. 1년 뒤에 그는 International Harvester 상사의 판매 대리인으로 일하고 있었고, 자신의 일에 아주 만족하고 있었으며, 최근에는 한 지역의 관리인으로 승진했음을 알려 주었다.

4. 행동주의 이론

1) 이론의 개요

특성요인 진로상담은 내담자의 능력과 흥미, 그리고 인성에 있어서 개인차에 초점을 맞추었고, 인간중심 이론은 내담자의 자아개념과 현상학적인 장phenomenological field을 강조한다. 정신역동이론은 내적인 동기 변인internal motivating variables을 중시하고 이에 관련된 방어기제를 중시한다. 발달이론은 인생에 걸친 개인의 진로행동의 성숙성career maturity에 초점을 맞춘다. 반면에 행동주의 이론은 진로결정에 영향을 미치는 학습과정을 주로 다룬다. 행동주의 진로상담Behavioral Career Counseling의 목표는 내담자의 진로행동을 변화시키는 데 있다. 이 접근법에서는 내담자가 가진 문제행동을 학습된 부적응행동이라고 보고, 다양한 방법에 의해 내담자의 부적응행동을 바람직한 새로운 행동으로 대치시키도록 조력할 것을 강조하고 있다

2) 상담 모형

(1) 모형

행동주의 진로상담에서는 직접적인 모형과 간접적인 모형을 함께 사용하고 있다. 전자는 반응 결과에 초점을 두고 있으며, 후자는 반응을 유도하는 언어 변인에 초점을 둔다.

1 진단

행동주의 진로상담 이론에서는 진로선택에 관한 문제를 분석해 보면 그 배후에 불안이 개재되어 있다고 본다Goodstein, 1972. 크릿츠는 내담자의 불안의 유형을 표 2-3과 같이 개념화하였다.

표 2-3 **진로선택에서의 우유부단과 무결단성**

우유부단	경험의 제한 (정보획득 기회의 불충분함이나 적절한 학습, 적절한 반응을 할 수 있는 기회의 부족)	⇨	부적절하거나 부적응된 행동 (직업선택을 못함, 또는 비현실적인 직업을 택함)	⇨	실패 (선택문제를 해결할 수 없음)	⇨	불안(후행 결과) (선택문제를 해결하지 못하는 무능력과 선택해야 한다는 사회적 압력 사이의 갈등
무결단성	경험의 유용성 (정보획득, 학습, 적절한 반응을 할 수 있는 충분한 기회)	⇨	불안(선행원인) (선택하는 것은 불안을 일으킴. 왜냐하면 부모님이 거절할지도 모르고 독립하게 되고 등등 이런 것들이 불안의 단서가 됨)	⇨	학습기회를 사용 못함 (진로선택의 유용한 정보를 얻을 수 있으나 이용할 능력이 없거나, 또는 불안이 정보의 수용을 방해하거나 정보가 유용하다는 것을 배울 기회를 방해함)	⇨	부적절한 또는 부적응된 행동 (직업선택을 못하거나 비현실적인 선택을 함)
			실패 (선택문제를 해결할 수 없음)	⇨	불안(선행원인, 후행결과) (선택결과를 해결하지 못하는 무능력과 선택해야만 하는 사회적 압력 사이의 갈등)		

* 자료 : Crites, 1969.

① 우유부단

우유부단의 주요한 원인론적 요인etiological factor은 고전적인 특성요인 접근법에서 생각했던 것만큼 경험이 제한된 데서 기인되는 자아와 일의 세계에 대한 정보의 결핍이다. 내담자는 선택을 할 수 없거나 혹은 실체적이지 못한 선택을 한다. 결과적으로 내담자는 '당신은 성장하면 무엇을 하려고 하는가'와 같은 적절한 질문에 대답을 못하는, 진로발달과업을 숙달하지 못한 것에 불안을 느낀다. 이 과정에서 불안은 우유부단의 선행원인이 아니고 후행결과이다.

② 무결단성

무결단성은 진로선택과 결정에 있어 오랫동안 지속된 불안에서 일어난다. 이것은 종종 내담자의 진로선택에서 위압적domineering이거나 지나친 요구를 하는 부모에게서 비롯된다. 진로선택 문제에서 무력하게 되는 이런 사람들은 불안으로 진로를 결정하지 못한다. 이런 경우에 불안은 선행원인과 후행결과 양쪽으로 작용해서, 내담자의 불안감과 부적절한 느낌을 복합적으로 만든다.

진로상담 후에 우유부단과 무결단성을 다르게 진단하는 것, 즉 구별하는 것은 그리 어렵지 않다. 만약 '선택하지 않은no choice' 상태로 온 내담자가 자신과 직업에 대한 정보가 주어지고 상담이 끝난 후에도 아직 결정하지 못했다면, 그는 '무결단성'이라고 할 수 있다. 바꾸어 말하면 '우유부단'은 정보의 결핍에서 오는 것이고, 무결단성은 심리적 불안이 높아 당면한 진로문제에서 부적응적인 행동이 원인이 되어 오는 것이다.

2 과정

행동주의적 진로상담은 진로의사결정에 영향을 미치는 학습과정에 초점을 둔다. 진로결정에서의 문제점들이 학습과정에서 변화를 일으킴으로써 수정될 수 있다는 것이다. 그래서 행동주의적 진로상담에 있어서 초점은 불완전하고 빗나간 학습이 어디에서 발생하는가에 있다. 진로상담 과정에서 상담자와 내담자에 의하여 취해지는 여덟 단계는 다음과 같다Krumboltz Baker, 1973.

① 상담의 문제와 내담자의 목표를 정의한다.

② 상담의 목표를 달성하기 위하여 상담자와 내담자가 동의한다.

③ 문제해결을 위하여 대안적 방법을 일반화한다.

④ 대안에 관한 정보를 수집한다.

⑤ 대안의 결과를 조사한다.

⑥ 목표, 대안, 결과를 재평가한다.

⑦ 의사결정을 하거나, 새로운 발달이나 기회에 관계되는 대안을 잠정적으로 선택한다.

⑧ 새로운 문제에 대한 결정과정을 일반화한다.

상담과정은 진단 결과에 따라 다르다. 진로의사결정에서 발생한 문제가 선행불안이 원인일 경우와 결과불안이 원인일 경우로 나누어 상담과정이 다르다.

① 선행불안이 원인일 경우

진로 의사결정 과정에서 발생한 문제가 선행불안이 원인일 경우에는 무엇보다도 먼저 관련된 선행불안을 제거하는 것이 필요하다.

선행불안이 진로문제 부적응의 원인일 경우, 상담자는 의사결정과 연관된 불안을 반조건형성counter conditioning함으로써 제거시킨다. 다음으로 내담자가 불안의 영향을 제거한 후에 도구적 학습instrumental learning을 통하여 진로선택에 필요한 반응을 획득하도록 하는 것이다.

- **1단계**반조건형성: 무조건적 자극UCS과 무조건적 반응UCR과의 연합을 상쇄하기 위하여 조건자극CS을 짝지어 제시해 줌으로써 조건반응CR을 하도록 하는 것이다. 상담자의 수용이나 허락, 무조건적 · 긍정적 수용, 따뜻한 관심의 조건이 충족된다면 조건자극은 내담자의 안전하고 믿음직한 부드러운 반응을 유도할 수 있다. 조건반응이 강해짐에 따라 그것은 내담자의 반응체계에서 무조건적 자극UCS에 대치된다. 이 때 내담자는 불안을 느끼지 않고 진로결정에 관하여 얘기할 수 있는데, 이는 상담자와의 관계를 통하여 반조건형성이 된 것이다.
- **2단계**도구적 학습: 내담자가 필요로 하는 정보를 찾아보거나 진로선택에서 요구되는 반응을 획득할 수 있는 학습을 경험하게 한다.

② 결과불안이 원인일 경우

진로의사결정 과정에서 발생한 문제가 결과불안이 원인일 경우에는 반조건형성과정은 생략되어도 무방하며 도구적 학습단계에서 시작할 수 있다. 내담자학습이 필요로 하는 것은 어떻게 진로선택을 하고, 어떤 선택이 자신에게 유리하며, 선택의 결과가 무엇인가 하는 것이다. 지금까지의 진로발달에 유용하지 못했던

경험들을 내담자는 노출시킨다.

③ 결과

행동주의 진로상담에서는 불안의 제거나 감소와 진로결정기술의 습득을 기대한다. 즉, 내담자의 불안을 제거시키고 부적응행동을 바람직한 적응행동으로 대치시키며, 진로결정기술을 학습하여 현명한 진로결정을 하도록 돕는다.

(2) 방법

행동주의 진로상담에서는 상담의 목표나 가치보다 상담기법을 강조한다. 따라서 다양한 기법들이 개발되었다.

① 상담기법

행동주의 진로상담에서 가장 보편적으로 사용하는 기법은 다음과 같다.

① 적응 또는 둔감화adaptation or desensitization

체계적 둔감화는 불안반응을 제거시키기 위해 Wolpe에 의해 개발된 행동수정의 기법이다. 체계적 둔감화는 근육의 긴장이완, 불안위계표의 작성, 체계적 감감減感의 3단계로 시행된다.

긴장을 이완시키기 위해서는 흔히 점진적 이완훈련을 사용한다. 이 훈련은 상담자의 지시에 따라 내담자가 온몸의 근육을 점차로 긴장했다가 푸는 방법인데, 이 때 상담자는 내담자에게 온몸이 따뜻해지고 긴장이 풀리며 평온해진다는 암시를 준다. 이렇게 해서 내담자의 긴장이 풀리면 다음으로는 상상되는 불안야기 상황을 위계표로 작성한다. 이 불안야기 자극은 불안을 가장 약하게 일으키는 것부터 가장 강하게 일으키는 순서로 나열한다.

마지막으로 둔감화에 들어가는데, 이것은 긴장이완의 상태에서 불안야기 자극을 상상하게 만든다. 불안위계의 하위단계에서 상위단계로 상상하게 하는데, 내담자가 불쾌감이나 불안을 느끼면 신호를 하게 하여야 한다. 내담자의 신호가 있으면 상상을 중단시키고 다시 이완을 시킨다.

이렇게 상담자는 적은 불안을 만드는 상황을 내담자에게 상상해 보도록 요구하고 점차로 내담자가 불안감 없이 진로선택에 임하기까지 위계를 통하여 둔감화를 시행해 나간다.

② 반조건형성counter conditioning

문제행동이 결손에 있지 않고 과도하게 일어남에 있을 때는 그 과도한 행동을 소거하거나 약하게 해 주어야 한다. 증상 행동에 상반되는 바람직한 행동을 강화함으로써 증상 행동이 소거되거나 약화되게 하는 방법이다. 이런 방법을 반조건형성이라고 한다. 반조건형성은 행동주의 진로상담에서 가장 많이 사용되는 기법이다.

③ 강화reinforcement

상담자가 내담자의 진로선택이나 결정에 대해 긍정적 또는 부정적인 반응을 보임으로써 내담자의 진로결정을 촉진시키는 방법이다. 상담자는 선택적으로 내담자에게 진로결정을 촉진하는 반응을 한다.

④ 사회적 모방과 대리학습social modeling and vicarious learning

대리학습은 다른 사람들의 진로 결정행동이나 결과를 관찰함으로써 의사결정의 학습을 촉진시키는 방법이다. 주로 비디오테이프와 같은 영상매체를 사용한다.

⑤ 변별학습discrimination learning

진로선택의 여러 면을 내담자가 변별하도록 가르치는 것은 진로선택 태도에 대한 학습적 성숙에 큰 의미가 있다. 진로선택이나 결정능력을 검사도구와 같은 것을 사용하여 변별하고 비교해 보게 하는 방법이다.

⑥ 내적금지internal inhibition

불안 생성 단서를 계속적으로 제시하여 계속적인 불안 반응을 유발한다. 계속적인 반응은 내담자를 지치게 하고 내담자 내에 또 다른 변화를 가져오게 한다. 그래서 불안야기 단서의 계속적인 제시에도 불구하고 결국 반응의 중지를 이끌어내게 된다.

2 검사의 해석

개인과 환경 간의 상호작용은 행동주의적 진로상담의 기본 전제이다. 그래서 행동주의적 진로상담에서는 고전적 조건반응 이론이나 조작적 조건반응 이론을 적용하고 있다. 그런데 심리검사는 개인의 특성이나 개인차를 측정하는 데는 좋지만 개인과 환경 간의 상호작용은 반영해 주지 않기 때문에 이 접근법에서는 전통적인 심리검사는 피하고 대신에 지필검사를 가지고 S-R 상황을 평가한다. 행동주의적 접근에서는 다른 표준화 검사보다 흥미검사에 비중을 둔다. 왜냐하면, 흥미는 학습에 영향을 미치는 주요 요인으로 직업적 흥미와 진로발달은 내담자가 선택한 대안에 더 큰 만족을 경험한 개인경험의 결과이기 때문이다.

3 직업정보의 활용

행동주의 진로상담의 가장 큰 공헌 중의 하나는 직업정보의 제공이다. 행동주의 진로상담자들은 회계사, 전기기사, 경찰관, X레이 촬영기사 등을 포함한 20여 가지의 직종에 관한 직업정보를 상세하게 제시한 '진로문제 해결상자Problem-Solving Career Kits'를 고안하여 다양한 직업정보를 제공하였다. 이 상자는 다음과 같은 특성을 갖고 있다Krumboltz & Sheppard, 1969.

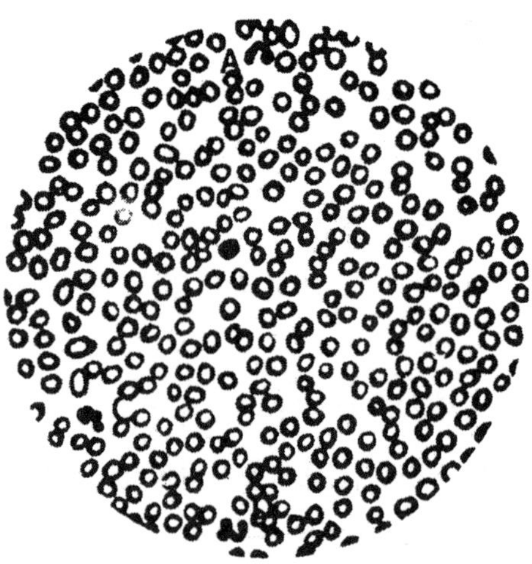

그림 2-3 직업 문제해결 상자로부터 나온 도해적 자료들(Science Research Associates, 1970)

① 진로문제는 직업의 구성원들이 직면하고 있는 실제적이고 대표적인 문제 형태이어야 한다.

② 대상 인구고등학교 학생들의 95%가 그 문제들을 통과하는 데 어려움이 없어야 한다.

③ 문제는 대상 인구의 다수가 본질적으로 흥미롭다고 생각되어야 한다.

④ 대상 인구의 75% 정도는 그 내용을 50분 안에 읽고 성공적으로 그 문제들을 해결할 수 있어야 한다.

⑤ 그 문제는 완전히 자기만족과 자기 권리 하에 있어야 한다.

(3) 상담사례

이 사례는 진로위기를 경험하고 있으며, 제2의 진로를 생각해야 하는 중년의 남자이다. 그는 12년간 복무한 미 공군의 38세 된 대위로서, 진급을 못하여 퇴역을 하게 되었으며, 장차 무엇을 해야 할지 모르기 때문에 진로상담을 요청한 Jim이라는 사람이었다.

(1) 진단

여기서 제시되는 문제는, 첫 번 면담으로부터 불과 1주일 내에, 오랜 기간의 근거를 갖고 있는 Jim의 문제에 대하여 어떤 결정을해야 한다는 점이었다. 간단히 말해서 그는 ① 많은 퇴직금(lump-sum, 15,000)을 가지고 미래의 이익은 없지만 퇴역을 할 것인가? ② 하사로 다시 공군에 머물 것인가? ③ 준위계급을 지원할 것인가?의 대안에 직면하게 되었다. 그와 더불어 이러한 선택에 대한 논의에서 선택유형이 명백하게 드러났다.

즉, 그는 큰 불안으로 인한 무결단성 유형이었다. 그는 여러 선택과정에서 일관성 없이 행동하였다. 그의 선택행동에는 보수적인 면과 진보적인 면이 함께 나타났다. 그리고 불안으로 진로결정을 잘 할 수가 없었다. 불안을 없애기 위한 노력에서 그는 갈등의 조건에 초점을 맞추기보다는 지나치게 술을 많이 마심으로써 그 불안증을 감소시키려고 했다. 술을 마신 결과 순간적으로 나아지는 듯 했으나 술기운이 없어지자마자 다시 나타난 불안이 전보다 더 그를 괴롭혔다. 상담자는 이 점을 내담자에게 지적해 주었다.

상담자는 내담자가 일주일 동안 그가 보려고 하면 어느 때나 상담자를 부르거나 볼 수 있다는 것을 이해시켰고, 내담자는 자신을 위해 어떤 마음을 결정하기까지는 술을 마시지 않는다는 짧은 기간의 '계약'에 동의했다.

상담자의 좋은 의견에 그는 동의했고, 공군을 떠나 시민생활을 시작하기로 결정했다.

진로선택에서 최초의 위기가 일단 해결되면 일반적으로 진로결정에 대한 Jim의 불안에 대한 오랜 기간의 문제가 진로상담의 초점이 된다. 그의 진로결정사에 관한 두 가지의 면담에서 상담자는 Jim이 그의 어머니에 대한 의존관계 때문에—그의 어머니는 그에게 공군이 되게 했고,

그가 공군으로 생활하기를 원했는데―그가 진로선택에 대한 개인적 책임을 질 수 없었다는 사실을 알았다.
결과적으로 그는 현재 진로선택에서 필연적인 불안을 경험하고 있을 뿐 아니라 그에게 STSAQ(Spielberger Trait and State Anxiety Questionnaire)와 CMI의 능력검사 · 태도검사 모두를 시행해 보도록 요청했다. 예상했던 대로 Jim은 STSAQ에서 특성적(trait) · 상태적(state) 불안점수가 모두 높았는데, 이것은 무결단성 문제를 가진 내담자가 겪는 선행불안(Goodstein, 1972)과 유사했다. 그는 역시 CMI의 능력척도, 태도척도에서 점수가 모두 낮았다. 의존성으로 인해 그의 진로발달 경험은 제한되었고, 진로성숙도는 같은 발달단계에 있는 다른 사람들보다 더 낮았다.

(2) 과정
무결단성이란 진단이 내려졌기 때문에 상담자는 진로결정의 선행불안에 대한 반조건적인 형성을 시도함으로써 Jim과의 진로상담을 시작하였다. 상담자는 과거 Jim의 진로결정에 대해 논의하면서 희망과 안정감의 단서를 짝짓기 위해 발달적 관계성에 의존하였다. 그러나 Jim의 불안을 감소시키기 위해 시도된 이 방법은 내담자가 불안증을 없애기 위해 술을 마시는 행동을 할 수도 있으므로 충분히 체계적이지 못한 것이라고 상담자는 생각하였다. 바꾸어 말하면 음주는 일시적 불안감소의 방법이므로 상담자는 Jim이 술을 마시지 않도록 그의 동의에 따라 유력한 대안을 제공해야만 했다. 따라서 상담자는 그와 '행동계약'을 맺음으로써, 반조건형성의 과정을 선택하였다. Jim의 협력으로 그는 계속해서 불안을 야기하는 진로결정 상황의 위계를 만들었다.
생애에서 제2의 진로(시민생활)를 결정하는 상황은 그에게 최고의 곤란을 주었다. 상담자는 Jim에게 휴식을 취하도록 했다. 그 휴식은 반조건형성의 역할의 하나로, 면담기간 뿐 아니라 내담자가 불안해할 때도 사용할 수 있었다. 상담자는 이럴 때에 휴식이 Jim의 음주를 대치하거나 감소시켜 주기를 원했다. 이러한 접근법을 활용하여 Jim과 상담자는 여섯 번의 면담 동안 효과적인 반조건 형성이 이루어지게 되었다. 행동주의 지향 진로상담의 두 번째 단계는, Jim의 진로성숙도를 증가시키고 실제적인 진로선택을 촉진시키는 태도와 능력을 Jim이 획득하도록 하는, 도구적 학습을 내포한다.
다섯 번째 면담에서 상담자는 CMI의 태도척도에서부터 시작하여 체계적으로 해석해 갔다. 상담자는 각 문항에서 성숙 · 미숙으로 반응하는 진로성숙 프로파일 뿐 아니라, 목록을 함께 복사해서 Jim에게 주었다. 검사를 끝낸 후 각 답안을 놓고 상담자는 Jim과 논의했다. '검사 가르치기' 기술은 Jim에게 진로선택을 보다 현실적으로 하도록 했을 뿐 아니라, CMI의 점수를 의미있게 증가시켰다(Crites, 1971 : 1973). 마찬가지로 상담자는 Jim에게 능력검사를 실시하도록 하였으며, 이것을 논의하고 보충했다. 또 상담자는 면접 중에 내담자가 이룩한 정보수집반응을 강화하였고, 지역사회에 관련된 자원을 제시하였다. Jim은 역시 '결정(decisions)과 결과(outcomes)'라고 칭하는, 성인을 위한 자율적 진로결정 프로그램에서 연습을 실시하였다. 이 프로그램은 Educational Testing Service에서 발행되었다.
상담이 끝날 무렵 Jim은 진로결정의 태도와 능력면에서 보다 성숙해졌으며, 또 이 능력을 진로선택을 하는데 사용하도록 하였다. 그는 컴퓨터 계통의 직업을 훈련하기 위하여 과학에 흥미를 갖고 공군의 경험배경을 행정이나 경영에 연결시킬 것을 결정하였다.

(3) 결과

Jim의 진로상담 결과는 그 과정에 명료히 드러나 있다. 우선 그는 낮은 계급(하사나 준위)에 머물러 근무하기보다는 공군을 떠나기로 결정함으로써 직접적인(일차적인) 선택 위기를 해결하였다. 더욱이, 음주를 하지 않고 이 문제를 해결하였다. 둘째, 진로상담의 첫 번째 단계에서 발견된 선택에 관한 선행불안은 반조건형성에 주목되었고, 둘째 단계에서는 무결단성을 극복하여 진로선택을 분명히 했기 때문에 효과적이었다. 만약에 선행불안이 아직 경쟁반응이었다면 그는 직업선택에 대한 의사결정을 하지 못했을 것이다. 후에 그로부터 받은 환류(feedback)는 그가 상당히 불안을 해소하였고 전보다 일상생활에서 보다 효과적임을 나타내 주었다. 그는 술을 완전히 끊었고, 오락이나 친구들과의 모임에 어울렸으며, 여러 군데에 일자리를 신청하였다. 진로상담은 그에게 진로선택에 관한 불안을 감소시켰고 진로결정을 하도록 도왔을 뿐 아니라, 이런 갈등과 문제들을 해결함으로써 그에게 여러 이익을 주었다. 그는 자기의 생활을 좀 더 폭넓게 하기 위해 힘을 쏟았으며, 또 진로발달과 개인발달 사이에 친교가 이루어지도록 노력하였다.

5. 인성이론

1) 이론의 개요

인성이론은 여러 직업에 종사하는 사람에 대한 정보와 다양한 직업 환경에 관한 정보를 알 수 있도록 구성된 것으로서 인성에 바탕을 둔 심리이론적 입장과, 유형type에 따라 다른 진로의사결정을 하게 된다는 유형론적 입장에 근거하고 있다. 이와 같은 인성유형은 서로 다른 학습자 결과로 진로선택에 영향을 주는 요인이라고 보고 있다. 홀랜드Holland, 1985는 교육기관이나 군대에서 직업상담에 관계한 경험으로, 또 직업흥미검사 작성을 통하여 인격을 유형화하여 각종 유형에 적합한 직업분야를 찾아내는 일을 시험하였다. 그는 개인의 행동양식이나 인성유형이 직업선택과 발달에 중요한 영향을 미친다고 보았다. 그러므로 그는 직업선택을 개인의 타고난 유전적 소질과 문화적 요인 간의 상호작용의 소산이라고 보고 있다. 여기서 문화적 요소란 동료 · 부모 · 중요한 타인, 그리고 개인이 속한 사회의 문화와 물리적 환경을 의미한다.

그에 의하면 인간은 자신의 특정한 성격이나 환경을 구성하는 수많은 변인의 영향을 받아 진로를 선택하게 된다. 진로선택은 직업적 성격유형에 따른 직업세계에서의 성격적 표현으로 볼 수 있다. 이러한 성격적 유형은 직업선호도와 자신의 특성과 일치정도에 따라 다양하게 표현될 수 있으며, 각 개인이 자신의 지배적이고 특성적인 경향을 발달시킬 수 있는 직업환경에서 일하게 됨으로써 만족하게 되고, 자신이 선호하는 성격경향을 충족시키기 위한 진로를 선택하게 된다고 보는 것이 인성이론의 핵심이다.

2) 기본 가설

홀랜드는 개인유형, 환경유형, 개인과 환경과의 상호작용에 대한 몇 가지 기본 가설을 제시하고, 이 가설에 근거하여 성격이나 흥미, 진로, 의사결정 등이 발달한다고 본다.

첫째, 사람들의 성격은 실재적realistic, 탐구적investigative, 예술적artistic, 사회적social, 설득적enterprising, 관습적conventional의 6가지 성격유형으로 분류될 수 있다.

인간은 생물학적 유전, 부모, 동료, 문화, 물리적 환경 등의 여러 문화적 · 개인적 영향력 간의 상호작용의 결과 독특한 성격과 흥미를 형성하게 되어, 특정한 유능성을 갖게 된다. 또한 이와 같은 개인의 흥미와 유능성은 특별한 방법으로 사고하고 지각하며 행동하는 독특한 성격적 특성으로 자리잡게 된다. 예를 들어 사회적S 유형에 가까운 사람은 사회적 문제에 보다 많은 가치를 두며 사회적인 직업을 찾는 경향이 다른 유형 사람들보다 많다고 할 수 있다. 각 유형에 속하는 사람은 각각 다른 방법으로 주어진 문제와 과제를 해결하는 태도와 기술을 가지고 특정 목표를 달성하게 된다.

둘째, 우리가 살아가는 생활환경에도 실재적R, 탐색적I, 예술적A, 사회적S, 설득적E, 관습적C의 6가지 환경유형이 있다.

우리가 살아가는 환경은 각각 주어진 성격유형에 따라 다르게 나타나고, 우리가 문제와 기회 등 특수성을 제시하고 있는 물리적 환경에 의해서 특징지을 수 있다.

예를 들어, 관습적 환경은 관습적 유형의 사람들에 의해서 지배된다. 관습적 환경에서 가장 높은 비율을 나타내는 모집단의 성격은 관습적인 성격유형과 거의 유사하다고 할 수 있다. 사람들은 서로 자신의 흥미, 포부, 유능성, 성향 등이 유사한 사람과 사물을 자기 주변에 두려는 경향이 있다. 이러한 경향은 성격유형을 반영하는 생활환경실재적, 탐구적, 예술적, 사회적, 설득적, 관습적을 만들게 된다.

셋째, 사람들은 자신의 능력과 기술을 발휘하고 태도와 가치를 표현하며 자신에게 알맞은 역할을 수행할 수 있는 환경을 찾는다.

자신의 성격유형에 적합한 환경을 찾거나 인간관계에서 지지, 연습을 통해서 환경을 찾게 된다. 사람들은 오랜 시간에 걸쳐 다양한 방법과 의식수준에서 특정한 환경을 추구하는 것을 볼 수 있다. 예를 들면 사회적 유형은 사회적 환경을 추구하고, 관습적 유형은 관습적 환경을 추구하게 된다. 그러므로 사람들은 자신의 성격유형에 따른 일반적인 방법에 의해서 진로선택이나 진로결정 그리고 진로변경을 하게 된다.

넷째, 개인의 행동은 성격과, 환경적 특성의 상호작용에 의해서 결정된다.

진로선택, 진로발달, 진로성취, 직무만족 등의 행동결과는 한 개인의 성격패턴과 환경패턴이 얼마나 일치되는가 하는 정도에 따라서 예견될 수 있다. 다시 말하자면 개인의 성격유형과 작업환경 유형이 일치할수록 진로선택이 잘 이루어진 것이고, 더 나아가 직업에서의 성취감을 맛볼 수 있고 만족감을 보인다는 것이다구남희, 1997.

3) 직업적 성격유형과 홀랜드 코드

(1) 직업적 성격유형

홀랜드는 각 개인이 직업을 선택할 때 개인은 그의 독특한 적응방법을 가지고 있다고 보았다. 이 적응방법의 종류로 여섯 가지의 방향이 고려되며 그들은 앞에서 말한 여섯 가지 환경에 각각 상응하는 것이다. 즉, 여섯 가지의 적응방법이란 실재적, 탐구적, 사회적, 관습적, 설득적, 예술적 방향으로 개인생활형의 특징이다. 이런 적응방법에 따라 개인은 일상생활에서 직면하는 여러 문제들을 처리해 나갈 때 각자가 즐겨 쓰는 독특한 방법으로 대처한다는 것이다. 따라서 사람들은 자신의 기술과 능력을 발휘하고 자신의 태도와 가치관에 따라 일할 수 있는 환경을 선호하여 자신에게 맞는 역할을 담당할 수 있는 직업환경을 찾는다. 그러므로 개인의 행동은 자신의 성격특성과 직업의 환경특성과의 상호작용에 의해 결정된다는 것이다.

홀랜드는 진로선택에 관한 그의 이론에 기초하여 다음과 같이 여섯 가지 직업영역occupational fields으로 직업분류를 하였다.

1 실재형realistic; R

물건이나 도구, 기계, 동물사육 등 확실한 순서가 세워져 있는 계통적인 활동을 즐긴다. 실제 사물을 대상으로 한 활동이 중심을 이루며, 근육을 이용하는 직업이다.

2 탐구형investigative; I

관찰을 통하여 물리학적, 생물학적, 문화적인 현상에 관한 추상적, 조직적, 창조적인 연구 활동을 즐긴다.

3 예술형artistic; A

심미적이고 감각적인 활동이 많으며, 인간적인 소재로 표현하며, 애매하여 자유롭고 체계가 없는 활동을 좋아한다. 이 영역의 종사자는 비교적 비사교적인 특성을 지닌다.

4 사회형social; S

타인을 위해 봉사하는 요소가 강한 환경으로, 언어능력 및 대인관계 기술을 요구한다. 사람을 훈련하거나 성장, 발전하게 하거나 치료하거나 가르치는 활동을 좋아한다.

5 **설득형**enterprising; E

상대를 설득시키는 요소가 강한 직업이다. 조직의 목표를 달성, 혹은 경제적인 이익을 달성하기 위해서 사람을 움직이는 활동을 좋아한다. 남성적인 면이 강하고, 비교적 외향적이며, 지도력, 설득력 등의 능력을 요구한다.

6 **관습형**conventional; C

기록하고 자료를 모으며 복사하거나 하는 일을 즐긴다. 정해진 계획에 따라 기록된 자료를 바꿔 짜기도 한다. 순서가 세워져 있는 활동을 좋아하며, 반대로 애매하고 자유로운 탐구적 활동을 싫어한다.

(2) 홀랜드 코드와 주요 개념

홀랜드1992는 원래 사람이 여섯 가지 성격유형을 가지고 있고, 또한 직업적 성격도 6가지 유형에 있다고 보고, 6가지 성격유형과 직업적 성격유형들과의 관계 등을 그림 2-4와 같이 6각형 모형으로 설명하고 있다. 이 모형을 통해 홀랜드의 진로코드와 몇 가지 중요한 개념을 살펴보면 다음과 같다.

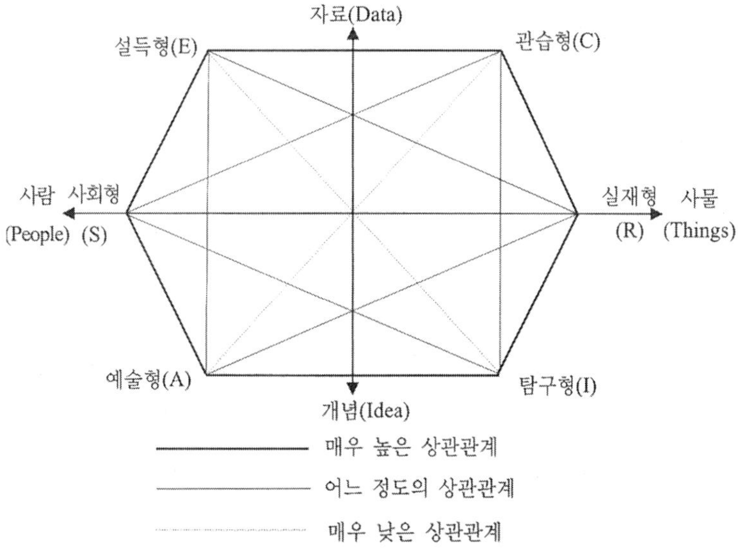

그림 2-4 홀랜드의 6각형 모형

홀랜드 코드는 실재적 유형R, 탐구적 유형I, 예술적 유형A, 사회적 유형S, 설득적 유형E, 관습적 유형C의 6개 유형의 조합으로 나타내진다. 홀랜드 코드는 한 자리 코드예 : R, I, S 등, 두 자리 코드예 : RA, SE, AC 등, 그리고 세 자리 코드예 : RAE, RIC, CEA 등로 나타낼 수 있다. 예를 들어 성격유형 검사결과 홀랜드의 코드가 RA라고 하면, 가장 두드러진 성격유형은 실재적 유형R이고, 그 다음 성격특성으로 예술적 유형A의 성격특성을 나타내는 사람이다. 직업적 성격유형 검사결과 홀랜드의 코드가 SE라고 하면, 가장 선호하는 직업적 성격유형은 사회적 유형의 직업이고, 그 다음으로 선호하는 직업적 성격유형은 설득적 유형E을 보인다고 하겠다.

1 일관성

6각형 모형에서 개인의 성격유형이나 선호하는 직업적 성격유형의 일관성을 알 수 있다. 일관성이 높다는 것은 한 유형과 다른 유형의 쌍이 개인의 성격유형이나 선호하는 직업적 성격유형에서 공통점을 많이 가지고 있다는 것을 의미한다. 6각형 모형에서 인접해 있는 유형들인 E설득적 유형와 S사회적 유형, R실재적 유형과 I탐구적 유형는 매우 높은 상관관계를 나타내는 것으로 '일관성이 높다'고 한다. 그러나 6각형 모형에서 서로 대각선상에 있는 I탐구적 유형와 E설득적 유형, A예술적 유형와 C관습적 유형는 매우 낮은 상관관계를 나타내는 것으로 '일관성이 낮다'고 한다.

2 차별성

모든 유형에 똑같은 유사성을 나타내는 사람은 특징이 없거나 잘 규정되지 않았다고 생각할 수 있다. 다시 말하자면 어떤 사람은 6가지 유형에 모두 비슷하게 나타나, 성격유형이나 선호하는 직업적 성격유형이 분명하게 정의되지 않는 경우다. 이와 같은 불분명한 성격이나 직업적 성격유형은 한 개인을 예견하는데 확신을 가질 수 없게 된다. 예를 들어 RIASEC 각 척도 점수들 간의 차이가 크지 않다면 그 사람의 진로코드를 분명하게 말할 수 없을 뿐만 아니라 앞으로의 진로가능성을 예언하기도 어려울 것이다. 일반적으로 가장 높은 두 자리 진로코드 간의 차가 10 이상이 되어야 차별성이 높은 것으로 본다. 차별성이 높을수록 피검사자의 성격이나 직업적 성격, 진로 등에 대해서 특징있게 해석하고 표현할 수 있다. 그러나 차별성이 낮은 사람은 자신의 성격은 물론 직업에 대한 선호방향이 뚜렷하게 나타나지 않는 사람을 의미한다.

3 정체성

자신의 목표와 흥미, 그리고 재능에 대한 명확하고 안정된 생각을 가지고 있는 정도를 정체성이라고 한다. 다시 말하자면 정체성은 개인 및 직업에 대한 안정감, 목표, 업무, 보상 등에서 어느 정도 통합되어 있느냐에 따라 달라진다. 따라서 정체감이 잘 조성된 사람은 일관성과 차별성이 높은 특징을 보인다. 즉, 자신의 성격특성이나 선호하는 직업에 대하여 일관성이 높은 특징을 보이고, 아울러 뚜렷하게 나타나는 성격유형과 직업적 환경유형을 통해서 한 개인의 독특성을 드러내는 사람이다. 그러나 정체성이 낮은 사람은 일관성과 차별성이 낮으며 자신에 대해서도 안정된 입장을 취하지 못하고 있음을 말한다.

4 일치성

한 개인의 성격유형이 직업적 성격유형과 유사할수록 일치성이 높다고 한다. 예를 들면 성격유형에서 RC라는 유형코드가 나왔고, 선호하는 직업적 성격유형에서도 RC라는 유형코드로 나타났다면 일치성이 높다고 한다. 다시 말하자면 사회적 성격유형을 가진 사람이 사회적 문제에 대한 일에 관심을 가지고 있을 때 일치도가 높다고 볼 수 있는 것이다. 이와 같은 개인의 성격유형과 직업적 성격유형의 일치성이 직무수행능력, 직무만족과 높은 관련성을 가지고 있다 Spokane, 1985. 따라서 일치성이 높은 사람은 자신의 성격특성과 어울리는 직업을 선택할 가능성이 크며, 앞으로의 직업생활에서 높은 직무수행능력을 보이고, 만족한 직업생활을 할 수 있을 것이다. 반대로 일치성이 낮은 경우는 자신의 성격특성과는 판이하거나 다른 성격특성을 가진 직업을 선호하게 됨으로써 직업 성공가능성이 떨어지고, 성공적인 직업적응은 물론 직무만족을 기하는데 상당한 노력을 기울여야만 하며 그렇지 못할 경우 어려움을 겪을 가능성이 커진다고 할 수 있다.

5 계측성

육각형 모형에서 유형들 간의 거리는 그것들 사이의 이론적 관계에 반비례한다. 즉, 각 영역 간의 거리가 가까울수록 이들의 심리적인 특성도 매우 유사하다고 하였다. 계측성은 상관관계의 정도에 따라 '매우 높은 상관관계', '어느 정도의 상관관계', '매우 낮은 상관관계'로 나타내진다. 이는 각 유형들 간의 심리적 거리를 계측할 수 있다는 가정 하에서 6각형 모형이 성립된다고 할 수 있다.

4) 홀랜드 진로유형에 따른 상담 접근법

이 이론은 현실적으로 적용하는 데에 구체적인 절차를 제공하지 못하며, 젊은이들은 자신의 환경 및 자기 자신을 변화시킬 수 있는 능력을 소지하고 있음에도 이를 고려하지 못했다는 점과, 인성발달에 대하여 설명이 결여되어 있다는 점 등이 약점으로 지적될 수 있다.

그러나 교육기관이나 군대에서 직업상담에 관계한 직접경험으로, 또 직업흥미검사 작성을 통하여 얻어진 것으로 합리적이고 실증적인 근거를 지니고 있으며, 포괄적이고 다양하다는 장점을 가지고 있다.

프로파일의 해석과정에서 진로상담에 관련된 내담자의 정보나 상담전략에 도움을 받을 수 있다. 일반적으로 홀랜드의 6개 유형을 'RIASEC'라고 한다. 만일 검사에서 피검사자가 거의 모든 문항에 부정적으로 '아니오'라고 응답하게 되면 RIASEC 각 유형의 프로파일은 낮은 분포형태를 나타내게 되고 변별도 또한 낮아진다. 이런 경우에는 흔히 자아개념이 너무 낮거나 자신의 흥미를 쉽게 나타내 보이지 않는 사람, 진로나 직업선택의 가능성을 고려하지 않은 경우로 예상할 수 있다.

이와는 달리 긍정 반응률이 높게 나온다면, 이에 해당하는 사람들은 여러 영역에 다양한 흥미와 성격, 능력을 보이기 때문에 자신의 성격이나 흥미 등을 분명하게 규정짓기 어렵거나 진로나 직업에 대한 비현실적인 생각을 지니고 있을 수도 있다. 또한 긍정 반응률이 높으면 유형에 대한 각 프로파일이 높게 나타나 변별도가 낮아지게 된다. 그 외에 각 유형별 총점수가 모두 낮거나 모두 높아 비교적 평평한 모양의 프로파일을 보일 경우 다양한 영역에서 흥미와 재능을 보이는 것이 보통이지만, 평평한 분포를 가지면서 동시에 일관도와 일치도가 낮은 사람은 자신에 대한 경험이 부족하거나 혼란스런 상황에 놓여 있는 것일 수도 있다.

예를 들어 한 피검자가 가장 높은 코드와 두 번째 코드가 각각 E와 C라고 할 때, 이 사람의 진로코드가 EC가 되며 동시에 E와 C의 원점수차가 10점 이상이 되고 C와 세 번째 코드와의 점수차가 10점 이상이 되면 변별도가 높으면서도 평평한 프로파일 분포를 띠지 않는다고 볼 수 있다구남희, 1997.

또한 진로의사결정에 필요한 자기 지식과 보다 정확한 진로정보를 제공해 준다는 점에서 홀랜드 이론은 진로상담과정에서 이용될 수 있다. 특히, 홀랜드 이론에서 강조하는 상담 목표는 자신에 대한 지식, 상이한 직업환경에 관한 지식을 제공하는 전략을 개발시키는 것홀랜드, 1987으로 진로상담의 상담전략이 다양해질 수 있음을 말해 준다.

이러한 상담원리에 바탕을 두고 로젠버그와 스미스Rosenberg & Smith, 1985는 홀랜드의 6가지 유형에 따라 진로선택 경로나 정보제시 등에서 여러 가지 상담으로 접근할 것을 표 2-4와 같이 제시했다.

표 2-4 **홀랜드의 진로유형에 따른 상담접근법**

구분	자기 인식	의사결정 방법	상담접근법
R	직접 경험할 수 있는 접근법을 선호하며 자신의 행동에 대해서 토의할 시간이 필요하다.	진로의사결정을 하기 위해서 이들은 구체적인 단계가 무엇인지 분명히 알고자 하며, 구체적이고 조직적인 계획을 세우고 의사결정을 하게 된다.	진로계획, 학교선택, 직업결정 등에 직접 참여하고자 하며 실제로 경험해 보고 난 후 결정을 하도록 한다.
I	자기 자신과 주위환경에 대하여 분석하기를 좋아하는 편이다. 자신의 흥미, 가치, 욕구 등을 신중하게 분석할 수 있는 기회를 주는 것이 필요하다.	자신의 진로를 결정하는 데 신중하며 여러 가지 대안과 자기 관련 및 진로정보를 철저하게 검토하여 의사결정을 한다.	자신의 직업을 선택하거나 진로를 결정하기 위해서 방법론적 문제해결적 방법을 선호한다.

구분	자기 인식	의사결정 방법	상담접근법
A	자신이 원하는 직업이나 평상시에 꿈꾸어 온 직업 역할을 일상적인 작업을 통해서 경험할 수 있도록 할 수 있다.	의사결정을 확실하게 하지 않는 것이 보통이나 진로를 결정하는 데 있어서도 하나의 결정에 머물러 있는 것이 아니라 자신이 편한 상태에 따라 진로를 선택하게 된다.	구체적이고 계획적이며 구조화된 접근법은 진로상담 및 지도의 효율성을 떨어뜨릴 수 있다.
S	타인과 어울리고 친화적인 성격을 지니고 있기 때문에 타인에 대해서 무엇을 좋아하는지를 물어 보게 되면 자신에 대한 인식과도 비교될 수 있다.	자신들이 먼저 바람직한 하나의 진로를 결정하기 전에 타인과 함께 자신의 경험이나 흥미, 특성에서 결정한 진로 등에 대해서 말해 보는 과정이 필요하다. 그러므로 타인의 지지나 동의를 받아야 확신을 갖고 진로를 결정하게 되는 약점을 가질 수 있다.	사람들과 말하기를 선호하므로 다른 유형에 비해서 진로상담이나 집단상담에 잘 참여하는 편이다.
E	진로나 직업에서 중요한 것이 무엇인지 질문을 하면 자기통찰을 쉽게 할 수 있으며, 생각하고 있는 것을 말로 표현하고 구조화할 수 있도록 해 주는 것이 필요하다.	무의식적이고 충동적인 경우가 있기 때문에 진로를 계획하고 의사결정을 하는 데 있어서 실제적인 조언이 필요하다. 이들은 충동적으로 결정을 내리고 계획성이 없는 계획을 계속 이끌어 나갈 수도 있다.	말을 할 수 있도록 직접적인 질문을 던짐으로써 대화로 이끌어 나갈 수 있다.
C	자기를 추구하는 경향이 적다. 이들에게는 자기발견을 할 수 있도록 해 주는 것이 도움이 된다.	구조화된 의사결정을 원하며 구체적인 단계나 질문을 하며, 자신들의 의사결정을 타인에게 요구하기도 한다.	구조화된 방법이나 상담자의 지시적인 방법이 도움이 될 수 있다.

4) 이론의 평가

1973년 홀랜드가 『Making Vocational Choices』를 출판한 이래, 지금까지 진로상담 분야에서 가장 많이 인용되어 왔고, 6가지의 성격유형을 육각형hexagon으로 구조적으로 배열한 RIASEC 육각모형은 상담 분야의 아이콘이 되었다. 또한,

홀랜드 이론은 성격적 유형과 일 환경을 대응적인 구인constructs과 분류를 이용해서 직업을 심리적인 특징에서 기술하였다는 것이다. 이러한 공헌은 직무의 내용이 빨리 변하는 현대사회에서 더욱 중요하다. 특히, 직무내용에 따른 직업정보시스템은 지속적인 업데이트와 개정이 필요한데, 홀랜드의 심리적 특성에 근거한 직업기술 방법은 다소 안정적이고 일의 세계가 변화함에 따라 약간의 수정만 요구된다는 것이다.

그러나 유형론은, 개인과 환경간의 상호작용에 관한 가설들은 지지를 받지만 보다 많은 검증이 필요하다. 특히, 개인적인 발달과 변화에 관한 설명도 종합적인 검증이 필요하다. 또한, 직업분류는 유형을 평가하고자 하는 도구들에 따라 조금씩 차이가 난다. 홀랜드는 교육, 성, 지능, 사회계층 등 다른 중요한 변인들을 포함하여 개인적이고 환경적인 관련성을 예측하려고 하지만, 진로이론이 이를 포괄하는 데에는 아직 한계가 있다.

6. 욕구이론

1) 이론의 개요

부모는 자녀가 생애 처음으로 관계를 경험하는 존재이다. 자녀가 부모로부터 경험하는 관계의 질은 자녀의 심리적인 영역뿐만 아니라 다양한 삶의 분야에 영향을 미친다. 개인의 진로발달에 강력한 영향을 미치는 부모 변인은 초창기 진로이론부터 관심을 받아왔다. 부모와 자녀의 관계적 측면에 초점을 둔 최초의 연구자는 로Roe이다.

로는 초기 아동기 특히 12세 이전에 부모가 보여준 자녀양육방식이 자녀의 진로선택에 영향을 줄 수 있다고 보고, 이를 검증하고자 시도하였다. 그녀는 예술적 창의성에 관련된 성격요인에 대한 연구를 시작으로 저명한 과학자의 특성에 대한 일련의 연구를 통해 자신의 진로이론을 구축하였다Roe & Lunneborg, 1990.

그녀는 직업선택은 생물학적, 사회학적, 심리학적인 개인차에 기초한다고 가정하였지만 특히 부모가 자녀를 대하는 양육방식이 자녀의 심리적 욕구와 상호작용해서 직업선택이 이루어질 수 있음을 가정하고 이를 검증하였다. 로는 어린 시절의 경험이 선택된 직업에서 만족을 추구하는 중요한 역할을 한다고 강조했다. 그는 부모의 양육형태가 욕구체계에 미치는 영향과 욕구들의 관계가 성인기의 생활방식에 미치는 영향을 알아보고자 하였다.

이론적 발달에 있어 매슬로우Maslow의 욕구체계에서 많은 영향을 받았다. 로에 따르면, 개인의 욕구 구조는 초기 어린 시절의 욕구불만과 만족감에 크게 영향을 받는다 한다. 예를 들어, 사람과의 관련된 일을 원하는 개인은 애정과 소속의 강한 욕구 때문에 인간지향적인 직업을 선택한다고 본다. 비인간지향적인 유형의 직업을 선택하는 사람은 낮은 수준의 안전감 욕구를 가지고 있다는 것이다. 로는 사람들과 어울려 일하기를 좋아하는 사람은 따뜻하고 수용적인 부모의 양육을 받고 자랐으며, 사람들과 접촉을 싫어하는 사람은 차갑고 거절적인 부모의 양육을 받고 자랐다고 보았다.

2) 직업분류와 직업수준의 위계구조

(1) 직업분류

로1956는 인간지향적person-oriented과 비인간지향적nonperson-oriented의 두 범주로 직업을 분류하였다. 인간지향적인 직업으로는 서비스직, 비즈니스직, 단체직, 일반문화직, 예능직이 있고, 비인간지향적인 직업으로는 기술직, 옥외활동직, 과학직으로 나누어 볼 수 있다. 각 직업체계 내에는 직무수준이 차이가 있다. 로는 직업범주의 선택은 개인의 욕구구조 기능에 의해 이루어지지만, 직업범주에서의 직무수준은 개인의 능력수준과 사회·경제적 배경에 의해 결정된다고 보았다.

어린이와 부모 사이의 관계에서 분위기는 욕구, 흥미, 그리고 태도에 영향을 미치고, 성인기의 직업선택에 반영된다.

1 직업영역

로는 흥미에 기초해서 직업을 8개의 군집으로 나누고 각각의 군집에 알맞은 직업들의 목록을 작성했다. 직업활동과 관련된 인간관계의 특성과 강도에 기초한 연속선상에 직업들이 배열될 수 있으며, 연속선상에서 가까이 위치한 군집들이 떨어진 군집보다 인간관계의 특성과 강도면에서 보다 더 유사하다. 그가 제안한 8가지 직업군은 다음과 같다Roe & Lunneborg, 1990.

① **서비스직**service

이 직업군은 기본적으로 다른 사람의 욕구와 복지에 관심을 가지고 봉사하는 것에 관련되어 있다. 사회사업, 전문상담가 등과 같이 다른 사람을 위해 봉사하는 환경의 직업이다.

② **비즈니스직**business contact

이 직업군은 일대일 만남을 통해 판매하는 것에 관련 되어 있다. 대인관계가 중요하나 타인을 도와주기보다는 어떤 행동을 취하도록 상대방을 설득하는 데 초점을 둔다.

③ **단체직**organization

기업의 조직과 효율적인 기능에 주로 관련된 직업으로, 사업, 제조업, 행정에 종사하는 화이트칼라 집단들이다. 이 직업에서 인관관계의 질은 대개 형식화되어 있다.

④ **기술직**technology

상품과 재화의 생산, 유지, 운송과 관련된 직업을 포함하는 군집이다. 운송과 정보통신에 관련된 직업뿐만 아니라 공학, 기능, 기계, 무역에 관계된 직업들도 이 영역에 속한다. 대인관계는 상대적으로 덜 중요하며 사물을 다루는 데 관심을 둔다.

⑤ 옥외활동직outdoor

농산물, 수산자원, 지하자원, 임산물, 기타의 천연자원을 개발, 보존, 수확하는 것과 축산업에 관련된 직업들을 말한다. 기계화의 진전으로 인해 이 군집에 속하던 많은 직업군들이 군집④로 옮겨졌다. 대인관계는 중요하게 다루어지지 않는다.

⑥ 과학직science

기술직과는 달리 이 군집은 과학이론과 이론을 특정한 환경에 적용하는 것과 관련된다. 심리학이나 인류학과 같은 분야에서 뿐만 아니라 전혀 인간관계지향이 아닌 물리학과 같은 과학적 연구에서도 더 구체적인 인간관계에 호소하는 군집⑦과 관련이 있다. 의학직이 대표적인 예이다.

⑦ 일반문화직general culture

이 직업군은 문화유산의 보존과 전수에 관련된다. 개인보다는 인류의 활동에 흥미가 있다. 교육, 언론, 법률, 성직, 언어학과 인문학이라 불리는 과목들에 관련된 직업들이 이 군집에 포함된다. 대부분의 초·중등학교 교사들은 이 군집에 속하나 고등교육기관의 교사들은 가르치는 교과에 따라 서로 다른 직업군에 포함된다. 예를 들어 과학교사는 군집⑥에, 예술교사는 군집⑧에, 인류학 과목의 교사는 군집⑦에 속한다.

⑧ 예능직art and entertainment

창조적인 예술과 연예에 관련된 특별한 기술을 사용하는 것과 관련된 직업들이 여기에 속한다. 대부분의 경우 개인과 대중 또는 조직화된 한 집단과 대중 사이의 관계에 초점을 둔다. 인간관계가 중요하나 군집①에서의 인간관계와 똑같은 특성을 지닌 것은 아니다.

2 직업수준

각 군집은 다시 책임, 능력, 기술의 정도를 기준으로 하여 각각 여섯 단계로 나누어진다. 책무성 정도가 단계의 구분에 가장 결정적인 영향을 미친다. 책무성에는 결정을 내리는 횟수와 곤란도 뿐만 아니라 다양한 문제들을 어떻게 처리해야 하는지도 포함된다. 각각의 단계들은 본질적으로 책무성의 연속선상에 존재한다.

① **고급 전문관리**professional and managerial 1

이 단계는 중요한 사안에 대해 독립적인 책임을 지는 전문가들 뿐만 아니라 개혁자, 창조자, 최고 경영관리자들을 포함하는 수준이다. 고급 전문관리자들의 기준은 다음과 같다. 첫째, 중요하고 독립적이며 다양한 책임을 진다. 둘째, 정책 수립policy making을 한다. 셋째, 아울러 박사나 이에 동등한 수준의 교육을 받은 사람들이다.

② **중급 전문관리**professional and managerial 2

중급 전문관리와 고급 전문관리는 근본적으로 차이가 있다. 이 수준은 자율성은 있으나 고급 전문관리보다 좁거나 덜 중요한 책임을 가지고 있다. 중급 전문관리자들의 기준은 다음과 같다. 첫째, 중요성과 다양성의 양 측면에서 자기나 다른 사람들에 대하여 중간수준의 책임을 가진다. 둘째, 정책을 해석한다. 셋째, 학사학위 수준 이상의 교육을 받은 사람이지만 박사와 이에 준하는 교육보다는 낮은 교육을 받은 사람들이다.

③ **준 전문관리**semiprofessional and small business

준 전문관리자들은 다음과 같다. 첫째, 다른 사람들에 대하여 낮은 수준의 책임을 가지고 있다. 둘째, 정책을 적용하거나 단지 자기 자신을 위한 결정을 한다. 셋째, 고등학교나 기술학교 또는 이에 준하는 수준의 교육을 받은 사람들이다.

④ **숙련직**skilled

숙련직과 숙련직 아래 수준의 직업은 고전적인 분류이다. 숙련된 직업은 견습이나 특수한 훈련 또는 경험을 요구한다.

⑤ **반숙련직**semiskilled

이 직업들은 약간의 훈련과 경험을 요구하지만, 숙련직에 있는 직업들보다는 훨씬 낮은 훈련과 경험을 요구한다. 반숙련직에서는 훨씬 적은 자율과 창의성이 허락된다.

⑥ **비숙련직**unskilled

비숙련직들은 특수한 훈련이나 교육이 요구되지 않으며, 간단한 지시를 따르거나 단순한 반복활동에 종사하기 위해서 필요한 능력보다 많은 능력을 요구하지 않는다. 이 수준에서, 직업군의 차이는 근본적으로 직업 환경의 차이이다Roe & Klos, 1972.

로의 직업분류체계는 영역과 수준의 두 차원으로 하는 이원적인 분류체계라는 특징을 지니고 있다. 영역field은 일의 활동에 초점을 둔 것으로 8가지로 구분되며 수준level은 직업에서 요구되는 책임감, 능력, 기술의 정도를 기초로 한 것으로 6단계의 위계구조로 구성되어 있다. 이와 같은 로의 직업분류체계를 제시하면 표 2-5와 같다.

표 2-5 **로의 직업분류체계**

단계 \ 군집	1 서비스직	2 비즈니스직	3 단체직	4 기술직	5 옥외활동직	6 과학직	7 일반문화직	8 예능직
1	개인치료사, 사회사업 슈퍼바이저, 전문 카운셀러	프로모터	대통령, 각료, 실업계 거물, 국제 은행가	발명가, 고문, 선장	전문조언가	연구원, 대학교수, 의학전문가, 박물관장	대법원 판사, 대학교수, 학자	예술가, 대학교수, 도서관장
2	사회사업가, 직업상담원	공익기관의 상담원	공인회계사, 행정관, 노조직원, 중개인	응용과학자, 공장장, 함선의 장교, 기사	응용과학자, 지주와 소작인, 조경가	과학자, 약사, 수의사	편집자, 교사	운동선수, 예술비평가, 디자이너, 음악 편곡가
3	복지사, 탐정	외판원, 딜러	회계사, 고용관리인, 식당주인	비행사, 중개업자, 현장주임, 방송기술자	농장소유주, 삼림감시원	기술자, 기상관측자, 지압사	치안판사, 아나운서, 리포터, 사서	디자이너, 실내장식가, 쇼맨
4	이용사, 주방장, 간호사, 경찰	경매인, 구매원	출납원, 은행직원, 판매원	전기기사, 현장주임, 정비사	광부, 기술자	기술보조원	법률서기	장식가, 사진사
5	택시기사, 소방원	행상인	문서정리원, 공증인	배달부, 기사	정원사	수의보조원, 조무사		삽화가
6	가정부, 병원조무사		배달원	조수, 노동자, 포장인	목장일꾼, 노동자, 벌목원			

(2) 직업수준의 위계구조

8가지 직업영역은 원형의 구조를 이루고 있는데, 각 직업영역 간의 거리는 심리적 유사성을 의미한다Osipow & Fitzgerald, 1996. 즉, 서로 가까운 위치에 있는 영역일수록 이들 영역이 지니는 심리적 특성은 더욱더 유사하다. 직업을 바꾸려고 하는 사람은 자신이 속한 직업영역과 심리적 특성이 유사한 직업영역으로 이동하려고 한다.

그러나 이와 같이 한 개인이 이직할 때에는 직업수준, 즉 그가 지니고 있는 교육수준이나 경험의 정도에 의해 제한을 받게 된다고 로는 설명하였다. 또한, 그는 6가지 직업수준은 위계구조로 이루어져 있는데, 직업수준이 높을수록 직업영역 간의 심리적 특성의 거리는 멀어지며, 직업수준이 낮을수록 직업영역 간의 심리적 특성의 거리가 가까워진다.

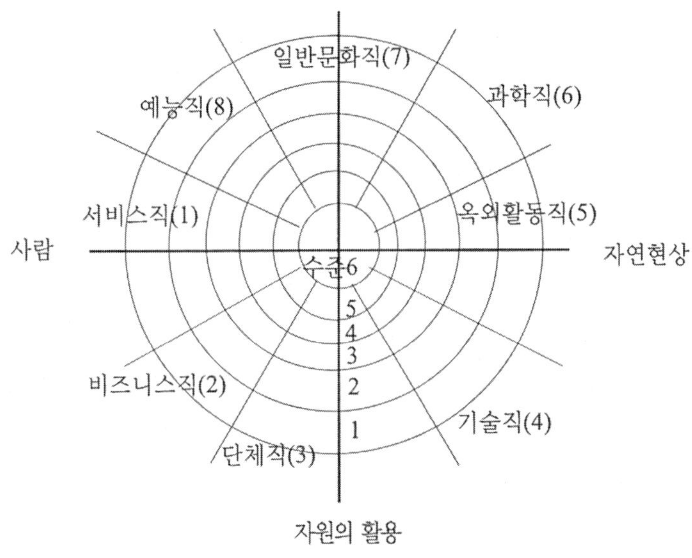

그림 2-5 로의 직업분류체계 도식

3) 부모의 양육태도와 직업

로1956는 여러 가지 다른 직업에 종사하는 사람들은 각기 다른 욕구를 갖고 있고 이러한 욕구의 차이는 어린 시절의 부모-자녀관계에 기인한다고 보았다. Roe는 이러한 관점에 기초해서 부모의 육아방식과 자녀의 직업지향성 간의 관계를 그림 2-6과 같이 제시하였다.

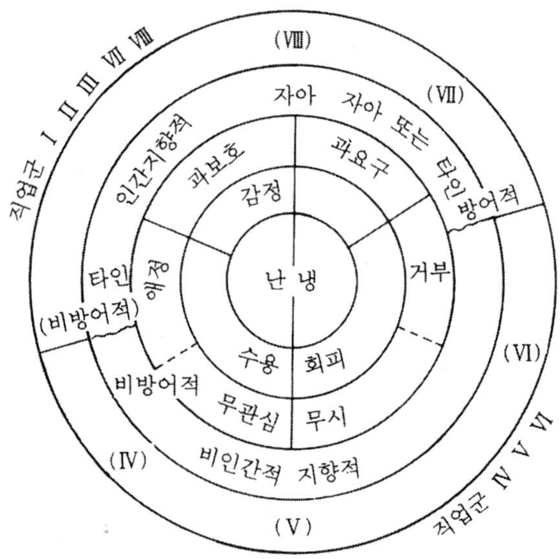

그림 2-6 부모의 육아방법과 자녀의 직업 지향성

* 출처 : Anne Roe & Marvin Siegelman, The Orgin of Interest, Washington, D.C. : American Personnel & Guidance Assocation, 1964.

그림 2-6에 의하면 가정의 정서적 분위기, 즉 부모와 자녀간의 상호작용육아법은 모두 세 가지 유형으로 나눌 수 있으며 그것들 각각에 따라 자녀의 욕구충족도가 달라진다. 즉, 회피형, 정서집중형, 수용형에 따라 자녀의 욕구유형이 달라지는데, 이를 구체적으로 설명하면 다음과 같다김충기, 1986.

(1) 회피형

1 거부형

자녀에 대해 냉담하고, 자녀가 선호하는 것이나 의견을 무시한다. 자녀의 욕구

를 충족시켜 주려고 하지 않는다. 공격적이고 방어적인 성격을 갖게 된다.

2 방임형

자녀와 별로 접촉하려고 하지 않으며, 부모의 책임을 회피하려고 한다.

(2) 정서집중형

1 과보호형

자녀를 지나치게 보호함으로써 자녀에게 의존심을 키운다. 인간지향적인 성격이 형성된다.

2 요구과잉형

자녀가 남보다 뛰어나기를 바라고 공부를 잘하기를 바라므로 엄격하게 훈련시키고 무리한 요구를 한다.

(3) 수용형

1 무관심형

자녀를 수용적으로 대하지만 자녀의 욕구나 필요에 대해 그리 민감하지 않고 또 자녀에게 어떤 것을 잘하도록 강요하지 않는다.

2 애정형

온정적이고 관심을 기울이며 자녀의 요구에 응하고 독립심을 길러 주며 벌을 주기보다는 이성과 애정으로 대한다.

이러한 가정 분위기의 유형과 작업지향성과의 관련에 대해 로는 다음과 같은 가설을 제시하고 있다.

첫째, 과보호형의 가정환경에서 성장한 사람은 인간지향적인 성격을 갖게 되며 그 결과 예능계통의 직업을 갖고 싶어한다.

둘째, 온정적이고 수용적인 분위기에서 성장한 사람도 역시 인간지향적인 성격을 갖게 되지만 과보호형과는 달리 다른 사람들과 함께 일하고 접촉하는 서비스 직종의 직업을 갖고 싶어한다.

셋째, 부모의 사랑을 제대로 받지 못하고 거부적인 분위기에서 성장한 사람은 공격적이고 방어적인 성격을 갖게 되며, 그 결과 다른 사람과의 접촉이 적은 직업이나 과학계통, 연구계통의 직업을 갖고 싶어한다.

영화로 만나는 진로상담

빌리 엘리어트 Billy Elliot, 2000

줄거리

11살 소년 빌리는 영국 북부지방에 살고 있다. 광부인 형과 아버지는 파업 상태이고, 가족의 명예를 회복하기 위해 빌리는 할아버지의 오래된 권투장갑을 끼고 체육관을 찾는다. 체육관에서는 권투 교실과 발레 교실이 함께 열리고 있다. 그러나 곧 빌리는 자신의 발이 손보다 훨씬 능란하게 움직인다는 사실을 알게 되고, 발레 선생님인 윌킨슨 부인의 독려에 힘입어 권투를 그만두고 발레 교실로 옮기게 된다.

이 사실을 알게 된 빌리의 아버지는 곧 그를 말리지만 빌리는 자신의 능력을 인정해 주고 런던의 로얄발레학교 입학 시험을 보라고 격려해 주는 윌킨슨 부인과 함께 열심히 오디션을 위해 준비한다. 그리고 빌리의 춤을 본 아버지도 발레만이 빌리가 탄광에서 벗어날 수 있는 유일한 탈출구라는 사실을 깨닫게 되고 빌리를 런던으로 보내기 위해 그가 가지고 있는 모든 돈을 모으기 시작한다.

4) 이론의 평가

상담에 대한 로의 가장 가치 있는 공헌은 그녀의 분류체계인데 이는 특히 내담자가 매칭의 준비가 되어 있을 때 더욱 유용하다Brooks, 1990. 로와 루노보그Roe와 Lunneborg, 1990는 특히 직업선호도 검사Occupational Preference Inventory, 직업흥미검사Vocational Interest Inventory, 직업명 사전Dictionary of Occupational Titles과 같은 분류체계 개발에 영향을 주었고, 미국 내 여러 기관의 진로상담 프로그램이나 진로방법에 로의 분류체계가 적용되고 있다는 점에서 로 이론의 타당성을 역설하고 있다. 그러나 무엇보다도 로 이론은 분류체계 뿐만 아니라 임상 현장의 상담자들에게 직업결정에 부모 요인내담자의 아동기 경험의 중요성이 크다는 인식에 영향을 주었다.

로 이론을 검증하고자 한 많은 연구들이 아동기 경험에 대한 회상 자료에 기반하여 연구하기가 어렵고, 특히 종단연구 요건을 충족시키는데 어렵다는 지적을 한다Brown, 1990; Zunker, 2002. 또한 한 연구에 사용한 표본들이 너무 적고Osipow, 1983 부모 간의 자녀양육 방식에 대한 차이점과 시간에 따라 양육방식이 변할 수 있다는 점을 간과하였다Sharf, 2006. 진로상담 과정에 구체적인 정보나 전략을 제공하지 않은 것도 로 이론의 발전에 제한이 되었다. 로 자신이 말했듯이 이 이론은 상담 실제에 적용을 위한 이론으로 구성되지 않았기 때문인 듯하다. 이 이론은 진로발달 이론이라기보다는 진로선택 이론이고, 실제적인 의사결정과정을 설명하지 못하고, 성격형성과 직업선택 사이의 단계들을 명료화하지 않고 있다Brown, 1990. 무엇보다 현재 이론의 전개 및 연구가 거의 활성화되지 못하고 있다는 한계가 있다.

제 3 장

진로 발달이론

1. 긴즈버그Ginzberg의 진로선택 발달이론
2. 수퍼Super의 생애진로 발달이론
3. 갓프레드슨Gottredson의 제한–타협이론
4. 직업정체감 발달과 진로개발 교육이론
5. 발달적 진로상담

개인의 특성이나 각 직업에서 요구하는 조건이나 직업 특성들을 합리적으로 분석하여 이 둘 사이를 현명하게 연결시켜 합리적이고 현명한 직업선택을 돕는 진로선택 이론에 비해 진로발달 이론은 진로는 일련의 발달 과정을 거치면서 변화하며 발달한다는 관점을 취한다. 진로발달 이론은 이와 같이 직업과 개인 특성 간의 매칭이라는 진로 지도의 기본 관점에 의문을 나타내면서 내담자가 진로에 대하여 흥미를 가지고 구체적인 진로를 선택하고 직업적응을 위해 직업 분야에 몰입하는 과정을 일련의 발달단계로 보았다. 이 장에서는 긴즈버그Ginzberg의 진로선택 발달이론, 수퍼의 생애진로 발달이론, 갓프레드슨Gottfredson의 제한-타협이론, 발달적 진로상담에 대하여 소개할 것이다.

이 장에서 학습해야 할 목표는 다음과 같다.
첫째, 긴즈버그의 진로선택 발달이론을 요약할 수 있다.
둘째, 수퍼의 생애진로 발달이론의 특징을 진술할 수 있다..
셋째, 갓프레드슨의 제한-타협이론을 설명할 수 있다.
넷째, 발달적 진로상담의 모델과 상담 과정을 요약·설명할 수 있다.

1. 긴즈버그Ginzberg의 진로선택 발달이론

1) 이론의 개요

발달이론Developmental Theories은 특성 요인에 비해 보다 포괄적인 접근을 통해 진로행동의 종단적 연구에 관심을 갖고 있다. 또한 자아개념을 더 중요시하는 점에서 특성이론이나 구조이론과 다르다Herr & Crammer, 1979. 즉, 특성-요인 이론이 직업선택을 일회적인 행위로 간주하였다면, 발달이론에서는 진로발달을 생애의 전 과정에 걸쳐 발생하는 것으로 가정하고 있다. 따라서 발달이론에서는 진로프로그램은 생애의 전 단계를 걸쳐 사람들의 요구를 만족시킬 수 있도록 설계되어야 한다는 점을 강조하고 있다Zunker, 1998.

긴즈버그와 동료들1951은 생애단계이론, 흥미단계이론, 그리고 직업흥미이론 등의 영향을 받아 발달적 접근법을 직업선택이론에 도입하였다. 긴즈버그의 이론은 경제학자, 정신과의사, 사회학자, 심리학자들의 관점과 노력이 결합된 직업발달이론이다. 그의 이론의 핵심은 인간의 신체와 정신이 발달하는 것처럼 직업에 대한 지식, 태도, 기능도 어려서부터 발달하기 시작하여 일련의 단계를 거치면서 발달한다는 것이다. 개인은 자신의 욕구, 능력, 가치관, 흥미 등의 내적 요인과 가정환경, 부모의 영향, 직업조건 등의 외적 요인 간의 타협을 통해 직업선택을 하게 되는데, 이러한 능력은 나이가 들수록 발달한다는 것이다Bailey et al., 1973. 다시 말해서 직업선택이란 삶의 어느 한 시기에 이루어지는 일회적인 사건이 아니라 장기간에 걸쳐 발달하는 일련의 의사결정이라는 것이다.

이러한 직업선택의 과정은 흥미, 능력, 가치관 등의 주관적 요소와 현실세계와의 타협으로 이루어진다이정근, 1988. 긴즈버그와 동료들1951은 직업선택이란 6년에서 10년에 걸쳐 발생하는 발달적 과정으로, 대략 11살에 시작되어 17살이나 초기 성인기에 끝나는 것으로 결론지었다.

2) 진로 발달단계

긴즈버그는 진로를 발달적인 측면에서 바라본 제1세대 진로학자라고 할 수 있다. 긴즈버그, 액설래드Axelrad, 헐마Herma는 개인이 진로를 설계하는 과정을 일시적인 단회의 사건으로 보지 않았으며, 진로와 관련한 의사결정을 일련의 시간의 흐름에 따른 발달적인 현상으로 보았다. 그들에 따르면 진로의사결정은 일련의 과정이라는 것이다.

특히 그들은 진로의사결정 과정이 어릴적부터 시작하여 20대 초반까지 계속된다고 보았다. 또한 그들은 진로의사결정 과정이란 한번 정해지면 되돌릴 수 없는

비가역적인 과정이며, 다음의 표 3-1과 같은 3단계 과정을 거치면서 발달한다고 보았다.

표 3-1 **긴즈버그의 발달 시기**

시 기	연 령	특 성
환상기 (fantasy)	아동기 (11세 이전)	초기단계에는 놀이중심 이 단계 후반에서 놀이가 일 지향이 됨
잠정기 (tentative)	청소년 초기 (11세~17세)	작업요구 수준, 즉 관심, 능력, 작업보상, 가치관 그리고 시간전망에 대한 점진적 인식으로 특징되는 과도기적 과정
현실기 (realistic)	청소년 중기 (17세~성인초기)	능력과 관심의 통합, 가치관의 발달, 직업선택의 명료화, 직업유형의 정형화

* 자료 : Vernon G. Zunker(1998). Carrer Counseling : Applied Concepts of Life Planning, New Jersey : Prentice-Hall.

(1) 환상기fantasy period

이 단계는 직업선택의 문제에서 자신의 능력이나 가능성, 현실여건 등을 고려하지 않고 욕구를 중시하는 시기이다. 대개 6세에서 11세까지가 이 단계에 속하는데, 아동은 무엇이든 하고 싶고, 하면 된다는 식의 환상 속에서 비현실적인 선택을 하는 경향을 갖고 있다.

이 시기에는 다양한 직업적 역할이 놀이를 통해 나타난다.

(2) 잠정기tentative period

이 단계는 대략 11세부터 17세까지 해당되는 시기로 이 시기에 개인은 자신의 흥미나 취미에 따라 직업선택을 하려는 경향을 갖는다. 이 시기의 후반기에 가면 능력과 가치관 등의 요인도 조금 고려하지만 현실상황을 별로 고려하지 않기 때문에 직업선택의 문제에서 다분히 비현실적인 성격을 띤다. 이 시기의 특성을 잠정적이라 볼 수 있는데 이 단계는 다시 다음 네 가지 하위단계로 나누어진다.

1 흥미단계

이 단계는 대략 11세부터 12세까지의 시기로서 개인은 자신의 흥미나 취미에 따라 직업을 선택하려고 한다. 이 시기엔 좋고 싫은 것들이 분명해진다.

2 능력단계

이 단계는 대략 13세에서 14세까지의 시기로서 개인은 자신의 능력을 시험해 보고자 한다. 이 세상에는 다양한 직업들이 있고 직업에 따라 보수나 훈련조건, 작업조건 등이 다르다는 것을 처음으로 의식하게 된다. 진로계획 시에 개인은 자기능력을 고려하지만 극히 피상적이고 불완전하다. 자기의 한계와 가능성을 인식하기 시작한다.

3 가치단계

이 단계는 대략 15세에서 16세까지의 시기로서 개인은 직업선택 시에 여러 가지 다양한 요인을 고려해야 함을 인식하게 된다. 따라서 자신이 좋아하는 직업에 관련된 모든 정보들을 알아보려고 하며, 그 직업이 자신의 가치관 및 생애목표에 부합하는지 평가해 본다. 자신이 선택하고 싶은 직업스타일에 대한 명확한 이해가 이뤄진다.

4 전환단계

이 단계는 대략 17세 전후로서 개인은 자신을 둘러싸고 있는 현실적인 외부요인에 눈을 돌리게 된다. 개인은 자신의 결정이 장래의 생활에 영향을 미칠 것이라는 현실인식을 하게 된다. 이 시기에 이르면 자기의 결정에 대해 책임을 지려고 한다.

(3) 현실기realistic period

이 시기는 17세 이후부터 성인기에 이르는 시기로서 이 시기에 직업선택이 이루어진다. 이 시기에 개인은 직업에서 요구하는 조건과 자신의 개인적 욕구와 능력 등을 고려하여 현명한 선택을 하고자 한다. 이 시기는 다음 세 가지 하위단계로 나누어진다.

1 탐색단계exploration sub stage

이 시기에 개인은 취업기회를 탐색하고 취업하려고 노력하게 된다. 자기가 선택하고 싶은 직업을 2~3가지로 축소한다.

2 구체화 단계concretization sub stage

개인은 자신의 직업목표를 구체화하고 직업선택의 문제에서 내·외적 요인들을 두루 고려하게 된다. 이 단계에서는 타협이 중요한 요인이 된다. 이 시기에는 특정직업에 몰입하는 경향을 보인다.

3 특수화 단계specialization sub stage

개인은 자신의 결정을 구체화시키고 보다 세밀한 계획을 세우고 고도로 세분화·전문화된 의사결정을 하게 된다. 이 시기에 이르면 직업을 선택하고 그 직업을 갖기 위한 직업훈련과 같은 진로행동에 돌입한다.

3) 이론의 평가

긴즈버그 이론은 진로지도에 필요한 개인의 직업적 성숙도와 규준을 제공함으로써, 직업선택 과정에서 각 단계별 문제발견과 지도에 도움을 줄 수 있다는 장점이 있다. 발달단계 초기에 이루어지는 선택과정은 개인의 흥미, 능력, 가치관에 좌우되지만, 나중에는 이 요인들과 외부적인 조건이 함께 타협됨으로써 직업선택이 이루어지는 점이 특징이라 할 수 있다. 그러나 긴즈버그가 실시한 경험적 연구의 결과는 여성과 소수민족, 그리고 도시나 농촌의 빈민층이 제외되었다는 표본상의 문제점 때문에 연구결과를 일반화할 수 없는 제한점을 지니고 있다Osipow, 1983.

나이 많은 학생에 대한 자료가 없다는 것과 직업선택에 관련된 기존의 연구결과를 충분히 검토하지 않았다는 단점도 지니고 있어서 연구의 결과를 모든 학생에게 적용하는 데 한계가 있다. 또한 이 연구의 결론은 동일표집 이외에는 항상 적용되는 것이 아니라는 비판도 받고 있다.

이러한 비판에도 불구하고 긴즈버그의 연구는 발달론적 관점에서 직업선택 이론에 최초로 접근한 것으로 간주되고 있다.

긴즈버그는 그의 이론을 제시한지 약 20년 후에 이론의 일부를 수정하였다. 그는 개인의 진로결정이 생의 어느 한 시기에 이루어지는 일회적인 것이라는 주장을 번복하고 개인의 진로선택은 생애단계에 따라 변화 · 발달하는 것이라고 하였다. 그 내용은 다음과 같다.

① 직업선택과 발달의 과정은 평생 동안 무한하다.

② 불가역성不可逆性은 더 이상 효력이 없다.

③ 가장 적합한 직업을 발견하는 것은 계속적인 과정이다. 즉, 낙관은 타협으로 바꾸어야 한다.

④ 강제에 상당한 비중을 둘 필요가 있다.

⑤ 과거 자신에게 있었던 기회에 대한 지각의 중요성과 마찬가지로 일의 세계에 대한 기회구조에 더 비중을 둔다.

⑥ 가치지향에 비중을 두고 개인 만족에 대한 탐색이 중요한 역할을 한다고 간주한다.

2. 수퍼Super의 생애 진로발달이론

1) 이론의 개요

수퍼Super의 이론은 긴즈버그의 진로선택 발달이론에 대한 비판에서 출발하였다. 수퍼는 긴즈버그 이론을 비판하고 당시의 직업선택 및 직업발달에 대한 지식을 충분히 분석, 종합하여 보다 포괄적이고 발전된 이론을 정립하려고 하였다. 즉, 그는 진로발달이 아동기부터 성인 초기까지 이루어지는 국한된 과정이라고 보았던 긴즈버그와는 달리 진로발달이 전 생애에 걸쳐서 이루어지는 변화의 과정이라고 보았다.

직업행동에 대한 수퍼의 접근에 가장 중요한 부분 가운데 하나는 자아개념이다. 그는 자아개념 이론을 개인이 자신의 속성과 직업에서 요구되는 속성을 고려하여 연결시켜 주는 이론이라고 제안했다Super, 1984. 그는 자아개념 이론의 두 가지 구성요소를 인성적, 혹은 심리적 요소와 사회적 요소로 구분하였다.

또한, 수퍼가 제시한 '진로성숙' 개념 역시 진로발달이론의 중요한 공헌이라고 할 수 있다. 진로성숙은 계속적인 생애단계 내에서 성공적으로 수행된 발달적 과업을 통해 획득된다. 진로발달이론에 대한 또 다른 수퍼의 중요한 공헌은 직업발달단계를 체계화한 것이다.

수퍼의 직업발달이론은 모든 발달이론들 가운데 가장 종합적인 것으로 간주되고 있으며, 많은 연구들에 의해 일반적으로 지지되었던 발달적 개념들에 타당한 설명을 제공하고 있다Osipow, 1983. 수퍼는 이와 같이 동시대의 진로선택 발달이론가들의 이론을 반박하며 진로발달과정의 다양하고 복합적인 현상들을 아우를 수 있는 종합적인 이론을 만들고자 하였다. 이러한 그의 시도는 '전 생애-생애공간 이론life-span life-space theory'이라는 모든 진로이론 중 가장 포괄적인 이론을 만들기에 이르렀다.

수퍼는 진로발달을 전 생애life-span 생애역할life role, 자아개념self-concept 등 크게 세 가지 개념으로 이론화하였고, C-DAC 모형을 통해 이론과 상담현장을 접목하려 하였다 Niles & Harris-Bowlsbey, 2002. 전 생애-생애공간이론은 수퍼가 제안한 다음의 14가지 가정을 토대로 한다김봉환 외, 2010에서 재인용.

① 각 개인은 능력, 성격, 필요, 가치, 흥미, 특질, 자아개념이 서로 다르다.

② 사람들은 각기 이러한 특징들의 조합을 통해 다양한 직업에 어울리는 자격을 갖추게 된다.

③ 각 직업은 특정한 능력과 성격특성을 요구한다.

④ 직업선호, 역량, 여건, 자아개념 등은 시간의 흐름과 경험의 정도에 따라 변한다. 다만, 사회학습의 산물인 자아개념은 청소년 후기부터 성인기에 이르기까지 연속적인 선택과 적응선상에서 점차 안정적이게 된다.

⑤ 이러한 자아개념의 변화과정은 성장, 탐색, 확립, 유지, 쇠퇴 등 일련의 대순환 생애 단계를 거친다. 이러한 단계는 또한 탐색기 내의 환상, 잠정, 현실기로, 확립기 내의 시도기와 안정기 등으로 다시 세분화되어 나누어진다. 소순환은 각 단계 사이의 전환기에 발생한다. 개인은 이 전환기 중에 힘의 감소, 인력 수요 유형의 변화, 질병이나 사고, 또는 기타 사회 경제적 및 개인적 사건 등으로 불안정한 시기를 겪는다. 이러한 불안정한 진로 전환기에는 신성장, 재탐색, 재확립기가 포함된다.

⑥ 진로유형의 특성은 부모의 사회 경제적 수준, 지적 능력, 교육, 기술, 성격특성, 진로성숙도, 기회 등에 의해 결정된다.

⑦ 특정 생애 진로단계의 맥락에서 환경의 요구에 대처하는 능력은 개인이 이들 요구에 대처하는 준비도에 달려 있다. 진로성숙career maturity은 '신체적 · 심리적 · 사회적 특성의 집합체'로서 이전 단계와 하위 단계의 요구에 대응하는 능력의 정도를 의미한다.

⑧ 진로성숙도는 가설적인 구인이며 단일한 특질이 아니다. 진로성숙도의 조작적 정의는 지능처럼 세밀하게 개념화되기는 어렵지만, 이에 대한 정의는 지능보다는 간결하면서도 포괄적인 방식으로 개념화될 수 있다.

⑨ 생애 단계를 통한 진로발달은 능력과 흥미를 성숙시킴으로써 그리고 현실검증과 자아개념의 발달을 촉진함으로써 지도될 수 있다.

⑩ 진로발달 과정은 직업적 자아개념의 발달과 실행과정이다. 자아개념은 타고난 적성과 신체적 특징, 여러 역할을 관찰하고 수행하는 기회, 역할수행에 대한 평가 간의 상호작용을 통한 산물로서 통합적이고 타협적인 과정이다.

⑪ 개인과 사회적 요인, 자아개념과 현실 간의 통합과 타협의 과정은 역할수행과 피드백을 통한 학습의 과정이다.

⑫ 직업만족과 생애만족은 개인의 능력, 필요, 가치, 흥미, 성격특성, 자아개념에 따라 다르다.

⑬ 직업만족도는 자아개념을 실행할 수 있는 정도에 비례한다.

⑭ 직업은 대부분의 남녀에게 삶의 중심이다. 하지만 어떤 사람들은 특정한 직업이 없거나 직업 자체가 그들에게 주변적인 기능을 할 수 있는데, 이들에게는 여가활동과 집안일 등이 중심이 될 수 있다. 성 역할 고정관념, 역할 모형, 인종적 편견, 기회구조 등은 개인차와 마찬가지로 직업인, 학생, 여가인, 집안일 등의 역할에 대한 선호에 중요한 결정요인이 된다.

2) 진로 자아개념

수퍼는 진로발달을 '진로에 관한 자아개념의 발달'이라고 보았다Super, 1990. 사람은 아동기부터 일의 세계에 관한 놀이, 학습, 취미와 같은 여러 경험을 통해서 일과 관련된 자아개념을 형성한다. 또한 학교, 또래, 가정, 직장과 같은 다양한 사회적 관계 속에서 끊임없이 자신의 능력과 흥미를 확인하고 일에 대한 가치, 흥미, 태도를 형성해 나간다. 나아가 개인은 일생의 여러 단계를 살아가면서 다양한 역할들을 맡고 여러 가지 사회적 기대를 경험하게 된다. 이와 같은 과정 속에서 개인은 '나는 이것을 좋아하고 잘 하는구나.' '가족들은 내가 이것을 하길 바라는구나.' 등과 같이 자신에 대한 특정한 개념, 진로자아개념을 갖게 된다.

자아개념의 형성 과정에는 다양한 개인적 요인과 환경적 요인들이 복합적으로

작용한다. 개인적 요인에는 개인의 적성, 능력, 흥미, 가치, 지능 등이 있으며, 환경적 요인에는 가정, 학교, 또래집단, 사회적 상황, 경제 상황, 노동 시장 등이 있다. 이러한 여러 영향 요인과 상호작용하면서 개인은 삶에서 경험하는 다양한 역할에 관한 자기개념을 형성한다.

자아개념은 일종의 사회학습의 산물인 동시에 성장과 쇠퇴의 변화과정을 겪는다. 개인은 아동기부터 청소년기, 성인기, 중년기, 노년기를 거치면서 여러 가지 역할의 변화를 경험하고 그 과정에서 자아개념도 변화의 과정을 거치게 된다. 사회적 역할의 변화 속에서 개인의 흥미, 가치, 능력이 변하게 되고 사회적 상황과 기대가 변할 수 있다. 이렇듯 개인은 삶의 과정에서 요구되는 여러 발달과업을 수행해 나가면서 과거의 자신과 현재의 자신에 대한 개념이 고정되지 않았다는 것을 경험한다.

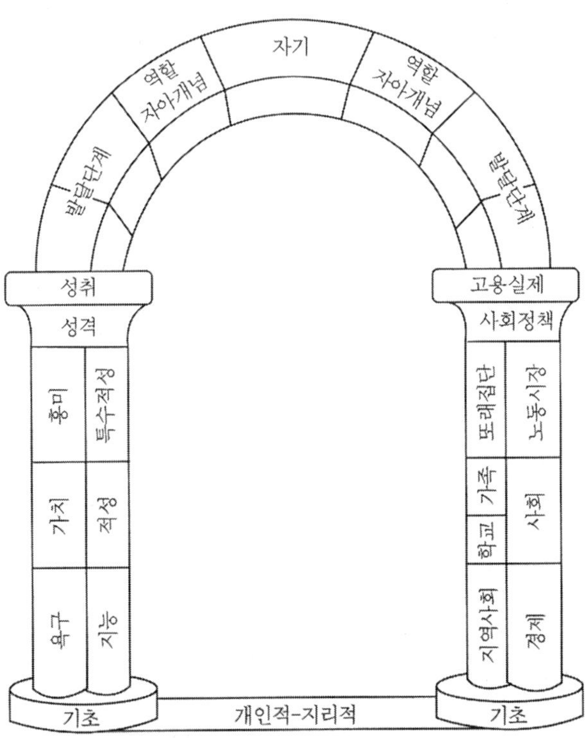

그림 3-1 아치웨이 모형

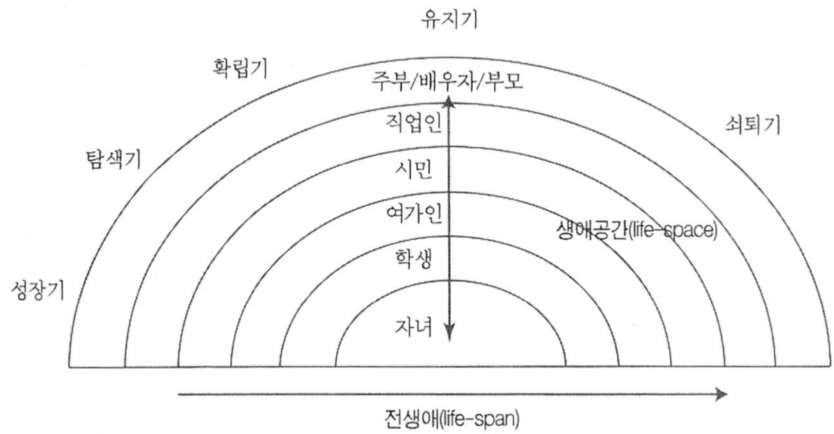

그림 3-2 생애진로 무지개 모형

수퍼는 아치웨이 모형archway model, 그림 3-1과 생애진로 무지개 모형life-career rainbow, 그림 3-2을 통해 다양한 개인적 · 상황적 결정 요인이 전 생애과정에서 개인이 수행하는 생애역할의 군집을 형성하고 이러한 개인 및 상황적 결정 요인이 자아개념 발달에 횡단적, 종단적 과정으로 영향을 미친다고 보았다.

3) 전 생애 진로발달이론

(1) 진로발달단계

수퍼는 진로발달을 전 생애적인 발달과정으로 보았다. 이는 시간의 흐름에 따라 자연스럽게 이뤄지는 생물학적인 발달과는 다르며, 다양한 사회적 환경과의 상호작용 속에서 이루어지는 일종의 심리사회적 발달을 말한다. 전 생애 진로발달이란 출생에서부터 노년기까지 전 생애 동안 사회적 관계 속에서 어떠한 역할을 수행하는 한 성장과 쇠퇴의 변화과정이 끊임없이 이어지는 지속적인 과정을 의미한다.

생애발달에 따른 진로발달단계와 그 특징은 다음과 같다.

1 성장기 growth stage

출생에서 14세까지의 시기로서 이 시기에 아동은 가정과 학교에서 중요한 타인에 대해 동일시를 함으로써 자아개념을 발달시킨다. 이 단계의 초기에는 욕구와 환상이 지배적이지만, 사회참여와 현실검증력이 발달함에 따라 점차 흥미와 능력을 중시하게 된다. 이 시기의 아동은 '나는 무엇을 잘한다.' '나는 어떤 일을 좋아한다.'와 같이 일과 관련된 기본적인 자기이해가 성장한다. 이 단계는 다음과 같이 세 가지 하위단계로 나누어진다.

① **환상기** fantasy substage, 4~10세

아동의 욕구가 지배적이며 역할수행이 중시된다. 아동은 호기심을 통해 직업세계를 접하게 된다. 이때, 아동이 만나게 되는 직업은 현실적인 직업이라기보다는 아동의 환상 속에 존재하는 직업이다.

② **흥미기** interest substage, 11~12세

진로의 목표와 내용을 결정하는 데 있어서 아동의 흥미가 중시된다. 이 시기의 아동은 관심 직업에 대한 보다 구체적인 정보를 수집하고 일의 세계와 관련된 자신의 이해는 한층 깊어진다.

③ **능력기** capacity substage, 13~14세

진로선택에 능력을 중시하며 직업에서의 훈련조건을 중시한다. 일의 세계에 대한 흥미와 이해가 깊어지면서 아동은 일의 세계를 보다 현실적으로 지각하게 되고 능력기가 시작된다. 이때 아동은 관심 직업의 현실적인 정보를 보다 풍부하게 축적하면서 직업 성공의 요건으로 능력의 중요성을 인식하게 된다.

2 탐색기 exploration stage

15세에서 24세까지의 시기로서 이 시기에 개인은 학교활동, 여가활동, 시간제 일과 같은 활동을 통해 자아를 검증하고 역할을 수행하며 직업탐색을 시도한다. 십여 년에 걸친 이 시기는 아동-청소년-성인으로 이어지는, 즉 일생 동안 신체적 및 인지적인 면에서 가장 변화무상한 시기라고 할 수 있다. 이 시기의 진로발달과업은 진로에 대한 구체적인 탐색을 통해 상급학교나 구직을 위한 의사결정을

해야 하는 것이다. 진로교육의 측면에서 이 시기의 발달과업, 즉, 호기심에서 출발하여 쌓인 자신과 직업에 대한 정보가 축적되면서 진로에 대한 선호가 점차 분명하게 드러나는 결정화crystalization, 결정화기에서 점차로 도드라져서 나타난 몇 가지 직업적 선호들 중에서 특정한specific 직업 선호로 구체화된 구체화specification, 특정한 진로를 결정하고 이를 향하여 몰입하는 실행implementation은 다른 어느 시기보다 중요하다.

이 단계는 다음과 같이 세 가지 하위 단계로 나누어진다.

① **잠정기** tentative substage, 15~17세

개인은 자신의 욕구, 흥미, 능력, 가치와 취업기회 등을 고려하기 시작한다. 환상이나 토론, 일의 경험 등을 통해 잠정적으로 진로를 선택해 본다,

② **전환기** transition substage, 18~21세

개인은 장래 직업세계로 들어갈 때 필요한 교육이나 훈련을 받으며 자신의 자아개념을 확립하려고 한다. 이 시기에는 현실적 요인을 중시한다.

③ **시행기** trial substage, 22~24세

개인은 자기에게 적합하다고 판단되는 직업을 선택해서 거기에 종사하기 시작한다.

3 확립기 establishment stage

25세부터 44세까지의 시기로 이 시기에 개인은 자신에게 적합한 분야를 발견해서 종사하고 생활의 터전을 잡으려고 노력한다. 이 시기에는 직업 역할 속에서 자기개념을 실행해 간다. 확립기의 목표는 개인의 내부와 외부 세계 간의 연결을 효과적으로 하는 것으로 이 시기의 성인은 직업세계에 처음 입문하고, 이후 직장 내에서 자신의 능력을 발휘하고, 또한 중요한 일꾼으로 자리매김한다. 이 시기의 발달과업은 조직문화에 적응하고 일과 관련된 의무들을 조직이 요구하는 수준으로 수행함으로써 자신의 직업 지위를 안정화하는 정착stabilizing, 일과 관련된 긍정적인 태도와 작업습관을 형성하고 직장 동료들과 좋은 관계를 이루어 가면서 직업인으로서의 자기정체감을 공고히 하는 공고화consolidating, 직업 속에서 자신

의 역할과 정체성을 확장하고 더욱 높은 수준의 직업적 책임감을 발전시켜 나가는 발전advancing이다.

이 시기는 다음과 같이 두 가지로 하위단계로 나누어진다.

① **시행기** trial substage, 25~30세

개인은 자신이 선택한 일의 세계가 적합치 않을 경우에 적합한 일을 발견할 때까지 한두 차례 변화를 시도한다.

② **안정기** stabilization substage, 31~44세

이 시기는 개인의 진로유형이 안정되는 시기로서 개인은 그의 직업세계에서 안정과 만족감, 소속감, 지위 등을 갖게 된다.

4 유지기 maintenance stage

45세부터 65세까지의 시기로 이 시기에 개인은 안정된 속에서 비교적 만족스런 삶을 살아간다. 확립기를 마친 후 현재까지의 직업을 지속한다면, 유지기에 진입하는 것이며, 지금까지 성취한 것들을 계속 유지해 나가는 보유holding, 지금까지 익숙했던 직업 관련 기술과 지식을 새로운 내용으로 갱신하는 갱신updating, 이전에 과제를 수행했던 방식과는 다르게 시도해 보고, 이전과는 다른 종류와 수준의 과제를 수행하고, 새로운 도전적인 과제를 발견해 내는 혁신innovating이란 발달과업을 이행할 필요가 있다.

5 은퇴기 decline stage

65세 이후의 시기로 이 시기에 개인은 정신적, 육체적으로 그 기능이 쇠퇴함에 따라 직업전선에서 은퇴하고 다른 새로운 역할과 활동을 찾는다. 이 시기의 발달과업은 지금까지 수행했던 일의 속도를 줄이고 은퇴 이후의 삶을 준비하며 은퇴 이후의 삶에 만족하는 것이다.

6 재탐색기 re-exploration

진로발달 학자들은 확립기와 유지기 사이에 또 다른 발달단계가 있다고 보았다.

즉, 확립기를 마친 후에는 '지금까지 몸담았던 자신의 직업을 지속할 것인가?'라는 질문에 봉착하게 된다는 것이다.

이 시기는 주로 35세에서 45세 사이에 나타나며, 일종의 중년기 위기 시기에 해당한다. 이 시기에는 지금까지의 자기 진로에 적응하게 하고 직업 성공으로 이끌었던 자기개념에 대한 재평가가 이루어진다. 만약 지금까지의 직업을 더 이상 지속하지 않는다면, 유지기로 진입하기 전에 다시 탐색과 확립의 단계로 회귀하게 된다. 이러한 시기는 재탐색기re-exploration, 재확립기re-establishment라고 명명한다.

수퍼는 이러한 재탐색, 재확립의 과정은 확립기-유지기 사이뿐만 아니라 다른 시기에도 나타날 수 있다고 보았다. 수퍼는 대순환maxi-cycle이라고 말하는 전 생애 기간의 진로발달 과정과 구분하여 대순환의 각 단계 사이에 나타날 수 있는 전환의 과정을 소순환mini-cycle라고 불렀다. 또한 각 전환 단계의 소순환 과정은 성장-탐색-확립-유지-쇠퇴의 과정을 재순환recycling하게 된다Super, 1990.

예를 들어, 대순환 과정에서 탐색기를 마치고 확립기에 접어들 성인 초기의 전환과정에서 재순환이 일어날 수 있다. 이들은 성장의 과업으로 타인과의 관계 맺기를 학습하게 되고, 탐색의 과업으로 원하는 기회를 탐색하고예: 취업하고자 하는 직장을 탐색함, 확립의 과업으로 적절한 직업적 지위에 안착하고예: 희망 직장을 선택하여 취업을 시도함, 유지의 과업으로 직업적 지위를 안정화하고예: 취업에 성공하여 입사함, 쇠퇴의 과업으로 운동이나 레저 참여를 줄이는 등예: 직장에서 요구하는 의무를 이행하기 위해 이전의 여가 활동을 줄임의 과업을 수행하면서 대순환 과정의 확립기에 진입하게 된다.

표 3-2 **수퍼의 전 생애 발달과업의 순환 및 재순환**

생애단계	청소년기 (14~20세)	성인 초기 (25~45세)	성인 중기 (46~65세)	성인 후기 (65세 이상)
쇠퇴기 decline	취미시간 줄이기	운동참여 줄이기	가장 중요한 것에 초점 맞추기	작업시간 줄이기
유지기 maintenance	현재 직업선택 확증하기	직업 지위 안정화하기	경쟁에서 자기지위 확보하기	자신이 즐기는 활동 유지하기

확립기 establishment	선택 분야 시작하기	알맞은 지위에 안착하기	새로운 기술 개발하기	과거에 하고 싶었던 것 하기
탐색기 exploration	기회에 대한 추가 학습하기	원하는 기회 탐색하기	새로운 과업 찾기	좋은 은퇴할 곳 찾기
성장기 growth	현실적 자아개념 개발하기	타인과 관계맺기 학습	자신의 한계 수용	비직업 역할 개발 하고 가치부여 하기

(2) 진로발달과업

수퍼는 모든 사람들이 전 생애 동안 진로에 관한 일련의 발달 과업에 직면한다고 보았다. 수퍼는 해비거스트Havighurst,1953의 발달과업 개념을 차용하여 "진로란 한 개인의 생애과정으로서, 개인은 일생 동안 일련의 발달과업에 직면하고 그 과정에서 자신이 원하는 모습의 사람이 되는 방식으로 발달과업을 수행하려 한다."고 개념화하였다Super, 1990. 또한 연령에 따라 각기 다른 특성의 발달과업이 요구되듯이 진로발달을 표 3-3과 같은 일련의 단계로 설명하고자 하였다.

표 3-3 **수퍼의 직업발달과업**

작업발달과업	연령(세)	일반적 특성
결정화 crystallization	14~18	자원, 가능성, 관심, 가치관의 인식과 선택할 직업을 위한 계획을 통해 일반적인 직업목표를 공식화하는 인지적 안정의 시기
구체화 specification	18~21	잠재적인 직업선택에서 특정한 직업선택으로 이행하는 시기
실천화 implementation	21~24	직업선택과 구직을 위한 훈련기
안정화 stabilization	24~35	적절한 진로선택을 위해 실제적인 직업경험과 재능을 이용하여 선택된 진로를 확고히 하는 시기
공고화 consolidation	35 이상	승진, 지위 그리고 선입자 특권 등에 의해 진로를 확립하는 시기

* 자료 : Vernon G. Zunker(1988). Career Counseling : Applied Concepts of Life Planning, New Jersey : Prentice-Hall.

4) C-DAC 모형

수퍼는 진로발달이론을 진로상담에 적용한 '진로발달 측정 및 상담Career Development Assessment and Counseling: C-DAC 모형'을 제안하였다. C-DAC 모형은 내담자의 진로발달 수준의 평가와 그에 근거한 상담의 적용이라는 과정으로 구성된다. C-DAC 모형은 다음과 같은 다섯 가지 평가 단계를 거친다김봉환 외, 2010에서 재인용.

첫 번째로 개인의 삶의 구조, 특히 개인이 현재 당면한 여러 가지 생애역할 중에서 중요하게 부각되는 역할을 면담을 통해 파악한다.

두 번째로는 현재 내담자는 생애 진로발달단계 중 어느 시기의 발달과업에 직면하고 있으며, 이의 이행 수준이 어느 정도인지를 파악한다.

세 번째로 내담자가 현재 활용 가능한 자원의 내용과 활용 가능성 정도를 평가한다.

네 번째로는 현재의 직업가치, 흥미, 직업정체감을 확립할 수 있는 능력 등을 평가한다.

다섯 번째로는 과거에서부터 현재까지의 삶에서 반복적으로 나타나며 미래의 진로행동을 예측하게 하는 진로와 관련된 패턴을 파악한다.

이러한 작업을 통해 내담자의 생애 주제와 직업적 자기개념을 확인할 수 있다. 위와 같은 진로평가 과정을 완수함으로써 진로상담자는 내담자와 함께 그의 생애역할, 진로성숙 또는 진로적응, 직업적 자기효능감, 내담자의 진로정체감 등에 관한 자료들을 해석하고 재조직한다. 또한 이러한 자기개념의 재조직화와 통찰을 통해 내담자는 새로운 행동계획을 수립한다.

5) 이론의 평가

수퍼의 이론은 진로상담 분야에서 가장 영향력이 있는 이론 중 하나다. 1950년대 그의 이론이 처음 발표된 이후로 진로상담의 현장에 가장 많이 적용된 진로

이론 중 하나이다. 특히, C-DAC 모형은 진로발달 개념들을 실제 상담 장면에 적용하여 내담자의 진로발달 수준을 평가하고 내담자에 대한 체계적인 정보자료에 바탕을 둔 과학적인 진로상담이 이루어질 수 있는 토대를 마련하였다. 나아가 수퍼는 진로발달 단계별로 완수해야 할 진로성숙의 과제들을 구체적으로 제시함으로써 아동 및 청소년의 진로발달을 촉진하는 다양한 진로교육 프로그램의 개발과 보급에 크게 기여하였다.

하지만 수퍼의 이론은 개인의 진로발달에 대한 전 생애적 관점이란 포괄성 때문에 홀랜드 이론과 같이 경험 연구를 통해 쉽게 검증되기 어렵다. 진로성숙과 같은 개념조차도 하위 구인의 복잡성과 측정상의 어려움으로 인해 홀랜드 검사와 같은 단일한 검사를 통해 측정하기가 용이하지 않다는 지적 또한 만만치 않다. 또한 개인마다 서로 다른 진로발달 과정을 거칠 수 있는데 수퍼의 이론은 지나치게 개인 간의 공통성을 찾고자 하면서 개인의 진로발달에 영향을 미치는 맥락성과 개별성을 간과했다는 한계도 있다.

3. 갓프레드슨Gottfredson의 제한-타협이론

1) 이론의 개요

갓프레드슨Gottfredson은 진로와 관련된 직업포부가 어떻게 형성되는지를 발달적 관점에서 보고자 하였다. 직업포부란 개인이 갖고 싶은 직업에 대한 열망으로 개인의 직업선택을 예언해 주는 중요한 개념이다. 여성 진로학자인 갓프레드슨은 사회적 계급이나 인종에 관계없이 남녀 간에 직업적인 포부 수준이 다르게 나타나는 현상을 이론으로 정립하고자 하였다. 그런 의미에서 갓프레드슨의 진로이론은 진로에 대한 발달적 관점과 사회적 관점을 동시에 취하고 있다.

그녀는 개인이 진로에 관한 포부를 형성할 때 일련의 과정을 거치면서 스스로 포부 수준을 제한하고 타협하게 된다고 보았다. 이때 제한circumscription이란 성과 사회적 계급에 주로 근거하여 개인이 수용하기 어려운 직업적 대안들을 제거하는 과정을 의미한다. 한편 타협compromise이란 취업 가능성과 같은 제한 요인에 근거하여 진로선택을 조정하는 과정을 의미한다. 따라서 제한이론은 발달단계 이론에, 타협이론은 진로선택 이론을 기초로 하고 있다. 제한 단계와 타협 단계에 관한 설명은 주로 아동기와 청소년기에 진로포부가 어떻게 축소되고 조정되는지에 초점을 두고 있다.

2) 진로발달 과정에서의 '제한'

갓프레드슨의 이론 중 발달단계 이론 안에는 연령별발달과업 내용과 연령별 발달과업을 수행하면서 산출된 결과물인 직업포부와 직업인지지도가 포함되어 있다.

(1) 진로포부 발달

갓프레드슨은 제한-타협이론에서 진로포부가 어떻게 변화하는지를 다음과 같은 일련의 인지발달 4계를 통해 설명하고 있다.

1 제1단계 3~5세: **서열 획득 단계** orientation to size and power : **크기와 힘 지향**

이 시기의 아동들은 인지발달적인 측면에서 대상영속성을 습득하게 된다. 이때 아동들은 크다 또는 작다와 같이 개인을 단순한 용어로 분류하며, 자신과 성인의 차이를 크기로 규정하여 인식하게 된다. 이 시기에 어린 아동들은 성인의 역할을 통해 직업을 인식하게 된다.

② **2단계** 6~8세 **: 성 역할 획득 단계** orientation to sex role : **성 역할 지향**

이 시기의 아동들은 좋다-나쁘다, 부유하다-가난하다와 같이 이분법으로 생각하는 경향이 있으며, 특히 관찰 가능하고 구체적인 특징에 근거하여 사람이나 직업을 단순한 수준에서 구분한다. 이 시기의 아동은 남자와 여자 간에 성 역할이 다르다는 것을 매우 분명하게 인식하게 되고, 성별에 적합한 옷을 입고 행동을 하면서 성 역할 고정관념을 형성하게 된다. 이 시기에는 성별과 관련된 자기개념과 불일치하는 것으로 보이는 직업을 배제하기 시작한다. 따라서 이 시기의 아동은 '수용 가능한 성 유형 경계선tolerable sextype boundary'을 형성하게 된다.

③ **3단계** 9~13세 **: 사회적 가치 획득 단계** orientation to social valuation : **사회적 가치 지향**

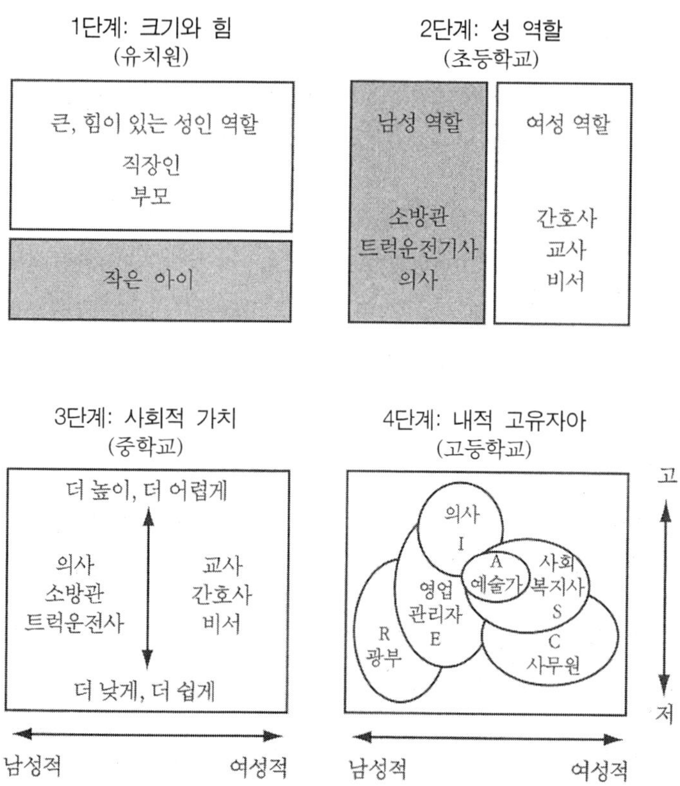

그림 3-3 갓프레드슨의 진로발달 단계 Gottfredson, 2005

아동기에서 청소년기로 이행하는 단계로서 이 시기에는 사회적 지위에 대한 개념을 형성하게 된다. 이들은 자신의 능력수준을 벗어나는 직업을 배제하게 되고 사회적 준거집단에서 수용되지 않는 직업 또한 제외하기 시작한다. 사회적 계급과 능력이라는 요소는 '수용 가능한 수준의 경계선tolerable-level boundary'을 규정하게 되는데, 이는 이 시기의 아동 · 청소년들이 고려 대상으로 하는 직업 중의 하한선 수준이라고 할 수 있다. 또한 '노력 가능한 수준의 경계선tolerable effort level' 이란 아동 및 청소년이 직업을 얻기 위해 기꺼이 헌신할 수 있고 위험을 감수할 수 있는 노력의 상한선 수준을 의미한다. 따라서 상한선과 하한선 수준 이내에 존재하는 직업들은 아동-청소년들이 수용 가능하다고 여기는 직업 영역을 나타낸다.

4 4단계 14세 이상 : 내적 자아 확립 단계 orientation to the internal, unique self : 내적 고유 자아 지향

이전 1단계부터 3단계까지가 제한 단계였다면, 4단계는 타협 단계라고 할 수 있다. 이 시기의 청소년은 자기 자신을 보다 잘 이해하게 되고 내적인 반성능력이 향상된다. 인지발달적인 측면에서 이 시기의 청소년은 전 단계의 아동기에 비해 형식적 사고능력이 향상되며, 내적으로 형성된 삶의 목표와 자기개념을 규정하기 시작한다. 또한 그들은 현재 자신이 지각하고 있는 자기개념과 잘 호응하는 직업을 탐색하게 된다. 즉 이전 단계에서 수용 불가능한 직업 대안들을 제거해 나갔다면, 이 단계에서는 가장 수용 가능한 직업 선택지가 무엇인지를 구체화한다.

이렇게 발달단계를 알아보았는데, 그림 3-4는 그 과정의 결과를 나타낸다. 가로축은 직업의 성 역할 유형을 나타내는데 오른쪽으로 갈수록 여성적이고 왼쪽으로 갈수록 남성적이다. 세로축은 직업의 사회적 지위를 나타내는데 위로 올라 갈수록 지위수준이 높고 아래쪽으로 내려올수록 지위수준이 낮다.

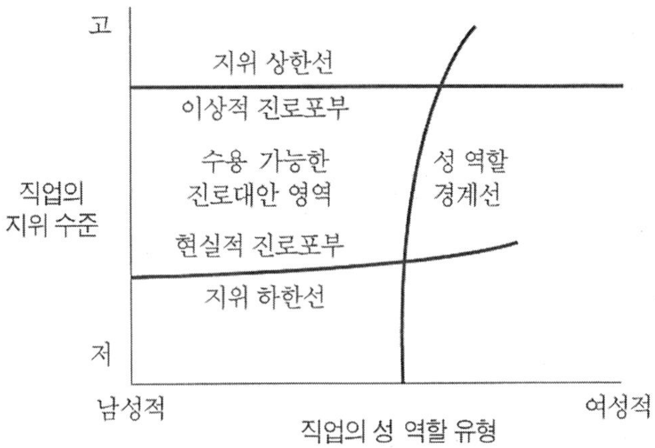

그림 3-4 진로포부의 제한 Gottfredson, 1996

(2) 직업 인지지도

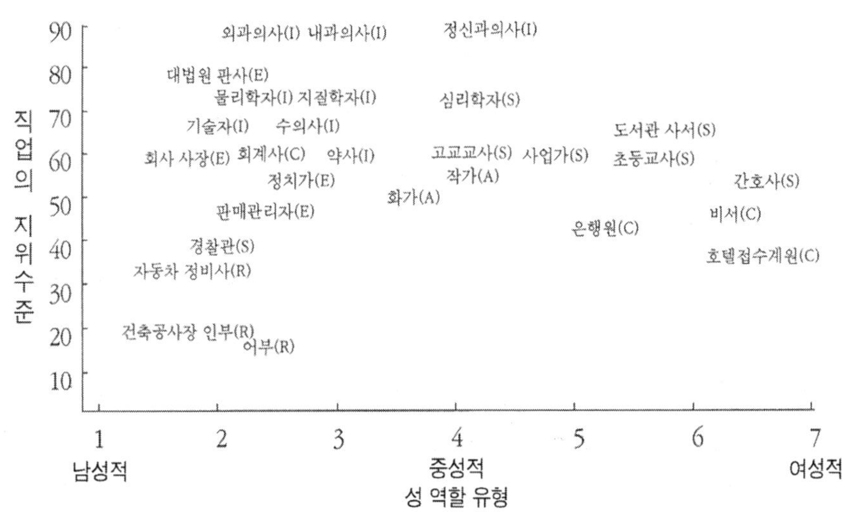

그림 3-5 직업에 관한 인지지도 Gottfredson, 1996

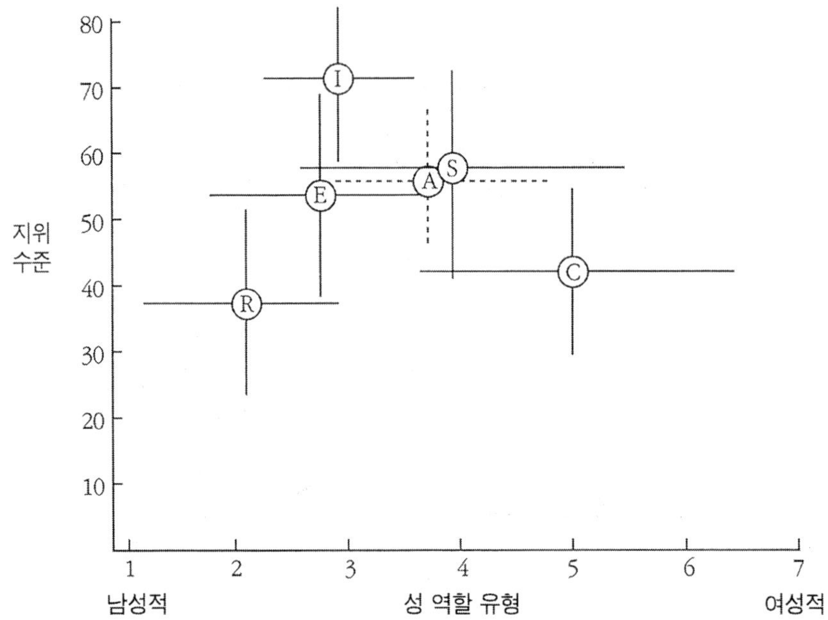

그림 3-6 홀랜드 유형에 따른 직업 인지지도 Gottfredson, 1996

직업 인지지도와 관련된 연구 결과를 보면김봉환 외 2010에서 재인용, 초등학생들이 생각하는 직업 인지지도, 중학생들이 생각하는 직업 인지지도, 고등학생들이 생각하는 직업 인지지도, 대학생들이 생각하는 인지지도들이 그 연령대 안에서는 일관되는 것을 확인할 수 있었다예: 이성식, 2004; 임은경, 2000; Hwang, Kim, Ryu, & Heppner, 2006. 즉, 같은 연령집단 내에서는 직업인식에 있어 개인차가 크게 나타나지 않아, 서로 유사한 직업인식을 공유하고 있다고 하겠다. 둘째, 직업 인지지도는 가로축의 성 유형과 세로축의 사회적 지위가 핵심이다. 직업의 성 유형에 대한 인식에서 우리나라 학생들은 초등학교 때부터 잘 알고 있었고, 그 내용도 별로 변화하지 않으면서 대학교까지 그대로 유지가 된다. 초등학교 시기부터 확실히 '남성적 직업', '여성적 직업'이라는 것에 대한 인식은 뚜렷하게 형성되어진다. 그러나 직업들의 사회적 지위에 대한 인식은 상당한 차이를 보였다. 초등학교 학생들이 생각하는 지위가 높은 직업과, 대학생들이 생각하는 지위가 높은 직업이 상당히 다른 양상을 보인다. 그리고 이러한 인식은 연령이 높아질수록 훨씬 더 현실에 가까워진다. 초등학생이나 중학생들은 아직 직업의 사회적 지위에 대해서 잘못 알고 있는 경우가 적지 않다. 또한 직업세계 자체에 대한 정보가 적어 전형적인 직업에 대해서는 알고 있지만 잘 모르는 직업이 많은 것으로 나타난 점도 중요한 발견이다. 예를 들어 홀랜드 직업성격유형의 분포로 직업인식을 간소화하여 그 차이를 살펴보면 표 3-4와 같다. 각 직업성격유형들의 성 유형은 사회나 문화적 배경에 따라 크게 다르지 않지만, 어떤 직업성격유형들이 그 사회 안에서 어떤 직업지위를 갖느냐는 문화적, 사회적 영향을 받아 각 나라마다 조금씩 다르다. 갓프레드슨이 주로 연구한 미국에서는 높은 지위의 순서가 I, S, A, E, C, R인데S, A, E 유사, 우리나라 직업지도노동부 Job Map자료에 기초하여 작성는 I, E, A, S, C, R의 순서이고, 여기에서 E, A, S가 비슷하게 뭉쳐 있고 C, R이 비슷하게 뭉쳐져 있다. 미국의 직업 인지지도와 우리나라 직업 인지지도를 보면 가운데 있는 것들만 순서가 다를 뿐 큰 덩어리는 크게 다르지 않다. 이를 통해 우리나라가 미국 사회와 많이 닮았다는 것을 짐작할 수 있다.

표 3-4 **초 · 중 · 고 · 대학생의 직업지위 인식 비교**

구 분	(높은 지위) (낮은 지위)
Gottfredson의 제안	I–S–A–E–C–R*
우리나라 직업지도(job Map)	I–E–A–S–C–R**
초등학교 남학생	S–I–A–R–C–E
초등학교 여학생	S–I–R–C–A–E
중 학 교 남학생	I–S–R–E–A–C
중 학 교 여학생	S–I–A–E–R–C
고등학교 남학생	S–I–R–E–A–C
고등학교 여학생	I–S–A–E–R–C
대 학 교 남학생	I–E–S–A–R–C
대 학 교 여학생	I–S–A–E–R–C

*S, A, E 유사, **E, A, S 유사, C, R 유사

우리나라의 초등학생부터 대학생까지의 직업지위에 대한 인식을 살펴보면, 고등학교 여학생 정도가 되어야 우리나라 실제 직업 인지지도와 유사한 형태가 나타나고, 대학교에 가서야 안정적으로 직업세계의 인식이 자리잡게 된다. 또한 직업세계에 대한 인식이 남학생들보다 여학생들이 조금 더 현실적인 점도 확인할 수 있다. 이러한 연구결과를 일반화하기는 힘들지만, 고등학교 시기까지 우리나라의 많은 학생들이 직업세계에 대해 이런 오해들을 가지고 있을 수 있음을 보여준다. 특히, 이러한 직업인식에서 꿈꿔오고 생각했던 것들이 현실과 맞지 않아 의미가 없어지게 된다면, 학생들이 겪어야 하는 혼란은 더욱 클 것이다.

3) 진로선택 과정에서의 '타협'

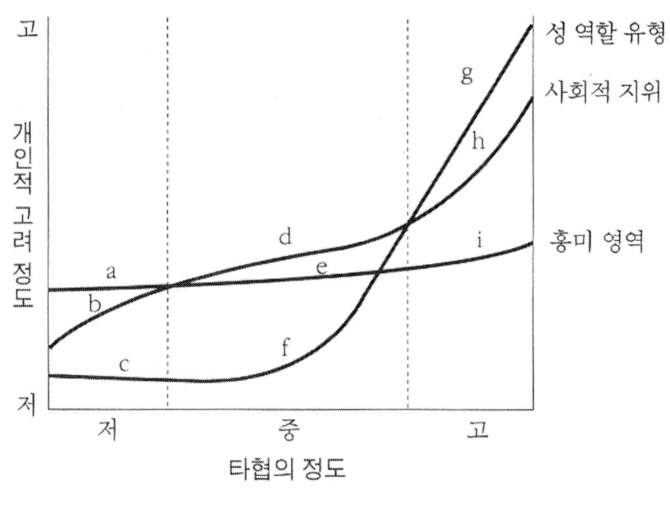

그림 3-7 타협의 정도에 따른 타협영역 Gottfredson, 2002

4) 제한-타협이론의 적용

갓프레드슨은 진로발달을 촉진하는 일반적인 개입 프로그램들이 주로 진로와 관련한 자기개념을 결정화하고 구체화하는 시기에 도입된다는 점을 지적하면서, 보다 효과적으로 진로발달을 촉진하기 위해서는 진로가 결정화하고 구체화하는 시기 이전에 진로발달 개입 프로그램을 투입할 필요가 있다고 보았다. 즉, 청소년들이 사회적 지위나 성별 등에 의해 배제했던 진로포부들을 다시 점검하는 의식적인 과정이 필요하다고 보았다. 또한 진로상담 장면에서 내담자가 자신이 이전에 부적절하다고 제한하였던 진로선택지들을 검토할 수 있도록 다음의 다섯 가지 준거를 제안하였다김봉환 외, 2013에서 재인용.

· 내담자는 하나 이상의 진로선택지를 말할 수 있는가?
· 내담자의 흥미와 능력은 선택한 직업에 적절한가?
· 내담자는 구체화한 진로 대안에 만족하는가?
· 내담자는 자신의 진로 대안을 부적절하게 제한하지 않는가?
· 내담자는 선택한 직업을 이행하는 과정에서 장애물에 대하여 현실적으로 인식하고 있는가?

내담자는 위와 같은 준거들을 상담자와 함께 탐색하는 과정에서 자신의 수용 가능한 진로포부의 하한선과 수용 가능한 노력의 상한선을 탐색하게 된다. 또한 발생 가능한 장벽과 맥락적 요인들에 대하여 현실적으로 인식하게 된다.

5) 이론의 평가

갓프레드슨의 이론은 진로포부의 형성을 진로선택의 하한선으로서의 경계 개념과 동기적 차원에서 노력의 상한선이라는 개념으로 설명하고 있다. 그의 이론은 진로포부의 발달과 변화 과정을 다양한 흥미로운 개념들로 설명하였다는 데 의미가 있다. 또한 내담자가 상담자와 함께 제한- 타협의 내용을 탐색하는 과정에서 자신의 수용 가능한 진로포부의 하한선과 수용 가능한 노력의 상한선을 인식하고 발생 가능한 장벽과 맥락적 요인들에 대하여 현실적으로 통찰하게 되는 유익도 있다. 연구물들도 주로 사회적 지위, 성, 지능 등과 관련된 제한요인의 측면을 주로 다루고 있다. 그러나 제한-타협이론에서 청소년의 진로포부를 제한하고 타협하게 하는 요인들과 이를 설명하는 원리들은 지나치게 일반적인 변인들이라는 비판이 일고 있다. 즉, 현재의 제한-타협이론은 특정한 직업들이 배제되고 선택과정에 대한 보다 구체적인 원리에 대해서는 충분히 설명하지 못한다는 비판을 받고 있다.

4. 직업정체감 발달과 진로개발 교육이론

1) 타이드만Tiedeman과 오하라O'Hara의 진로발달이론

타이드만과 오하라Tiedeman & O'Hara는 진로발달을 직업정체감vocational identify을 형성해 가는 과정으로 보았다. 새로운 경험을 쌓을수록 개인의 정체감은 발달된다. 분화와 통합의 과정을 거치면서 개인은 자아정체감을 형성해 가며, 이러한 자아정체감은 직업정체감의 형성에 중요한 기초 요인이 된다. 이 이론에서는 개인이 자신의 특성을 파악하고 자아를 실현시킬 수 있는 일이 무엇인가를 인식해 가는 과정을 중시하고 있다.

(1) 발달단계

개인은 어떤 문제에 직면하거나 어떤 결정을 내려야 할 때 의사결정의 단계에 접어들게 된다. 이러한 단계들은 예상기와 적응기로 구분되고, 예상기는 다시 탐색기, 구체화기, 선택기, 명료화기로, 그리고 적응기는 순응기, 개혁기, 통합기의 하위 단계로 나누어진다.

각 단계의 특징을 좀더 구체적으로 살펴보면 다음과 같다Tolbert, 1980.

1 예상기 anticipation period

전 직업기preoccupation period라고도 부르며 다음과 같이 네 가지 하위 단계로 구분된다.

① 탐색기 exploration tage

진로목표를 설정하고 대안을 탐색해 보며 진로목표를 성취할 수 있는 능력과 여건이 갖추어져 있는지에 대해 예비평가를 해 본다.

② 구체화기 crystalization stage

가치관과 목표, 가능한 보수나 보상 등을 고려하면서 구체적으로 진로를 준비하기 시작한다. 개인은 가장 바람직한 방향으로 진로를 결정하려고 한다.

③ 선택기 choice stage

이 단계에 이르면 개인은 자기가 하고 싶어하는 일과 그렇지 않은 것을 확실히 알게 되며 구체적으로 의사결정에 임하게 된다. 진로선택의 적절성 여부는 전 단계에서의 발달정도에 의한다.

④ 명료화기 clarification stage

이 단계는 이미 내린 의사결정을 신중히 분석 · 검토하고 결론을 내리는 과정이다.

2 실천기 implementation period

적응기adjustment period라고도 하며, 이 단계는 앞에서 내린 잠정적 결정을 실천에 옮기는 과정으로 다음과 같이 세 가지 하위 단계로 구분된다.

① 순응기 inducation stage

개인은 새로운 상황, 이를테면 직장이나 학교에 들어가서 인정과 승인을 받고자 한다. 새 집단이나 조직의 풍토에 적응하기 위해서 개인은 자신의 일면을 수정하거나 버리기도 한다. 즉, 수용적인 자세로 새로운 상황에 임한다.

② 개혁기 reformation stage

수용적인 자세로 새로운 상황에 임한 후에 일단 인정을 받게 되면, 개인은 자신의 의견이나 주장을 강력하게 드러낸다.

③ 통합기 intergration stage

이 단계에 이르면 개인은 집단이나 조직의 요구와 자신의 욕구들을 균형 있게 조절할 수 있게 된다. 즉, 타협과 통합을 이룬다. 집단의 일원으로서 원만하게 생활을 해가면서 개인은 직업적 자아개념, 직업정체감을 발달시키게 되는데, 이것은 분화와 통합의 과정을 통한 역동적인 평형화 과정이다.

표 3-5 진로결정의 과정

예상기 혹은 전 직업기	특 징	실천기 혹은 적응기	특 징
탐색기	· 사고가 일시적이며 순간적임 · 실천 가능한 진로탐색 및 재검토 · 상상으로 다양한 활동을 경험 · 잠정적인 목표를 설정, 탐색 작업 · 장래의 대안적 진로행동 · 포부, 능력, 흥미, 직업선택의 사회적 의미 숙고	순응기	· 진로 구체화를 위한 사회적 상호작용 · 직업사회체계 내에서의 자기명료화와 자아보호 · 수용과 집단으로의 융합(조정) · 사회적 목적의 전체 진로 구조 내에서 개인적인 목표를 구체화함
구체화기	· 대안에 대한 지속적 평가 · 대안을 줄임 · 잠정적(tentative) 선택 · 잠정적 선택의 재평가(가치, 서열화) · 목표 제한적, 구체화, 변경 가능 · 생각을 명확히 굳힘	개혁기	· 직장에서 직원으로 수용 · 인정함 · 직장 내 · 외적으로 주장적 행동 · 주장적 행동으로 다른 사람을 설득, 자기 의견을 따르게 함
선택기	· 명확한 목표 결정 · 목표달성에 필요한 특정행동	통합기	· 직업집단과 상호작용을 통해서 목표타협

예상기 혹은 전 직업기	특 징	실천기 혹은 적응기	특 징
명료화기	· 선택한 위치에서의 자신에 대한 명료화 기간 · 지위예상 진로결정 불안 약화 · 진로결정에 대한 강한 확신 · 예상단계나 전 직업기가 끝남		· 자아와 직장에 대한 객관성 확보 · 전체적인 진로분야에서 구성원으로서의 정체감 획득 · 일시적으로나마 수행한 결과나 행동에 대하여 만족

(2) 직업정체감의 발달

위에서 기술한 '탐색－구체화－선택－명료화－순응－개혁－통합'의 연속과정은 진로선택 시에 거치는 과정으로서, 직업적 자아개념, 직업정체감은 연령이 증가하고 경험이 쌓일수록 발달하게 된다는 것이 타이드만과 오하라 이론의 주요 개념이다. 따라서 그들의 이론은 수퍼의 이론의 영향을 많이 받은 것으로 평가할 수 있다. 여기서 분화와 통합의 과정은 엄밀하게 구분할 수 있는 과정은 아니며 진로의사결정 시에 가장 중요한 과정이다.

타이드만은 의사결정과정에서 개별과정individual process을 중시하였는데, 개인적인 경험이나 의사결정 과정에 대한 이해는 진로발달과 선택에 있어서 무엇보다도 중요하다고 할 수 있다.

2) 투크만Tuckman의 진로개발 교육이론

투크만Tuckman, 1974은 자아인식, 진로인식 및 진로의사결정이라는 세 가지 주요 요소를 포함하는 8단계의 진로발달이론을 제시하였다. 이 이론은 진로개발 교육에 기저를 제공해 주고 있다.

그가 제시한 8단계의 이론은 다음과 같다.

(1) 1단계 : 일방적 의존성 단계

대략 유치원에서 초등학교 1학년까지의 과정으로 이 단계에서의 진로발달은 외적 통제에 의존한다. 노동문화에 대한 정보와 가정에서 사용하는 도구들을 중심으로 하여 진로의식을 하게 되는 과정이다.

(2) 2단계 : 자아주장의 단계

대략 초등학교 1~2학년 과정으로 아동은 조금씩 자율성을 갖게 되며 친구의 선택과 같은 단순한 형태의 선택을 할 수 있게 된다. 일에 대한 간단한 지식이나 개념을 이해하기 시작한다.

(3) 3단계 : 조건적 의존성의 단계

대략 초등학교 2~3학년 과정으로 아동은 자아를 인식하기 시작하여 독립적으로 된다. 이 과정에서의 자아인식의 초점은 동기와 욕구 그리고 친구와의 관계형성에 있다.

(4) 4단계 : 독립성의 단계

대략 초등학교 4학년의 과정으로 아동은 일의 세계를 이론적으로 탐색한다. 기술과 직업세계에 대한 인식, 사회 내에서의 자신의 위치 등을 생각해 보며 의사결정에 대해 관심을 갖는다.

(5) 5단계 : 외부지원의 단계

대략 초등학교 5~6학년 과정으로 아동은 외부의 승인이나 인정을 구한다. 직업적 흥미와 목표, 작업조건, 직무내용 등에 관심을 갖는다.

(6) 6단계 : 자기결정의 단계

대략 중학교 1~2학년의 과정으로 개인은 자신의 규칙과 규범을 설정하고 자아 인식을 위해 노력하며 직업군을 탐색하기 시작한다. 또한 직업관을 갖기 시작하며 의사결정의 기본요인들을 현실적인 시각에서 탐색한다.

(7) 7단계 : 상호관계의 단계

중학교 3학년에서 고등학교 1학년 정도에 이르는 시기로서 또래문화와 교우관계를 중시하는 관점에서 진로선택을 한다. 직업선택의 가치, 일에 대한 기대와 보상, 작업풍토, 의사결정의 효율성 등에 대해 관심을 갖는다.

(8) 8단계 : 자율성의 단계

고등학교 2~3학년 과정으로 개인은 직업에 대한 탐색과 아울러 자기에 대한 인식을 확고히 한다. 진로문제에서 자신의 적합성 여부, 교육조건, 선택가능성 등에 초점을 두면서 대안을 점차적으로 축소시켜 나간다.

투크만의 이론은 유치원에서 고등학교까지의 발달에 관한 것으로 하나의 결정적인 이론이라기보다는 검증해 볼 만한 가설을 제시한 것이라고 평가되고 있다.

영화로 만나는 진로상담

피아니스트의 전설

The Legend Of 1900, 1998

줄거리

20세기가 시작되는 첫날, 그러니까 1900년 1월 1일에 태어난 '나인틴 헌드레드'는, 유럽에서 미국으로 이민자들을 실어나르는 '버지니아호'의 1등석 선실의 레몬 상자 안에서, 이

배의 석탄실에서 일하는 흑인노동자 '데니 부드맨'에 의해 발견된다. '데니'는 아기의 이름을 자신의 이름과 1900년을 딴 '데니 부드맨 T. D. 레몬 1900'이라고 짓는다. '데니'는 '나인틴 헌드레드'의 아빠가 되고, 그는 배 안의 간부에게 들킬까봐 아이를 몰래 숨겨 놓고 키운다. 행복도 잠시, '나인틴 헌드레드'가 6살 되던 해, '데니'는 석탄실의 끔찍한 사고로 저 세상에 가게 된다. 선상 창문을 통해 보이는 바다만을 보고 자라, 바다 밖 세계를 전혀 모르는 '나인틴 헌드레드'는 천재적인 피아노 실력으로, 배 안의 모든 승객과 선원들을 기쁘게 하며 살고 있다. 그가 27살 되던 해, 동갑내기 트럼펫주자 '맥스'를 알게 되어 그 때부터 두 사람은 배 안에서 둘도 없는 소중한 우정을 쌓아가게 된다.

5. 발달적 진로상담

1) 이론의 개요

발달적 진로상담Developmental Career Counseling은 내담자의 진로발달의 측면을 중시하는 이론에 기초하여 내담자의 진로발달을 돕는다. 발달적 진로이론에서는 개인의 진로발달은 그의 전 생애에 걸쳐 이루어지는 일련의 과정으로 본다. 이 이론을 대표하는 학자들은 수퍼, 긴즈버그, 타이드만 등이다. 수퍼의 이론에 의하면, 개인은 일부는 자신의 심리 · 생리적 속성에 의해서, 또한 일부는 의미있는 타자를 포함하는 환경조건에 의해서 결정된 비율에 따른 전체 발달의 한 측면으로서 직업적으로 발달하게 된다고 한다. 즉, 수퍼는 직업선택의 과정을 아동기에서부터 시작하여 은퇴기에까지 이르는 연속적 과정으로서 개인의 삶의 전 과정을 포괄하는 개념으로 보고 있다.

따라서 발달적 진로상담은 진로발달이란 일생의 과정이고, 개인의 진로상담은 삶의 모든 단계에서 이루어져야 한다는 전제로부터 시작된다. 발달적 진로상담자는 내담자의 과거 직업적 · 교육적인 진로유형이 어떠했으며, 그것이 미래의 삶에 투사되는 바가 무엇인지를 생각하여야 한다. 그리고 내담자의 초기경험에서 결정적 역할을 했던 사람의 진로는 어떠했으며, 내담자가 밝은 전망을 갖기 위해 지니고 있는 다른 자원들을 함께 발달시킬 수 있는 것이 무엇인지를 생각해야 한다. 내담자의 과거와 미래를 동시에 살피는 폭넓은 전망이 발달적 진로상담의 핵심이다.

2) 상담 모형

(1) 모형

1 진단

수퍼는 진단이라는 말 대신에 '평가'appraisal라는 말을 썼는데, 이는 평가라는 개념이 진단이라는 개념보다 포괄적이고 긍정적이기 때문이라고 말하고 있다. 그는 내담자의 잠재능력에 초점을 두는 세 가지 종류의 평가에 대해 다음과 같이 제시하고 있다Witryol & Boly, 1954.

① 문제의 평가problem appraisal

내담자가 경험한 곤란과 진로상담에 대한 기대가 평가된다. 생각하건대, 심리역동적인 접근법에서처럼 보딘1946의 분류체계를 사용하였다. 그러나 수퍼는 자신이 사용한 진단구조에 대해서는 논의하진 않았다.

② 개인의 평가personal appraisal

내담자의 심리적 측면은 인구통계학적이고, 심리측정적이며, 사회적인 각종 통계자료에 의해 수집되며, 임상적인 사례연구에 의한 분석이 이루어진다Darley, 1940. 직업적인 자산과 부채가 평가되고, 규준적인 용어로 표현된다예를 들면, 내담자는

손으로 하는 수공능력에서는 평균이상이지만 서기적인 속도와 정확성은 평균 이하이다.

③ 예언평가 prognostic appraisal

직업적 · 개인적 평가를 바탕으로 내담자가 성공하고 만족할 수 있는 것에 대한 예언이 이루어진다. 개인평가와 예언평가는 직업 적응의 중요한 원리이다Crites, 1969.

발달적 진로상담에서는 표 3-6의 양식에 의해 보다 세밀하게 개인의 평가자료를 수집하고 조직한다. 이 양식은 수퍼가 제작한 것으로, 그는 이 평가표가 횡단적 평가와 발달적 평가에 모두 사용될 수 있는데, 특히 발달적 평가에 적합하다고 보았다.

표 3-6 **진로평가의 개요**

이 개요는 진로상담이나 일반상담 모두에 적용할 수 있다.
이 개요는 체계적인 방법으로 개인에 대한 배경과 인터뷰, 검사의 통계자료들을 요약할 수 있도록 고안되었다. 그러나 이 개요를 특수한 문제나 상황에 적용시키기 위해서는 변화시킬 필요가 있을지도 모르겠다.

주제 : ________의 직업평가

(1) 개인평가

심리적 · 사회적 · 신체적인 면에서의 개인의 상태를 기술한다.

1 현재의 상태와 기능(present status and functioning)

① 다양한 계속적인 생활 속에 개인이 어떻게 존재하고 있는가?
· 그의 일반적 적성과 특수적성은 무엇인가?
· 흥미는?
· 성격특성은?
· 태도는?
· 교육적 환경과 성취도는?
· 사회 경제적 지위는?

② 자아를 포함한 신체적 · 심리적인 다양한 환경에 개인이 적응하는가?
· 그의 자아개념은 어떠한가?

· 하루의 생활패턴은(자기 · 먹기 · 개인위생 · 공부 · 일하기 · 오락 · 취미 등) 어떠한가?
· 동료와의 관계는 어떠하며, 그의 본성과 인간됨은?
· 가족과의 관계는?
· 선생님과의 관계는?
· 상사나 부하, 그리고 행정가나 경찰과의 관계는?
· 적응의 정도는?
· 성격의 통합정도는?
· 그의 우월한 적응기제는?

2 생애발달사(developmental history)

① 그의 심리사회적인 발달에 영향을 주거나 개인적으로 특별히 무능하거나 장애자로 인정될 만큼 중요한 잠재적 질병을 앓은 일이 있는가?
② 개인의 가족적 배경은 어떠한가?
· 친밀한가, 아니면 붕괴되었는가?
· 형제의 수와 순서는?
· 아버지는 생존하시는가?
· 아버지의 자녀에 대한 태도는 수용 · 관심 · 회피 중 어느 편인가?
· 부모와 동일시의 정도는?
· 동료와의 관계는 밀접한가, 분리되었는가? 동등한가? 리더인가, 추종자인가?
③ 어릴 적의 흥미와 능력은 어떠한가?(취미 · 운동 · 단체가입 등)
④ 어렸을 적의 직업선택과 계획은?
· 좋아하는 직업, 처음 선택할 때의 나이, 선택 동기는?
· 우유부단하지 않았는가?
⑤ 학교에서의 학업성취도와 적응은?
· 학년, 학교에 대한 태도, 잘하는 과목과 싫어하는 과목은?
· 좋아하는 선생님은?

(2) 문제평가(problem appraisal)

개인의 문제확인: 약점 뿐 아니라 강점 평가하기, 예를 들면 자기 변화의 동기나 문제해결에의 책임, 적응력, 유연성, 평등감과 유머감각, 구조적이고 통합된 행동 등이다.

1 직업적 문제(vacational problem)

① 현재 가장 유용한 진단체계에 따라 분류하기
② 직업에 대한 개인의 생각을 평가하기, 진로의사결정 시에 그는 어떻게 관여하는가? 직업을 어떻게 인식하는가? 목적으로 아니면 수단으로? 직업에 대해 미결정적인가? 직업선택에 이성적으로 임하는가? 그의 사고는 논리적인가 아니면 심리적 오류나 왜곡적인가?
③ 개인의 직업적 문제가 미숙이나 부적응에서 오는가를 평가하기, 그는 단지 직업을 어떻게 선택하는가를 모르는가 아니면 적절한 반응을 할 수 없을 정도로 혼란되었는가?

2 직업문제에 관계된 요인들(pactors related to vocational problem)

① 그의 직업선택 문제에서 가족이 관여한 부분은?

② 직업선택에 관한 문제에서 성격과의 관련은 어떠한가?

③ 다른 요인들, 예를 들어 재정적 문제, 군복무, 결혼계획, 학업계속 등에서 무엇이 관련되는가?

(3) 예언적 평가(prognostic appraisal)

1 직업상담(vocational counseling)

① 동기 : 상담에 대한 개인의 기대는 어떠한가? 그는 문제를 스스로 해결하려 하는가 아니면 상담자가 해결해 주기를 바라는가?

② 인터뷰 행동 : 내담자는 언어로서 반응하는가? 준비도는? 상담에 어떻게 관여하는가? 적극적인가, 고립적인가, 아니면 공격적인가?

③ 상담의 목표 및 계획 : 내담자와 무엇이 이루어질 수 있는가? 상담자는 그에게 단지 통계자료나 직업정보를 제공해야 하는가, 아니면 내담자가 자신의 직업문제에 대하여 스스로 생각하도록 도와야 하는가? 상담자는 개인의 선택에 관한 문제에만 중점을 두어야 하는가, 아니면 그가 미래에 부딪히게 될 다른 여러 가지 직업적 문제를 해결할 수 있는 능력을 쌓도록 도와야 하는가? 상담이 근본적으로 직업적일 수 있는가, 아니면 일반적인 개인적 · 사회적 적응문제에 대한 상담이 직업상담에 우선해야 하는가? 상담이 가장 잘 이해될 수 있는 방법으로 어떤 기법이 적당한가?

2 직업적응(vocational adjustment)

① 성공 : 어떤 직업이 그의 능력에 알맞는가?

② 만족 : 어떤 직업에서 내담자는 가장 만족하는가? 자기 직업에서 직무를 잘 수행하고, 다른 사람과 잘 지내고 직업의 물리적 조건에 적응하고 그의 포부나 목표(물적보상 · 인정 · 지위 등)를 실현시키는 데 있어 그의 성격이 어떻게 관계될까?

③ 부수적인 것들 : 어떤 요인들이 직업적인 문제가 일어났을 때 개인의 직업적응을 용이하게 하거나 또는 그 반대의 영향을 주는가? 예를 들어 군입대, 결혼, 직업전환, 다른 지방으로의 이사, 느린 혹은 빠른 추진력, 양립할 수 없는 사회생활, 의무 등이다.

이 접근법의 기본 가정은, 개인이 미래에 무엇을 할 것인가를 이해하는 방법으로 되풀이되는 중요한 행동의 경향을 확실히 파악하기 위해 일련의 사건과 성격발달을 분석하는 것이다(Super, 1954, p. 13).

이 접근법의 기본가정은 내담자 개인의 현재와 미래를 이해하고 행동을 예측하기 위해 일련의 사건과 성격특성을 분석하는 것이다. 각종 통계자료로부터 내담자의 교육 · 직업적 경험에 관한 정보가 산출되고 같은 직업 생애단계에 있는 다른 사람들과 비교 · 평가하는 과정을 통해 내담자의 직업선택 및 직업적응을 예측할 수 있는데, 이때 내담자의 적극적인 참여가 요구된다.

2 과정

발달적 진로상담의 과정은 진로발달이론에 기초한다. 상담자와 내담자의 관계는 내담자가 진로발달의 어느 단계에 도달해 있는지에 따라 달라진다. 따라서 상담자가 내담자의 진로성숙도를 측정하고 이에 따라 상담전략을 세워야 한다.

진로성숙도가 낮은 내담자에게는 직업준비를, 그리고 성숙도가 높은 내담자에게는 정보수집과 내면화를 조력해야 한다. 진로성숙을 측정하는 도구로는 진로성숙도검사Career Maturity Inventory : CMI가 대표적이다.

수퍼는 진로상담을 자아탐색, 의사결정, 현실인식의 문제를 조력하는 것으로 보고 있다. 진로상담은 다음과 같은 6단계의 반복적인 괴정으로 이뤄진다.

① 1단계

비지시적 방법에 의해 내담자가 문제탐색과 자아개념을 추구하도록 돕는 단계이다.

② 2단계

내담자가 심층적 탐색을 할 수 있는 주제를 선정하도록 지시적인 방법으로 진로탐색의 문제를 설정하는 단계이다.

③ 3단계

비지시적 방법으로 내담자가 느낌을 명료화하여 자신을 수용하고 통찰하게 한다.

④ 4 단계

내담자가 현실검증을 잘 할 수 있도록 검사, 직업정보, 과외활동 경험, 학교성적 등과 같은 사실적 자료들을 탐색하도록 하는 지시적 상담방법을 사용한다.

⑤ 5단계

현실검증에서 나타난 태도와 감정을 탐색하고 직면하도록 비지시적 방법을 적용한다.

⑥ 6단계

의사결정을 돕기 위해 가능한 대안과 행동을 고찰하는 비지시적 상담을 실시한다.

한편, 힐리Healy는 발달적 진로상담 4단계 모델을 고안했다.

① 1단계 : **내담자 특성찾기**establishing client individuality

특성을 알아보기 위해, 내담자와 상담자는 평가되어진 내담자의 특성에 대하여 서로 협력하여 논의하여야 한다. 내담자는 자기평가를 어떻게 할 것인가에 대한 훈련을 받아야 한다. 그리고 이와 같이 평가된 내담자의 특성은 추후 평가하는 데 사용되어진다Healy, 1990. 일반적으로, 특성은 능력, 기술, 흥미, 가치, 그리고 개인적 특성변인 등이 있다. 그밖에, 내담자의 사회적 네트워크와 지원체제는 인터뷰나 미리 준비된 질문지를 통하여 알아낼 수 있다.

② 2단계 : **전략확인하기와 선택하기**indentifying and selecting strategies

무엇보다도 확인된 장애물을 극복하기 위하여 설계된 행동에 대한 분석에 힘을 쏟아야 한다. 상담과정에는 목표에 대한 논의와 명료화가 포함되어 질 수 있다. 예를 들면, 어떤 내담자는 이력서 작성을 위한 훈련프로그램이나 면접을 위한 훈련프로그램에 참여하기를 결정하게 될 것이다.

③ 3단계 : **수행돕기**teaching and aiding implementation

상담자가 해야 할 중요한 일은 2단계에서 세웠던 전략을 내담자가 이행할 수 있도록 돕는 것이다. 그리고 다른 전문가들로부터 도움을 받도록 지도한다. 이 과정에서 주장훈련assertiveness training, 고용전문가와 토의하기, 직업찾기 훈련, 직업시장 조사 등과 같은 방법을 사용할 수 있다.

④ 4단계 : **목표달성 확인하기**verifying goal achievement

전략의 효과를 알아보는 과정이다. 전략을 수정하는 것은 이 단계에서 이루어져야 한다. 상담자는 목표성취를 위하여 내담자가 노력할 수 있도록 지원해 주어야 한다. 이 단계에서 한 가지 중요한 목표는 학습한 전략이 앞으로 사용되어 질 수 있도록 전략에 대한 내담자의 확신을 보다 증가시키는 것이다.

3 결과

발달적 진로상담의 목표는 내담자의 긴장을 이완시키고, 느낌을 명료화하며, 통찰을 조력하고, 자기가 일하는 분야에서 능력감을 맛보게 함으로써 진로적응을 돕고, 일상적인 삶에서의 적응력을 증진시키도록 돕는데 있다Super, 1955. 즉, 발달적 진로상담의 직접 목표는 내담자의 진로발달을 돕는 것이다. 일의 세계에 대한 인식을 증진시키고 직업목표를 설정하고 실행하게 하며, 진로발달 과제를 완수하게 한다. 나아가 발달적 진로상담은 일반적인 적응력을 기르고 인간관계를 개선시키는 일에 관심을 갖고 있다. 왜냐하면 인간관계와 적응능력은 진로적응의 결정요소이기 때문이다.

(2) 방법

발달적 진로상담은 다양한 접근법들을 포괄한 종합적인 접근법을 지향한다. 이 접근법은 특성요인 진로상담과 내담자중심 접근법의 영향을 받았다. 수퍼1951가 언급했듯이 인간은 이성적인 동시에 정서적인 존재이므로 가장 바람직한 진로상담은 이론상의 양극단을 적절히 조화시킨 절충적인 것이어야 할 것이다. 상담자가 내담자의 문제해결을 도울 수 있는 질문 몇 가지를 제시하면 다음과 같다.

① 나는 어떤 종류의 사람인가?
② 내 자신에 대해 어떻게 느끼는가?
③ 나는 어떤 가치관과 욕구를 갖고 있는가?
④ 나의 적성과 흥미는 어떠한가?
⑤ 나는 현실적 자아와 이상적 자아를 어떻게 조화시킬 것인가?
⑥ 나는 나의 욕구와 가치, 흥미, 적성 등을 어떤 방식으로 표출하고 있는가?

1 상담기법

발달적 진로상담의 주요 기법은 다음과 같다.

① 지시 · 비지시적 상담기법들

상담자는 재진술, 반응, 명료화, 요약, 해석, 직면 등 지시 · 비지시적 방법을 사용하여 상담을 진행시킨다.

② 진로자서전과 의사결정 일기쓰기

진로자서전은 내담자가 과거에 어떻게 의사결정을 했는지 알아보기 위해 학과 선택, 고등학교 졸업 후의 직업훈련, 시간제 일을 통한 경험, 고등학교에서 배운 지식과 기술들, 중요한 타인들에 대해 내담자 스스로 기술하게 한다.

의사결정 일기는 내담자가 현재 어떻게 의사결정을 하고 있는지를 알아보기 위해 내담자의 일상적인 의사결정, 즉 일상생활에서 그가 무엇을 하고 무엇을 먹고 입을 것인가 등과 같이 세세한 부분의 결정을 어떤 방식으로 내리고 있는지 써 보게 한다. 이와 같은 일기를 씀으로써 내담자는 자신의 의사결정 유형을 이해하고 자각과 민감성을 증대시키며 의사결정 과정에 적극적으로 참여하게 된다.

[2] 검사의 해석

수퍼1950는 내담자에 관한 정보를 얻기 위해 집중검사와 정밀검사를 개발하였다. 집중검사는 특성요인 진로상담에서처럼 진로선택의 어느 한 시점에서 내담자의 특성을 평가하는 것이고, 정밀검사는 진로상담의 전 과정에서 내담자의 진로발달의 과정과 유형을 평가하는 것이다. 진로상담 시에 보다 중요한 것은 정밀검사인데, 이것을 통해 상담자는 내담자의 진로선택과 적응 그리고 진로발달을 보다 효율적으로 조력할 수 있다.

[3] 직업정보의 활용

발달적 접근법에서는 다음과 같은 조건을 충족시켜 주는 직업정보를 내담자에게 제공해 주기 위해 상담자는 직업심리학과 직무분석에 대해 정통할 것을 요구하고 있다. 발달적 접근법에서 필요로 하는 직업정보는 다음과 같은 조건을 갖추어야 한다.

① 낮은 수준, 중간 수준 그리고 높은 수준의 직업과 그 직업들의 직업특성은 무엇인가?

② 중간 수준 내지 정상 수준이란 어느 정도의 수준을 의미하는가?

③ 낮은 수준의 직업에서 높은 수준의 직업으로 옮겨가는 데 필요한 지식이나

기능에는 어떤 것들이 있는가?

④ 직장에 쉽게 취업하는 사람들의 성격특성과 적성, 가치관은 어떠한가?

⑤ 부모의 사회 경제적 지위나 직업수준과 내담자 개인의 장래직업생활은 어떤 관계가 있는가?

(3) 상담사례

이상적으로 진로상담에 대한 발달적 사례연구는 수년간에 걸쳐서 진행되어야 한다. 불행하게도 한 상담자가 한 내담자와 계속적으로 접촉을 유지하는 경우가 거의 드물고, 장기간 계속되는 연구에서의 실험대상은 상담에서 발표하지 않는 것이 상례이다. 그러므로 발달적 사례에 대한 몇 가지의 절충안이 필요하다. 발달이론에 기초한 진로상담의 한 예는 20세의 대학 3년생인 한 여학생이었는데, 그녀는 고등학교 때 그 고등학교의 상담자와 처음으로 면담을 한 적이 있었고, 그 상담자는 그녀의 초기 직업행동에 대한 관찰기록을 제공해 주었다. Susan Gotham이라는 이 여학생은 과거 그녀가 무엇을 했으며 자신의 인생에 대해 어떻게 생각하는지에 대해 주기적으로 기록함으로써 고등학교에서부터 현재까지의 시간 간격을 모두 채웠다.

(1) 진단

Susan이 처음 대학상담센터를 찾았을 때 그녀는 전공과목의 선택에 고심했다고 한다. 그 때는 3학년 초기였고 마지막에 이르러 결정을 내리게 되었다. 그녀의 조언자는 그녀에게 자신의 집중영역을 분명히 하라고 강력히 말했다. 그녀는 점차 의사결정을 하는 데에 불안하게 되었고, 그럴수록 선택하기가 더 어려웠다. 그녀는, 고등학교 때로 돌아가서, 직업을 갖느냐 그냥 가정주부가 되느냐로 심한 갈등을 겪었다. 표준화된 능력과 흥미검사의 점수나 고등학교 때의 상담자가 기록해 둔 사례수기는 그녀가 뛰어난 학문적 자질과 전문직업에의 자질을 갖고 있음을 보여주었다. 그녀의 부모는 그녀가 훌륭한 교양교육을 받고 남편감을 찾도록, 즉 직업을 갖지 말고 가정주부가 되기를 바라면서 대학에 보냈다. 그녀의 고등학교 때의 친한 친구는 졸업과 동시에 결혼하거나 결혼하기를 원했었다. Susan은 이런 사람들의 영향력에 대해서는 주관적인 대답을 했으나, 객관적으로는 결혼을 통해 그녀를 상류계층에 속할 수 있게 해 주는 대학교육을 원했으며, 한편으로는 직장을 갖지 않고 자신의 지적 능력과 잠재력을 어떻게 성취시킬 수 있을까에 대해 불안해했다. 상담자는 그녀의 딜레마가 진로의사결정에서 직업성숙을 이루기 위한 발달적 '반대경향(contra-trends)'에 처해 있는 젊고 유능한 여성들에게서 드물게 나타나는 그런 것이 아니라, 진로의사결정 과정에서 사회화 과정의 과도한 압력들 때문에 기인되는 비현실적인 것, 즉 결혼을 하느냐 아니면 지나치게 성적인 고정관념(sex-stereotyped)을 가진 직업세계로 뛰어드느냐 하는 데에 있다는 해석을 내렸다(Crites, 1975). Susan의 선택문제에 대해 Crites는 Susan의 이전 상담자의 요약내용과 그녀와 한 면담내용을 토대로, 그녀는 가정이냐 직장이냐 하는 선택의 문제를 해결할 수 없을 것이라는 진단을 내렸다. 그는 이 막연한 진단(느낌)을 보충하기 위해 CMI와 CPI(California Psychology Inventory)를 사용하였다. 그녀는 두 번째

면담에 응해 의사결정의 태도와 능력에 대한 토론을 했고, CPI 검사에서는 그녀의 개성과 직무 능력에 대해 보다 완전히 이해하기 위하여 상담자가 요구한 신병면담(intake interview)과 기본 면담(initial interview)을 마무리지었다. 이 목록에서 얻어진 결과는 상담자의 진단을 확증시키고 확대시켰다. CMI에서 Susan의 점수는 능력척도(competence battery)에서 목표선정(goal selection)을 제외하고는 평균값 이상이었다. 태도척도(attitude scale)의 백분율점수는 95였다. 그러나 '미숙성(immature direction)'의 지표는 두 가지 반응 경향을 보여 주었다. 한 가지는 가정과 직장 중 어느 하나를 선택할 수 없다는 결정상의 갈등을 보여주는 것이었고, 다른 한 가지는 자신에게 닥친 문제를 해결함에 있어서 우연히 생긴 일이나 시행착오 등 관계없는 사건들에 의존하려는 경향을 그녀가 갖고 있음을 보여주는 일이었다.

진로성숙에서 그녀의 이런 측면들은 CPI로 평가한 그녀의 성격과 일치하였다. 높은 지적 효율성(intellectual efficacy) 점수를 중심으로 전체적으로 높게 위치한 그녀의 프로파일은, 그녀가 지적인 기능이 탁월하고 잘 적응(well-adjusted)된 사람이라는 상담자의 평가를 입증해 주는 것이었다. 그녀의 탁월한 적응방식은, 사회적인 우월성과 지배성의 핵심은 다른 사람들을 조화롭고 즐겁게 해 주어서 사회적으로 바람직한 반응을 보이고자 하는 소망의 하나였다. 바로 여기에 그녀의 선택상의 문제점이 있었다. 즉, 그녀는 자신이 무엇을 원하는 지를 말하기 어려웠고, 다른 사람들로부터 소외되거나 비난받는 것이 두려웠다. 그녀는 직업을 갖기를 원했지만, 다른 사람들은 그녀가 가정주부가 되기를 원했다. 결론은 갈등과 우유부단이었다.

(2) 과정

Susan의 진로상담에서 진단이 의미하는 발달적이고 치료적인 암시는 아주 복잡하였다. CMI 평가에서 보면, 직업선택의 측면에서는 비교적 성숙해 있었지만 직업선택의 내용면에서는 그녀가 직업발달 과제인 대학에서의 전공과목 선정을 못하고 있는 것으로 미루어 아직 미숙하다고 볼 수 있다. CPI의 측정결과로 상담자는 Susan의 이 같은 직업발달상의 반대경향(contra-trends)은 그녀의 성격발달의 작용 때문이라고 결론지었다. 그녀가 생을 살아가는 방식은, 그녀가 필수적인 '선택행위(choice act)'에 부정적인 의사결정을 하는 것을 방해하는 강한 거부기제(denial mechanism)에 바탕을 둔 그런 사회 속에서 형성되었다. 그녀가 우유부단한 것은 '아니오'라고 말할 수도 없고 그렇다고 다른 선택을 할 수도 없는 데서 비롯된 것이었다. 간단히 말하자면, 어떤 것이나, 어떤 사람이나 다 좋아하는 어린이처럼 Susan은 성격상에서 미숙하였다. 그녀의 습관화된 '긍정적인 대답하기(yeasaying)'식의 반응경향을 그녀가 변별하는 것을 돕기 위하여 성격을 발달시키는 중재전략이 선택내용에 관련된 진로발달을 도울 것이라는 가정(assumption)에서 상담자는 다음과 같은 필수적인 두 가지 기술을 사용하였다.

첫째로 상담자는 Susan에게 매일 '결정의 일기'를 쓰도록 했는데, 그녀가 어떠한 소극적인 결정을 내리든지 상관없이, 그녀가 자신의 결정에 어떻게 생각하는가에 초점을 두고 면담 시작 시에 그 일기를 함께 검토하였다. 이 과정은 그녀가 의사결정 과정—일기쓰기에 대한 반응—을 자각할 수 있도록 강화시켰고, 결정에 도달하기 위해서는 어떤 선택은 제외시켜야 할 필요성을 강조시켰다.

둘째로 상담자는 Susan에게 일련의 역할놀이 시간을 갖도록 했는데, 이 시간 동안 그는 그녀가 하고 싶지 않은 일을 하게 했다. 예를 들면, 1주일에 한 번씩 맹아와 농아에게 어떤 기본적인 개인적 · 사회적인 기술을 가르치는 시간제 일을 하도록 했다. 상담자는 그녀의 감독자(supervisor) 역할을 했고, 그녀 자신만의 시간에, 아이들을 데리고 소풍을 갈 의향이 있느냐고 물었다. 상담자는 이 일을 하던 직원이 그만두었다는 설명을 그녀에게 해 주었다. 과거에 Susan의 성향(inclination)은 감독자의 요구에 묵묵히 따랐으며, 그 후에 막연히, 무의식적인 후회감을 가졌었다.

역할놀이에서 상담자가 녹화(video-taping)해 놓은 것을 보면, 그녀는 상황에 적응하려는 몇 가지 방법을 시도했고 그 중에 몇몇은 Yes라고 대답한 것도 있는데, 이것은 그녀가 원했던 것을 완전히 표현한 후에 나온 대답이었다. 상담자는 Susan과 함께 녹화필름을 보면서 상호작용하는 동안에 서로 다른 순간들에 대해 그녀가 어떤 느낌을 가졌는가를 함께 검토하였다. 상담자는 Susan의 흥미도와 가치관에 대해 Kuder의 직업흥미조사(Kuder Occupa- tional Interest Survey)와 Allport, Vernon과 Lindzey의 가치연구(Allport-Vernon-Lindzey Study of Values)를 포함하여, Ipsative-Type의 검사를 실시하여 상담을 보충했다. 이들 '강요된 선택(forced choice)'의 검사도구들은, 주어진 선택문항 중에서 선택하는 경험을 주었을 뿐 아니라, 그녀의 흥미와 가치에서의 내적 · 개인적인 유사성과 강점(intra-individual similarity and strength)을 나타내 주었다.

(3) 결과

Susan의 진로상담은 11회 이상의 면담을 거쳤는데, 그 뒤 2년간 추수지도를 계속하였다. 직업적이건 개인적이건 간에 발달의 측면(경향)은 성숙의 방향으로 발전하였다. 예를 들어, 그녀가 쓴 '결정의 일기'는 그녀가 소극적인 의사결정을 계속하는 경향을 지녔음을 나타내 주었다. 마지막 면담에서 그녀는 자신이 무엇을 원하는가를 상담자에게 말할 수 있을 뿐 아니라, 애정이나 찬성을 얻지 못하리라는 두려움이 없이 그녀 자신이 옳다고 생각할 때는 '아니오'라고도 말할 수 있게 되었다.

이 마지막 면담 후에 그녀는 대학에서의 전공과 미래의 직업에 대한 결정을 했는데, 그녀는 이 결정을 가정생활에서도 결합시킬 수 있고 직업생활에서도 결합시킬 수 있게 되었다. 오락요법(recreational therapy)은, 그녀가 학문적으로 가장 관심을 갖고 있는 물리교육학과 심리학을 잘 조화시켜 그녀의 인간중심적인 성격특성에 배출구를 마련해 주었다. 오락요법으로 그녀는 석사과정을 마쳤고, 또한 물리교육학과 심리학을 동시에 전공할 수 있는 충분한 능력도 있었다. 이 분야에서 직업을 얻을 기회가 많음을 알았으며, A학점으로 졸업한 후 직장에 들어갔다. 그녀는 아무 어려움없이 자신이 원하는 직업적 위치를 찾았고, 자신의 일에 만족한다고 말했다. 또 자신이 협조적이고 공정한 인간관계를 영위하고 있으며, 자신이 할 일을 최대한 잘하고 있다고 말했다. 이리하여 우리는, 그녀의 진로상담을 통해, 직업선택에서 절정을 이루었던 '개인의 만족과 사회에의 공헌이라는 생각을 현실로' 전환시켜 주는 직업발달과 개인발달의 합류점을 찾을 수 있게 되었다.

제 4 장

인지, 가치, 사회학습, 포괄적 이론

1. 인지정보처리 이론
2. 가치중심적 진로접근 이론
3. 사회학습 이론
4. 포괄적 진로상담

이 장에서는 진로상담의 인지, 가치, 사회학습, 포괄적 이론을 살펴볼 것이다. 진로선택 상담 이론이 개인의 특성과 직업을 구성하는 요인에 관심을 가지고 있다면 진로발달 이론은 진로결정을 단회에 이루어지는 것으로 보지 않고 일련의 발달과정을 거치면서 변화하여 발달하게 된다는 관점을 취한다. 최근에는 오랜 역사를 통해 타당성이 입증된 특성-요인 이론, 발달이론을 전통이론으로 분류하고 인지, 가치, 사회학습 이론을 신생이론으로 분류한다. 이 장에서는 최근 이론으로 소개되고 있는 인지, 가치, 사회학습, 포괄적 이론에 대하여 살펴볼 것이다.

이 장에서 학습해야 할 목표는 다음과 같다.
첫째, 인지적 정보처리에 기초한 진로상담 이론을 요약할 수 있다.
둘째, 가치중심적 진로접근 이론의 특징을 진술할 수 있다.
셋째, 사회학습 이론에 기초한 진로상담의 특징을 설명할 수 있다.
넷째, 포괄적 진로상담의 모델과 상담과정을 요약 · 설명할 수 있다.

1. 인지정보처리 이론

인지정보처리 이론cognitive information processing theory은 피터슨Peterson, 샘슨Sampson 그리고 리어던Reardon, 1991에 의해 개발된 인지정보처리CIP 이론을 기초로 하여 만들어진 이론이다. CIP이론은 각 개인이 어떻게 진로를 결정하고, 어떻게 진로문제해결과 진로의사결정에서 정보를 이용하는지를 알아보기 위한 진로발달 이론이다.

1) 기본 가정

CIP 이론은 표 4-1과 같은 10가지의 기본 가정에서 기초한다. 이러한 가정들을 강조하는 것은, 진로 개입의 주요 책략들이 개인의 처리 능력을 발달시킬 수 있는 학습기회를 제공할 수 있기 때문이다. 이와 같은 방법에 따라 내담자는 미래의 문제는 물론 현재 직면하고 있는 진로문제해결 능력을 발달시킬 수 있다.

표 4-1 **인지정보처리 이론의 기본 가정**

기본 가정	설 명
진로선택은 인지와 정서의 상호작용의 결과이다.	CIP는 진로의사결정에서 인지적 분야를 강조한다. 그러나 진로의사결정 과정에서 정서적 정보의 원천 존재 또한 알아야 한다. 궁극적으로 진로목표는 정서와 인지과정의 상호작용이다.
진로의사결정은 문제해결 활동이다.	각 개인은 그들이 수학이나 물리 혹은 화학문제를 해결하는 것을 배울 수 있는 것처럼 진로문제의 해결방법을 배울 수 있다. 진로문제와 수학이나 과학문제 사이의 중요한 차이는 복잡성과 애매성, 그리고 해결의 정확함과 같은 불확실성의 여부에 있다.
진로문제의 해결능력은 지식은 물론 인지조작의 가능성에 달려 있다.	진로문제해결과 같은 한 사람의 능력은 자기이해와 직업이해에 달려 있다. 해결능력은 또한 자기이해와 직업이해의 두 영역 사이의 관계를 이끌어 내는 인지조작에 달려 있다.
진로문제해결은 높은 기억을 요하는 과제이다.	자기이해의 영역과 일의 세계 영역은 복잡하다.
동기	진로문제를 해결하고자 하는 동기는 자신과 일의 세계에 대한 보다 깊은 이해를 통하여 만족한 진로 선택을 하고자 하는 욕망으로부터 생기는 것이다.
진로발달은 지식구조의 계속적인 성장과 변화를 내포한다.	자신과 직업에 대한 지식은 일련의 구조화된 기억구조로 구성된다. 직업세계와 자신은 지속적으로 변화한다. 그러므로, 자신과 직업세계의 발달과 통합하고자 하는 욕구는 결코 멈추어서는 안 된다.
진로정체감은 자기인식에 달려 있다.	진로정체감은 자기인식 구조의 발달수준이다. 진로정체감은 자기인식 영역을 구성하는 도식의 복잡성, 통합성, 그리고 안정성의 함수이다.

기본 가정	설 명
진로성숙도는 진로문제를 해결할 수 있는 능력에 달려 있다.	진로성숙은 자신과 직업세계에 대하여 이용 가능한 최상의 정보의 사려 깊은 통합에 기초한 독립적이고 책임 있는 진로결정 능력이다.
진로상담의 궁극적인 목적은 정보처리기술의 발달을 향상시키는 것이다.	진로상담의 목표는 내담자 정보처리 능력을 증진시키기 위해서 기억구조와 인지적 기술발달을 촉진하는 학습조건을 제공하는 것이다.
진로상담의 궁극적인 목표는 진로문제해결과 의사결정을 할 수 있는 내담자의 능력을 높이는 것이다.	진로상담의 목표는 정보처리기술의 발달을 통하여 내담자의 진로의사결정 능력을 신장시키는 것이다.

* 출처 : Career Development and Services: A Cognitive Approach, by G. Peterson, J. Sampson, and R. Reardon, pp. 7~9.

2) 인지정보처리의 과정

정보 처리의 단계는 단기기억에서 입력을 선별하고 해석해서 부호화한 다음, 이것을 장기기억에 저장하고 마지막으로 문제해결에 도달하기 위해서 작업기억 속에서 입력 정보를 활용하고, 재생하여 변형시킨다. 정보처리 이론에서 상담자의 중요한 역할은 내담자의 욕구를 분류하고, 자신의 욕구가 무엇인지를 알 수 있도록 내담자가 지식과 기술을 획득할 수 있도록 돕기 위한 개입기능이다.

피터슨, 샘슨 그리고 리어던은 진로문제해결은 일차적으로 인지적 과정이며, CASVE와 같은 일련의 절차를 통하여 증진시킬 수 있다고 강조하였다. CASVE는 의사소통communication, 분석analysis, 통합synthesis, 가치부여valuing, 그리고 집행execution을 의미한다.

① 의사소통 단계는 질문들을 받아들여 부호화하여 송출하여 내담자의 욕구를 분류하는 활동이 요구되는 단계이다.

② 분석 단계에서는 한 개념적 틀 안에서 문제를 찾고 분류하는 활동을 통하여 진로관련 문제 요인을 상호 관련지어 분석한다.

③ 통합단계에서는 일련의 행위를 형성시키는 과정으로 진로관련 문제에 적절

한 해결대안을 만드는 활동이 이루어진다.

④ 가치부여 단계에서는 승패의 확률에 관해 각각의 행위를 판단하고 다른 사람에게 미칠 여파를 판단하는 과정을 통하여 자신내담자의 가치관을 고려한 보다 중요하다고 여기는 대안을 찾는 단계이다.

⑤ 집행 단계에서는 책략을 통해 계획을 실행시키는 과정으로 목표에 따른 구체적인 수단을 수립하여 실천에 옮기는 단계이다.

CASVE 모델은 진로정보상담은 학습되어진 것이라는 점을 강조한다. 이 이론은 유사한 가정을 하는 다른 이론들과 의사결정 기술발달을 위한 절차를 제시하는 여러 이론들로 구성되어 있다. 그러나 CIP이론과 다른 이론과의 중요한 차이점은 어떻게 인지하느냐의 여부가 자신의 운명을 결정하는 데 있어 큰 힘과 역할을 한다고 보는 것이다.

3) 진로상담 절차

피터슨, 샘슨, 리어던 그리고 랜즈Lenz, 1996는 7단계로 이루어진 진로상담과정을 제안하였다. 이 절차는 문제해결과 의사결정을 위한 해결방법으로 개인이나 집단을 대상으로 사용되어 질 수 있다고 하였다. 7단계로 이루어진 인지정보처리 상담모형은 그림 4-1과 같다.

(1) 초기 개입initial interview

개입의 주요한 목적은 2가지이다. 첫째, 상담자는 내담자의 진로문제에 관한 정보를 탐색하는 것이고 내담자와 신뢰로운 관계를 형성하는 것이다. 둘째, 상담자는 감성적이고 인지적인 측면에서 내담자의 진로문제를 살펴보는 것이다. 상담자는 효과적인 상담관계가 내담자의 자기효능감을 높이고, 학습을 촉진시킨다는 것을 인식하는 것이다.

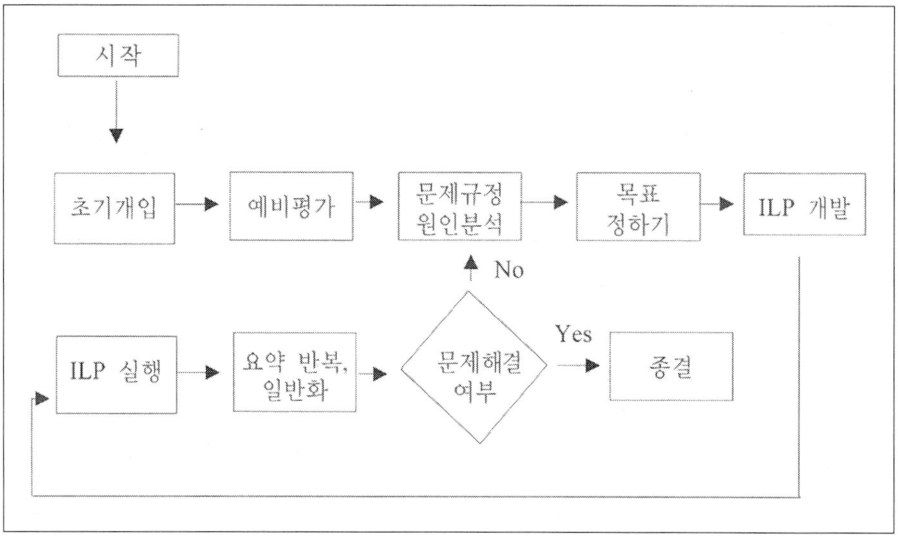

출처: A Cognitive Approach, by G. Pererson, J. Sampson, and R. Reardon, p. 231.

그림 4-1 인지정보처리 진로상담의 절차

(2) 예비 평가preliminary assessment

내담자가 진로문제해결과 의사결정을 하도록 하기 위해서, 진로사고검사Career Thoughts Inventory를 다루어야 한다. 이 검사 도구를 사용함으로써 내담자가 어떤 역기능적인 사고의 결과로 진로선택 과정에서 어려움을 겪고 있는지를 분류할 수 있다.

(3) 문제규정과 원인분석define problem and analyze causes

상담자와 내담자는 내담자의 문제들에 대한 견해를 같이 해야 한다. 예를 들면, 진로문제를 내담자의 우유부단 상태와 이상적으로 여기는 진로결정의 상태 사이의 차이로 규정할 수 있다. 문제규정과 원인분석의 과정에서 주의해야 할 것은 내담자의 문제를 판단적인 말보다는 중립적인 말로 설명하고 진술하여야 한다.

(4) 목표설정formulate goals

목표설정은 상담자와 내담자가 협력해야 한다. 목표는 개인학습계획individual learning plan: ILP에 기록하여 다음 단계에서 보다 구체화시킨다.

(5) 개인학습계획 개발develop individual learning plan

ILP를 개발할 때에 상담자와 내담자는 협력해야 한다. 상담 초기에 목표를 수립함에 있어서 내담자는 도울 수 있는 자원이나 활동의 차례를 제공해 주어야 한다. ILP는 내담자와 상담자 사이의 계약역할을 한다.

(6) 개인학습계획 실행execute individual learning plan

이 단계에서는 내담자가 계획을 진행함에 있어서 창의성이 요구되어진다. 상담자는 실행과정에서 용기를 불어넣어 주고 지적해 주며, 보다 많은 정보와 명료화, 그리고 강화를 제공해 주어야 한다. 역기능적인 내담자일 경우, 2단계에서 다루었던 진로사고검사CTI의 결과에 대한 검토가 보충적으로 이루어져야 한다.

(7) 요약 반복과 일반화summative review and generalization

모든 단계에서의 초점은 내담자의 진로의사결정 상태이다. 그러므로 앞의 6단계에서 학습한 것은 미래 진로문제와 개인의 문제를 해결하는 데 있어서 사용되어질 수 있도록 일반화시켜야 한다.

2. 가치중심적 진로접근 이론

브라운Brown, 1996의 진로발달에 관한 가치중심적 접근은 인간행동이 개인의 가치에 따라 많은 영향을 받고 형성된다고 가정한다. 확립된 행동기준은 발달과정에서 매우 중요한 것으로, 가치에 기초를 두고 있다. 그리고 행동기준은 개개인이 스스로의 행위와 타인의 행위를 판단하는 규칙이 된다는 것이다.

다른 이론들과는 다르게, 흥미는 이 이론에서 진로의사결정에 큰 역할을 하지 못한 것으로 여긴다. 그러므로 가치는 진로의사결정 과정에서 가장 중요한 것이다. 왜냐하면, 가치는 바라는 최종상태의 방향을 제공해 주고, 목표설정에서 중심적인 역할을 하기 때문이다.

또한 가치는 행동역할을 합리화하는 데 강력한 결정요인으로 본다. 예를 들면, 사회봉사에 많은 가치를 두고 있는 사람은 다른 사람을 돕는 직업에 관심을 두게 된다. 반면에, 독립성 지향에 지배적인 가치를 두고 있는 사람은 통제를 적게 받는 행동이 자유스러운 환경의 일에 추구하게 된다고 한다.

1) 가치의 발달

브라운은 가치는 유전적 특성과 경험의 상호작용을 통해서 일반적으로 발달된다고 보았다. 아동들이 부모, 형제, 친구 및 주의의 어른들로부터 '가치를 내포하는 신호'에 수없이 노출된다는 것을 관찰함으로써 자신을 정당화하는데 아동이 가치를 담은 신호에 동화됨에 따라 가치가 단편적으로 발전되며, 이것이 나중에 개인의 인지적 · 정의적 행동 패턴을 형성하는 핵심을 이루게 된다는 것이다. 가치는 발달상의 어느 주어진 시점에서 서열화와 정교화가 이뤄지지만, 가치의 처리 과정은 개인의 인지적 명료성의 영향을 많이 받는다.

인간발달에 있어서 가치는 매우 중요한 역할을 한다. 가치는 인간 기능의 모든 측면에 영향을 미친다. 특히 일상생활에서 경험하는 정보의 처리에 많은 영향을 미친다. 가치가 구체화되어 있지 않으면 인지나 행동에 별다른 영향을 미치지 않으나, 개인이 자신의 행동을 설명하기 위해 가치를 활용할 수 있을 때, 그 가치가 비로소 구체화된다.

가치는 개인이 처한 환경에서 행동의 우선순위를 매기는 역할을 한다. 바람직한 행위와 행동 간의 일치성처럼, 환경 속에서 일치성을 발견할 때 이러한 행동들과 연합된 가치는 구체화되고 나중에 우선권을 갖게 된다.

2) 기본 가정

가치 중심적 모델에서 기본적인 6가지 가정은 다음과 같다.

① 개인이 우선권을 부여하는 가치는 그리 많지 않다.

② 우선순위가 높은 가치는 다음과 같은 몇 가지 조건들에 부합될 경우에 생애역할 선택에서 가장 중요한 결정 요인이 된다. 첫째, 한 가지 선택권이 생애역할 가치를 만족시키는 데 사용되어질 수 있어야 한다. 둘째, 생애역할 가치를 실행하기 위한 선택권은 명확하게 그려져야 한다. 셋째, 각 선택권을 실행에 옮기는 어려움의 정도는 같다.

③ 가치는 환경 속에서 가치를 포함하는 정보로부터 학습을 통하여 획득되어진다. 이 정보는 개인의 유전적 특성과 상호작용하면서 인지적으로 처리된다. 사회적 상호작용과 기회에 영향을 주는 다른 요인으로는 문화적 배경, 성별, 그리고 사회 경제적 수준이 있다. 이러한 요인들은 진로선택과 다른 생애역할 수행에 영향을 미치게 된다고 한다.

④ 생애만족은 모든 필수적인 가치를 만족시키는 생애역할에 달려 있다.

⑤ 역할의 중요성은 역할 내에서 필수적인 가치의 만족도와 직접적으로 관련이 있다.

⑥ 생애역할에서 성공은 많은 요인에 달려 있다. 성공과 관련된 요인으로는

학습된 기술이 있고, 인지적 · 정서적 · 신체적 적성과 같은 것이 있다.

3) 상담에의 적용

브라운은 모든 진로상담자들이 다음과 같은 질문들을 내담자에게 주어 대답하도록 하여야 한다고 제안하였다. 의사결정을 방해하는 정서적 문제가 있는가? 내담자에게 있어서 진로와 생애역할과 분명한 관련을 갖고 있는가? 가치가 구체적이고 우선순위가 있다는 증거가 있는가?

① 초기 면접에서, 정서적인 문제는 주의 깊게 자세히 보아야 한다. 정서적인 문제는 불안, 우울, 그리고 다른 정신건강 문제를 포함한다.

② 가치는 질적 방법과 양적 방법으로 측정되어져야 한다. 질적인 방법은 카드분류나 상상력을 동원하는 방법이다Brown, Brooks & Associates, 1990. 양적인 방법은 가치관 검사나 가치관 척도를 사용하는 방법이다.

③ 검사 결과를 내담자와 논의하는 것은 상담에서 개입의 한 방법으로 고려할 수 있다. 내담자들은 '왜 당신은 이것을 믿습니까?' 등과 같은 질문에 직면하게 된다. '왜'라는 기법은 내담자를 좌절시키기 위해서 고안된 것이다. 이와 같은 일시적인 좌절은 '왜'라는 질문을 통해서 자신의 가치에 대한 결론에 도달할 수 있는 내성의 수준level of introspection을 올려 줌으로써 진로 문제의 부적응을 본질적으로 해결할 수 있다고 본 것이다.

④ 진로상담자는 직업탐색 향상 프로그램Enhanced Guide for Occupational Exploration과 컴퓨터를 이용한 진로탐색 프로그램을 통하여 가치와 진로를 관련지어 생각해 볼 수 있도록 해야 한다.

4) 가치관과 직업

직업가치관Work values은 중요한 진로결정 요인이다. 카츠Katz, 1963는 직업가치관이란 하나의 통합된 요소로서 진로선택과 결정에 중요한 기능을 하는 것으로 보았다. 직업가치관은 동기의 기능, 만족의 추구 기능, 선택과 결정의 참고자 기능, 방향 설정 기능, 자아개념 통찰의 기회 제공 기능 등 다양한 기능을 한다. 개인이 진로결정을 하는데 있어서 제일 먼저 결정해야 할 문제는 '내가 중요시하는 것이 무엇이냐'하는 질문에 대한 답이다. 가치관은 바로 개인의 행동기준이 되는 것으로 어떤 가치관을 가지고 있느냐에 따라서 개인의 진로선택이 영향을 받는다.

또한, 진로란 개인의 태도, 가치관, 그리고 기대감을 포함한 일과 관련된 일련의 활동Storey, 1979이고, 진로교육의 목표는 '적성과 소질을 개발하여 일과 직업세계에 대한 정보제공과 관심을 유도하고 일과 직업에 대한 가치관 및 태도의 지도와 주체적 삶의 계획과 실천지도'장석민, 1994이다. 따라서 일과 직업에 대한 자신의 가치관을 바르게 인식하고 명확하게 함으로써 자신의 가치관과 부합된 직업을 탐색하고 계획하는 진로태도를 길러 주는 것이 진로지도에서 중요 부분이라 하겠다.

(1) 직업가치관의 분류

진로결정 시 고려해야 할 요인 가운데 중요한 것은 건전한 직업인이 되기 위해서 올바른 직업가치관이 세워져야 한다. 직업가치관이란 진로결정 시 고려하게 되는 직업에 대한 가치관Zytowski, 1970 또는 개인이 자신의 직업에 관하여 가지는 생각, 즉 무엇을 원하는가에 대한 관점Kalleberg, 1977으로 직업선택, 결정에 많은 영향을 미치는 직업에 대한 개인의 가치관이다.

직업가치관은 연구의 목적이나 학자에 따라 다양한 유형으로 분류되고 있다. 슈프랑거Spranger, 1928는 그의 성격이론에서 '인간은 누구나 막론하고 여섯 가지의 가치에 맞추어 생활한다'고 주장하였다. 그는 가치관의 유형을 여섯 가지이론형, 경제형, 심미형, 사회사업형, 정치형, 종교형로 구분하여 이에 관련된 직업을 세분화하여 제시함으로써 개인의 가치관과 직업의 밀접한 관계가 있음을 주장했다.

수퍼1970는 직업가치관을 내재적 영역, 외재적 영역 및 병재적 영역으로 구분하고, 15가지 직업가치관 유형을 제시하였다. 카자나스Kazanas, 1975 등은 MVWS에 기초하여 내재적 영역과 외재적 영역으로 구분하고, 14가지 직업가치관 유형을 제시하였다. 로젠버그Rosenberg, 1957는 직업선택의 관점에서 자기표현지향성self-expression oriented, 인간지향성people oriented, 외재적 지향성extrinsic reward oriented으로 분류하였다.

표 4-2 **직업가치관 유형**

구분	하위영역	
Super	내재적 영역	기여, 창의성, 독립성, 지적 자극, 심미성, 성취, 관리
	외재적 영역	생활방식, 안정, 지위, 보수
	병재적 영역	환경, 경영주와의 관계, 동료와의 관계, 다양성
Kazanas et al.	내재적 영역	독립성, 만족감, 이타성, 자기훈련, 자아발견, 직업흥미, 자아실현
	외재적 영역	경제적 독립, 직무여건, 지위, 대인관계, 사회적 지위, 인지, 안정
Rosenberg	자기표현 지향성	독창성, 적성
	인간지향성	기여, 직업환경
	외재적 보상지향성	지위, 경제성, 안정성
Oconnor & Kinnane	안정-경제-물질적 영역, 사회-예술적 영역, 직업환경-동료관계 영역, 발견-창조적 영역, 성취-지위 영역, 독립성-다양성 영역	
Parker	내재적 영역	기여, 이론성, 자기표현, 만족, 흥미, 독립성
	외재적 영역	보수, 지위, 안정, 권력, 생활양식, 상향성
Spranger	이론가형, 권력형, 경제형 심미형, 사회사업가형, 종교형	
임인재	탐구성, 자율성, 주도성, 질서정연성, 사회적 인정성, 심미성, 사회 봉사성, 실용성	
백영균	내재적 영역	봉사성, 윤리성, 자기표현, 만족, 흥미, 독립
	외재적 영역	보상, 명예, 안정성, 권력, 생활양식, 상향성
이승우	보수지향적, 기여지향적, 자아실현지향적	

구분	하위영역	
안강현	내재적 영역	능력, 기여, 성취
	외재적 영역	보수, 지위 안정

(2) 가치관 유형과 관련 직업

진로성숙도가 높은 사람들이 자신의 능력, 가치관 및 흥미 등과 좀 더 일치하는 직업을 선택하는 경향Gasper & Omvig, 1976이 있을 뿐만 아니라, 진로성숙도는 가치와 밀접한 관계에 있어 직업가치관의 분야에 영향을 미치고 있으며, 일반적으로 진로성숙도가 상승함에 따라 내면적 가치를 더 중시하고 다른 사람들에 의해서 영향을 덜 받고 정보수집과 자기 조사에 관한 활동을 좀 더 취하는 경향이 있다송재홍, 천성문, 1995. 또한 각각의 직업유형에서 필요로 하는 직업가치와 일치하는 직업적 성격과 가치를 가지고 있는 사람이 상대적으로 성숙된 진로태도를 가진다는 연구결과들이 있다Baird, 1970; Gordon 1975; Holland, 1985.

표 4-3 **가치관 유형과 관련 직업**

가치관 유형	내용	관련 직업
이론형	사물의 진리를 탐구하고 연구하며 가르치는 일에 보람과 긍지를 느낌	교사, 교수, 연구원, 학자, 과학자, 소설가, 평론가, 수학자 등
경제형	가치기준을 자본형성, 즉 돈을 벌어 부자가 되어야 한다는 경제적 활동에 큰 비중을 두고 종사함	상인, 유통업, 기업인, 무역인 등 경제활동에 종사하는 직업
심미형	미에 대한 가치를 추구하는 것이 다른 어떤 분야보다 가치가 있다고 인정함	음악가, 체육인, 무용가, 화가, 소설가 등 예술분야 직업
사회사업형	자신보다 남을 위해 봉사하고 돕는 사람으로 타인을 사랑하고 사회진보와 복지를 위해 헌신하는 것을 최고의 가치로 여김	사회사업가, 서비스업, 상담교사, 재활상담원, 간호사, 사회봉사자
정치형	권력을 잡고 남을 지배해 보며 권리	정치가, 행정관료, 시도의원 등의

가치관 유형	내용	관련 직업
	취득을 최고의 가치로 삼음	직업
종교형	종교의 가치에 의하여 행동하고 성스러운 것을 추구하며 생활의 정신적 의의 및 최고 가치의 신비와 초자연적인 것을 숭배함	목사, 승려, 종교인, 신부

* 출처 : Spranger의 가치관 유형.

또한, 긴즈버그1951는 직업선택을 장시간에 걸쳐 이루어지는 일련의 과정으로, 이러한 직업선택의 과정은 흥미, 능력, 가치관 등의 주관적 요소와 현실세계와의 타협으로 이루어진다고 보았다. 이수용1988은 자신의 가치가 명료화되어 있는 사람은 자신의 결정력을 발휘하여 만족한 삶을 위해 생산적이고 능률적으로 진로를 탐색하고 선택하게 된다고 하였다.

이와 같은 직업가치관은 진로를 선택하고 결정하는 데 많은 영향을 미치며, 더 나아가 직업생활에서의 직업만족도 결정에도 영향을 준다는 점이다. 따라서 진로교육 및 진로상담 장면에서 학생들 개개인의 직업가치관을 탐색해 보고 가치관에 적절한 직업과 관련지어 생각해 보는 활동이 필요하다.

영화로 만나는 진로상담

굿 윌 헌팅

Good Will Hunting, 1997

줄거리

그의 생애 처음으로 인생의 등대를 만난다! 두 남자가 열어가는 감동의 세상이다.

윌 헌팅(Will Hunting: 매트 데이몬 분)은 20년을 살아오면서 누구의 간섭도 받아본 적이 없었다. 그러한 그도 결코 우습게 상대하지 못할 인생의 스승을 만나게 된다. 윌은 MIT 공대에서 교실 바닥 청소 일을 할 때 말곤 대학교 정문 근처에도 가본 적이 없다. 그러나 노벨상을 수상한 교수들조차 혀를 내두를 만큼 어려운 문제들을 싱거울 정도로 간단하게 풀어버린다. 그러나 그토록 머리가 비상한 윌도 어쩌지 못하는 게 한 가지 있다. 폭행죄로 재판을 받게 된 윌은 수감될 위기에서 벗어날 수가 없다. 숀은 윌이 가진 내면의 아픔에 깊은 애정을 갖고 관찰하면서 윌에게 인생과 투쟁하기 위해 필요한 지혜를 가르쳐 준다.

3. 사회학습 이론

크럼볼츠Krumboltz, 1979의 사회학습 이론은 반두라Bandura, 1977의 사회학습 이론을 진로의사결정체제에 대한 이론으로 적용, 설명하는 이론이다. 사회학습 이론은 교육적, 직업적 선호 및 기술이 어떻게 획득되며, 교육프로그램, 직업, 현장의 일들이 어떻게 선택되어지는지를 설명하기 위하여 발달한 이론이다. 행동에 대한 일반적인 사회학습 이론 Social learning theory을 기초로 개인의 성격과 행동은 그의 독특한 학습경험에 의해서 가장 잘 설명할 수 있다고 가정하고, 진로의사결정에 영향을 미치는 요인들의 상호작용을 밝히고 있다.

개인의 진로의사결정에 대한 행동은 고전적 행동주의classical behaviorism와 강화이론reinforcement theory에 근거를 두고 있다. 그리고 각 개인이 지니고 있는 개인의 특성과 행동들behavior of repertories은 본질적인 발달이거나 심리적인 과정이라기보다는 각 개인의 독특한 학습경험으로부터 형성된다고 가정한다. 이와 같은 학습경험은 긍정적이거나 부정적으로 강화된 사건들의 직접적인 경험과 사건들의 인지적 분석으로 이루어진다. 사회학습 이론에서는 인간을 자기 주변의 우발적인 강화들을 이해하려고 노력하고, 자신의 목적과 욕구를 충족시킬 수 있는 환경으로 변화를 꾀하는 지적이고 문제해결적인 존재로 인식한다.

미첼Mitchell과 크럼볼츠는 학습이론의 원리를 직업선택의 문제에 적용하였다. 이들은 사회학습 이론에 기초를 둔 행동주의 상담방법을 통해 학생들에게 진로선택을 하도록 조력해야 한다고 주장한다. 그들은 개인이 어떤 방법으로 학습을 하며 진로선택을 하고 기능을 습득하는지에 대하여 관심을 가지고 유전적 요인, 환경적 요인, 학습경험, 인지 · 정서적 반응, 직업기능 등에 대해 연구하고 그들 간의 상호작용 관계를 밝히려고 하였다.

보다 최근에 와서 미첼과 크럼볼츠는 크럼볼츠의 학습이론을 포함한 초기의 사회학습 이론을 확장시켜 LTCClearning theory of career counseling라고 불리는 완전한 사회학습 이론을 제안했다. 이 이론은 진로선택에 영향을 주는 생애사건에 기초하여, 진로선택의 과정을 간단하게 접근하려고 한 이론이다. 그들은 각 개인의 타고난 재능과 특수능력genetic endowments and special abilities, 환경조건과 사건environment conditions and events, 학습경험learning experiences, 과제접근 기술task approach skill의 4요소가 진로발달 과정에 영향을 주는 요인으로 보았다. 진로의사결정에 대한 사회학습 이론은 사람이 교육적 프로그램에 참여하거나 직업에 종사하게 되는 이유를 밝혀 준다.

1) 환경적 요인

개인을 둘러 싼 사회 · 문화적 환경은 개인의 행동에 영향을 미친다. 환경적 요인은 개인에게 영향을 미치거나 일반적으로 개인이 통제할 수 있는 영역 밖에 있는 것으로 상담을 통해서 변화시키는 것이 불가능하다.

(1) 타고난 재능과 특수능력

타고난 재능과 특수한 능력은 교육적이거나 직업적 선호나 기술을 제한하는 유전적인 자질을 말한다. 사회학습 이론가들은 타고난 재능과 특수한 능력의 상호작용을 설명하려고 하지 않지만, 타고난 재능과 특수한 능력이 진로결정 과정에서 영향을 주는 요인으로 인식되어져야 한다고 강조한다. 타고난 재능과 특수한 능력으로는 인종, 성별, 신체적인 모습과 특징, 지능, 음악적 재능, 예술적 재능, 근육의 기능 등이 포함된다.

(2) 환경적 조건과 사건

환경조건과 사건은 각 개인의 거의 통제할 수 없는 요인이지만 진로선택에 영향을 주는 요소이다. 각 개인의 환경에서 특정한 사건과 상황이 기술개발, 활동, 진로선호에 영향을 미친다는 것이다. 예를 들어, 정부정책과 천연자원의 이용, 자기주변의 교육적 여건 등의 활용 가능성의 정도가 각 개인의 진로선택에 영향을 미친다. 또한 경제적 상황에 영향을 미치는 가뭄과 홍수와 같은 자연재앙은 각 개인이 통제 불가능한 영역으로 우리의 진로선택에 영향을 미치는 요인들이다. 환경적 조건과 사건으로는 자기주변의 교육적 여건, 교육훈련이 가능한 분야, 사회정책, 노동법, 천재지변, 천연자원의 공급 및 이용 가능 정도, 기술의 발달, 사회조직의 변화, 가정의 영향, 교육제도, 그리고 이웃과 사회의 영향 등을 포함한다.

표 4-4는 진로선택에 영향을 주는 사회 요인을 나타낸다.

표 4-4 **진로선택에 영향을 주는 사회 요인**

가정	가정의 경제적 지위, 부모의 직업, 부모의 수입, 부모의 교육 정도, 주거 지역, 주거 양식, 가정의 종족적 배경, 가족 규모, 부모의 기대, 형제의 영향, 출생 순서, 가정의 가치관, 가정에 대한 개인의 태도
학교	교사와의 관계, 동료와의 관계, 교사의 영향, 동료의 영향, 학교의 가치
지역사회	지역사회에서 주로 하는 일, 지역사회의 목적 및 가치관, 지역사회 내에서 특수한 경험을 할 수 있는 기회, 지역사회의 경제조건, 지역사회의 기술변화

사회계층에 따라 개인은 교육 정도, 직업포부 수준, 지능수준 등이 다르며, 이런 요인들이 진로발달에 영향을 미친다. 따라서 진로상담 시에는 이러한 사회적 요인들, 즉 가정의 사회 경제적 지위, 가정의 영향력, 학업성취도, 지역사회의 조건, 압력집단의 유형, 역할 지각 등을 개괄적으로 파악하여 고려해야 한다Lipsett, 1962.

· **가정의 사회 경제적 지위**: 부모의 직업, 수입, 교육 정도, 주거지, 주거 양식 및 윤리적 배경
· **가정의 영향력**: 자녀에 대한 부모의 기대, 형제간의 영향, 가족의 가치관 및 내담자의 태도
· **학교**: 학업성취도, 동료 및 교사와의 관계, 학교에 대한 태도
· **지역사회**: 개인이 속한 지역사회에서 주로 하는 일, 그 지역사회 집단의 목적 및 가치관, 그 지역사회 내에서 특수한 경험을 할 수 있는 기회 또는 영향력
· **압력 집단**: 교사, 동료, 친지 등의 개인이나 부모가 내담자에게 특정 직업에 가치를 두도록 영향력을 지니고 있는 정도
· **역할 지각**: 자신의 다양한 역할 수행에 대한 개인의 지각 및 그 개인에 대한 타인의 지각과 일치하는 정도

한편, 밀러와 폼Miller & Form, 1951은 개인의 사회 경제적 요인을 중시하면서 직업생애 단계를 다음과 같이 제시하였다.

준비단계	→	시작단계	→	시행단계	→	안정단계	→	은퇴단계
일에 대한 방향이 서는 단계		시간제 일의 경험과 형식교육을 포함하는 단계		취업을 하고 만족스러운 직업을 찾을 때까지 몇 차례 변화를 시도하는 단계		직업세계와 지역사회에서 안정을 확립하는 단계		일에서 물러나 다른 활동을 추구하는 단계

그림 4-1 밀러와 폼의 직업생애 단계

2) 심리적 요인

심리적 요인은 개인의 생각과 감정, 행동을 결정하게 된다. 상담자는 내담자가 이러한 요인들의 영향을 이해하고 변화시키도록 도와주어야 한다. 진로선택과 진로결정에 영향을 미치는 심리적 요인으로는 과거의 학습경험과 과제접근기술이 있다. 학습경험은 직접 학습경험direct learning experience과 대리 학습경험vicarious learning experience으로 나누어지고, 직접 학습경험은 다시 도구적 학습경험instrumental learning experiences과 연상적 학습경험associate learning experience으로 나누어진다.

(1) 직접 학습경험

개인이 과거에 학습한 경험은 현재 또는 미래의 교육적, 직업적 의사결정에 영향을 미친다. 학습경험은 도구적 학습경험, 연상적 학습경험, 그리고 대리적 학습경험으로 나누어 볼 수 있다.

첫째, 도구적 학습경험이다. 도구적 학습경험은 각 개인이 어떤 행동이나 인지적 기술과 관련된 활동에 대한 정적인 강화 또는 부적인 강화를 받았을 때 나타난다. 각 개인들은 보다 많은 강화물을 획득하기 위해 정적인 강화를 받은 행동을 반복하려는 경향을 보인다. 예를 들면, 글짓기를 열심히 하여 글짓기 대회에서 상을 받은 경우, 글짓기에 관심과 흥미를 가지고 계속하려는 행동을 적극적으로 한다. 이러한 행동을 반복하는 과정에서 관련된 기술을 보다 잘 숙지하게 되고 행동 그 자체에 내적인 흥미를 갖게 된다는 것이다. 이와 같은 과정을 겪으면서 행동을 유지하기 위해 더 이상 외부적인 강화가 필요 없게 된다는 것이다. 과거의 학습경험이 교육적, 직업적 행동에 대한 도구로 작용하는 것이다. 마찬가지로 벌을 받은 행동은 회피하고자 하며, 그런 행동을 하는 것을 피하게 되는 것을 배우게 된다. 일반적으로 도구적 학습경험은 선행사건antecedents→행동behavior→결과consequence의 순서에 의해서 학습된다.

둘째, 연상적 학습경험이다. 연상적 학습경험은 이전에 경험한 어떤 감정적으로 중립인 사건이나 자극을 정서적으로 비중립적인 사건이나 자극과 연상시킬 때 일어난다. 예를 들면, 한 사람이 사랑하는 사람의 죽음 장소로 병원을 떠올린다면, 병원과 관련된 어떠한 활동도 참여하기를 매우 싫어할 것이며, 더 나아가 의학 관련분야의 직업을 갖는 것도 싫어할 것이다.

(2) 대리적 학습경험

사람들은 대리적인 학습경험도 개인의 행동적, 인지적 기술과 직업 선호에 많은 영향을 미친다. 지적이며 훌륭한 정보처리자인 인간은 책이나 영화, TV와 같은 매체를 통하여 새로운 정보나 생각을 획득하거나 타인의 행동을 관찰함으로써 매우 간단하고 쉽게 새로운 행동이나 기술을 학습할 수 있게 된다.

(3) 과제접근기술

개인이 환경을 이해하고 이에 대처하며, 미래를 예견하는 능력이나 경향으로 학습경험, 유전적 요인, 환경적 조건이나 사건의 상호작용으로 나타난다. 문제해결기술, 정보수집능력, 감성적 반응, 인지적 과정 등이 포함된다. 각 개인은 여러 상황에서 독특한 과제접근기술을 학습한다. 각 개인이 종사하는 작업환경에 따라 독특한 과제접근기술이 요구되기도 하며 이러한 과정 속에서 과제접근기술이 학습되기도 한다. 우리가 어떤 과제에 직면했을 때 과제를 이해하고 처리하는 방식이나 방법, 즉 과제접근기술이 각 개인마다 다르다. 이와 같은 과제접근기술의 차이는 유사한 직업에 흥미나 관심을 유발시키고, 선택한 직업에서 성공할 가능성이 높아질 것으로 생각하게 됨으로써 진로선택에 결정적 영향을 미친다고 본다.

4. 포괄적 진로상담

1) 이론의 개요

포괄적 진로상담Comprehensive Career Counseling은 기존의 접근법들의 개념이나 원리뿐만 아니라, 일반적인 상담이나 심리치료의 개념 또는 원리도 포괄적으로 사용하여 만들어졌다. 포괄적 진로상담은 진로상담 이론들과 일반상담 이론들이 갖는 장점들을 서로 절충하고 단점을 보완하여 더욱 설득력 있고, 일관성 있는 체제로 통합시키기 위하여 크릿츠1981에 의해 제시되었다. 포괄적 진로상담은 앞에서 기술한 다섯 가지의 진로상담의 장점을 선택하고 단점을 보완하여 설득력 있고 일관성 있는 체계로 통합시키려는 진로상담이다.

2) 상담 모형

(1) 모형

포괄적 진로상담의 모형은 기존의 접근법들의 개념이나 원리뿐 아니라 심리상담의 개념이나 원리를 포괄적으로 적용하여 만들어졌다.

1 진단

포괄적 진로상담에서의 진단은 변별적이고 역동적인 성격을 띤다. 이것은 특성요인의 입장에서 보면 '내담자의 진로결정상의 문제는 무엇인가?'가 되고, 정신역동적인 측면에서 보면 '왜 내담자에게 문제가 생기는가?'이며, 행동주의적 접근법의 입장에서 보면 '내담자의 문제를 어떻게 제거시킬 것인가?'가 된다.

내담자가 진로상담을 요청하면 두 가지 문제, 즉 '무엇이 내담자의 직업결정상의 문제인가?'라는 의문과 '왜 내담자에게 문제가 생기는가?'라는 질문을 던진다. 전자에 대한 진단을 변별적 진단이라고 하고, 후자에 대한 진단을 역동적 진단이라고 한다. 또한 '선택이 이루어졌다면, 왜 그런 선택을 하였는가?'라는 진로선택이 이루어지는 방법에서의 차이를 알아보기 위한 결정적 진단decisional diagnosis을 실시할 수 있다. 포괄적 상담에서의 진단은 여러 접근들에서 제시하고 있는 진단체계들을 모두 고려하고 있으므로, 다양한 이론들의 진단체계를 잘 알고 있어야 한다.

① 진로문제 분류

내담자의 진로선택 문제에 대한 변별적 진단을 해야 한다.

② 문제원인 판단

내담자의 진로의사결정 과정에서 나타난 문제를 일으킨 원인과 부수되는 사건을 확인하기 위하여 역동적인 진단을 실시한다. 내담자에게 왜 그런 문제가 생기는가에 대한 해답을 찾는다.

③ 문제해결 능력

CMI와 같은 검사 도구를 이용하여 진로선택에 대한 태도와 능력이 얼마나 성숙되어 있는지, 이러한 태도와 능력이 내담자의 직업문제와 어떻게 관련되어 있는지를 결정한다.

이와 같은 변별적, 역동적, 결정적 진단의 실시는 상담자가 내담자의 문제가 무엇이고 왜 발생했으며, 어떻게 다루어야 하는가에 관하여 우연적인 결론을 이끌어 내기보다는 더 좋은 결론을 이끌어 낼 수 있게 해 준다.

2 과정

진로상담의 기본과정은 내담자와 상담자 간의 상담에 의한 상호작용의 과정이다. 먼저 첫 번째 상담을 통해 상담자는 내담자에 대한 문제를 파악하고 자료를 모은다. 두 번째 단계의 상담에서는 검사의 해석이 중심을 이루고, 세 번째 단계의 상담에서는 검사와 상담을 바탕으로 한 진로정보의 제공이 상담과정의 중심이 된다. 이 접근법의 기본가정은 내담자는 진로선택에서 야기된 어려운 문제를 상담자에게 허심탄회하게 털어놓고 상담을 통해 내면화하거나 '자기화'함으로써 문제해결을 이룰 수 있다. 이 접근법에서의 상담과정은 다음과 같은 3단계로 구성된다.

① 진단단계

내담자의 진로문제를 진단하기 위해 내담자의 태도, 능력, 의사결정 유형, 성격, 흥미 등 내담자에 대한 폭넓은 검사자료와 상담을 통한 자료가 수집되는 단계이다. 내담자의 최근 의사결정 내력은 어떠했는가, 내담자의 직업에 대한 태도 및 능력은 얼마만큼 성숙되어 있는가, 내담자의 직업 및 다른 의사결정 경험이 긍정적이었나·부정적이었나, 그 초점은 내담자의 현재 문제와 문제를 일으켰음직한 배경요인에 대한 폭넓은 탐색에 있다.

② 명료화 및 해석 단계

문제를 명료화하거나 해석하는 단계이다. 내담자와 상담자는 협력해서 의사결정의 과정을 방해하는 태도와 행동을 확인하며 함께 대안을 탐색하는 단계이다. 중간단계에서는 문제를 명료화하고 하나하나 분석해야 하기 때문에 내담자와 상담자가 대부분의 시간을 함께 보내게 한다. 내담자와 상담자는 협력해서 의사결정 과정을 방해하는 진로문제에서의 태도와 행동을 확인하고 함께 가능한 해결책의 범위를 조사한다.

③ 문제해결 단계

내담자가 자신의 문제를 확인하고 적극적으로 참여하여 문제해결을 위한 행동을 실제로 취해야 하는가를 결정하는 단계이다. 이 단계에서는 내담자가 직업문제의 적응과 발달뿐만 아니라, 일상적인 상황에서 야기되는 다양한 문제들을 현명하게 해결하고 의사결정을 하는 방법을 배우도록 한다. 내담자가 자신이 갖고 있는 문제의 본질을 알게 되고 또 그 문제의 해결에 적극적으로 관여하게 되면, 진로상담은 내담자가 이제 무엇을 해야만 하는가 하는 쪽으로 방향을 전환해야 한다.

현재 어떤 행동이 필요한가에 초점을 맞추고 도구적 학습이 이루어지도록 한다.

모방modeling, 조형shaping, 강화reinforce 등의 기법을 통하여, 상담자는 내담자가 문제해결이 되는 직업성숙행동을 습득하도록 학습조건을 설정한다. 이와 같은 과정을 통하여 내담자는 독립적으로 문제를 해결하고 의사결정을 할 수 있는 자신의 능력에 대한 신뢰감을 얻게 된다.

[3] 결과

포괄적 진로상담의 목표는 변별적이고 역동적인 진단과 명확하고 과학적인 해석, 그리고 문제해결을 위한 조작적 학습을 통해 내담자를 독립적이고 현명한 의사결정자로 만드는 것이다. 직업 면에서 성숙한 개인은 매사에 유능하고 자신감을 느끼며 자기의 일을 사랑할 뿐 아니라, 대인관계가 원만하고 삶이 풍요롭고 자유롭다.

(2) 방법

포괄적 진로상담은 특성요인 접근법의 지시적인 방법과 로저스의 인간중심적인 방법 그리고 행동주의적 접근법의 학습 이론적인 방법을 절충하고 있다.

[1] 상담기법

포괄적 진로상담은 여러 접근들로부터 다양한 기법들을 절충한 것이다.

① 상담 초기

진단과 탐색이 이루어지게 되므로, 발달적 접근법과 인간중심적 접근법을 주로 활용한다. 재진술, 상담내용과 감정에 대한 반영 등의 반응을 자주 사용함으로써, 문제의 본질과 원인이 되는 요인을 밝혀서 제거하고 반면에 촉진이 되는 요인을 찾아 격려한다.

② 상담 중기

상담자는 내담자의 직업문제 범위를 좀 더 좁히고, 내담자가 자신의 문제를 모호하게 진술할 때 그 한계를 명확히 하도록 돕는다. 내담자의 문제에서 장애의 원인이 되는 요인을 명료하게 밝혀서 제거시키고 촉진이 되는 요인을 찾아 강화시킨다. 그러므로 정신역동적인 접근법이 활용된다고 볼 수 있다.

③ 상담 후기

상담자가 더욱 능동적이고 지시적인 태도로 내담자의 문제해결에 개입하게 된다. 그러므로 특성요인 및 행동주의적 접근법에 따른 검토나 강화의 기법을 주로 사용하여 문제해결력을 기르도록 한다.

2 검사의 해석

포괄적 진로상담에서는 검사의 역할을 중시한다. 이 접근법에서는 특성요인 접근법에서와 달리 상담의 진단, 과정, 결과의 통합이라는 전체단계에서 검사를 효율적으로 활용한다.

먼저 내담자가 가진 진로상의 문제를 가려내기 위해 변별적인 진단검사를 한다. 이때 주로 사용하는 검사가 진로성숙검사, 직업적성검사, 직업흥미검사 등이다. 이런 자료들은 반드시 포괄적이고 역동적으로 해석되어야 하며, 상담결과와 상호 보완되어야 한다. 즉, 심리측정 자료는 상담의 주관적 오류를 보완해야 한다. 이 같은 진단을 역동적 진단이라고 한다. 마지막으로 결정적 진단은 진로선택이나 의사결정 과정에서 나타나는 내담자의 문제에 초점을 둔다.

이 같은 검사의 결과는 상담자와 내담자가 함께 해석해 나간다. 즉, 상담자는 검사결과를 내담자와 함께 보면서 신뢰감을 주고, 내담자의 진로문제에 장애가 되는 요인을 해석하며 내담자와의 의사소통을 극대화하여 문제해결을 위해 공동작업을 한다. 검사의 해석 시에는 심리측정의 특수용어를 사용하지 않고 내담자의 개념 · 언어적인 수준과 형태로 진술한다.

3 직업정보의 활용

포괄적 진로상담에서는 단순한 우유부단으로 인해 진로를 결정하지 못하는 집단과 완전히 결단력이 없는 집단, 그리고 비현실적인 집단에 따라 직업정보의 제공방법이 다르다. 즉, 단순한 우유부단의 집단에게는 정밀하고 체계적인 직업정보를 제공함으로써 진로선택을 도울 수도 있지만, 완전히 결단력이 없는 집단에게는 진로정보의 제공이 오히려 불안을 야기할 수 있으므로 불안을 먼저 제거시켜 주어야 한다. 마지막으로 비현실적 집단은 자아의 현실적인 주변 환경 · 직업세계에 대한 현실능력을 먼저 키워 준 후에 정보를 제공해 준다.

(3) 상담사례

이 사례는 17세의 고등학교 학생인 Karen과의 일곱 차례에 걸친 면접의 결과이다. Karen은 진로상담에서 자신에 대한 믿음을 가지고 있는 학생이었다. 저자는 1주일 단위로 크리스마스 휴가기간 동안 한 번의 면담을 제외하고는 그녀와 매주 만났다. 면담발췌문, 검사결과, 전기적 및 인구학적 자료 등등의 사례자료를 진단 · 과정 · 결과의 모형을 가진 포괄적 접근법을 통해 상담을 조직했다. 면담방법 및 검사해석의 방법은 직업정보의 이용을 성공적으로 해내는 수단이다.

(1) 진단

Karen에게서 그녀와의 진로상담에 관한 예비적인 정리를 하고, 왜 Karen이 상담자를 보고자 하는지에 관한 첫 인상을 얻기 위하여 개별적인 면담을 비교적 짧게(표준소요 시간인 50분 이하) 끝낼 수 있음을 알았다. 그녀가 언급한 문제는 자신의 진로선택에 관한 불확실함이었다. Karen은 교사직이나 사회사업, 또 가능하다면 음악계통의 직업이 어떨까 생각했지만 어느 것을 선택해야 할지 어려웠다고 했다.

문제의 탐색을 위해 '불확실하다는 것이 어떤 의미일까?'와 '왜 Karen이 무엇을 하고 싶어하는가를 결정하는 데 어려움을 겪어 왔다고 보는가?'와 같이 주로 개방형의 질문을 가지고 대응했다. 이와 같이 유사한 질문에 대한 Karen의 대답에서 Karen의 문제는 불확실보다 우유부단이라는 점을 제시하였다.

이를테면 Karen은 '저는 교사직과 사회사업직의 중간에서 결정을 내리지 못하고 있다. 나의 어머니는 3학년 선생님이고 저 또한 어머니의 직업을 좋아하지만 사회사업가라면 보다 넓게 남을 도울 수 있지 않겠는가?'라고 말했다. Karen이 상담자에게서 끌어낸 반응은 똑같이 바람직한 것이 두 개 있을 때 그들 중 어느 것을 선택할 지 몰라 하던 내 경험과 똑같은 것이었다. 나는 이와 같이 얘기함으로써 Karen의 의견에 동감을 표시했다 : '나도 네가 표현하고 있는 불확

실성, 즉 우유부단함을 무엇인가 결정하려 할 때 많이 겪어 왔다. 아마도 너를 괴롭히고 있는 것은 불확실함이라기보다는 우유부단일 것이다.'

상담자는 자기가 생각하고 있는 바의 두 상태 또는 조건의 차이, 즉 불확실성이란 것은 결정보다 앞에 오는 불안이라기보다는 선택 시의 불일치(Crites, 1969; Hilton, 1962; James, 1963)로서 정의된다는 것을 설명했다.

Karen은 자신이 우유부단했다는 점에 동의했고, 그래서 두 사람은 변별적 진단으로서 결말을 지었다. 그러나 Karen의 우유부단함이 단순한가, 아닌가의 문제는 거의 세 번의 면담을 통해서 계속된 역동적인 진단에 의해 결론지어야 했다.

상담자는 Karen이 가정이나 학교에서 겪은 결정적인 경험 중에서 선행되는 조건들을 확인해 내야 했다. Karen이 고등학교 3학년이었기 때문에 졸업 후 무엇을 할 계획이냐고 물었더니 대학에 갈 생각이라고 했다. Karen은 어떤 대학 또는 대학교로 가려고 했던가? Karen은 고등학교 때에 비해서 다른 학생들과 더 밀접한 대인관계를 발전시킬 수 있다고 믿는 조그마한 남부의 대학을 선호했다.

그러나 Karen의 아버지는 학비가 비싸고 집에서 너무 멀리 떨어져 있다든지, 다른 이유들 때문만이 아니라, Karen이 정말로 자신이 무엇을 원하는지를 모른다고 생각했기 때문에 그녀의 선택에 의문을 제기했다. 아버지는 Karen의 '밀접한 대인관계'의 필요가치를 낮게 평가하고, 그녀가 고등학교 시절에 쌓아 온 '업적에 대한 명성'을 계속할 수 있는 주립대학에 가도록 강력히 원했다. 그녀는 마지못해 아버지가 원하는 대로 따르기로 했다. 상담자 Karen에게 '이 결정을 다른 결정들과 같이 내렸느냐?'라고 물었더니 그렇다고 대답했다. Karen에게 결정을 내려야 하는 상황에 처했을 때 어떻게 느꼈느냐고 묻자, 굉장히 불안한 느낌을 받았다고 했다.

Karen은 굉장히 압박을 느끼며 아버지가 무엇을 말하는지 두려워한다고 했다. 의사결정에서 겪었던 경험의 진술을 통해서, 특히 Karen의 아버지에 관해서 나는 결단력의 결핍에 관한 역동적 진단을 개발했다. 계속적인 면담과 검사의 결과, Karen은 직업선택의 결정뿐 아니라 다른 결정에서도 심각한 어려움을 겪고 있음이 드러났다.

Karen의 결단력의 결핍은 자아 개념과 자존심의 결핍으로까지 이어졌다. 전체 과정 중 초기의 한 면담에서 자신에 대해 설명을 해 보라고 했는데 할 수가 없다고 했다. 게다가 Karen은 자신이 누구인지조차 모르겠다고 했다. 자신을 아는 것이 성숙한 직업결정에서 핵심적인 부분이기 때문에 나는 결정과정과 연관이 되어 있는 다른 직업선택 능력이나 태도뿐 아니라 자신을 객관적으로 평가하는 일이 유용할 것이라는 점을 제의했다.

상담자는 이러한 변수들을 측정하기 위해 고안된 CMI(직업성숙도 조사)에 관해 얘기했는데, Karen은 그것을 가치 있는 것으로 생각했다. Karen의 CMP(1973년판, Career Maturity Profile) 백분위 점수는 12학년을 기준으로 해서 만든 분포의 좌우에 위치해 표시되어 있다. Karen은 자기 평가 분야를 제외한 능력검사의 모든 영역에서 평균을 상회하고 있다. 자기평가에서는 가능한 총점(각 하위척도 별도) 20점에서 10점을 기록했고 백분위는 15였다. 이것은 평균보다 상당히 하위에 속하는 점수이다. 다시 말하면, Karen의 성숙도검사 점수와 비율(원점수 및 백분위 점수 각각)(Crites, 1961)은 Karen이 자신의 평가에서 아직 미숙해 있음을 드러내는 것이다. 또한 비록 Karen의 태도척도 점수가 높았다하더라도 직업선택과 관련한 우유부단뿐 아니라, Karen이 직업적 미성숙 상태에 있음을 드러내 주는 항목들은 자신에 관한 의심이나 불확실성을 입증하는 것이다. 그런고로 자기평가에 있어서 진로성숙은 결정적인 진단이었다.

(2) 과정

초기의 개략적인(screening) 면담과 첫 번째 면담을 포함하여 Karen과의 진로상담 과정에서의 첫째 단계는 주로 문제 탐색에 방향을 맞추었다. 문제탐색은 문제의 진단에 초점을 맞추었다. 그것은 또한 Karen과의 효과적인 의사소통 관계를 형성하고 Karen과의 작업(협동)관계를 발전시켜 나가는 복잡한 과정을 열어 주었다.

상담자는 Karen이 기꺼이 반응했지만 오히려 그럴싸하게 영향을 주었음을 발견하였다. 각자가 상호작용의 책임이 있음을 나타내 주는 좋은 지표(지수)가 되는 내담자/ 상담자의 '대화비율'은 약 50대 50이었다. 상담자를 괴롭히는 것은 Karen과의 의사소통의 양이 아니라 질이었다. 진로결정 문제에 대한 Karen 자신의 분석은 최소한 초기에는 그럴 듯했지만 피상적이었다. 이러한 허물을 허물어뜨리기 위하여, 내가 느끼기 전에 Karen이 전에 생각해 보지도 감지해 보지도 못했던 문제의 여러 양상을 노출시키도록 고안된 개방형 질문을 했다. 그녀가 자신이 어떤 종류의 사람인지 '모른다.'고 얘기했을 때, '왜 그런가?' 그리고 '네가 누군지 모르면 누가 안다는 말인가?'하고 물었다. Karen은 대개 자기의 부모에게, 특히 아버지에게 이런 문제에 대한 답을 반응해 왔다고 한다.

우리들 관계의 본질을 분명히 하기 위해 다음 질문으로 되돌아갔다. '네가 어떤 종류의 사람인지 내가 얘기해 주길 바라느냐?' Karen : '좋습니다. 그렇게 해 주세요.' 문제가 탐색되고 해석되었으며, 초기 협정이 맺어진 것이다. 진로상담 과정의 첫째 단계의 목표들이 달성된 것이다.

Karen과의 진로상담에서 두 번째로 거쳐야 하는 단계는 보다 집중적인 것이었다. 우리는 Karen의 문제를 더 깊이 규명하고자 노력을 했고 문제가 생기게 된 요인을 확인했다. 문제의 대부분은 그녀 가족이 관계되어 있었다. 아버지는 Karen에게 똑같은 태도를 기대하는 바, 마구 독려하는(hard driving) 성취지향의 사람이다. 대조적으로 어머니는 Karen이 사회봉사의 직업을 고려해보도록 격려하는 가족 중심적인 초등학교 교사이다. 그래서 Karen의 우유부단성은 부모의 각기 다른 가치와 부모에 대한 Karen의 혼합된 복종이 반영되었다.

상담자는 Karen이 이들 부모의 소망이 다른 데서 오는 분리된 복종과 관련된 불안으로부터의 발산으로서 진로선택에 관하여 많은 갈등을 알게 되었다. 만약 Karen이 한 가지 결정을 하게 되면 두 분 중 한 분에 의해 거절당했다. 절충하고 싶어하지 않는 것이 이 곤란한 문제와 뒤섞여서, 또 절충을 하지 않는 것이 진로를 선택하는 데 용이한 길이기 때문에, 부모님 중 한 분과 떨어지려는 위험을 무릅쓰게 된다. 상담자 진로상담의 두 번째 단계에서 보다 더 전형적인 응답을 써서 Karen에게 이런 점을 지적해 주었을 때, Karen은 울면서 '그러면 어떻게 그들로부터 벗어나서 자유로울 수 있나요? 제 자신의 일을 제가 알아서 하기 위해서 제가 무엇을 할 수 있나요?'라고 응답했다.

진로상담 과정의 이 시점에서, 일반적으로 Karen의 부모들과의 관계에 대한 고려와 특별히 부모들이 어떻게 Karen의 진로결정에 영향을 끼치는가를 포함한 '계약'을 재협상했다. 우리는 그녀가 부모들과 자신의 문제를 어떻게 해결하며, 궁극적으로 Karen의 직업선택 문제를 어떻게 해결할까에 대한 협동적 관계를 동의했다.

5차, 6차, 7차면담을 구성하는 Karen과의 진로상담의 세 번째 단계에서, 우리는 부모가 Karen에게 해 주기를 원했던 것보다는 자신이 하고자 하는 것을 할 수 있는 여러 가지 선택권에 대해 이야기하였다. Karen은 때때로 이러한 선택의 문제에서 부모의 기대에 어긋나는 행동을 하지 않았나 하고 주저했지만 점차로 Karen은 자신의 생을 자신이 책임질 수 있는 것이라면 자기

나름대로 꾸려 나갈 수 있는 자신의 것이라는 점을 이해하게 되었다.

Karen이 가고 싶어하던 대학의 문제도 해결되었다. 그러나 우리는 가정형편상 어려워 보이는 문제를 어떻게 해결할 수 있을까에 대해 충분히 상의했다. 어머니는 저녁시간에 식구들이 한데 모이게 하려고 애썼지만, 아버지는 늦게까지 작업을 하거나 집에 있을 때면 전축을 시끄럽게 틀어 놓음으로써 저녁식사 중 가족의 상호작용은 불가능했다. 더구나 Karen이 집에 있는 시간도 결코 Karen의 것 같지 않았다. 누군가가 늘 Karen의 프라이버시를 침해했다.

상담자가 도달한 결론은 Karen 스스로가 자신의 시간을 창조하도록 하는 것이었다. Karen은 집안 일에 대한 책임을 누구에게 나눠 주는 것이 어렵다고 생각했다. 그러나 카렌은 남들이 일어나기 전 아침 시간에 자신만의 '조용한 시간'을 갖도록 일찍 자라는 내 제안을 받아들였다. 그녀는 자신에게 가능한 직업을 탐색할 뿐 아니라, 내 제안대로 실천했다('뭐든지 할 수 있어요.' 참조할 것, Mitchell, 1978). 이들 직업에 관한 토론에서 그녀에게 가능한 직업에 관한 검사—변별적 태도검사, Holland의 직업선호성 검사, 직업성숙도 검사—의 결과를 도입하여 Karen의 진로선택에 필요한 의미를 끌어내 보려 하였다. Karen의 진로상담의 세 번째 단계는 최근의 직업정보에서 그녀에게 가능한 직업의 검토가 이루어졌고, Karen은 더 이상 우유부단하지 않게 되어 직업선택 문제를 스스로 해결할 수 있는 시점에서 끝을 맺었다.

그녀는 자신의 직업 탐색을 보다 철저히 할 뿐 아니라, 집에서 떨어져 사는 법을 배우기 위해 여름방학을 보낼 계획을 세웠다. 그래서 Karen은 갈등상황을 경감시키는 방향으로 선택문제의 해결을 보았으며, 갈등을 효과적으로 제거할 수 있는 기회를 마련할 수 있게 되었다.

(3) 결과

결과는 Karen의 진로상담 과정에 내재되어 있다. 첫째, Karen이 비록 특정한 어떤 직업을 선택하지 않았을지라도 Karen은 왜 자신이 의사결정에서 어려움을 겪었나를 알게 되었다. Karen은 자신이 늘 자신의 높은 이상과 자기 기준을 현실과 타협시키기를 꺼려했으며, 그래서 종종 직업의 문제에서 뿐 아니라, 다른 면에서도 우유부단했음을 깨달았다.

진로상담이 끝날 무렵에 Karen은 자신의 현실과 좀 더 적절히 타협할 수도 있었으며, 여름방학에 자신이 집으로부터 벗어나 살아 보는 것 같은 결정도 할 수 있었다. 둘째로, Karen은 자신에 대해 더 잘 알게 되었고 자신의 자아개념을 나에게 전달해 줄 수 있게 되었다. 그녀는 부모에 관한 자신의 많은 감정을 명료화할 수 있었으며, 자신이 어떻게 친구(동료)들과 관계를 형성하고 있는지 더 잘 이해하게 되었다.

Karen은 자신이 종종 동료들에게 그녀의 아버지가 그녀에게 했던 것처럼—지시적이고 명령적이며, 비판적인—행동을 함으로써 그들을 멀어지게 했음도 알게 되었다. 그 결과 그녀는 충고와 도움은 주지만 Karen을 사회 집단의 가장자리에 붙박아 두려는 사람들에 의해 자신이 움직였음을 알았다. Karen은 자신의 활동적이고 지시적인 성격을 누그러뜨리고 남에 대한 기대도 완화하기로 했다.

이러한 모든 변화는 자기평가 능력을 증진시켰고 직업성숙도에서 자기 평가의 측면을 고양시켰다. 끝으로 Karen은 진로상담에서의 완전성을 추구하는 데 더 잘 적응하는 것처럼 보였다. Karen은 진로결정을 내릴 능력이 생겼을 뿐 아니라 자신의 삶을 운영하는 면에서도 진정한 자신감을 갖게 되었다. Karen의 직업문제 및 개인적 적응은 포괄적인 진로상담의 경험으로부터 개선이 가능했던 것 같다.

제 5 장

진로정보와 컴퓨터의 활용

1. 진로정보의 활용
2. 컴퓨터의 활용

진로선택은 한 개인의 삶의 질을 결정하는 결정적인 사건이다. 진로는 한 개인의 자아실현, 생계유지, 가치관과 태도, 인간관계, 신체와 정신건강 등 생활의 모든 측면에 결정적인 영향을 미치기 때문이다. 그러나 급변하는 21세기 현대사회에서 진로를 현명하고 합리적으로 결정하기란 매우 어렵다. 따라서 복잡하고 다양한 사회 구조 속에서 보다 합리적인 진로를 선택하고 적응하기 위해서는 폭넓은 진로정보가 필요하다. 이 장에서는 개인이 진로를 선택하거나 결정할 때 또는 직업적응이나 직업발달을 꾀할 때 필요로 하는 모든 자료를 의미하는 직업정보와 진로상담에서 컴퓨터를 어떻게 활용할 것인지에 대해 살펴볼 것이다.

이 장에서 학습해야 할 목표는 다음과 같다.
첫째, 진로정보의 의미와 목적, 그리고 유형을 설명할 수 있다.
둘째, 진로정보의 활용 방안을 제시할 수 있다.
셋째, 진로정보센터의 기능을 설명할 수 있다.
넷째, 진로상담에서 컴퓨터를 어떻게 활용할 수 있는지 방안을 제시할 수 있다.

1. 진로정보의 활용

1) 진로정보의 의미와 목적

(1) 진로정보의 의미

진로정보career information란 진로선택 및 적응에 필요한 모든 지식과 정보를 말한다. 이렇게 볼 때, 학교교육이나 상담 장면에서 행해지고 있는 모든 교과활동이나 생활지도의 대부분은 진로정보와 관련된 것이라고 할 수 있다. 진로정보는 진로에

대한 다양한 정보를 의미하며, 경우에 따라서는 진로, 생애 등에 대한 정보를 의미하기도 한다. 대개 진로정보는 진로선택을 위한 교육정보, 진로정보, 개인·사회적 정보로 이루어지며, 이 세 가지 영역은 서로 상호 관련되어 있다한국진로교육학회, 1999. 또한 진로정보는 개인이 진로를 놓고 어떤 선택이나 결정을 할 때나 진로적응이나 진로발달을 꾀할 때 필요로 하는 모든 자료를 총칭하는 개념이다김충기, 2000.

진로정보는 한 개인의 진학이나 진로 세계에 대한 통찰과 이해를 얻는데 도움을 준다. 그러나 진로정보 자체만으로는 모든 것이 충분하다고 말할 수 없다. 개인의 능력, 적성, 욕구, 흥미, 가치, 감정 등에 관한 지식과 함께 이들 중 자신이 '어디에 더 비중을 두고 있는가?' 등에 관한 것들도 매우 중요하다. 따라서 진로정보는 한 개인이 자기 자신을 이해하는 준거체제 속에서 평가될 때 의미를 지닌다Herr & Cramer, 1996. 이런 사실은 상담자가 내담자에게 진로정보를 제공할 때는 여러 영역에서의 장·단점 등 한 개인에 대한 명확한 이해가 선행되어야 한다는 것을 깨우쳐 준다.

진로정보가 올바른 정보로써의 역할을 하기 위해서는 개인이 그 정보를 올바르게 평가할 수 있는 능력이 필요하다. 즉, 진로정보를 자신의 적성, 능력, 진로의 사회적 역할이란 준거에 비추어 분석하여 충분히 이해하고 진로선택의 자료로 이를 활용할 수 있어야 한다.

진로정보의 영역은 다음과 같다.

첫째, 학생 자신의 개성과 가정환경에 대한 이해 자료

둘째, 변천하는 일의 세계에 대한 이해 자료

셋째, 상급학교 선택에 관한 자료

넷째, 구체적으로 취업이나 진학을 준비하는데 필요한 자료

다섯째, 장래의 자아실현에 필요한 사전 지식 등을 말한다.

(2) 진로정보의 목적

현대사회는 모든 분야에서 변화의 속도가 빠르다. 특히 지식 · 정보화의 속도는 인간의 상상력을 뛰어넘을 정도이다. 따라서 각 기업에서는 우수한 인력의 확보뿐만 아니라 생산성 제고를 위해서는 구성원들에 대한 연수, 재교육, 평생교육이 필요하다는 사실을 절감하고 있다. 이에 따라 각 기업에서는 구성원들에 대한 연수, 재교육, 평생교육의 기회를 확충하기 위해 힘쓰고 있으며, 지식 · 정보를 잘 활용할 수 있는 사람을 확보하기 위해 노력을 경주하고 있다. 이제는 누가 먼저 빠르고 정확한 정보를 갖고 이용하고 행동하느냐에 따라 각 개인의 삶의 위치와 미래가 결정되는 그런 시대가 도래한 것이다. 그렇기 때문에 정보의 이해와 습득은 매우 중요한 시대가 되었다.

이런 의미에서 진로상담에서 진로정보는 복합적인 사회구조 속에서 학생들이 자신의 미래를 계획하고, 바람직한 적응력을 기르기 위한 필수적인 요소가 되었다.

진로정보의 목적은 다음과 같다김충기, 2000.

첫째, 진로에 관련된 넓은 분야의 이해를 돕는다.

둘째, 학생들이 몇 개의 선정된 진로와 교육시설을 중점적으로 연구할 수 있는 수단을 발전시킨다.

셋째, 지역사회의 진로 및 교육 기회를 충분히 알게 한다.

넷째, 충분한 자기 연구를 통하여 잠정적인 진로 계획을 세우도록 한다.

다섯째, 학교를 중퇴하거나 떠난 학생들, 즉 취직하거나 가정을 갖는 사람들이 당면하는 욕구를 충족시킬 수 있는 특정한 기술을 제시한다.

여섯째, 효과적인 학습, 진급, 상급학교 진학에 관련된 정보를 제공해 줌으로써 효과가 있는 교육목적을 달성한다.

일곱째, 교육, 진로, 사회생활의 적응에 관련된 정보를 수집하고 이해하게 함으로써 학생들로 하여금 포괄적인 삶의 적응 방식을 수립하는 데 도움을 준다.

여덟째, 학생 자신의 능력을 최대한 개발할 수 있는 특정한 지식이나 기술 등을 제시하여 미래의 생활 적응이 원만하게 이루어지도록 한다.

아홉 번째, 자기 발전과 향상에 관련된 정보를 수집하는 능력을 기르고, 방향 설정에 알맞은 정보에 익숙하게 하여 현명한 자기실현의 기회를 선택하는 계기를 마련해 준다.

열 번째, 장차 특정한 계획과 진로 계획에 필요한 정보를 얻고 해석하게 해 준다.

2) 진로정보의 유형 및 효율적인 활용

(1) 진로정보의 유형

1 단계별, 대상별 진로정보의 종류

진로정보는 진로의식을 높이고 장래의 진로를 선택하고 결정하는 능력을 높여 주는 역할을 한다이현림, 2001. 한 개인의 진로선택과 결정에 영향을 미치는 진로정보를 취업 전과 취업시, 취업 후로 구분하면 표 5-1과 같다. 이 내용은 기업, 사회, 국가가 개인에게 요구하는 능력이기도 하다.

표 5-1 **단계별, 대상별 진로정보의 종류**

단계 / 대상	진로탐색 시	직업탐색 시	취업 후
개인	1. 성별 및 적정연령 2. 학력 3. 흥미 및 적성 4. 신체조건 5. 가정형편 6. 자격 및 면허 7. 자기평가	1. 올바른 진로선택 방법 2. 진로윤리 3. 구인처 명단 4. 구비서류 5. 이력서 작성법 6. 면접법	1. 적응관계 2. 전문지식의 경향 3. 자아실현
기업	1. 진로의 유래 2. 관련 및 유사한 진로 3. 취업가능 진로명 4. 생산품의 분류	1. 취업경로 2. 임금 3. 승진 4. 전직	1. 기업문화 2. 추가 이수하여야 할 교육훈련 3. 직무의 책임한계

단계 / 대상	진로탐색 시	직업탐색 시	취업 후
	5. 사업체의 유형 6. 직무의 내용 7. 작업환경 8. 장비 및 공구	5. 관련업체명(소재지, 근로자수, 생산품, 기숙사, 장학금, 통근버스, 사보, 노조) 6. 취업규칙	4. 인간관계
사회	1. 대학 · 전문대학 2. 진로의 지역적 분포 3. 전문지식 공급처 4. 지역적 특성	1. 전공학과 관련지도 2. 노조현황 3. 관련단체	1. 경기변동 2. 진로윤리 및 진로관
국가	1. 인력수급 계획 2. 산업 및 진로분류 3. 진로훈련 4. 노동시장(고용구조, 변화, 전망) 5. 자격검정제도 6. 교과과정(고교, 대학) 7. 유학안내	1. 취업알선기관 2. 관련법규	1. 특별한 교육과정 (산업체 근로자로서 가능 고교 및 대학) 2. 국가정책

2 진로선택 및 경쟁에 필요한 정보 유형

한편, 노리스Norris, 제란Zeran, 해치Hatch, 1960는 진로선택 및 경쟁에 필요한 정보를 교육정보, 진로정보, 개인 · 사회적 정보의 세 가지 영역으로 구분하였다. 교육정보는 단순히 진학을 위한 자료와 정보만을 의미하는 것이 아니고, 학교 교육을 통한 교육활동 모두를 진로세계와 폭넓게 관련시킨 내용을 말하며, 진로정보는 진로세계에 대한 다양한 정보를 말하며, 개인 · 사회적 정보는 개인과 인간관계에 작용하는 인간적 · 물리적 환경의 기회와 영향을 미치는 타당하고 유용한 자료를 말한다.

① 교육정보

· 학교생활을 규제하는 모든 규칙
· 각급 학교의 교육과정 및 교과활동에 관한 자료

· 교과와 진로, 교과와 흥미, 교과와 적성 등의 관계에 대한 정보
· 학교 내에 존재하는 클럽과 사회적 활동
· 상급학교인문계, 실업계 고등학교, 대학 등의 안내를 위한 자료
· 상급학교 진학자를 위한 과정과 비진학자를 위한 과정
· 진학에 필요한 비용, 경제적 조건을 제시하는 자료
· 상급학교 출신들의 진로선택 및 사회진출에 대한 자료
· 학교가 가지고 있는 면학을 위한 시설과 지원대책
· 학습습관과 기술에 관련된 자료 및 방법
· 특정한 과정의 학습요령
· 학교 도서관의 이용법과 기타 시설의 사용법
· 장학제도 및 기타 학비조달에 관한 정보
· 가정과 학교와의 통신방법
· 졸업 후의 계속교육에 관한 편의제공 방법
· 현직 훈련에 대한 기회와 계획
· 상급학교 교육 프로그램에 관한 안내
· 일하면서 공부할 것을 계획하고 있는 학생을 위한 야간학교 등 비형식교육의 안내
· 가정학습 프로그램을 위한 정보
· 생활지도에 관련된 문제별 영역에 대한 지도자료
· 기타 교육활동에 관련된 정보

② 진로정보

· 국가인력 수급계획에 관한 자료
· 산업분류 및 진로분류 자료
· 진로선택을 위한 이해자료
· 노동시장의 구인 · 구직 정보
· 졸업생의 취직상황 정보

③ 개인, 사회적 정보

· 자기이해와 자기통찰의 성취
· 이성 또는 동성과의 성숙된 관계 형성
· 남성적 또는 여성적 역할의 이해
· 건전한 인성의 발달
· 개인의 행동과 특성 및 개인차의 이해
· 가정의 조건과 부모의 기대에 대한 이해와 적응, 수용 및 이해
· 이성관계, 성, 결혼에 대한 책임
· 정신적, 신체적 건강과 발달의 성취
· 외모, 예의와 에티켓
· 사회적 기술, 여가생활의 건전한 활용, 용돈의 조달

3 이용 접근 가능성에 따른 분류

진로정보는 이용 가능성과 접근 가능성에 따라 출판 자료, 컴퓨터 기반 정보 시스템, 시청각 자료, 직업인이나 전문가와의 인터뷰, 직접적인 경험에 의한 자료 등으로 구분할 수 있다.

① 출판 자료

출판 자료는 주로 통계청이나 노동부와 같은 국가기관이나 정부 투자기간 등에서 생산되며 정기 간행물과 특수 목적을 지닌 부정기 간행물로 나뉜다. 쉽게 이용할 수 있고 비교적 저렴하다는 장점이 있지만 읽기에 지루하고 오직 긍정적이고 중립적인 정보만을 제공하며 시대에 뒤쳐진다는 단점도 있다Yost & Corbishly, 1987.

② 컴퓨터 기반 정보 시스템

인터넷이 보급되면서 진로정보를 받을 수 있는 가장 흔한 방법이다. 워크넷, 커리어넷, 각 대학 홈페이지 등의 무료 사이트와 연구기관 등의 유료 사이트에서 진로정보를 제공받을 수 있다. 익명으로 진행되어 자신을 노출시키지 않아 심리적인 부담을 줄일 수 있고 시 · 공간적 제약을 극복할 수 있다는 장점한국청소년개발원, 2005이 있지만 초기 투자비용이 많이 든다는 단점도 있다.

한국직업능력개발원에서 운영하는 커리어넷http://www. career. go.kr에서는 중 · 고등학생 · 대학생 · 일반인이 자신을 이해하는 데 도움을 주는 진로심리검사, 학생과 학부모를 위한 진로상담, 직업 · 학과 정보, 다양한 동영상 자료를 통한 진로 탐색을 가능케 하는 진로동영상, 진로교육에 대한 이해를 높이고 진로지도에 활용할 수 있는 진로교육자료 등을 제공하고 있다.

중 · 고등학생들이 자신의 흥미를 알자면 회원 가입 후 중 · 고등학생 심리검사에 들어가 직업흥미검사K나 H형를 실시하면 된다. 직업흥미검사 K형은 15분 정도 소요되는 96개의 문항에 답하면 16개 진로군에 대한 나의 흥미 정도와 흥미가 높은 진로군의 직업을 알 수 있다. 직업흥미검사 H형은 홀랜드 성격유형에 기반한 검사로 20분 정도에 걸쳐 141문항(중), 130문항(고)에 답하면 직업흥미 유형과 성격특성, 대표 직업, 학과 등에 대한 정보가 제시된다. 또한 직업흥미를 계발하는 방법과 나의 흥미와 관련된 학습방법, 진로진학 탐색을 위한 사이트 안내와 합리적 진로의사결정에 대한 설명까지 상세하게 제시되어 검사를 마치고 바로 자신의 진로흥미영역에 대한 다양한 정보를 제공받을 수 있다.

자신이 관심 갖고 있는 진로분야에 대하여 직업정보를 검색하면, 핵심능력, 관련 학과와 자격, 하는 일, 적성 및 흥미, 관련 자료와 동영상 등 직업 개요에 대한 안내와 해당 직업의 전망, 취업현황과 준비방법, 문의기관 등에 대한 정보가 제시된다.

진로관련 인터넷 사이트 목록은 표 5-5에 나와 있다.

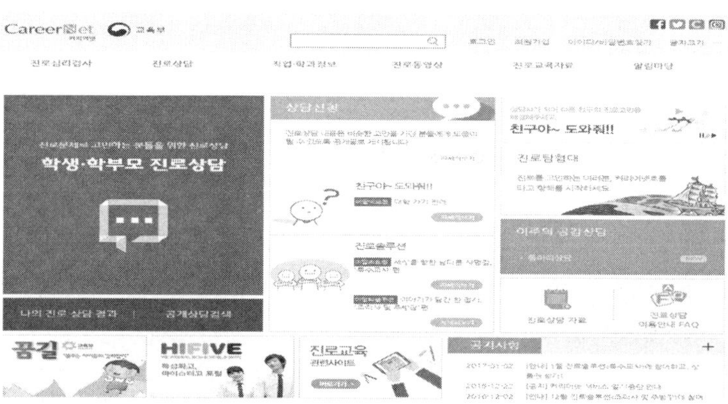

표 5-5 **진로 및 진로관련 인터넷 사이트**

인터넷 사이트(URL)	수록내용
한국진로정보시스템 (know.work.go.kr)	우리나라 대표 직업과 학과에 대한 상세한 정보가 제공되며 전문가에게 온라인 진로상담을 받을 수 있다.
청소년워크넷 (youth.work.go.kr)	초등학생, 중학생, 고등학생, 대학생, 청년을 대상으로 눈높이에 맞는 진로 및 진로정보를 제공하며 직업심리검사를 받을 수 있다.
워크넷 (www.work.go.kr)	한국고용정보원이 운영하는 취업 포털사이트로 직업심리검사, 진로정보, 채용정보, 고용정보 등 진로결정과 취업에 관한 상세정보가 제공된다.
커리어넷 (www.career.go.kr)	한국직업능력개발원이 운영하는 사이트로 초등학생부터 성인, 교사 등 대상별로 진로 및 진로정보를 제공하며 온라인 진로상담도 실시한다.
영삼성 www.youngsamsung.com	삼성그룹에서 운영하는 청년층 대상 사이트로 상세 업무를 소개한 '직업체험 24시', 재직자 대상 '동영상 인터뷰' 등이 제공된다.
유스드림 (www.youthdream.go.kr)	국가청소년위원회에서 운영하는 사이트로 각 직업에 종사한 경험이 있는 청소년 진로안내 전문가들에게 직업 관련 상담을 받을 수 있다.

인터넷 사이트(URL)	수록내용
진학진로정보센터 (www.jinhak.or.kr)	서울특별시 교육연구정보원에서 운영하는 사이트로 진로정보 및 진학 · 진로정보를 검색할 수 있다.
교육방송 (www.ebs.co.kr)	직업 및 교육 관련 방송을 다시 볼 수 있다.
HRD-net (www.hrd.co.kr)	진로정보훈련 정보망으로 훈련직종별, 지역별, 기간별 직업훈련을 검색할 수 있다.
큐넷(Q-net) (www.q-net.co.kr)	한국산업인력공단의 자격정보 시스템으로 국가(기술)자격, 공인 민간자격에 대한 정보와 수험정보를 볼 수 있다.

③ 시청각 자료

TV, 게시판, 전시회, 사진, 영화, CD 등 시청각 자료를 이용한 진로정보 제공도 많다. 대표적으로 고용보험센터에서 학교나 진로 선생님께 무료로 배포하는 교육용 직업 안내 CD가 있다.

④ 인터뷰

한 분야의 성공한 직업인이나 전문가를 만나 보는 인터뷰는 최근의 정보를 직접적으로 획득할 수 있는 정보 제공 방법이다. 주로 진행자가 있어 청중의 생각을 물어 보는 형식으로 진행되나 관객이 직접 물어 볼 수 있는 형식으로도 진행된다. 또한 직접 전화를 걸어 물어 보거나 방문하여 일대일의 만남을 가지기도 한다. 인터뷰는 직장인과 근로조건에 대한 직접적인 관찰과 경험이 가능하다는 장점이 있지만 인터뷰한 일부 전문가가 그들의 일에 지나치게 열정적이나 왜곡된 관점을 가지고 있을 수 있다는 문제점도 간과해서는 안 된다.

⑤ 직접적인 경험에 의한 자료

현장방문 또는 직접 체험에 의한 진로 정보 획득의 방법은 아일랜드의 '전환학년제도'나 덴마크의 '직업체험수업' 등을 통해 그 효과성이 입증된 좋은 사례이다. 우리나라에서도 중학교 1학년 학생들을 대상으로 '자유학기제'가 전면 시행되어 토론 · 실습 수업이나 직장체험, 직업체험 활동과 같은 다양한 체험활동이 가능하게 되었다. 또한 진로박람회도 다양하게 진행되어 진로와 관련된 정보를 한자리에서 얻을 수 있는 계기가 된다.

영화로 만나는 진로상담

월터의 상상은 현실이 된다

The Secret Life of Walter Mitty, 2013

줄거리

자신의 꿈은 접어 둔 채 16년째 '라이프' 잡지사에서 포토 에디터로 일하고 있는 월터 미티. 해 본 것도, 가 본 곳도, 특별한 일도 없는 월터의 유일한 취미는 바로 상상! 상상 속에서 만큼은 '본 시리즈'보다 용감한 히어로, '벤자민 버튼'보다 로맨틱한 사랑의 주인공이 된다. 어느 날, '라이프'지의 폐간을 앞두고 전설의 사진작가가 보내 온 표지 사진이 사라지는 일이 벌어진다. 당장 사진을 찾아오지 못할 경우 직장에서 쫓겨날 위기에 처하게 된 월터는 사라진 사진의 미스터리를 풀기 위해 연락조차 닿지 않는 사진작가를 찾아 떠나는데…

지구 반대편 여행하기, 바다 한가운데 헬기에서 뛰어내리기, 폭발 직전 화산으로 돌진하기 등 한 번도 뉴욕을 벗어나 본 적 없는 월터는 전혀 예상치 못한 곳에서 상상과는 비교도 안 되는 수많은 어드벤처를 겪으면서 생애 최고의 순간을 맞이하게 되는데…

3) 진로정보센터

진로정보센터에서는 각종 진로정보 자료를 수집 · 보관 · 열람하도록 일정한 장소를 마련하여 정보를 원하는 사람들에게 보급하는 곳을 말한다. 진로정보를 수집, 분석, 보관하는 일은 힘들고도 방대한 작업이다. 그러나 학생들에게 가능한 효과적인 진로정보를 제공해 주어야 한다.

진로정보센터의 기능은 다음과 같다.

① 진로정보와 자료를 수집, 분석, 보관한다.

② 진로정보와 자료의 보충과 보급에 힘쓴다.

③ 자료는 상담 및 개인평가에 이용한다.

④ 적재적소에 알맞은 정치활동에 이용될 수 있다.

⑤ 산학협동체제 속에서 학교와 산업기관과의 유기적인 관계를 맺어 줄 수 있다.

⑥ 진로와 관련된 교육과정을 발전시키고 개발하는데 도움을 준다.

⑦ 간접적인 교사의 역할을 대신해 준다.

⑧ 정보센터는 지역사회 자원의 협조로서 합리적인 장소를 제공해 줄 수 있다.

⑨ 지역사회의 자원인사의 도움을 받을 수 있다.

⑩ 각종 심리검사, 제반 조사 활동, 진로정보의 안내, 진로지도 보급 프로그램, 진로지도 담당자의 연수 등을 수행한다.

진로정보센터의 중요한 기능은 진로정보를 전달하는 것이다. 진로정보를 효과적으로 전달하는 방법으로는 인쇄매체, 기타 매체, 집회, 면담이나 상담, 모델, 견학, 교육과정, 현장실습이 있다이현림, 2001.

(1) 인쇄매체를 이용하는 방법

진로정보를 수록한 진로사전이나 진로의 안내를 위한 각종 인쇄물포스터, 선전광고 등을 통하여 학생들에게 진로정보를 제공할 수 있다.

(2) 기타 매체를 이용하는 방법

게시판이나 전시회, 교육용이나 상업용 TV나 VTR, 슬라이드, 영화, 마이크로

필름 등 각종 시청각 매체와 인터넷을 통하여 진로에 대한 인식에 필요한 진로의 종류와 내용을 소개하고 필요하다면 진로행동을 길러 줄 수 있다.

(3) 집회 활동을 이용한 방법

강연회, 토론회, 진로의 날 또는 교과 수업 시간에 각종 진로에 대한 인식이나 태도 형성을 위한 진로 내용을 강조한다.

(4) 면담이나 상담을 통한 방법

전문 상담가나 진로담당 교사와의 대화를 통하여 학생들이 궁금해하는 진로의 구체적인 내용과 미지의 세계에 대한 탐색활동을 이해시킨다. 교사나 상담자는 학생 개인이 지니고 있는 잠재 가능성과 흥미와 능력을 객관적으로 평가할 수 있는 개인정보 자료를 토대로 하여 학생들이 알고자 하는 정보를 교환하고 적합한 내용의 참고자료를 제시해 줌으로써 궁금증을 풀어 줄 수 있다.

(5) 모델에 의한 방법

게임이나 역할극 등의 탐색활동을 통하여 다양한 진로에 대한 간접 경험을 제공하므로 진로에 대한 인식을 새롭게 하고 자기의 능력이나 적성에 부합되는 것인지를 깨닫게 할 수 있다.

(6) 견학에 의한 방법

학교 현장에서 이루어질 수 없는 진로교육에 대한 내용을 실제로 보여주기 위하여 공장이나 회사, 기업체 등 사업기관을 돌아보면서 필요한 진로정보나 교육정보를 얻게 하고 진로의 다양성과 중요성을 인식하여 대처하도록 유도한다.

미국인의 전통적인 직업 계획 모델

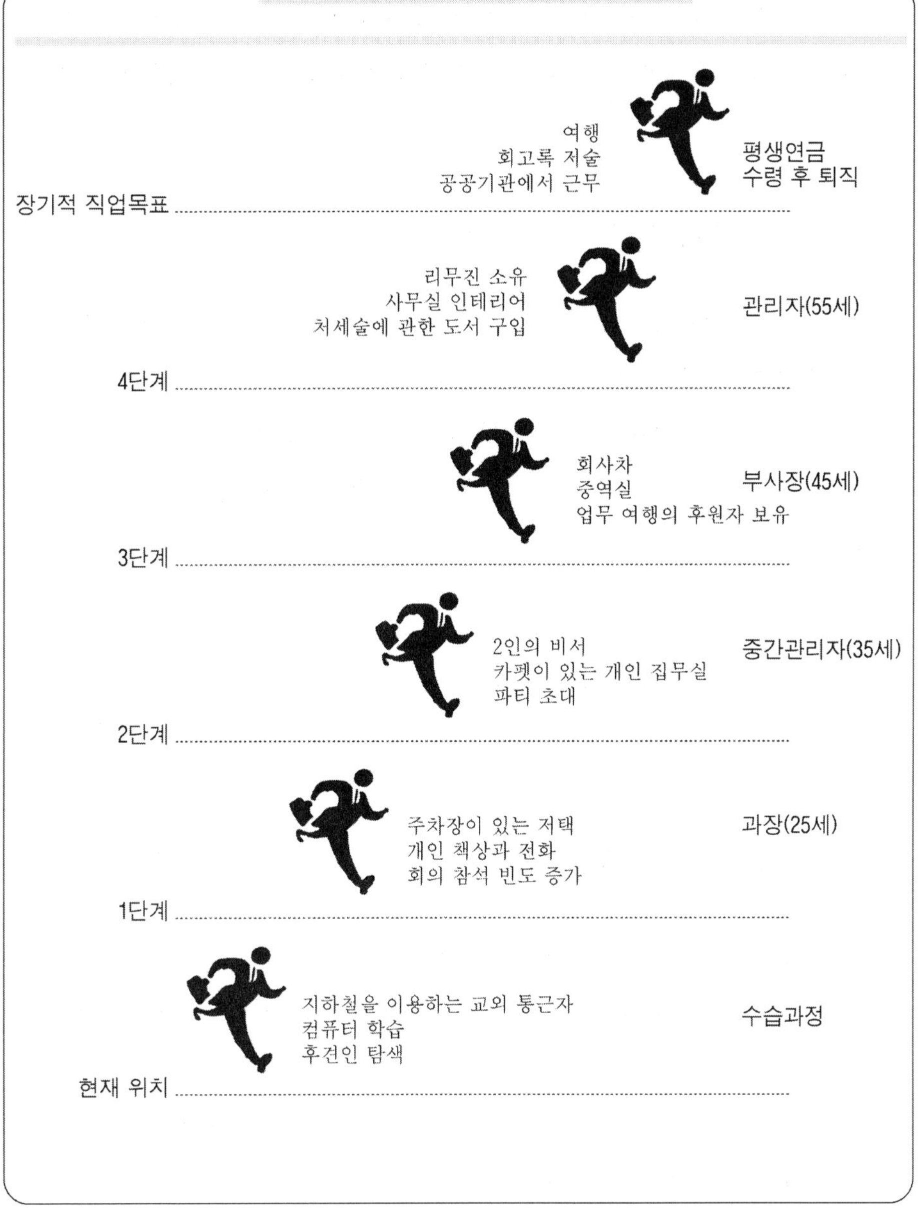

(7) 교육과정에 의한 방법

유치원부터 고등학교에 이르기까지 학생들의 발달단계에 맞게 단계별로 진로의 세계를 이해하도록 한다. 특히 진로교육 시간에는 진로의 성질, 작업조건, 진로에 필요한 교육정도, 보수, 장래에 대한 전망, 승진관계, 특정 진로의 준비를 위한 참고자료를 찾아보기 위해서 인쇄된 자료를 접할 수 있도록 체계적으로 지도한다.

(8) 현장실습을 통한 방법

학생들은 진로시간에 배운 진로군 중에서 자신의 흥미와 적성에 알맞은 직종을 택하여 직접 작업 현장에 나가 일을 해 봄으로써 일에 대한 구체적인 정보를 획득할 수 있다. 실제적인 일에 대한 경험을 쌓도록 특별한 계획과 절차를 마련하여 실습 목적에 차질이 없도록 치밀한 연구와 배려가 필요하다.

2. 컴퓨터의 활용

1) 진로상담의 컴퓨터 적용

컴퓨터는 학교, 가정, 사업장에서 가장 널리 쓰이는 매체 중의 하나이다, 하드웨어, 소프트웨어의 가격이 하락하고 있고 상담지도에 응용되는 경우가 늘고 있다. 가장 큰 사용의 예는 컴퓨터 보조상담computer assisted counseling과 컴퓨터 관리상담computer managed counseling이다. 진로상담에서 컴퓨터 보조 테스트나 컴퓨터 적용 테스트와 같은 많은 활동, 즉 적성, 흥미, 성격검사를 관리, 측정, 해석해 내는 등 컴퓨터 보조 상담은 널리 쓰이면서 계속 발전하고 있다. 컴퓨터 관리상담은 상담자의 잡다한 서기 행정적 업무를 줄여 준다. 이 때 컴퓨터는 자료의 유지, 활동사항 일지, 일정잡기, 워드프로세서 작업 등에 쓰인다.

(1) 진로상담과 컴퓨터

컴퓨터를 활용하여 다량의 정보를 신속하게 탐색하고 수집할 수 있으며 쌍방향 의사소통이 가능하기 때문에 컴퓨터의 발달과 더불어 진로지도에서의 컴퓨터 활용도 함께 발달해 왔다. 상담자에게는 신속하고 정확하며 많은 양의 진로 관련 정보를 수집, 분석, 가공, 활용할 수 있는 능력이 필수적이다. 따라서 상담자는 이러한 정보를 얻기 위해 컴퓨터를 잘 다룰 수 있어야 할 뿐만 아니라, 어떤 웹 사이트에서 어떤 진로정보를 제공하고 있으며, 누가 어떻게 그 프로그램을 개발했는지, 그리고 내담자들이 어떻게 그 정보를 활용할 것인지에 대한 지식과 정보가 필요하다. 즉 상담자는 컴퓨터를 이용하여 많은 관련 정보를 신속하게 탐색하고 평가할 수 능력과 그 정보를 이용하여 내담자와 효과적으로 의사소통을 할 수 있는 능력을 개발해야 한다.

해리스-보울스비Harris-Bowlsbey, 1984는 컴퓨터가 진로상담에서 수행하는 기능을 다섯 가지로 요약하고 있다.

① 컴퓨터와 내담자간의 대화와 구조적인 면담

② 최신 데이터의 제공 및 저장

③ 데이터 파일 탐색

④ 검사 실시 및 결과에 대한 해석 제공

⑤ 내담자의 요구분석에 기초한 개별적인 개입방안의 제공

그녀는 컴퓨터 보조 진로지도 시스템이 진로발달의 측면보다는 직업선택이나 의사결정을 돕는데 더 효율적이라고 보았으며, 컴퓨터 보조 진로지도 프로그램을 선택할 때에는 진로발달 이론보다는 직업선택 이론에 기초하여 개발한 프로그램을 선택하는 것이 좋다고 제언하고 있다김봉환 외 2006에서 재인용.

컴퓨터 보조 진로지도 시스템이란 진로계획 과정에서 내담자가 상호작용이 가능한 프로그램을 사용하여 진로를 계획하거나 학업이나 직업에 관한 의사결정 과정에 필요한 자료를 제공하는 온라인 시스템을 말한다. 최근에 나와 있는 컴퓨터 보조 진로지도 시스템들은 진로지도의 구체적인 내용이나 합리적인 의사결정

과정을 시연하는 것을 핵심으로 하고 있다. 그 핵심 요소는 자신에 대한 평가, 다양한 직업 소개, 직업정보나 교육정보 제공 등이다.

카츠Katz는 진로선택에 있어서 직업가치관의 중요성을 강조하면서 의사결정 과정에서의 직업선택 모델을 제안한 SIGISystem of Interactive Guidance Information 컴퓨터 프로그램을 만들었다. 해리스-보울스비는 CVISComputerized Vocational Information System를 개발한 후, 수퍼와 타이드만의 진로선택과 진로발달 이론, 그리고 로와 홀랜드 등의 이론을 바탕으로 CVIS를 보완하여 DISCOVER를 개발하였다.

미국에서 개발된 초기 컴퓨터 보조 진로지도 시스템은 컴퓨터 보조 진로계획 시스템Computer-Assisted Information System과 컴퓨터 보조 정보시스템Computer-Assisted Information System의 두 가지로 분류할 수 있다.

컴퓨터 보조 진로계획 시스템은 직업가치의 평가, 심리검사의 실시와 해석, 내담자와 컴퓨터간의 대화, 진로의사결정을 위한 강의, 실습의사결정, 가치 명료화, 자신의 직업목록 만들기, 장래 계획, 미래의 성공 가능성의 예측 등에 중점을 두고 있다. 물론 직업과 교육기관에 대한 정보와 검색전략도 포함하고 있으며, 전체적인 진로지도의 과정을 포함하고 있다. 대표적인 컴퓨터 보조 진로지도 시스템으로는 SIGI1972, DISCOVER1976, EXPLORE1980, ENCORE1981 등을 꼽을 수 있다.

컴퓨터 보조 정보 시스템은 자신에 대한 정보나 의사결정 과정은 무시하고 검색기능과 직업 및 교육에 대한 자료의 질과 양에 초점을 맞추었다. 이 시스템은 이용자의 직업선택을 돕기 위해 이용자에게 관계되는 모든 직업정보와 교육정보를 제공해 주는 것이다. 이 시스템의 특징은 신속하고 편리한 접속과 검색 그리고 정보의 질이다. 컴퓨터 보조 정보 시스템의 대표적인 프로그램은 CHOICES, COIN, ECES, GIS, CIS, SCAD 등이 있다.

(2) 컴퓨터 보조 진로지도 시스템

컴퓨터 보조 진로지도 시스템CACGS의 발전은 진로상담에서 컴퓨터 적용을 활성화하였다. CACGSComputer-Assisted Career Guidance Systems는 특정한 교육 프로그램에 자료를 제공하는 정보시스템으로 사용될 수도 있고, 양자택일 문제를 풀면서 자기평가를 하는 대화형식으로 사용될 수도 있다. 대체로 자기평가 시스템에는 적성, 흥미, 기술, 가치, 이와 같은 구성방식에 관련된 직업 찾아내기란 5가지 요소가 있다.

내담자는 진로상담 탐색 과정에서 식별해 낸 직업들을 자기평가 5가지 요소에 따라 자기의 직업계획을 실행해 나간다.

(3) 컴퓨터 보조 진로지도 시스템의 장 · 단점

컴퓨터 보조 진로지도 시스템의 장 · 단점은 표 5-3과 같다.

표 5-3 **컴퓨터 보조 진로지도 시스템의 장 · 단점**

장점	내담자가 시스템에 적극적으로 반응한다. · 내담자가 자신에 대한 폭넓은 지식을 갖게 된다. · CACGS 사용 뒤에 보다 특정한 직업계획을 세우게 된다. · 다른 직업정보와 자료(source)를 자발적으로 찾게 만든다. · 직업개발 정보에 대해 많이 알게 된다. · 시스템이 유용하고 이해가 넓고 재미있다고 느끼게 된다. · 시스템이 전에는 상담자가 제공하던 서비스를 효과적으로 제공한다. · 상담자가 의식적 · 무의식적이든 간에 편견에 치우치는 것이 아니라 기계는 모든 고객에게 동일한 서비스를 제공한다. 상담자에게 있어서는 직업의 다른 분야 일에 더 치중할 수 있는 시간을 벌게 된다.
단점	하드, 소프트웨어가 비쌀 수가 있다. · 상담자가, 결정단계에서는 강조, 명확화 또 지원 등을 위해 끼어들 필요가 생긴다. · 상담자가 CACGS가 제공하는 정보보다 지역적인 지방단위의 정보에 대해서는 더 많이, 잘 알 수도 있다. · 진로상담이 기계화되어 인간미를 잃을 수 있다. · 고객이 직업 찾는 것을 아예 상담자와 상담조차 않을 수 있다. · 예산이 주기적인 업데이트(갱신)이나 매년 내게 되는 차용 경비(franchise fee) 내는 것에 벅찰 수 있다.

2) 컴퓨터 시스템의 유의점

컴퓨터 시스템은 어디까지나 보조 수단일 따름이다. 특히, 진로지도 시스템은 진로지도 과정에서 도움을 주기 위해 필요한 도구일 뿐이다. 특히 진로지도의 대상이 중·고등학생일 경우에는 진로지도 교사의 모니터링이나 지도가 반드시 필요하다.

또한 학생들은 컴퓨터로부터 얻는 정보는 정확하고 다른 어떤 매체로부터 습득하는 정보보다 신뢰롭다는 잘못된 판단을 하게 되어 컴퓨터 보조 진로지도 시스템을 과신하거나 과용하게 되는 경우가 있다. 어떤 학생들은 컴퓨터 보조 진로지도 시스템이 가지고 있는 방대한 정보를 효율적으로 사용하지 못하기 때문에 오히려 진로선택이나 결정시에 혼돈과 좌절을 느낀다.

컴퓨터를 활용한 진로지도 활동과 관련하여 상담자와 교사가 유의해야 할 점은 다음과 같다.

(1) 검사에 대한 정확한 평가

진로상담에서 전문가들은 개인의 성격과 직업의 특성을 잘 연결되도록 도와주기 위해 심리검사 도구를 사용해 왔다. 현재 인터넷상에서 심리검사 서비스를 무료로 제공하고 있는 웹사이트가 많다. 또한 CD-ROM으로도 개발되어 무료로 혹은 아주 싼값으로 보급되고 있기도 하다. 컴퓨터를 이용하여 검사를 실시할 때는 다음과 같은 점에 유의할 필요가 있다.

무료로 제공되고 있는 온라인 검사도구의 질은 전문 기준에 미달될 수 있다. 온라인 검사결과에 대한 해석이 지필검사 결과에 대한 해석만큼 완전하거나 효과적이지 않을 수 있고, 다른 검사 결과자료를 고려함이 없이 독립적으로 해석이 제공될 수 있다. 더구나 전문상담자가 온라인 검사 결과에 대한 1 : 1 해석을 하지 않는 경우가 대부분이다. 따라서 상담자나 교사는 다음의 사실에 유의해야 한다.

첫째, 온라인으로 제공되는 검사도구의 질에 대해 잘 알고 있어야 한다. 즉 검사도구 제작자의 전문성, 검사도구 개발에 관련된 연구, 기본 특성객관도, 타당도 등, 표준화 여부, 이론적 배경 등에 대해 알고 있어야 한다.

둘째, 개인 인터뷰, 그룹토의 혹은 E-mail이나 전화로 검사 결과에 대한 해석이나 적용에 대한 자문을 제공해서 학생 자신의 진로결정을 위한 개인적인 의미를 갖도록 해야 한다.

(2) 데이터 베이스 탐색

데이터 베이스에서 방대한 자료를 검색하기 위해서는 효율적인 방법이 모색되어야 한다. 여러 가지 검색어로 탐색을 하다 보면 다음과 같은 문제점이 발생할 수 있다.

개인이 수많은 정보 속에서 특정한 진로계획에 맞거나 필요한 정보를 찾기가 어렵거나 시간이 많이 소비된다. 어떤 검색 엔진인가, 어떤 검색어를 입력했는가에 따라 확인된 소스 목록에 많은 차이가 있을 수 있다. 만일 상담자가 미리 탐색을 하고 가치가 있는 특정한 웹사이트를 학생들에게 안내해 준다면 훨씬 효과적일 것이다. 학생들은 어떤 웹사이트에서 질높은 자료를 찾을 수 있는지, 개발자가 누구인지, 마지막으로 업데이트된 날짜가 언제인지 알지 못한 채 사용하는 경우가 많기 때문이다.

(3) 정보수집

정보를 수집할 때는 선택 범위를 넓힐 때가 있고 줄여야 할 때가 있다. 진로결정 과정에서 검색 전략의 역할은 직업, 전공, 학교, 재정보조 등에 관한 여러 가지 선택을 확인하는 것이다. 선택의 범위를 넓히는 것은 더 만족스런 결정을 내릴 가능성이 있지만, 어떤 지점에서는 가능성이 있는 여러 대안들 중에서 구체적인 기준에 맞는 것은 우선순위에 두고, 기준에 맞지 않는 것은 버려서 그 리스트를 줄여 나가야 한다. 이 과정은 각 대안들에 대한 상세한 정보를 수집해서 두 가지 대안을 비교하고 특정한 가치를 기준으로 선택할 때 가장 잘 이루어진다.

컴퓨터를 이용해서 다양한 정보를 수집하고 의사결정 과정에서 도움을 줄 수 있는 가치 있는 자료들을 수집할 수 있다. 학생들을 위해서 유용한 정보를 제공해 주는 사이트 중 대표적인 것들은 다음과 같다.

1 고용노동부 http : //www.moel.go.kr

다양한 구인/구직 정보, 취업/채용 정보를 접할 수 있고 직업사전, 직업선택 가이드, 유망직업 안내, 직업훈련 제도 등의 메뉴도 매우 유용하게 활용할 수 있다. 특히 '직업흥미 검사'를 받고 곧바로 검사결과를 얻을 수도 있다.

2 고용노동부 워크넷 http : //www.work.go.kr

취업 및 직업선택과 관련된 방대하고도 다양한 정보를 접할 수 있다. 원격 직업상담을 받을 수 있고 직업 심리검사를 받을 수도 있을 뿐만 아니라 해외 구인/구직 신청도 가능하다.

3 에듀넷 http : //www.edunet.nmc.kr

진학상담, 청소년 고민상담, 교직/교권 상담 등에 특히 유용하며, '진로성숙도 검사'를 받고 그 결과를 곧바로 접할 수도 있다.

4 한국청소년상담복지센터 http : //www.kyci.or.kr

예약상담이 가능하고, 고민해결 백과, 컴슬러 따라가기, 감정의 사이버 마당 등을 이용하여 여러 가지 도움을 받을 수 있다.

5 한국직업능력개발원 진로정보센터 http : //www.krivet.re.kr

진학과 취업을 포함한 각종 진로정보를 제공하고 있으며, 진로상담 및 진로지도 서비스 제공은 물론이고 진로설계를 위한 각종 검사 서비스를 제공하고 있다.

(4) 필요한 능력

진로상담자는 컴퓨터 사용능력을 개발할 수 있도록 기본적인 컴퓨터 사용법은 알아야 한다. 윌츠Waltz와 블루러Bleuer, 1989는, 상담자들은 어떠한 S/W가 자신들의 작업에 필요한지 또 어떻게 상담 S/W를 평가하는지도 알아야 한다고 지적한다. 그들은 비싼 하드웨어와 S/W에 쓰는 돈이, 상담 프로그램에 컴퓨터를 얼마나 잘 쓰고 있는가와 제대로 연관이 안 될 수도 있다고 결론짓는다. 어떤 상담자는 컴퓨터에 질려서 심한 반감을 가지고 있는 경우도 있다. 돈이 적은 상담자는 싼 프로그램을 효과적으로 이용할 수도 있다. 그들이 연구보고서에서 결론 맺기로는, 효과적인 컴퓨터의 사용은 지도력과 연관이 있고 상담자가 컴퓨터에 전념해서 계속 사용한다면 보다 효과적으로 이용할 수 있게 된다고 한다. 샘슨Sampson, 리어든Reardon, 렌즈Lenz, 1991는 상담자가 보다 많은 트레이닝을 받고, 필요한 기술을 개발하며 가르쳐 주는 비디오 시스템을 추천한다.

크럼볼츠Krumboltz, 1990는 '컴퓨터를 이용하는 것은, 직업 상담자들의 일을 쉽게 만든 것이 아니라 일을 보다 잘 하도록 만들었다.'라고 기술하여 기술력의 영향을 매우 잘 요약했다. 주 컴퓨터 보조진로상담 시스템이나 개인용 S/W나 모두 이제는 상담자나 고객 모두에게 쉽게 얻어질 수가 있고 또 높게 평가된다. 프로그램은 제시된 자료가 정확한지 또 고객의 개발하고자 하는 요구부문에 적합한지, 또 사용자가 쉽게 사용할 수 있는지, 기술적 문제가 없는지 주의 깊게 평가해 봐야 한다.

제 6 장

심리검사의 활용

1. 심리검사의 이해
2. 심리검사의 특징
3. 심리검사의 개발 및 실시
4. 진로상담을 위한 주요 심리검사
5. 진로상담의 연구

사회가 복잡해지고 진로가 분화됨에 따라 인간의 다양한 능력이 각 분야에서 요구되기 때문에 개인차를 측정하는 문제는 더욱 중요시되어 왔다. 따라서 인간의 능력을 과학적으로 측정하여 인재를 적합한 위치에 배치함으로써 개인의 능력을 최대로 활용한다는 것은 기업현장에서 중요한 문제로 대두되고 있다. 인간의 성격 · 태도 · 흥미 · 가치관 같은 인간의 내면적 성향을 파악함으로써 그 사람이 어떤 직종이나 직무에 적합한가를 미리 예측이 가능하기 때문이다. 또한 신뢰가능한 심리검사를 통해 개개인의 단편적 능력이 아닌, 실제적인 잠재적 · 창의적인 능력을 알 수 있고 그들의 능력에 보다 적합한 부서에 효율적인 배치가 가능하기 때문이기도 하다. 이 장에서는 진로상담의 장에서 심리검사의 활용에 대하여 살펴볼 것이다.

이 장에서 학습해야 할 목표는 다음과 같다.

첫째, 진로상담에서 심리검사의 필요성에 대하여 진술할 수 있다.

둘째, 규준, 신뢰도, 타당도에 대하여 이해한다.

셋째, 심리검사의 역사 및 개발과정을 요약할 수 있다.

넷째, 진로상담에 쓰이는 심리검사의 유형에 대하여 알고 각 검사의 구성 요소 및 방법을 익힌다.

1. 심리검사의 이해

심리검사는 행동과학behavioral science이나 인지과학cognitive science에서 인간의 행동이나 사고, 나아가 진로의사결정을 수량화하는 방법에 이용되었다.

초기의 심리검사는 1830년대의 프랑스의 피넬Pineal, 에스퀴롤Esquirol, 이타드Itard 등과 같은 학자들이 비정상인들mentally retarded의 행동을 연구하기 시작했고,

독일에서는 베버Weber, 분트Wendt 등이 정상인에 대한 실험적 연구가 시작한데서 기인하였다.

오늘날의 지능검사와 같은 좀 더 진보된 형태의 검사는 프랑스의 비네Binet가 만든 것으로 시작되었다. 그는 1904년 학교에서 정상적인 수업을 받을 수 없는 지진아를 선별하는 검사를 위촉받아 1905년에 제작 · 발표하였는데 이것이 오늘날의 지능검사로 발전하게 되었다. 1908년과 1911년의 수정판을 낸 것이 계기가 되어 1차 세계대전에서 사용할 수 있는 집단지능검사와 성격검사가 출현하게 되었다.

진로상담에서는 파슨스Parsons, 1909의 '생애모델'에서 각각의 자기이해를 촉진하기 위해 '개인특성'을 분석하면서 심리검사가 본격적으로 활용되기 시작되었다. 그 후 진로사전, 일반적성검사, 진로전망 백서 등이 미국 노동부 주관 하에 개발되면서 진로상담, 진로교육, 진로정보 등에 영향을 미치게 되었다. 최근에는 진로심리학에서 심리검사는 사회가 요구하는 보다 완벽한 도구로서의 면모를 확보하기 위하여 규준의 다양화, 장애인이나 노인 등의 특수집단용 검사개발, 검사 구조의 최신화 등을 통해서 개인의 진로의사결정 능력에 필요한 진로정보를 다양하게 제공해 주고 있다.

1) 진로심리검사

심리검사는 인간의 행동을 측정하는 체계적 과정이고 행동특성을 측정하는 하나의 도구이다. 심리검사는 인간의 성격과 능력과 같은 심리적 특성의 내용과 수준을 밝힐 목적으로 일정한 조건하에 이미 마련되어 있는 문제나 작업을 제시한 다음, 그 사람의 행동을 표준적 관점에 비추어 수량화하는 절차를 밟는다. 이와 같이 진로나 직무와 관련하여서 행해지는 검사를 진로심리검사라고 할 수 있다.

심리검사는 개인의 대표적인 행동표본을 심리학적 방식으로 측정하는데, 이러한 심리학적 특징은 표준화된 방식에 따른다.

2) 표준화검사

모든 심리검사는 인간행동의 표본을 측정하는 객관적이고 표준화된 척도를 가지고 있어야 한다. 이러한 검사에 포함된 내용들은 그 검사가 측정하고자 하는 행동유형들의 작은 표본에 지나지 않는다. 따라서 심리검사가 객관성을 유지하기 위해서는 검사의 절차를 표준화해야 한다. 즉 표준화검사란 전문가가 오랜 기간을 통해 연구하여 제작한 검사로서 그 실시방법 · 응답방법 · 반응시간 · 채점방법 등이 정해져 있고, 그 결과를 객관적으로 비교할 수 있는 규준을 가지고 있다. 심리검사는 거의 모두가 표준화검사이다.

2. 심리검사의 특징

1) 규준

검사를 실시하고 나면 피검사자에 대한 점수가 나온다. 이 점수 속에는 정확히 답한 문항의 전체 숫자, 그 검사를 완성하는 데 소요된 시간, 그리고 각 검사내용에 적합한 여러 가지 객관적 지표 등이 포함된다. 이런 것들을 기초로 산출된 점수가 원점수이다. 그러나 이 원점수는 그 자체만으로는 아무런 의미가 없다. 이 원점수는 각 검사결과를 활용하기 전에 미리 객관적으로 정해 놓은 규준norms에 비추어 평가해야 한다. 이렇듯 규준이란 각 검사에 대한 정상 또는 평균점수를 뜻한다.

2) 신뢰도

신뢰도reliability란 검사를 동일한 사람에게 실시했을 때, '검사조건이나 검사시기에 관계없이 점수들이 얼마나 일관성이 있는지, 비슷한 것을 측정하는 검사의 점수와 얼마나 일관성이 있는지'를 나타낸다. 신뢰도 계수는 .00 ~1.00 사이의 값으로 신뢰도 계수가 1.00이면 검사의 신뢰도가 완벽함을 , 신뢰도 계수가 .00이면 검사가 전혀 신뢰롭지 못함을 의미한다. 검사의 실시와 채점과정이 표준화되어 있는 검사는 비교적 신뢰도가 높다. 또한 검사의 문항수가 많을수록, 검사 문항의 반응 수가 많을수록 신뢰도가 높다.

검사의 신뢰도를 측정하는 방법으로는 크게 검사-재검사 신뢰도, 동형검사 신뢰도, 반분신뢰도, 채점자 신뢰도가 있다.

(1) 검사-재검사 신뢰도

동일한 사람에게 서로 다른 시기에 두 번 검사를 실시한 뒤 검사점수와의 상관계수를 구하는 방법으로 검사점수가 시간의 변화에 따라 얼마나 일관성이 있는지를 나타내므로 안정성 계수라고도 한다. 검사와 재검사 사이의 시간 간격이 너무 짧으면 기억이나 연습의 효과가 있고, 반대로 너무 길면 측정하고자 하는 특성자체가 그 사이에 변화될 가능성이 있다는 단점이 있다.

이 검사의 신뢰도가 높다는 것은 그 검사가 수검자의 조건이나 환경조건들의 무선적 변화의 영향을 덜 받는다는 것을 의미한다. 신뢰도에 영향을 미치는 요인으로는 성숙, 질병, 피로, 심리상태, 학습 등의 개인적인 요인과 날씨, 소음, 기타 방해 요인 등 환경적인 요인이 있다.

(2) 동형검사 신뢰도

신뢰성이 입증된 유사한 검사문항의 내용, 문항수, 난이도, 변별도 등를 두 번 실시하여 둘의 상관계수를 구하는 검사로, 상관계수가 두 검사의 동등성 정도를 나타낸다는 면에서 동등성 계수라 한다. 이 검사는 시간에 따른 안정성과 반응의 안정성을 모두 포함한다는 점에서 좋은 신뢰도의 측정방법으로 사용이 된다. 그렇지만 연습의 효과를 전혀 무시할 수 없다는 점과 유사한 검사지를 개발하기가 쉽지 않다는 단점이 있다.

(3) 반분신뢰도

여러 개의 문항으로 된 검사를 문항수가 같도록 각각 반으로 나누어 두 개의 점수를 구하여 두 점수간의 상관계수를 구하는 방법으로, 둘로 구분된 문항들이 검사하고자 하는 목적을 일관성 있게 측정하는 정도를 내적합치도 계수라 한다.

반분신뢰도를 찾아내는 방법 중 가장 널리 사용되는 계수로 Cronbach's-α 계수를 들 수 있다. 컴퓨터를 이용하여 문항수가 각기 반이 되도록 나눌 수 있는 모든 경우의 반분상관계수를 구할 수 있으며, 이렇게 구한 반분상관계수의 평균값은 크론바흐가 제안한 알파계수이다. 알파계수는 문항이 세 개 이상의 보기로 구성된 검사에서 사용될 수 있고, 문항이 예 · 아니오 방식으로 구성된 검사에서는 쿠더 · 리차드슨 공식KR-20이 사용된다.

(4) 채점자 신뢰도

한 집단의 검사용지를 두 명의 채점자가 각자 독립적으로 채점해서 찾아내는 것으로, 각각의 수검자들에게 관찰해 낸 두 개의 점수를 가지고 통상적인 방법에 따라 상관관계를 따져 보는 것이다. 이 때의 신뢰도 계수는 채점자 신뢰도 측정치가 된다.

3) 타당도

검사가 측정하고자 하는 것을 실제로 얼마나 정확하게 측정하고 있는가의 정도를 타당도validity라 한다. 즉 지능검사가 '지능'을 재는 것이어야 하며, 엉뚱하게 '태도'나 '흥미'를 재는 것이면 곤란하다.

타당도는 신뢰도와 별개의 것으로 상호간에 관계가 없을 수도 있다. 신뢰도가 높다고 해서 타당도도 높다고 할 수는 없다. 타당도가 높아도 신뢰도는 낮을 수 있다. 검사의 신뢰도는 검사의 타당도의 최대값이 된다. 즉 신뢰도 계수가 .70이라면, 그 검사의 타당도는 아무리 높아도 .70을 넘을 수 없다는 것이다. 따라서 검사의 신뢰도를 높이지 않으면 타당도가 높은 검사를 기대할 수 없다. 어떤 검사의 타당도가 아무리 커도 검사의 신뢰도보다 클 수가 없기 때문이다.

타당도의 추정방법은 다음과 같다.

(1) 내용타당도

검사의 문항들이 측정하고자 하는 내용을 얼마나 잘 반영하고 있는지를 의미하는 것으로 성취도 검사에서 많이 사용한다. 이는 해당 분야의 전문가들이 주관적 판단을 토대로 결정하므로 타당도 계수를 산출하기는 어렵다. 하지만 다수의 전문가들의 판단의 일치도를 계산해서 내용타당도 계수로 사용하는 경우도 있다.

(2) 준거타당도

검사와 특정준거와의 상관계수를 구하는 것으로, 이 상관계수의 크기가 준거타당도 계수이다. 준거타당도에는 예언타당도와 동시타당도가 있다.

예언타당도는 검사의 점수로 다른 준거점수들을 예측해 낼 수 있는데, 그 예로 인사선발 과정에서 사용하는 적성검사나 흥미검사를 통하여 입사 후의 업무를 예측할 수 있게 된다. 예언타당도의 단점은 일정 기간을 기다려야 한다는 점이다. 이런 단점을 해결할 수 있는 것이 동시타당도이다. 동시타당도는 해당검사의 점수와 준거점수를 동시에 얻어서 나온 상관계수이다.

준거타당도가 진로상담에서 중요한 이유는 미래 행동을 예측할 수 있다는 점과 선발이나 배치, 훈련 등의 인사관리에 관한 의사결정의 공정력을 확보할 수 있기 때문이다. 준거타당도가 낮은 검사를 사용할 때 발생하는 문제점은 미래의 행동을 예측할 수 없으며, 조직에 대한 적응력의 부족으로 인해 내·외적 갈등이 생길 수 있게 된다.

(3) 구성타당도

구성타당도는 검사가 이론의 구성개념이나 특성을 측정하는 정도를 말한다. 학업적성이나 진로적성, 진로흥미, 직무만족, 우울 등 심리검사가 측정하고자 하는 것들은 대부분 추상적인 것으로 직접 관찰할 수 없는 개념들이다. 이러한 추상적 구성개념들을 실제적인 수준에서 관찰 가능한 행동표본들로 구성한 것이다. 구성타당도를 구하는 방법으로는 발달적인 변화, 요인분석, 수렴타당도, 변별타당도 등이 사용된다.

3. 심리검사의 개발 및 실시

1) 심리검사의 역사

(1) 초기 지능검사

1 Binet-Simon Scale

1905년에 개발되었으며 이 검사는 판단력, 이해력, 추리력 등을 강조하면서 다양한 종류의 기능들을 포괄하도록 고안된 것으로, 비네는 이 같은 기능들을 지능의 필수요소로 간주했다.

2 Stanford-Binet 검사

Binet-Simon 검사는 각국의 심리학자들의 이목을 끌어서 여러 나라 말로 번안되고 개작되었다. 미국에서도 수많은 개정판들이 나왔는데, 그 중에서 가장 유명한 것이 Stanford-Binet 검사이다. 지능지수IQ, 즉 정신연령과 실제연령의 비율을 처음으로 이용한 것이 이 검사이다. 비네척도와 그 개정판들은 모두 한 번에 한 사람에게만 실시한다는 점에서 개인척도에 해당된다. 이런 검사들은 집단적 시행에는 적합하지 않으며, 특히 많은 훈련을 쌓은 검사자를 필요로 한다.

3 집단검사

기존의 검사에 대한 단점을 보완한 것으로 1917년 미국이 제1차 세계대전에 참전하면서 그 필요성이 대두되었다. 미국 심리학회는 일반적인 지능수준에 따라 쉽게 분류할 수 있도록 하는 집단검사를 개발했다. 이 검사가 미육군 알파검사라 부르는 지능검사인데 이는 선다형과 객관식 문제를 도입함으로써 집단실시를 가능하게 한 것이었다.

(2) 적성검사의 등장

지능검사처럼 하나의 총점 또는 지능지수IQ를 산출하지 않고, 이를테면 언어이해력, 수리적성, 공간시각화, 산수추리력 그리고 지각속도 같은 특성별로 각각 점수들을 산출하는 검사로 한 개인이 특성들에서 차지하는 위치를 측정하고 개인 내에서 상대적으로 비교할 수 있도록 고안된 것이다.

(3) 성취도검사

1923년에는 스텐포드 성취도검사 초판이 나왔는데, 이 검사는 단일 규준집단을 이용하여 평가하기 때문에 여러 학교 학생들의 성적을 서로 비교해 볼 수 있는 특정도구이다. 수업이나 훈련과 같은 특정 프로그램의 효과를 측정하기 위해 제작된 검사로 교육적 목적 뿐 아니라 산업체와 정부기관의 직무 등에 응시하는 사람들을 선발할 때에도 이용된다.

(4) 성격검사

1 성격자료 기록지 Personal Data Sheet

일반적으로 성격검사라고 부르는 성격질문지 혹은 자기보고식 항목표self-report inventory의 원형이며 제1차 세계대전 중에 우드워스Woodworth가 개발한 검사이다.

2 행동 또는 상황검사 performance or situational tests

1920년대에는 성격을 측정하는 또다른 방법으로 개발되었으며, 이 검사들은 대부분 일상적인 실생활 장면 그대로 묘사하고 있다.

3 투사기법을 이용한 성격측정

자유연상검사나 문장완성검사들을 비롯해서 지금은 임상장면에서 널리 사용되고 있는 주제통각검사TAT나 로르샤하Rorschach검사 등이 있다.

2) 심리검사의 개발과정

일반적인 심리검사의 개발은 7단계 과정으로 진행된다.

(1) 1단계 : 구성개념의 영역규정

구성영역을 구체화하는 단계로 개발자는 정확한 정의를 통해서 검사에 포함시킬 내용과 배제할 내용을 명확히 하는 단계이다. 대개는 문헌연구를 통해 개념을 정의한다.

(2) 2단계 : 문항표본 작성

① 1단계에서 언급한 영역을 측정할 문항을 구체적으로 만드는 과정이다.
② 문항표본 작성 초기에는 가능한 모든 문항을 만드는 것이 좋다. 최초의

문항 목록은 여러 번의 수정을 거쳐 최종적으로 검사에 사용될 수 있는 문항선별의 기초가 된다.

③ 문항제작 과정으로 탐색적 조사문헌조사, 질문지 조사 등의 기법을 많이 사용한다.

④ 문항을 편집할 때는 문항의 단어를 정확히 이해할 수 있게 편집하고 한 문장 안에 두 가지 이상의 의미가 내포되어 있으면 안 된다.

(3) 3단계 : 사전검사 자료수집

① 문항편집으로 확정된 문항을 이용해서 사전검사를 실시한다.

② 사전검사에서 얻은 결과를 문항수정을 위한 피드백의 자료로 활용한다.

(4) 4단계 : 측정의 세련화

측정의 세련화를 위해서는 문항분석을 하는데, 각 문항과 전체점수의 상관계수와 내적합치도를 살펴본다.

(5) 5단계 : 본검사 자료수집

문항과 전체상관이 낮은 문항들은 그 이유를 분석하여 수정, 첨가, 삭제함으로써 적절한 요건을 충족시키는 문항군을 만든다.

(6) 6단계 : 신뢰도와 타당도 평가

어느 정도 세련된 표본으로 검사를 사람들을 대상으로 실시하여 신뢰도와 타당도를 평가하게 된다.

(7) 7단계 : 규준개발

① 최종 검사지를 제작한 후 검사규준을 마련하고 대표할 수 있는 규준집단을

표집한다.

② 규준은 인구통계변인에 의해 집단별로 제작하는 것이 일반적이다.

3) 심리검사의 실시

(1) 사전준비

① 검사의 정확한 구두지시 사항을 충분히 암기한다.

② 검사재료를 미리 준비해 둔다.

③ 구체적인 검사절차를 철저하게 숙지한다.

(2) 검사조건

① 표준화된 검사절차에는 구두지시 사항, 시간제한, 검사재료, 검사환경도 포함된다.

② 검사조건은 검사점수에 영향을 줄 수 있다.

(3) 검사의 도입과 실시

① 검사도입에서는 수검자와 친밀감을 형성하는 것이 중요하다.

② 수검자의 검사 불안을 감소시켜 주는 것도 필요하다.

(4) 채점과 해석

① 채점을 할 때는 검사요강이 정한 판단기준과 절차를 따르는 것이 가장 중요하다.

② 해석은 전문적인 문제로 특히 규준표를 해석할 때는 주의해야 한다.

(5) 결과 통보

① 검사결과는 기계적으로 전달해서는 안 된다. 해석을 담은 설명과 함께 전달되어야 한다.

② 통상적인 숫자는 되도록 사용하지 말고 쉽고 일상적인 용어로 수행을 설명하고 해석을 덧붙이는 것이 좋다.

③ 검사결과는 수검자 본인 이외에 부모, 교사, 고용주 등에 통보하는 경우도 있으므로, 정보를 받는 당사자의 특성을 고려하는 것이 좋다.

④ 수검자가 경험하게 될 정서적인 반응도 고려하여 전달한다.

⑤ 수검자의 방어를 최소화하기 위한 해석의 기회를 갖는다.

⑥ 검사결과의 통보를 상담의 한 부분으로 간주하고 전반적인 상담자와 내담자의 관계 속으로 끌어들여야 한다.

⑦ 검사결과를 가능한 한 내담자가 제기한 특정문제에 대한 설명이나 해결책으로 해석하여 활용한다.

(6) 검사선택 시 유의사항

① 심리검사의 목적을 분명히 하고 그러한 목적달성에 적절한 검사를 선정한다.

② 표준화된 검사를 사용하는 경우 검사의 신뢰도와 타당도를 검토한다.

③ 검사시행과 채점의 간편성, 검사의 가독성, 시행시간, 심리검사자의 경제성 등을 검토한다.

④ 검사선택에 내담자를 포함시킨다.

⑤ 내담자의 문제점을 정확히 파악할 수 있어야 한다.

(7) 심리검사의 윤리적 문제

심리검사 결과가 여러 분야의 의사결정에 중요한 증거로 쓰인다는 것은, 심리검사가 공정하고 정확하지 않으면 수검자가 피해 입을 가능성이 크다는 것을 의미한다.

한국상담학회 윤리강령2011은 특히 심리검사와 관련해서 상담자가 지켜야 할 윤리적 의무를 다음과 같이 규정하고 있다.

· 상담자는 내담자의 환경사회적, 문화적, 상황적 특성 등과 개별적 특성을 고려한 후, 내담자를 조력하기 위한 목적에 적합한 심리검사를 선택해야 한다.
· 심리검사를 실시할 때에는 자격이 있는 사람이 표준화된 절차에 따라 실시해야 하며 그 과정을 경시해서는 안 된다.
· 상담자는 내담자에게 심리검사 결과를 수치만 알리거나 제3자에게 알리는 등 검사 결과가 잘못 통지되지 않도록 해야 한다.

한국심리학회의 검사사용 규정1998에 따르면 다음과 같다.

· 우선 검사를 선택하는 데 있어서, 검사 사용자는 사용하려는 검사의 타당도와 신뢰도에 대해 충분히 검토해야 한다. 또한 어떤 검사가 이전에 타당화 작업이 이루어지지 않은 새로운 목적으로 사용되거나 타당도가 뒷받침되지 못하는 용도를 위해 사용될 때에는 검사 사용자가 타당도에 대한 증거를 마련할 책임이 있다.
· 검사를 실시하는 데 있어서, 검사자는 검사에 임하는 피검자의 정서 상태를 잘 이해하고, 검사가 어떤 목적으로 실시되며 검사가 실시되어 어떤 이득이 있는지를 충분하게 설명하여야 한다. 또한 검사자는 중립적이고 과학적인 태도로 검사를 실시하며 검사 실시 절차에 익숙해야 하고, 검사요강에 제시된 표준화된 방식으로 가능하면 외부 자극이 없는 안정된 분위기에서 검사를 실시해야 한다.
· 검사의 채점에 있어서, 검사 사용자는 전문적인 자격과 경험을 갖춘 사람으로서, 검사요강에 제시된 표준화된 채점절차를 주의 깊게 따라야 한다. 규준자료를 참고하여 해석할 때에는 먼저 규준표를 만들기 위하여 표집된 규준집단의 대표성 및 크기 그리고 규준 제작시기가 적절한지 검토하고, 가능하다면 다른 검사나 관련 자료들을 함께 고려하여 결론을 내려야 한다.

· 검사 실시자는 일정 기준 이상의 전문성을 유지하고 자신이 실시한 검사결과에 대해 책임을 져야 하며 자신의 능력과 기술의 한계를 알고 있어야만 한다. 또한 전문가로서 자신의 영향을 오용할 수 있는 개인적, 조직적, 재정적 또는 정치적 상황이나 압력들에 대해 경계하여야 한다.
· 검사자는 개인의 사생활권을 적절히 다루기 위해 검사의 적절성에 대해서 피검자에게 충분하게 설명을 한 후 피검자의 동의를 얻는 것이 필요하고, 검사과정에서 피검자에게 얻은 정보에 대한 비밀을 보장할 의무가 있다.

윤리강령의 기본정신은 심리검사가 수검자를 부당하게 차별하는 도구로 사용되어서는 안 된다는 것이며, 심리학자들은 검사의 한계를 인식하고 끊임없이 검사의 질적 향상을 위해 노력해야 한다는 것이다.

4. 진로상담을 위한 주요 심리검사

1) 한국판 웩슬러 지능검사

지능검사는 일반적으로 정신능력을 측정하는 것으로서, 언어능력 · 수리능력 · 동작능력 등을 종합적으로 측정한다. 즉 새로운 것을 학습하는 능력 및 복잡하고 추상적인 자료를 정리하는 능력이다.

지능검사를 통하여 알아낼 수 있는 정보로는 ① 개인의 지적인 능력수준을 평가함으로써 학업이나 진로적 성취를 예견할 수 있고, ② 지능검사를 통해 개인의 인지적 · 지적 기능의 특성을 파악하고 또한 인지적 특성과 관련된 정보를 가지고 환경에 대한 적응여부를 예측할 수 있으며, ③ 지능검사를 통해 기질적 뇌손상 여부와 뇌손상으로 인한 인지적 손상을 평가할 수 있으며, ④ 지능검사의 결과를 질적으로 분석함으로써 개인의 인격적 · 정서적 특징과 같은 질적 특징도 일부 파악할 수 있다.

우리나라에서 진로심리검사로 쓸 수 있는 지능검사로는 한국판 웩슬러 성인용 지능검사 4판Korean Wechsler Adult Intelligence Scale, Fourth Edition: K-WAIS-Ⅳ; 황순택, 김지혜, 박광배, 최진영, 홍상황, 2012이 있다. 이 검사는 웩슬러 지능검사 시리즈의 최근판인 웩슬러 성인용 지능검사 4판Wechsler Adult Intelligence Scale, Fourth Edition: WAIS-Ⅳ의 한국표준화 판이다. K-WAIS-Ⅳ는 총 15개 소검사로 구성되어 있으며, 전체지능지수와 네 개의 지수점수를 추가로 제공한다. 15개의 소검사는 10개의 핵심 소검사와 5개의 보충 소검사로 구성된다표 6-1 참조. 핵심 소검사는 지수점수를 산출하기 위해 기본적으로 사용되는 소검사이고, 보충 소검사는 수집할 인지기능의 범위를 확장해 주고 추가적인 임상정보를 제공하며, 임상가가 소검사 간의 불일치에 대한 추가 분석을 할 수 있게 한다. 핵심 소검사 점수가 실시 오류나 최근의 검사 경험, 신체적 한계나 감각 결함, 반응 태도 등으로 인해 타당하지 않을 때 보충 소검사 점수로 대체할 수 있다.

전체지능지수Full Scale Intelligence Quotient: FSIQ는 개인의 전체적인 인지능력을 나타내는 지수이다. 분리된 개별적 인지능력 영역에서의 기능을 나타내기 위해서 네 가지 조합점수인 언어이해 지수, 지각추론 지수, 작업기억 지수, 처리속도 지수가 사용된다. 경우에 따라 선택적으로 일반능력 지수, 인지효능 지수를 사용할 수 있다.

언어이해 지수는 언어적 추론, 이해 그리고 개념화를 필요로 하는 언어적 능력을 측정하는 소검사로 이루어져 있고, 지각추론 지수는 비언어적 추론과 지각적 조직화 능력을 측정하는 소검사들로 이루어져 있다. 작업기억 지수는 작업기억, 주의력, 집중력을 측정하는 소검사들로 이루어져 있고, 처리속도 지수는 정신 · 운동, 시각 · 운동 처리속도를 측정하는 소검사들로 구성되어 있다.

지수척도에 속하는 소검사들로 해당 지수점수가 산출되며, 지수점수들로부터 전체지능지수가 산출된다. 지수점수와 전체지능지수는 몇 개의 소검사 점수를 합산하여 산출된다는 의미로 조합점수라고도 한다.

다른 모든 심리검사와 마찬가지로 K-WAIS-Ⅳ의 분석 결과는 개인의 의학적, 사회적 및 교육적 발달력, 가족 및 문화적 배경, 이전의 평가 결과, 현재의 적응 및 부적응의 양상 등 배경정보들을 참조하여 통합적으로 이루어져야 한다. 또한 다른 심리평가 결과와 직접적인 행동관찰 자료도 함께 검토되어야 한다.

표 6-1 K-WAIS-Ⅳ의 구조

<table>
<tr><th colspan="3" rowspan="2">조합척도(Composite Scales) 또는
지수척도(Index Scales)</th><th colspan="2">소검사</th></tr>
<tr><th>핵심 소검사</th><th>보충 소검사</th></tr>
<tr><td rowspan="4">전체 척도
(Full cale)</td><td rowspan="2">일반능력 지수
(General Ability Index: GAI)</td><td>언어이해 지수
(Verbal Comprehension Index: VCI)</td><td>공통성
어휘
상식</td><td>이해</td></tr>
<tr><td>지각추론 지수
(Perceptual Reasoning Index: PRI)</td><td>토막짜기
행렬추론
퍼즐</td><td>무게 비교
빠진 곳 찾기</td></tr>
<tr><td rowspan="2">인지효능 지수
(Cognitive Proficiency Index: CPI)</td><td>처리속도 지수
(Processing Speed Index: PSI)</td><td>숫자
산수</td><td>순서화</td></tr>
<tr><td>작업기억 지수
(Working Memory Index: WMI)</td><td>동형찾기
기호쓰기</td><td>지우기</td></tr>
</table>

2) GATB 진로적성검사

적성검사는 진로상담, 진로지도에 가장 많이 활용되는 검사이다. 미국에서 개발한 일반적성검사는 가장 널리 알려진 적성검사로, 우리나라에는 이 검사를 토대로 표준화한 검사들이 'GATB 진로적성검사' 또는 '적성종합검사'라는 이름으로 사용되고 있다. GATB 진로적성검사는 15개의 하위검사를 통해서 10개 분야의 적성을 측정한다.

검사 종목은 기구대조검사, 형태비교검사, 명칭비교검사, 종선기입검사, 타점속도검사, 표식검사, 평면도판단검사, 입체공간검사, 어휘검사, 산수추리검사, 기계검사의 11개 지필검사와 환치검사, 회전검사, 조립검사, 분해검사의 4개 수행검사로 되어 있다.

표 6-2 GATB 적성검사의 구성

<table>
<tr><th>하위검사명(15개)</th><th colspan="2">검출되는 적성</th><th>측정방식</th></tr>
<tr><td>기구대조검사</td><td rowspan="2">형태지각(P)</td><td></td><td rowspan="11">지필검사</td></tr>
<tr><td>형태대조검사</td><td></td></tr>
<tr><td>명칭비교검사</td><td>사무지각(Q)</td><td></td></tr>
<tr><td>타점속도검사</td><td rowspan="3">운동반응(K)</td><td rowspan="2">손운동속도 (T)</td></tr>
<tr><td>표식검사</td></tr>
<tr><td>종선기입검사</td><td></td></tr>
<tr><td>평면도 판단검사</td><td rowspan="2">공간적성(S)</td><td></td></tr>
<tr><td>입체공간 검사</td><td rowspan="3">지능 (G)</td></tr>
<tr><td>어휘검사</td><td>언어능력(V)</td></tr>
<tr><td>산수추리검사</td><td rowspan="2">수리능력(N)</td></tr>
<tr><td>계수검사</td><td></td></tr>
<tr><td>환치검사</td><td rowspan="2">손의 재치(M)</td><td></td><td rowspan="4">수행검사</td></tr>
<tr><td>회전검사</td><td></td></tr>
<tr><td>조립검사</td><td rowspan="2">손가락 재치(F)</td><td></td></tr>
<tr><td>분해검사</td><td></td></tr>
</table>

(1) 채점 및 적용과정

- **채점과 원점수 산출**: 지필검사는 맞는 문항수를, 수행검사는 행한 수를 센다. 종선기입검사, 타점속도검사, 표식검사는 진행한 수를 세어 원점수로 한다.
- **환산점수 산출**: 요강에 수록한 환산표에 따라 원점수에 해당하는 환산점수로 바꾼다.

· **적성별 점수산출**: 환산점수를 이용해서 9개의 적성분야별 점수를 산출한다.

· **적정직무군 선정**: GATB 진로적성검사는 2~3개의 적성분야를 조합하여 모두 15개의 직무군을 제공하며, 각 직무군에서 필요로 하는 적성분야 점수에 따라 다시 2~3개의 하위직무군을 분류해 놓고 있다. 이 분류는 각 직무군별로, 또 직무군 내 하위직무군별로 적성분야의 기준점수를 제시하고 있으며, 수검자의 각 적성분야별 점수를 이 기준과 비교해서 수검자에게 적당한 직무군을 판별해 낸다.

(2) 검출되는 적성

· **지능**G: 학습능력, 지도내용, 원리 이해능력

· **형태지각**P: 실물, 도해, 표에 나타나는 것을 세부까지 바르게 지각하는 능력

· **사무지각**Q: 문자, 인쇄물, 전표 등의 세부를 식별하는 능력

· **운동반응**K: 눈과 손을 함께 사용해서 빠르고 정확하게 운동할 수 있는 능력

· **공간적성**S: 공간상의 형태를 이해하고, 평면과 물체의 관계를 이해하는 능력

· **언어능력**V: 언어의 뜻과 그에 관련된 개념을 이해하고 사용하는 능력

· **수리능력**N: 빠르고 정확하게 계산하는 능력

· **손의 재치**M: 손을 마음대로 정교하게 조절하는 능력

· **손가락 재치**F: 손가락을 정교하게 조절하는 능력

· **손운동속도**T: 두드리는 것과 같은 손의 운동을 빨리하는 능력

(3) 평가

하위검사의 구성과 그에 따른 진로분류가 부적합하다는 평가를 받고 있지만, 주로 중 · 고등학생용으로 개발됨에 따라 제공하는 규준도 중 · 고등학생이어서, 이들을 대상으로 하는 개략적인 진로지도용으로 주로 사용된다.

3) 진로선호도검사

진로선호도검사는 18세 이상의 성인을 대상으로 개인이 어떤 진로에 흥미와 관심이 있어 그 관심 분야의 진로에서 성공할 가능성이 있는지를 예측해 주는 검사이다. 진로선호도검사는 흥미검사, 성격검사, 생활사검사의 3가지 하위검사로 이루어진다. 이 검사는 L형과 S형이 있으며 L형은 흥미검사, 성격검사, 생활사검사를 모두 실시하고, S형은 흥미검사와 성격검사 중 성실성 요인과 정서적 불안정 요인만 검사한다.

(1) 진로선호도검사S형

성인이 좋아하는 활동, 관심있는 진로, 선호하는 분야를 탐색하여 수검자가 진로흥미를 진지하게 탐색해 볼 수 있는 기회를 제공하고 수검자의 흥미유형에 적합한 진로들을 제공해 준다. 만 18세 이상의 성인이면 누구나 수검가능하며, 학력 제한은 없다.

표 6-3 **하위검사와 측정요인**

하위검사			측정요인		
· 활동	· 유능성	· 일반성향	· 현실형	· 탐구형	· 예술형
· 선호분야	· 진로		· 사회형	· 진취형	· 관습형

흥미검사는 5개의 하위검사로 구성되어 있으며, 각 하위검사는 6개의 흥미유형을 측정할 수 있는 문항으로 ① 활동검사는 48문항으로 평소에 자신이 좋아하거나, 하고 싶어하는 활동에 대한 검사이며, ② 유능성 검사는 31문항으로 자신에게 어떤 능력이 있다고 생각하는지에 대한 검사이다. ③ 진로선호검사는 66문항으로 평소에 어떤 진로를 좋아하는지에 대한 검사이며, ④ 진로선호분야검사는 42문항으로 구성되어 있으며 현재나 과거에 어떤 과목이나 학문분야를 선호하는지에 대한 검사이다. ⑤ 일반성향검사는 자신의 일반적인 성향이나 태도를 검사하며

60문항으로 구성되어 있다.

흥미검사를 해석할 때는 채점을 통해 개인의 흥미유형 코드를 구한 후, 진로목록을 참조하여 해석을 한다. 진로목록은 1,000여 개의 진로들을 흥미유형, 진로명사전의 코드, 필요한 교육수준의 세 가지 항목으로 구분한다.

흥미검사는 홀랜드의 이론을 토대로 제작된 것으로, 이론적 토대가 비교적 탄탄하다는 평가를 받는다. 성인의 연령대별, 성별 규준을 제공하고 있어서 성인을 대상으로 하는 진로진로지도가 가능하여 진로상담에 적합하다는 장점이 있다. 그러나 타당화에 대한 연구가 미흡한 점이 아쉬움으로 남는다.

흥미검사 결과에서는 개인별 흥미코드, 흥미유형별 원점수, 표준점수, 흥미의 육각형 모형이 제공된다. 이 검사는 고용노동부 고용정보망인 워크넷 http://www.work.go.kr을 통해 온라인으로도 실시해 볼 수 있다.

(2) 진로선호도검사L형

진로흥미 · 일반성격 · 생활경험을 측정하여 수검자가 자신의 모습을 진지하게 탐색해 볼 수 있는 기회를 제공하고 수검자의 심리적 특성에 적합한 진로들을 제공한다. 이 검사도 학력 제한은 없으며 검사 소요시간은 약 60분이다. 다양한 분야에 대한 선호도를 측정하는 성격검사, 과거와 현재의 개인의 생활특성을 측정하는 생활사검사로 구성되어 있다.

표 6-4 **하위검사와 측정요인**

하위검사	측정요인
흥 미 검 사	· 현실형 · 탐구형 · 예술형 · 사회형 · 진취형 · 관습형
성 격 검 사	· 외향성 · 호감성 · 성실성 · 정서적 불안정성 · 경험에 대한 개방성
생활사검사	· 대인관계 지향 · 자존감 · 독립심 · 야망 · 학업성취 · 양육환경 · 예술성 · 운동선호 · 종교성 · 직무만족

진로상담용으로 개발된 '진로선호도검사'에 포함되어 있는 성격검사는 Big Five 이론을 토대로 개발되었다. Big Five란 성격심리학자들이 정상인 성격을 기술하는 기본차원인 외향성, 호감성, 정서적 불안정성, 성실성, 경험에 대한 개방성을 말한다.

1 외향성

외향적인 사람은 사교적이며 활달하고 말을 많이 하며 자기주장을 잘 한다. 또한 흥분하기 쉽고 자극을 좋아하며, 명랑하고 힘이 넘치며 선천적으로 낙관적이다. 내향적인 사람은 외향성의 반대가 아니라, 외향적 특징이 없는 것으로 보아야 한다.

2 호감성

호감성은 외향성과 함께 대인관계적인 양상과 관련된 차원이다. 이들은 이타적이며 타인과 공감을 잘하고, 기꺼이 도와주며 상대방도 도움을 줄 것이라고 생각한다. 호감성이 부족한 사람은 자기중심적이고 타인의 의도를 의심하고 경쟁적이기 쉽다. 이 차원의 양극단은 사회적으로 바람직하지 않다. 낮은 점수는 자기애적, 반사회적, 편집증적 성격장애와 관련이 있고, 높은 점수는 의존적 성격장애와 관련이 있다.

3 성실성

매사에 꼼꼼히 계획하고 일정을 조직하고, 끈질기게 과제를 수행하는 일종의 자기통제력이다. 이 점수가 높은 사람은 꼼꼼하고 정확하며 믿을 만하며 의지가 강하다. 높은 성실성 점수는 학문적 및 진로적 성취와 관련하여 까다로움, 강박적인 깔끔함, 일중독자 증상을 보일 수도 있다.

4 정서적 불안정성

두려움, 슬픔, 당혹감, 분노, 죄책감과 같은 부정적인 정서의 경험으로 점수가 낮은 사람은 정서적으로 안정되어 있고, 어려운 상황에 큰 두려움 없이 대처를 잘한다.

5 경험에 대한 개방성

자신을 둘러싼 세계에 관심이 많고 새로운 윤리 · 사회 정치사상을 기꺼이 받아들인다. 풍부한 경험, 감정의 긍정적인 면과 부정적인 면 모두를 예민하게 경험한다. 점수가 높을수록 더 건강하고 성숙한 사람으로 보이긴 쉽지만, 이것은 상황의 요구조건에 따라 달라진다.

성격검사는 시간 제한이 없으므로 엄격하게 시간을 통제할 필요는 없다. 소요되는 시간은 대략 30~40분 정도 소요된다. 뿐만 아니라 성격검사는 다른 종류의 검사들에 비해 해석이 어렵다. 상담자는 5개의 일반적 성격요인에서 뚜렷하게 높거나 낮은 점수에 대해 설명하고 다음의 설명을 참고하여 그 요인들 간의 관계에 대해서 설명한다.

표 6-5 **요인간의 관계로 설명할 수 있는 개인특성**

내 용	5요인
정서	정서적 불안정성, 호감성
대인관계	외향성, 호감성
활동성	외향성, 성실성
기본적인 태도	경험에 대한 개방성, 호감성
과제수행	성실성, 정서적 불안정성
학업	경험에 대한 개방성, 성실성

4) 진로성숙검사

(1) 진로발달 검사도구

진로발달 검사도구Career Development Inventory: CDI는 수퍼의 진로발달 이론에 기초하여 제작된 검사도구이다. 이 연구의 핵심내용은 진로성숙, 진로유형, 진로발달단계 및 진로적 자아개념 등에 관련된다. 검사도구CDI의 개발목적은 첫째, 학생들의 진로발달과 진로 또는 진로성숙도를 측정하기 위하여 둘째, 학생들의 교육과 진로계획 수립에 도움을 주기 위하여 셋째, 진로결정을 위한 준비도를 측정하기 위함이다.

진로발달 검사도구CDI는 8개의 하위척도로 구성되어 있으며 이 중 5개의 하위척도는 진로발달의 특수영역을 측정하기 위하여, 나머지 3개의 하위척도는 5개의 하위척도 가운데 같은 특성을 측정하는 척도들을 조합하여 만든 것이다.

이 척도들은 다음과 같다.

- **진로계획**CP, career planning: 20문항
- **진로탐색**CE, career exploration: 20문항
- **의사결정**DM, decision-making: 20문항
- **일의 세계에 대한 정보**WW, world of work information: 20문항
- **선호하는 진로군에 대한 지식**PO, knowledge of preferred occupational group: 40문항
- **진로발달-태도**CDA, attitude: CP+CE
- **진로발달-지식과 기술**CDK, knowledge and skills: DM+WW
- **총체적인 진로성향**CDT, career orientation total: CP+CE+DM+WW

진로발달 검사도구는 개인상담시 분석적인 데이터 및 예언적인 정보를 제공할 뿐만 아니라 상담을 필요로 하는 특별영역을 찾아내는 데 유용하다. 진로교육 프로그램의 시행결과를 측정하기 위한 도구로 유용하다. 진로발달 검사도구를 통하여 얻은 정보가 적성개발, 흥미검사, 학력검사 등에서 얻은 정보와 함께 사용된다면 학생들을 위한 진로발달 경험을 계획할 때 유용할 것이다.

(2) 진로성숙 검사도구

진로성숙 검사도구 Career Maturity Inventory: CMI는 크릿츠의 모형을 토대로 객관적으로 점수화 · 표준화된 진로발달 측정도구이다. 이 검사도구는 진로성숙 개념과 진로유형 연구모형의 영향을 받았으며, 측정모델은 성인지능검사척도에서 사용한 연령에 따른 점수화 방법을 사용하고 있다. 다양한 측면에서 개인 진로상담이나 집단 진로지도에 유용한 정보를 제공하며, 종합적인 진로발달 프로그램 개발에 활용될 수 있다. 진로성숙 검사도구의 문항은 진로의사결정 과정에서 가장 일반적으로 제기되는 미결정과 비현실성의 분석에 유용하며 초등학교 6학년부터 고등학교 3학년을 대상으로 표준화되었다.

진로성숙 검사도구는 크게 태도척도와 능력척도로 구성되어 있다. 태도척도와 능력척도에 사용된 문항들은 실제생활을 토대로 선정되었으며, 진로상담시 상담자가 진술한 내용, 진로상담 사례, 진로정보 자료 등을 근거로 제작되었다.

1 태도척도

진로선택 과정에 대한 피험자의 태도와 진로결정에 영향을 미치는 성향적 반응 경향성을 측정하는 것으로서, 선발척도와 상담척도 2가지가 있다.

① 선발척도

진로발견 및 진로설정과 관련된 긍정적 진술과 부정적 진술 50개로 이뤄져 있으며, 선발척도는 상담을 위하여 학생들을 분류하거나 진료교육의 결과를 평가할 때 적합하다.

② 상담척도

75개의 문항으로 구성되어 있으며, 이 중 50문항은 선발척도의 문항과 동일하며 이들 75개의 문항들은 진로결정성, 참여도, 독립성, 성향, 타협성의 5개 하위척도로 나뉜다.

표 6-6 **5개 하위 태도척도**

결정성	선호하는 진로의 방향에 대한 확신의 정도	예 : 나는 선호하는 진로를 자주 바꾸고 있다.
참여도	진로선택 과정에서의 능동적 참여의 정도	예 : 나는 졸업할 때까지는 진로선택 문제에 별로 신경을 쓰지 않겠다.
독립성	진로선택을 독립적으로 할 수 있는 정도	예 : 나는 부모님이 정해 주시는 진로를 선택하겠다.
성 향	진로결정에 필요한 사전 이해와 준비의 정도	예 : 일하는 것이 무엇인지에 대해 생각한 바가 거의 없다.
타협성	진로선택 시 욕구와 현실을 타협하는 정도	예 : 나는 하고 싶기는 하나 할 수 없는 일을 생각하느라 시간을 보내곤 한다.

2 능력척도

진로의사결정 과정에서 가장 중요한 지식영역으로서, 자기평가, 진로정보, 목표선정, 계획, 그리고 문제해결 등 5개 영역을 측정하는 문항들로 나뉜다. 각 영역은 20개의 문항으로 구성되어 전체 100개의 문항이 능력척도를 구성한다.

5. 진로상담의 연구

진로심리학의 연구방법은 크게 데이터를 수량화하고 다양한 통계적인 기법들을 활용하여 결론에 도달하는 실험, 설문조사와 같은 실증적 연구와 통계자료에 근거한 객관적 자료보다 연구자의 관찰과 주관적 해석을 중요시하는 정질적 연구가 있다.

1) 실증적 연구방법

실증적 연구는 실제 관찰 가능한 자료를 중심으로 문제에 관한 결론을 논리적으로 이끌어 냄으로써 현상을 정확하게 기술하고 설명한다. 그래서 실증적 연구방법은 과학적이며 객관적인 특성이 있다. 실증적 연구는 정확하고 정밀한 연구가 가능하며, 자료를 계량·통계화할 수 있기 때문에 통계적 연구가 가능하며 법칙이나 규칙을 발견하기가 용이하다는 장점을 가지고 있다. 그러나 심리적 연구와 같이 계량화가 어려운 연구는 불가능하며, 인간의 가치, 동기와 분리된 연구이기 때문에 한계가 있다는 단점이 있다.

그림 6-1 실증적 연구과정

(1) 실증적 연구방법의 종류

1 실험실 실험

실험실 실험이란 객관적인 조건을 엄격하게 통제한 실험실에서 이루어지는 실험방법을 말한다. 이 방법은 주로 변인들의 인과관계를 밝히기 위해 사용되며, 이론적 연구 대부분은 실험법을 이용한다. 실험은 크게 독립변인의 조작, 종속변인의 측정, 가외변인의 통제로 세 가지 방법으로 이루어진다.

독립변인은 연구자가 연구결과의 원인이라고 생각하는 변인이며, 연구의 결과라고 생각하는 변인을 종속변인이라 하며, 독립변인이 아니면서 종속변인에 영향을 미치는 모든 변인을 가외변인이라 한다.

2 현장실험

현장실험은 실험실 실험과 동일한 논리와 기법을 적용하지만, 실제 현장에서 이루어진다는 면에서 가외변인이 개입할 여지가 더 많아지게 되며 따라서 독립변인의 조작이 어려운 경우도 많게 된다. 연구결과를 일반화할 수 있는 가능성은 실험실 실험에 비해 높은 결과로 인해 진로상담 장면에서 이루어지는 연구들은 대체로 실험실 실험보다는 현장실험의 형태를 띠게 된다.

표 6-7 **실험실 실험과 현장실험의 장 · 단점**

	장 점	단 점
실험실 실험	■ 인과관계를 밝히는 가장 좋은 방법이다. ■ 엄격한 측정이 가능하기 때문에 정확성이 높다. ■ 다른 연구자들이 쉽게 반복 확인할 수 있으므로 연구결과의 객관성을 높일 수 있다.	■ 현실성이 떨어진다. ■ 모든 주제를 실험실 연구로 다룰 수 없다.
현장실험	■ 연구가 자연상태에서 이루어지기 때문에 결과의 일반화 가능성이 높다. ■ 적절한 실험설계를 사용하면 인과적 결론을 내리는 것도 가능하다. ■ 실제 상황의 복잡한 행동들에 관해 광범위한 자료를 얻을 수 있다.	■ 실험과정 전체를 엄격하게 통제한다는 것이 불가능하기 때문에 내적 타당도가 낮다. ■ 연구자들이 현장에서 실험을 하는데 필요로 하는 협조를 얻는 것이 어렵다.

(2) 현장연구

현장연구는 현장에서 이루어지는 연구로서, 독립변인을 조작하지 않고 현장에서 관찰, 면접, 설문조사 등을 이용해서 이루어지는 연구를 말한다.

현장연구와 관련된 방법에는 다음과 같은 것들이 있다.

1 전수조사

모집단 전체를 조사하는 방법으로 예를 들면, 우리나라의 실업자들을 대상으로 자기효능감 수준을 연구한다면 모집단 전체를 조사하는 방법이다. 진로심리학 분야에서는 시간과 비용이 많이 들고 어떤 경우에는 정확성이 떨어지는 전수조사는 잘 사용하지 않는다.

[2] 조사연구

모집단을 대표하는 표본을 구성해서 자기효능감을 측정하고 이를 통해 모집단의 자기효능감 수준을 추론하는 방법이다.

[3] 표본조사

표준화된 방법으로 많은 사람들의 자료를 얻는 방법이다. 표본이란 모집단의 일부로서 직접적인 관찰대상이 되는 사람들을 말하며 이 연구법의 가장 큰 목적은 현상의 정확한 기술이며, 현장연구와 마찬가지로 후속연구에 사용될 가설 개발이나 이론적 통찰을 제공할 수 있다.

① 참여관찰법

연구자가 현장에 직접 참여하여 연구대상들과 함께 지내면서 관찰하는 방법이다.

② 기술적 연구

자연상태에서 전혀 개입하지 않고 변인들의 수준이나 변인간의 관계를 관찰하는 방법이다.

③ 사례연구

사례를 통해 연구하는 방법이다.

2) 정질적 연구

정질적 연구는 면담 등을 통해 행동과 심리를 파악하고 해석한다. 인간의 행동은 매우 복잡하기 때문에 전형적인 정량적 연구로는 이를 제대로 관찰하고 기록할 수 없다. 이것을 토대로 정질적 연구는 덜 체계적이며 관찰과 주관적 해석을 강조하는 특징을 가진다. 정질적 자료수집 방법으로는 생애진로사정, 진로카드분류법, 자기효능감 측정 등이 있다.

(1) 생애진로사정

생애진로사정Life Career Assessment: LCA은 내담자에 관한 가장 기초적인 진로상담 정보를 얻는 질적 평가 절차이며, 내담자가 자신의 경험에 초점을 맞춤으로써 자신에 대해 살펴보고 이야기할 수 있는 구조화된 면접법이다.

생애진로사정은 부분적으로 아들러Adler의 개인주의 심리학에 기반을 두고 있으며, 아들러는 세상에 대한 개인의 관계를 일, 사회사회적 관계, 성우정이라는 3가지 생활영역으로 나누었다. 생애진로사정은 내담자 자신의 인생의 가치관이 무엇인지, 또 그런 가치관들이 어떻게 자신의 행동을 지배하는지를 확인하고 명확하게 인식하도록 돕기 위한 첫 과정이다.

생애진로사정LCA을 통해 내담자의 진로경험과 교육수준을 나타내는 객관적인 사실과 함께 내담자의 기술과 능력에 대한 자기평가, 자신의 가치와 자기인식 등을 자료로 얻을 수 있게 된다.

생애진로사정은 진로사정, 전형적인 하루, 강점과 장애, 요약으로 구성된다. 진로사정에서는 내담자의 경험, 교육, 여가 등에 대한 전반적인 평가가 이루어지며 이때 내담자의 가계도를 작성한다. 또한 내담자의 일상생활이 어떻게 만들어지는지 전형적인 하루를 들여다봄으로써 '독립적-의존적' 또는 '체계적-자발적' 등을 탐색하게 된다. 내담자의 강점과 약점에 대한 질문, 내담자가 현재 직면하고 있는 문제, 환경적인 장애들에 대한 정보 등을 얻으며 마지막으로 요약을 하게 되는데, 요약의 목적은 다음과 같다.

첫째, 생애진로사정 면접 동안에 얻은 정보가치관, 강점과 단점, 경력 등를 확인함으로써 자기인식을 증진시킬 수 있다.

둘째, 면접 동안에 얻은 정보들을 상담자와 내담자가 문제해결을 위해 삼았던 목표와 관련시켜 생애진로사정 면담에서 발견한 강점과 약점을 통해 내담자의 긍정적인 측면을 더 발전시킬 수 있다.

셋째, 내담자의 약점들을 극복하기 위한 목표달성 등의 계획을 세울 수 있다.

(2) 진로카드 분류법

진로카드를 분류하는 것은 다양한 생각들을 분류하는 비표준화 접근방법으로 어느 분야에서나 사용할 수 있다. 표준화된 검사들과 다르게 카드분류는 일반적으로 점수를 산출하지 않으며 규준이 없다. 미주리 대학에서 개발한 미주리 진로카드 분류OCS는 대학생들을 대상으로 개발한 것이지만 고등학생, 성인들에게도 쉽게 적용할 수 있다.

미주리 진로카드 분류는 홀랜드의 이론을 결합한 것이며, 홀랜드의 6가지 유형에서 각 유형의 진로 중 15개씩의 진로를 택해서 모두 90개의 진로카드를 만들었다.

카드분류의 진행요령은 다음과 같다.

① 90개의 카드를 내담자 앞에 놓고 분류요령을 알려 준다.

"이 카드들에는 진로명이 있고, 비숙련진로에서 전문직까지 매우 다양합니다.

전체 카드를 첫째, 당신이 하고 싶은 진로군선호군과 둘째, 하기 싫은 진로군혐오군, 셋째 잘 모르겠거나 확신이 가지 않는 진로군미결정/중성군의 세 가지로 분류하십시오."

② 혐오군으로 분류한 진로들에 대한 선정 이유를 말하게 하고, 혐오하는 이유에 따라 다시 몇 개의 하위군으로 분류하게 한다.

③ 선호군으로 분류한 진로들에 대해서도 ②와 마찬가지 방법으로 하위집단으로 세분하도록 한다.

④ 최종적으로 선호군으로 분류한 진로들에 관한 정보를 제공한다.

(3) 자기효능감 측정

자기효능감은 반두라Bandura가 제안한 개념으로 '어떤 과제를 특정수준까지 해낼 수 있다는 개인의 판단'을 의미한다. 자기효능감은 개인의 판단을 상회하는 활동이나 과제는 수행하도록 만드는 동기적 힘을 발휘한다. 자기효능감은 진로선택에 관한 의사결정이나 구직활동 등에 상당한 영향을 미친다. 수행해야 할 과제를 주고, 내담자에게 과제의 난이도와 자신이 이 과제를 성공적으로 해낼 수 있는지의 확신을 묻고 나서 자신의 수행수준을 예측하게 하는 방법으로 자기효능감을 측정한다.

제 7 장

진로의사결정

1. 의사결정의 개념
2. 진로의사결정 이론
3. 의사결정 방식
4. 의사결정 모형

진로의사결정 이론이란 개인의 진로결정 과정과 방법, 그리고 진로결정에 영향을 미치는 요인을 설명하는 이론이다. 즉, 진로의사결정 이론에서는 내담자가 합리적인 결정을 내리기 위해 수행되는 과정은 무엇이고, 진로결정에 어려움을 겪고 있다면 그 원인이 무엇인지, 그리고 그 결정을 돕기 위해 어떤 점을 고려해야 하는지와 같은 주제를 다룬다.

이 장에서는 진로의사결정의 개념과 이론을 살펴볼 것이다. 여기서 다루는 이론은 겔라트의 의사결정 이론, 하렌의 의사결정 이론이다.

이 장에서 학습해야 할 목표는 다음과 같다.
첫째, 의사결정의 요인을 설명할 수 있다.
둘째, 겔라트의 의사결정 이론을 설명할 수 있다.
셋째, 하렌의 의사결정 이론을 설명할 수 있다.
넷째, 의사결정 방식을 설명할 수 있다.
다섯째, 의사결정 과정을 요약 · 설명할 수 있다.

1. 의사결정의 개념

의사결정이란, '일정한 목표를 달성하고, 그 목표를 달성하기 위한 몇 가지 대안을 작성하여 이를 일정한 준거와 방법에 의거하여 상호 비교함으로써 가장 합리적이고 실행 가능한 방안을 선택하는 행동'으로 그 개념을 규정할 수 있다.

합리적이고 실행 가능한 방안을 선택하기 위해서는 고려해야 할 많은 요인들이 있다.

합리적인 의사결정의 관련요인을 보면 개인적 요인, 환경적 요인 및 일 자체와 관련된 요인으로 나눌 수 있다.

첫째, 개인적 요인으로서는 신체적 요인나이, 성별, 건강 등, 지적 요인지능, 적성, 실력 등 및 정의 · 심리적 요인자아개념, 가치, 흥미, 대인관계, 일에 대한 만족 등을 들 수 있다.

둘째, 환경적 요인으로서는 사회 · 문화적 요인개인의 사회 · 문화적 배경, 교육정도, 가족 및 주변인의 영향, 각종 대중매체 등과 경제적 요인수입, 경제적 안정성 등을 들 수 있다.

셋째, 일 자체와 관련된 요인으로서는 일과 개인간의 요인일에 대한 욕구와 인식, 일의 안정성과 결함, 일의 발전 가능성과 창의성 발휘, 일터의 인간관계 등, 일과 환경간의 요인일의 명성과 조건, 여가, 급여을 들 수 있다.

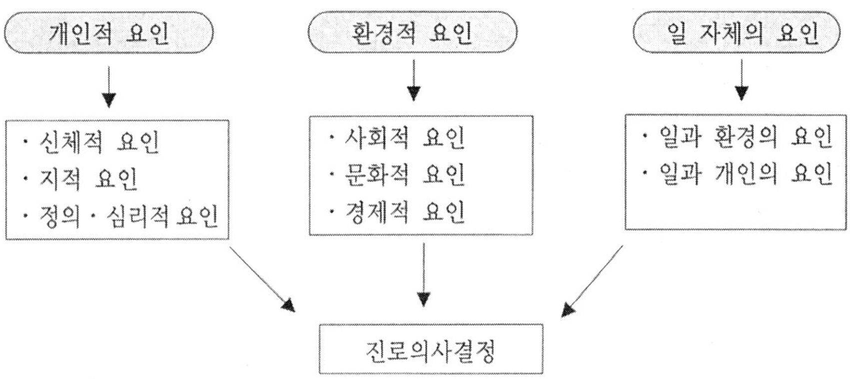

그림 7-1 의사결정의 관련 요인

2. 진로의사결정 이론

진로의사결정 이론은 진로결정의 과정process에 대해 보다 강한 심리학적이고 논리적인 접근을 통하여 진로행동을 설명하는 방식으로서, 진로에 관한 결정이 어떻게how 이루어지는가 하는 진로결정의 과정과 단계에 중점을 두면서 이론을 전개하는 것이 특징이다.

진로의사결정 이론은 의사결정의 문제에서 개인은 자신의 이익을 극대화하고 손실을 극소화하는 방향으로 행동한다는 케인즈의 이론에 바탕을 두고 있다.

개인은 여러 가지 선택 가능한 직업 중에서 자신의 투자가 최대로 보장을 받을 수 있는 직업을 선택한다는 것이다.

1) 겔라트Gelatt의 의사결정이론

겔라트Gelatt, 1962는 의사결정에 관한 정보를 수집하고 그 정보를 활용함으로써 진로의사결정자는 자기 선택에 대한 책임을 가지고 보다 합리적인 지각양식을 가지게 된다고 본다.

카츠Katz, 1963는 각 대안설정에 따른 개인의 주관적인 가치에 따라 의사결정자는 기대치가 높은 대안을 선택하게 된다고 하였다.

겔라트는 진로상담의 중요한 목표 중의 하나가 학생들로 하여금 훌륭한 결정을 내릴 수 있도록 돕는 것이라는 가정 하에 의사결정이론을 전개하였으며 의사결정의 과정을 중시해야 한다고 제안하였다. 그의 이론은 직업선택과 발달의 과정을 의사결정의 순환과정으로 보고 그림 7-2와 같이 제시하였다.

그림 7-2에서 보는 바와 같이 겔라트는 진로의사결정 과정을 목표수립, 정보수집, 목표달성을 위한 전략의 수립, 진로의사결정으로 진행되어야 한다고 보았다.

첫째, 진로목표를 수립한 후에 그에 따른 관련정보를 수집한다. 둘째, 수집된 정보를 가지고 결과와 그 실현 가능성 등을 고려하여 가능한 대안들을 탐색한다. 셋째, 대안들 중에서 자신이 세운 목표를 실현하는 데 최선의 대안을 선택하기 위해서 각 대안들을 평가할 수 있는 자신만의 평가기준을 설정하여야 한다. 마지막으로, 자신이 세운 평가기준에 따라 각 대안들을 평가하고 최선의 대안을 선택함으로써 최종적인 의사결정이 이루어진다.

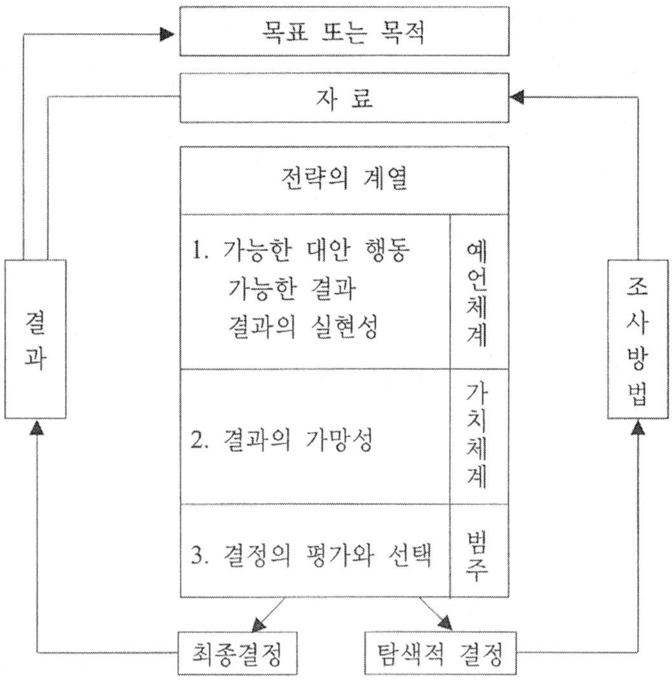

그림 7-2 겔라트의 의사결정 참조체제

그는 직업선택과 발달을 목적의식→ 정보수집→ 가능한 대안의 열거→ 각 대안의 실현 가능성 예언→ 가치평가→ 의사결정→ 평가와 재투입의 의사결정의 순환과정으로 설명하고 있다. 진로결정의 시작은 목표 또는 목적에 대한 의식으로, 이에 따라 개인은 정보수집의 내용이 결정될 뿐만 아니라 최종단계인 평가 및 재투입의 과정까지도 영향을 받게 되어 그 중요성이 매우 크다. 개인의 가치체계 또한 진로결정의 과정에서 중요한 것인데, 이에 개인의 가치가 일단 규정· 확정되고 이해됨에 따라 목표와 목적을 설정하고 나아가 진로결정에 대한 만족을 평가할 수 있기 때문이다Martinez, 1980.

2) 하렌Harren의 의사결정이론

하렌Harren, 1979은 진로결정 과정이 진로결정자의 특성, 진로결정과업, 그리고 진로결정의 조건에 따라 어떻게 변화되는가를 규명하였다 즉, 진로결정 과정의 단계가 나머지 3개의 상호관련 매개변수인 진로결정자의 특성, 진로결정과업, 그리고 진로결정의 조건에 의존하여 진행된다는 것이다. 4가지 단계의 진로결정 과정 모델을 제시하면 다음과 같다.

(1) 인식awareness

이 단계는 자아와 대안에 대한 인식단계로서, 자아개념의 발달정도가 대안들에 있어 개인의 인식, 선택을 위한 인간 상호관계의 평가과정을 유도한다.

(2) 계획planning

개인이 고려하고 있는 대안을 일반화하여 목표를 달성하고 미래생활을 임하는 단계이다. 이 단계에서는 자기 정보에 대한 탐색, 즉 자아개념 및 과업에 관련한 행동적 노력을 수행하는 것이다.

(3) 관련commitment

개인이 실제적 결정에 관련되고, 그 결정을 수행하는 단계이다. 대안의 실제적 결정에 관련한 자아개념의 재통합, 상호적 평가, 그리고 긍정적 · 부정적 피드백 등을 기초로 하여 그 결과를 정련화하는 것이다. 이 단계에서는 개인에 대한 자 · 타의 개념이 종합된 자아개념이 대안의 결정을 좌우하는 것이다.

(4) 실행implementation

개인이 계획하는 행동을 취하거나 자신의 진로결정을 실행하는 단계이다. 이미 이루어진 진로결정에 대한 적응과 그 결정에 따른 성공, 만족 등의 피드백을 평가하는 단계이다.

하렌은 특별하고 자아존중감이 높은 합리적인 결정유형자를 효과적인 진로결정자로 보았다.

영화로 만나는 진로상담

발레 교습소 Flying Boys, 2004

줄거리

꿈꾸는 청춘, 희망을 건다.
꿈꾸는 청춘, 건투를 빈다.

암투병 중이던 엄마가 돌아가신 지 1년, 아버지가 내내 어렵고 불편한 한없이 평범하고 수줍은 고 3 수험생 민재. 삼총사인 댄싱 킹카 창섭, 철없는 분위기 메이커 동완과 함께 수능을 치른 후 그다지 목표도 지향점도 없이 겨울 방학의 자유를 만끽하는 중이다. 우연히 뺑소니를 목격하는 바람에 구민회관 발레 강사 양정숙에게 황망한 오해를 받기에 이르는데…

덕분에 그 겨울 구립 발레 교습소에는 발레강사 양정숙을 중심으로 협박에 굴복한 민재, 창섭, 동완 삼총사와 여성성 강화를 강요받은 수진, 덤으로 낀 승언, 야쿠르트 아줌마 향자, 발레에 소질이 넘치는 짱개 종석, 구립 문화강좌를 섭렵한 도일 등 각양 각색의 사람들이 모여든다. 서로에게 마음의 문을 열어가던 중 드디어 황금동 발레발표회가 결정되는데…

3. 의사결정 방식

우리는 사소한 일에서부터 직업을 선택하거나 배우자를 선택하는 등의 중요한 일에 이르기까지 끊임없이 선택해야 하는 상황에 직면하게 된다. 결국은 우리의 삶이란 연속적인 의사결정 속에서 살아가고 있다.

그러나 성공적인 의사결정은 용기나 결단 또는 행운에 의해서 결정되는 것은 결코 아니다. 의사결정에서 최상의 선택을 하기 위해서는 무엇보다도 의사결정 과정에서 접근방법이 얼마나 합리적이고 체계적으로 접근하느냐의 여부에 따라 그 결과가 만족스러울 수도 있고 그렇지 않을 수도 있다. 중요한 의사결정을 도와주는 상담자에게는 매우 중요한 측면으로 이해되어 왔다. 의사결정 유형은 개인들이 그들의 삶에서 중요한 의사결정에 접근하고 해결하는 데 활용하는 전략으로, 의사결정 과제를 지각하고 그에 반응하는 개인의 특징적 유형, 또는 개인이 의사결정을 내리는 방식Harren, 1979이라고 정의를 내리고 있다. 또한 의사결정자가 직업을 선택할 때 따르는 과정과 행동방식을 진로결정방식 또는 진로결정전략Buck & Daniels, 1985이라고 하였다. 그러므로 의사결정 유형은 개인이 어떤 결정을 내릴 때 선호하는 접근방식이라고 할 수 있다.

사람들은 직업활동에서 특정한 문제해결 접근법을 가진다는 개인차 개념을 도입하여 딘클리지Dinkalge, 1968는 사람들과의 면담자료를 바탕으로 의사결정 활동에 대한 특성을 분류함으로써 의사결정에서의 개인차 연구를 최초로 시도하였다.

그 결과 계획적, 고민하는 결정자, 미루는 결정자, 충동적인 결정자, 직관적, 운명적, 의존적 특성 등 8가지의 의사결정 행동특성을 분류했다.

하렌은 딘클리지가 분류한 의사결정 유형을 재분류하여, 개인이 의사결정을 할 때 합리적인 전략 또는 정의적인 전략을 사용하는 정도와 자신의 결정에 대한 책임을 지는 정도에 기초하여 합리적 유형, 직관적 유형, 의존적 유형이라는 세 가지로 분류하여 제시하였다고향자, 1992.

1) 합리적 유형

합리적 유형rational style이란, 의사결정 과정에서 논리적이고 체계적으로 접근하는 것을 의미한다. 확장된 시간조망 내에서 연속적인 결정들이 서로 관련이 있음을 인식하면, 자아self와 상황에 대한 정보를 가능한 객관적이고 논리적으로 평가하고 그 결과를 고려하여 의사결정을 한다. 또한 결정에 대한 책임을 수용하며, 미래의 의사결정 필요성을 예견하고 자신 및 기대되는 상황에 대한 정보를 수집하는 등의 준비를 한다.

2) 직관적 유형

직관적 유형intuitive style은 의사결정 과정에서 개인의 생각이나 느낌과 감정적인 자기인식에 의존하는 것을 의미한다. 결정에 대한 책임은 수용하지만 미래의 의사결정 필요성에 대해 예견을 거의 하지 않고 정보탐색 행동이나 대안들에 대한 논리적 평가과정도 거의 갖지 않는다. 의사결정의 기초로서 상상을 사용하고 현재의 감정에 주의를 기울이며 정서적 자각을 사용하는 특징이 있다. 선택에 대한 확신은 비교적 빨리 내려지고 그 결정의 적절성은 내적으로 느낄 뿐 설명할 수 없을 때도 있다.

3) 의존적 유형

의존적 유형dependent style은 의사결정에 대한 개인적 책임을 부정하고 그 책임을 외부로 투사하려는 경향이 있다. 의사결정 과정에서 타인의 영향을 많이 받고, 수동적이며 순종적이고 사회적 안정에 대한 욕구가 높으며 의사결정 상황이 여러 가지로 제한을 받는다고 지각한다.

하렌이 개발한 '의사결정 유형검사'의 문항은 다음과 같은 내용으로 구성되어 있다.

표 7-1 의사결정 유형검사 문항

1. 나는 중요한 의사결정을 할 때 한 단계 한 단계 체계적으로 한다.
2. 나는 내 자신의 욕구에 따라 매우 독특하게 의사결정을 한다.
3. 나는 얻을 수 있는 정보를 수집하지 않고는 중요한 의사결정은 거의 하지 않는다.
4. 의사결정을 할 때 친구들이 내 결정을 어떻게 생각할 것인가를 매우 중요시한다.
5. 나는 의사결정을 할 때, 이 의사결정과 관련된 결과까지 고려한다.
6. 나는 다른 사람의 도움 없이는 중요한 의사결정을 하기가 힘들다.
7. 나는 어려운 문제에 부딪치면 재빨리 결정을 내린다.
8. 나는 의사결정을 할 때, 내 자신의 즉각적인 느낌이나 감정에 따른다.
9. 나는 내가 하고 싶은 것보다 다른 사람이 어떻게 생각하느냐에 영향을 받아 의사결정을 한다.
10. 어떤 의사결정을 할 때, 나는 시간을 갖고 주의 깊게 생각해 본다.
11. 나는 문제의 본질에 대해 찰나적으로 떠오르는 생각에 의해 결정을 한다.
12. 나는 친한 친구에게 먼저 이야기하지 않고는 의사결정을 거의 하지 않는다.
13. 나는 중대한 의사결정 문제가 예상될 때, 그것을 계획하고 생각할 시간을 충분히 갖는다.
14. 나는 의사결정을 못한 채 뒤로 미루는 경우가 많다.
15. 의사결정을 하기 전에 올바른 사실을 알고 있나 확인하기 위해 관련된 정보들을 다시 살펴본다.
16. 나는 의사결정에 관해 실제로 생각하지는 않지만 갑자기 생각이 떠오르면서 무엇을 해야 할지를 알게 된다.
17. 어떤 중요한 일을 하기 전에 나는 신중하게 계획을 세운다.
18. 의사결정을 할 때 나는 다른 사람의 많은 격려와 지지를 필요로 한다.
19. 나는 의사결정을 할 때, 마음이 가장 끌리는 쪽으로 결정을 한다.
20. 나는 인기를 떨어뜨릴 의사결정은 별로 하고 싶지 않다.
21. 나는 의사결정을 할 때, 예감 또는 육감을 중요시한다.
22. 나는 조급하게 결정을 내리지 않는데, 그 이유는 올바른 의사결정임을 확신하고 싶기 때문이다.
23. 어떤 의사결정이 감정적으로 나에게 만족스러우면 나는 그 결정을 올바른 것으로 본다.
24. 올바른 의사결정을 할 수 있는 능력에 자신이 없기 때문에 주로 다른 사람의 의견에 따른다.
25. 종종 내가 내린 각각의 의사결정을 일정한 목표를 향한 진보의 단계들로 본다.
26. 내가 내리는 의사결정을 친구들이 지지해 주지 않으면 그 결정에 대해 확신을 갖지 못한다.
27. 의사결정을 하기 전에, 나는 그 결정을 함으로써 생기는 결과에 대해 가능한 한 많이 알고 싶다.
28. 나는 '이것이다'라는 느낌에 의해 결정을 내릴 때가 종종 있다.
29. 대개의 경우 나는 주위 사람들이 바라는 방향으로 의사결정을 한다.
30. 여러 가지 정보를 수집하거나 검토하는 과정을 갖기보다, 나에게 떠오르는 생각대로 결정을 내리는 경우가 자주 있다.

<표 7-1>의 문항들 중 1, 3, 5, 10, 13, 15, 17, 22, 25, 27은 합리적 유형을 재는 문항이고 2, 7, 8, 11, 16, 19, 21, 23, 28, 30은 직관적 유형을 측정하는 문항이며, 4, 6, 9, 12, 14, 18, 20, 24, 26, 29는 의존적 유형을 재는 문항들이다.

한편 존슨Johnson, 1978은 의사결정 양식에 관한 그의 이론에서 정보는 체계적systematic 혹은 임의적인spontaneous 방식으로 수집될 수 있으며, 정보의 처리는 내적internal 혹은 외적인external 방식으로 이루어질 수 있다고 제시하였다.

체계적인 방식을 채택하는 사람은 신중한 방식으로 한 목표에서 다음 목표로 이동해 가며, 목표나 과업을 설정할 때 매우 신중할 뿐만 아니라 그것이 달성될 때까지는 목표로부터 이탈하지 않는다. 반면 임의적인 사람들은 깊이 생각하지 않고 한 목표에서 다음 목표로 쉽게 이동하며, 설정된 목표는 쉽게 잊혀지거나 변경된다. 외적인 의사결정자들은 겉으로 나타나게 생각을 하며, 선택에 대해서 이야기할 기회를 갖지 못하면 자신들의 선택에 대해서 확신을 갖지 못한다. 내적인 의사결정자들은 선택의 과정을 이야기하기 이전에 사적으로 행하는 것을 선호한다. 결국 외적인 사람들은 생각하기 위해서 말을 하고, 내적인 사람들은 먼저 생각을 하고 난 후에 말을 한다고 볼 수 있다.

4. 의사결정 모형

진로상담과 진로지도의 결과는 의사결정으로 나타난다. 따라서 진로상담의 핵심은 의사결정이라 할 수 있다. 진로의사결정에 대한 모델은 기술적인 모델descriptive model과 처방적인 모델prescriptive model이 있다. 기술적인 모델은 사람들이 실질적으로 어떻게 결정하는지에 관심을 두지만 처방적인 모델은 결정이 어떻게 이루어져야 하는지를 설명해 준다.

1) 기술적 진로 의사결정 모델

(1) 브룸Vroom의 기대모델

1 주요내용

브룸Vroom, 1964의 기대모델expectancy model은 일과 관련된 개인의 행동 설명에 초점을 맞추고 있으며, 인간의 행동은 내부로부터 동기화된다는 가정을 전제로 하고 있다. 그는 일work이 모호한 용어라고 생각했기 때문에, 대신 일 역할work role이라는 개념을 사용하였다. 그는 일 역할을 "역할 종사자에 의하여 행해진 일련의 기능"이라고 정의했다.

브룸의 이론에서 또다른 중요한 개념인 동기motivation는 "자발적인 행동을 조절하는 과정"으로 정의된다. 유인가valence와 기대expectancy라는 두 개념은 브룸의 이론을 이해하는 데 매우 중요하다. 유인가는 "특정한 결과에 대한 정서적 방향성"으로 정의되며, 선호perference라는 용어와 동의어로 사용된다. 결과outcome는 긍정적, 부정적 혹은 중성적 유인가를 갖는다. 동기는 유인가와 관계가 있다. 어떤 사람이 긍정적, 중성적, 혹은 부정적 동기를 가질 수 있는데, 그것은 특정한 결과에 대해 다가가거나 물러서려는, 또는 움직이고 싶어하지 않는다는 것을 뜻한다. 브룸은 결과의 유인가와 의사결정자가 목적으로 하는 가치가 동등하다고 생각하지 않는다. 결과에 대한 유인가는 실질적으로 주어지는 만족에 기반을 두고 있지 않다. 오히려 그것은 개인이 그 결과로부터 주어질 것으로 기대하는 만족에 기반을 두고 있다. 즉, 결과에 대한 유인가의 크기는, 특정한 결과로부터 얻어질 것으로 예상되는 만족의 정도에 기반을 두고 있다.

브룸은 우리가 어떤 목적이나 목표예컨대, 안정, 지위, 혹은 수입 등과 같은를 획득하기 위하여 직업을 선택하는 것임을 인정할 것을 제안한다. 직업의 유인가는 목표의 유인가의 총계와 직접적으로 연관되어 있다. 목표는 직업이 선택된다면 개인이 획득할 것이라고 인식하는 것들이다. 선택의 결과는 개인의 의사결정에 단순히 관련되어 있는 것이 아니다. 즉, 외적인 힘들도 또한 의사결정자에게 영향을 미친다. 각 의사결정자는 이러한 외적인 사건들이 의사결정에 미치는 영향에 대하여 어느 정도 아이디어를 가지고 있다. 그러므로 의사결정자는 어느 정도 결과에 대한 선호와 기대에 기반을 두고 결정을 내리게 된다. 브룸은 선택이 현실화될 수 있다는 믿음을 기대라고 정의한다. 이러한 기대는 주관적인 것인데, 왜냐하면 어떠한 의사결정자도 진로선택의 달성에 대한 실질적인 가능성을 완전히 알 수는 없기 때문이다.

브룸은 유인가와 기대가 진로선택을 결정하는 데 어떻게 상호작용하는지를 상술하기 위해서 레빈Lewin, 1951의 힘의 개념을 인용하였다. 이에 따르면 행동은 힘들이 상호 충돌하는 곳에서 일어나는데, 이렇게 힘들이 상호 충돌하는 것은 어떤 대안들로부터 나아가거나 물러서도록 사람을 움직인다. 브룸은 힘을 유인가와 기대들의 결과로 설명한다. 브룸은 의사결정자들로 하여금 특정한 진로를 선택하게 만드는 힘은 모든 결과들에 대한 유인가의 총합과 기대주어진 진로에 대한 선택이 바라는 결과의 획득을 가져올 것이라는의 강도와 직접적으로 연관되어 있다고 주장한다.

브룸은 상호작용하는 기대와 유인가의 성질을 논의함으로써 이를 상세히 설명한다. 예를 들어, 어떤 사람이 진로선택을 달성하는 것에 높은 기대를 가지고 있으면, 만약 그 선택의 유인가가 0, 혹은 매우 낮을지라도 진로를 선택하도록 하는 힘에 거의 영향을 미치지 않을 것이라고 제시했다. 비슷하게, 만약 그 진로에 들어서려는 기대가 낮다면, 높은 유인가는 선택하도록 하는 힘을 증가시키지는 못할 것이다. 그러나 이 두 가지 요소를 연결하면 한 개인으로 하여금 노력하도록 만드는 힘을 예상할 수 있다. 만약 특정한 진로선택에 대한 유인가가 높고, 그 선택을 달성하려는 기대가 높다면, 개인이 진로를 선택하려는 데 있어 실질적인 노력을 광범위하게 할 것이라는 것을 예상할 수 있다.

브룸의 이론은 성취performance를 예상하는 것이 아니라, 단지 노력만을 예상하는 것이다Mitchell, 1974.

2 시사점

브룸의 진로의사결정 모델은 실무자들에게 많은 시사점을 주고 있다. 우선 상담자들은 진로선택이 다양한 목적에 이르는 수단이며, 그 자체에 목적이 있는 것이 아니라는 것을 이해해야 한다. 이것은 진로선택이 개인을 광범위한 결과의 출발점에 둔다는 것이며, 어떤 결과는 진로 그 자체에 일차적으로 관련되며, 그리고 어떤 결과는 진로에 이차적으로 관련된다. 진로선택의 첫 번째 결과는 일하는 장소의 지리적인 위치, 작업환경, 그 작업에 소요되는 시간과 에너지의 양에 관련되고, 일의 가치는 강화에 의해 등급화된다.

진로선택의 두 번째 결과는 지위, 가족관계에 미치는 영향, 사회적 책임 등에 관련된다. 브룸의 진로의사결정 모델은 개인들이 이러한 점 모두를 주의깊게 고려해야 할 필요가 있다는 것을 시사한다. 왜냐하면 이러한 것들은 유인가를 결정짓거나 특정한 진로에 대한 정서적인 편향을 결정짓기 때문이다.

앞서 언급되었듯이 기대는 결과에 대한 주관적인 평가에 기반을 둔다. 이러한 평가는 직업의 유용성과 미래의 전망에 대한 자료와 직업기술이라는 정보에 의해서 어느 정도까지 향상될 수 있다. 그러나 기대는 개인에 의해서 생성되고, 정보에 대한 개인의 지각에 기초한 지식들간의 상호작용에 의해서 형성된다. 따라서 상담자들은 개인들이 정보를 효율적으로 습득하도록 도와주어야 한다. 정보는 내담자의 기대를 형성하는 데 도움을 줄 것이고, 기대에 영향을 미치는 내담자의 고유한 특성들을 규명하는 데 도움을 준다.

힘force의 개념 또한 상담자들에게 유용하다. 만약, 기대 혹은 유인가 중 하나가 낮다면 노력은 하찮은 것이 될 것이다. 진로상담가들은 두 가지 모두를 동등하게 연구할 필요가 있는데, 이는 내담자들이 진로에 대하여 긍정적이고 부정적 요소들을 확인하고, 그러한 진로에 들어서는 것에 대한 실질적인 기대를 형성할 수 있도록 도움을 주기 위해서이다.

(2) 제니스Janis와 만Mann의 갈등모델

1 주요내용

제니스와 만Janis & Mann, 1977의 갈등모델conflict model은 각 개인이 의사결정을 하려고 할 경우에는 언제나 갈등이 발생한다는 것을 가정한다. 이 갈등은 의사결정에 직면해 있는 각 개인 내부에 "주어진 행동과정을 수용하고, 거부하려는 상반되는 경향이 동시에 존재하기 때문에" 일어나는 것이다. 이러한 모순되는 힘의 결과는 불확실성을 느끼게 하고, 행동을 망설이게 하며, 심지어는 정서적 혼란을 겪게 한다. 의사결정 과정에서 야기된 갈등은 스트레스를 유발한다. 스트레스란 "높은 수준의 유쾌하지 못한 감정" 불안, 죄의식, 수줍음 – 이러한 것들은 정상적인 정보처리 과정의 패턴에 영향을 준다으로 정의된다. 제니스와 만은 스트레스와 의사결정상의 갈등간의 관계에 대해서 다음과 같은 네 가지 기본 가정을 상정하고 있다.

① 의사결정의 갈등으로부터 야기된 스트레스의 양은 개인의 목표, 그러한 목표와 관련된 욕구들, 그리고 어떤 욕구들은 의사결정의 결과로써 채워지지 않을 것이라는 예상과 관련된다. 욕구들이 채워지지 않을 것이라는 예상이 커지면 커질수록 스트레스도 증가한다.

② 위협과 기회는 의사결정을 촉진한다. 의사결정의 스트레스는 위협이나 기회가 생길 때마다, 의사결정자가 현재 행동의 방향을 얼마나 분명히 하느냐 하는 정도와 상관이 있다.

③ 문제와 위협에 대한 모든 형태의 대안들이 심각한 위험을 수반한 것으로 지각되었을 때, 바람직한 대안이 선택될 가능성이 없어진다. 그리고 방어적인 회피가 일어난다. 방어적인 회피는 대안들로부터 야기될 손실의 축소나, 이익의 과장, 지연, 다른 것들에 대한 의존, 그리고 자료에 대한 선택적 주의집중 등으로 특징지워진다.

④ 의사결정상의 갈등으로 적당한 스트레스가 야기되었을 경우, 합리적인 대안들이 찾아질 것이라는 희망이 있는 한, 유용한 대안들을 평가하거나 확인하기 위하여 세심한 노력을 기울인다.

의사결정 과정은 의사결정자에 대한 어떠한 종류의 위협으로 시작된다. 따라서 목적을 달성하기 위한 기회로서 인식되는 상황에서는 행동할 것을 강요당한다고 느낀다.

제니스와 만은 의사결정자가 의사결정의 기회에 직면했을 때 스스로에게 일련의 질문들을 던진다고 생각했다. 이러한 첫 번째 질문은 "만약 내가 변화하지 않는다면 위험이 따르는가?"이다. 만약 이 질문에 대한 답이 "아니다"이면, 아무런 스트레스가 발생되지 않는다. 그리고 그 결과로 인해 갈등이 일어나지 않는다. 다시 말하면, 사람은 단순히 상황적 요구를 만족시키기 위해 변화한다는 것이다. 왜냐하면 그렇게 하지 않을 아무런 이유를 찾지 못하기 때문이다.

두 번째 질문은 "만약 내가 변화한다면 심각한 위험이 있는가"하는 것이다. 제니스와 만은 이 질문에 대한 답이 "아니다"라면, 갈등없이 변화가 일어날 것이라고 생각했다. 그러나 스트레스가 극소이기 때문에 의사결정자는 모든 대안들, 또는 확실한 대안에 관한 정보조차도 신중하게 고려하지 않을 것이다.

만약 의사결정상의 갈등이 크다면, 의사결정자가 직면하고 있는 세 번째 질문은 "그 문제에 대한 실행 가능한 해결책을 찾을 수 있겠는가?"이다. 그 답이 "아니다"라면, 회피적 방어가 생겨난다. 만약 그 답이 "그렇다"라면 네 번째 질문이 생긴다. "실행가능한 대안들을 탐색할 시간이 충분한가?"이다. 이 질문에 대한 답이 "아니다"라면, 과도한 경계가 나타난다. 의사결정 과정에 있어서 과도한 경계적 접근은 긴박한 상황에서 발생하는데, 그 상황에서 개인들은 실제로 시간적 한계에 직면한다. 이 상황에서는 모든 대안들을 고려하거나 대안들에 대한 정보를 고려하는 것이 불가능하다.

앞서 언급하였듯이, 방어적 회피를 사용하고 있는 사람들은 꾸물거리게 되고, 다른 사람에게 의존적으로 되어 가고, 또는 여러 가지 대안들의 긍정적, 부정적 결과들을 객관적으로 고려할 수 없게 된다.

제니스와 만은 의사결정에 있어서 세심한 접근을 하는 것은 그 의사결정자에게 결정 후 스트레스를 최소화시키는 경향이 있다고 가정한다. 만약 세밀하게 모든 대안들을 고려한다면, 결정으로부터 생겨나는 문제들을 더 잘 처리할 수 있고, 최선의 결정에 이를 것이라고 생각한다.

2 시사점

제니스와 만의 진로의사결정 모델로부터 얻을 수 있는 가장 큰 시사점은 그들이 제안한 대차대조표 접근법에서 찾을 수 있다. 그들은 대차대조표를 활용하는 절차를 다음과 같이 16가지 단계로 제시하고 있다.

① 직업적 대안들을 만든다.
② 이러한 대안들에 대해서 중요한 순서대로 +5부터 −5까지 할당한다.
③ 각각의 대안에 대해 자신이 얻게 되는 유용성을 목록화한다.
④ 이 유용성들에 대해서 중요한 순서대로 +5에서부터 −5까지 할당한다.
⑤ 다른 사람이 얻게 되는 유용성을 목록화한다.
⑥ 이러한 유용성에 대해서 중요한 순서대로 +5에서부터 −5까지 할당한다.
⑦ 잃게 되는 유용성에 대해 ③~⑥번과 같은 방법으로 반복한다.
⑧ 각각의 대안에 대한 사회적 인정의 원인들을 목록화한다.
⑨ 그러한 인정에 대해 중요한 순서대로 +5부터 −5까지 할당한다.
⑩ 각 대안에 대한 사회적 불인정의 원인을 목록화한다.
⑪ 그러한 불인정에 대해 중요한 순서대로 +5에서 −5까지 할당한다.
⑫ 각 대안에 대한 자신의 인정의 원인과 유형을 목록화한다.
⑬ 그러한 자기인정에 대해 중요한 순서대로 +5에서 −5까지 할당한다.
⑭ 각 대안에 대한 자기불인정의 유형과 원인들을 목록화한다.
⑮ 그러한 자기불인정에 대해 중요한 순서대로 +5에서 −5까지 할당한다.
⑯ 긍정적, 부정적 가중치들을 종합해서 각 대안의 가치를 산출한다.

표 7-2 **대차대조표**

	행동의 대안적 방향					
	대안 1		대안 2		대안 3	
	+	−	+	−	+	−
A. 자신에게 주어지는 이득과 손실 1. 개인적 수입						

	행동의 대안적 방향					
	대안 1		대안 2		대안 3	
	+	−	+	−	+	−
2. 일의 가치에 대한 관심						
3. 좀더 좋은 도시에 살 기회						
4. 사회적 지위						
5. 교육기회						
6. 여가기회						
7. 그 외의 것						
B. 중요한 타인에게 주어지는 이득과 손실						
1. 개인적 수입						
2. 일의 가치에 대한 흥미						
3. 좀더 좋은 도시에 살게 될 기회						
4. 사회적 지위						
5. 교육기회						
6. 여가기회						
7. 긔 외의 것						
C. 자신의 승인 거부						
1. 도덕적, 법적 고려						
2. 타인에 대한 봉사						
3. 자기 이미지						
D. 사회적 승인 거부						
1. 아내나 남편으로부터						
2. 가까운 친구로부터						
3. 동료로부터						
4. 타인들로부터						

이러한 접근의 단점은 여러 진로를 섣부르게 배제하는 것에 대한 안전장치가 없다는 것이다. 의사결정 과정에 있는 사람들이 여러 대안의 수를 줄이기 위해서는 상황관점에 따른 배제모델Elimination by Aspects : EBA을 사용하고 난 이후에 대차대조표 접근을 이용하는 것이 더욱 현명하다고 할 수 있을 것이다.

2) 처방적 진로 의사결정 모델

(1) 미첼Mitchell의 재개념화된 선택모델

1 주요내용

미첼Mitchell, 1975의 모델은 특별한 경우의 진로 의사결정 과정에 적합하도록 레슬Restle의 선택모델을 재개념화했기 때문에 재개념화된 선택모델reconceptu- alized choice model로 불리운다. 레슬의 원 모델은 의사결정자가 결정상황의 함의들을 마음 속에 있는 이상적인 상황과 비교한다고 가정한다. 그 의사결정의 결과는 이상적인 상황이나 결과에 가장 가까울 것이라는 것이 예상된다. 미첼은 레슬의 모델에 대해서 한 가지 문제점을 제시했는데, 수많은 진로 의사결정의 과정에 있는 사람들이 그들의 마음 속에 이상적인 대안들을 가지고 있지 않고, 대신 '어떤 특성들과 우수성에 대한 선호'를 가지고 있다는 것이다. 여러 대안적 진로를 고려해 볼 때, 어떤 의미에서 선호는 전부 아니면 전무일 수도 있다. 분명한 것은, 여기서의 목적은 여러 가지 대안들로부터 선택을 하는 것이다. 어떠한 선택을 하기 위해서 의사결정자는 대안적 진로의 여러 측면들을 명백하게 구분할 수 있어야 한다.

선호preferences의 요소들은 다음의 방법으로 분류할 수 있다.

① 절대적 강제성absolute constraints

진로의 어떤 특성들은, 대안을 실행 가능화하기 위해서 제시되거나 또는 제시되지 않아야 한다. 제시되어야 하는 것들은 긍정적 절대성positive absolutes이라고 하고, 제시되지 말아야 하는 것들은 부정적 절대성negative absolute이라고 부른다.

② 부정적인 특성들negative characteristics

이 특성들은 진로선택의 바람직하지 않은 측면들이다. 그러나 이 바람직하지 못한 것의 정도는 다양하다.

③ **긍정적인 특성들**positive characteristics

이것들은 진로선택의 바람직한 측면들이다. 그리고 바람직한 것의 정도 또한 가지각색이다.

④ **중성적인 특성들**neutral characteristics

이 요소들은 당장은 선택과 무관하다.

이 특성들은 다음과 같이 표현된다. K=부정적 절대성, K´=긍정적 절대성, C=부정적 특성들, P=긍정적 특성들, N=무관한 특성들

미첼1975은 진로선택에 관한 원리를 제시하였다. 이 원리들 중 가장 눈에 띄는 것은 만약 주어진 진로선택의 대안이 대안으로서 절대성을 만족시키지 못한다면 그것이 선택될 가능성은 제로0라는 것이다. 그리고 그 두 번째 원리는 만약 주어진 대안이, 진로 의사결정자가 진로선택을 하는데 긍정적인 요소라고 생각하는 것에 부합하는 긍정적 특성을 가졌다면, 그 진로가 선택될 가능성은 제로0보다 커질 것이다. 그리고 만약 부정적 특성을 지닌 A진로와 부정적인 특성을 지니지 않은 B라는 진로가 있다면 이러한 진술의 역도 성립될 것이다. 즉, A진로에 비교해 볼 때 B진로를 선택할 가능성이 제로0보다 크다는 것이다.

미첼1975은 진로결정자가 실제로는 다음과 같은 여러 가지 방법으로 의사결정을 할 수도 있다는 것을 제안한다.

① 단지 대안들의 긍정적인 특성들만 비교할 수도 있다.

② 부정적인 특성에 대비되는 긍정적인 특성에 가중치를 주는 방법으로, 한 번에 한 가지 대안만을 고려할 수도 있다.

③ 그 대안들의 장점들 때문이 아니라, 부정적 특성들 때문에 어떤 대안을 선택할 수도 있다. 이런 상황에서의 선택은 회피적 행동이다.

④ 오직 부정적인 특성만을 가지고 그 대안들을 볼 수도 있다. 이런 경우 그 의사결정자는 그 선택의 부정적인 영향을 최소화하는 것이다.

⑤ 긍정적 특성과 부정적 특성을 둘 다 가지고 있는 것으로 대안을 볼 수도

있고, 이러한 측면들이 동시에 고려될 수도 있다.

⑥ 진로 의사결정자는 긍정적인 특징들만 지닌 것으로 어떤 대안들을 볼 수도 있고, 다른 대안들은 부정적인 특징들만 가진 것으로 볼 수도 있으며, 또다른 대안들은 양쪽 특성들을 모두 가진 것으로 생각할 수도 있다.

만약 의사결정자가 활용 가능한 대안들의 여러 가지 특성들에 부여하는 가중치의 크기를 안다면, 이 모델을 통해 예견이 가능할 것이다. 분명한 것은, 절대적 강제성이 없거나긍정적 혹은 있을 때부정적 어떤 대안은 배제될 것이다. 그러나 만약 의사결정자가 오직 대안의 긍정적인 특성들에만 초점을 둔다면, 우리는 그 선택이 그 대안의 여러 가지 측면들에 매겨지는 계수coefficients의 크기에 관련될 것이라는 것을 예견할 수 있다. 이러한 가중치들은 특유한 것이기 때문에, 개개인으로부터 도출되어야 한다. 미첼은 이것은 인터뷰나 질문지법으로도 가능하다고 제안했다.

2 시사점

레슬의 의사결정 모델에 대한 미첼의 수정안은 상담자들에게 여러 가지 흥미있는 시사를 준다. 그 중 가장 관심을 끄는 것은 긍정적, 부정적 성질을 모두 지니고 있는 절대적 강제성이라는 개념이다. 진로탐색 과정의 시작단계에서 이것들을 결정하는 것은 매우 유용한 시작의 방법이 될 수 있다. 또다른 유용한 아이디어는 진로 의사결정자가 긍정적, 부정적인 특성들에 대해 다양하게 초점을 맞추거나 양자를 적절히 조합하여, 다른 시기에 다른 방법으로 여러 진로를 고려할 수 있다는 것이다. 진로에 관련된 어떤 특성을 고려할 것인가를 결정하는 것은 상담 실제에 있어서 유용하다. 미첼1975은 진로 의사결정자의 성숙도에 대해서는 언급하지 않았다. 하지만 우리는 미성숙한 의사결정자는 어떤 특정한 대안에 대한 제한적인 자료만을 고려할 것이라는 것을 상정할 수 있다. 또한 진로 의사결정자가 진로에 관한 광범위한 정보들을 살필 경우, 어떠한 때에 이러한 긍정적이고 부정적인 특성들에 관심을 두게 되는지에 대해서 아는 것 또한 도움이 될 것이다. 제니스와 만은 의사결정자가 어떤 행동의 긍정적 결과를 과장하고 부정적 결과를 최소화할 수도 있다고 제안했다.

(2) 미첼Mitchell과 비치Beach의 주관적 기대효용 모델

1 주요내용

의사결정의 처방적 모델은 사람들이 어떻게 의사결정을 해야 하는가를 보여주기 위해 개발되었다. 여러 수학적인 원리에서부터 파생된 의사결정의 주관적 기대효용subjective expected utility : SEU 모델은 의사결정자들이 바람직한 결과를 얻을 수 있는 가능성의 극대화를 도와주는 것이라고 할 수 있다. 가능성의 극대화maximization of expectancies라 불리는 이 원리는 의사결정자가 여러 결과들에 직면했을 때, 각 결과의 가치나 효용, 그 결과 발생의 가능성에 따라서 취하게 될 행동을 예상할 수 있다Mitchell & Beach, 1976 ; Wright, 1984. 어떤 경우는 실제적인 가치와 가능성이 그 결과에 연결될 수도 있다. 그러나 진로결정의 영역에서 주관적인 가치와 가능성은 별도로 고려되어야 한다. 특정한 대안적 진로에 대한 주관적 기대효용SEU은 다음과 같다Mitchell & Beach, 1976.

$$SEU = PK \times UK + 1 - PK - UK$$

- PK = 특정한 진로 의사결정이 이루어지면 생길 수 있는 결과 K가 발생할 수 있는 가능성(0∼1)
- UK = 결과 K를 받아들이는 것에 대한 효용(1∼10)
- 1−PK = 동일한 진로 의사결정이 이루어져도 결과 K가 발생하지 않을 가능성
- −UK = K를 받아들이지 않은 것에 대한 비효용(1∼10)

예를 들어, 어느 대학생들이 '미술사'와 '경영'이라는 두 개의 전공을 놓고 선택에 직면했을 때 다음과 같은 상황이 발생할 것이다.

예상되는 결과K = 대학졸업 후 일하게 될 영역

미술사의 주관적 기대효용 $SEU = (.1 \times 10) + (1 - .9)(-4)$

$$=1+(-.4)$$
$$=.6$$

경영의 주관적 기대효용 $SEU=(.6\times 10)+(1-.6)(-4)$
$$=6+(-1.6)$$
$$=4.4$$

이 절차는 먼저 학생들에게 여러 상이한 변수들의 중요성에 대한 주관적인 평가에 따라 가중치를 매기도록 한다. 여기에서는 '경영'이 선택될 것이라는 것을 예견할 수 있다. 특정한 진로선택에 대한 주관적 기대효용은 그 진로와 관련된 주관적 가치와 그 진로가 선택되었을 때 바람직한 결과가 얻어질 가능성의 곱에 의해서 산출된다PK×UK. 이렇게 얻어진 수치에 만약 그 선택이 결정되더라도 희망하는 결과가 나타나지 않을 것이라는 것과, 그 결과를 받아들이지 않음으로써 일어나는 비효용의 곱에 의해 산출된 숫자가 더해진다[1-PK-UK]. 이 등식에서 볼 수 있듯이, 실제적으로 첨가되는 것은 부정적인 계수이다. 이 모델에서 진로결정자는 각각의 진로선택 사항에 대한 주관적 기대효용을 계산해야 한다. 그리고 높은 계수를 가진 대안이 선택되도록 해야 한다Mitchell & Beach, 1976.

라이트Wright, 1984는 올바른 의사결정을 하기 위한 보다 간단한 대수적 접근을 제안한다. '미술사'와 '경영' 사이에서 고민하는 대학생의 예에서 그의 전공과 관련된 직장을 갖지 못하게 될 때의 비효용성은 부정적인 요인이 된다. 이어서 선택의 상황에 직면하여 모든 긍정적인 효용에 관심을 두는 예와, 부정적인 효용성을 보다 간단한 방식으로 그 공식에 연결시키는 예를 살펴보자. 먼저 진로 의사결정자가 '수학교사'나 '엔지니어' 중 하나를 선택해야 할 상황에 직면해 있다면, 그는 이 선택의 결과로서 어떤 성과가 있기를 바랄 것이다. 그것은 다음과 같이 예시될 수 있다.

표 7-3 **긍정적 효용에 고려한 의사결정**

효용(1~10)	획득하게 될 가능성(0~1)	
	수학교사	엔지니어
직업적 안정성(9)	1.0	.8
높은 보수(10)	.1	1.0
지위(6)	.2	.6
지리적 유동성(6)	1.0	.9
도전성(7)	.4	.8
여가시간(4)	1.0	.4
가족과 지낼 수 있는 시간(7)	1.0	.4

수학교사의 SEU = 9+1+1.2+6+2.8+4+7 = 31
엔지니어의 SEU = 7.2+10+3.6+5.4+5.6+1.6+2.8 = 36.2

SEU 의사결정 모델로 예상할 수 있는 것은, 이 사람이 엔지니어가 될 것이라는 것이다.

앞의 예에서 효용성들직업선택에 관련된 어떤 결과들에 연합된 가치들은 모두 긍정적이지만, 부정적인 것이 있을 수도 있다Mitchell & Beach, 1976. 예를 들어, 어떤 의사결정자들은 위험한 환경에서 일하는 것에 −8의 가중치를 줄 수도 있고, 대도시로 통근하는 것에 −10의 가중치를 할당할 지도 모른다. 부정적인 가중치가 할당되면, 두 가지 진로선택에 대한 주관적 기대효용에 대한 평가는 다음과 같이 나타날 것이다.

표 7-4 **부정적 효율을 고려한 의사결정**

효용(1~10)	획득하게 될 가능성(0~1)	
	세일즈맨	회계사
높은 보수(8)	.9	.9
직업적 자율성(10)	.8	.2
안전성(4)	.3	.8

자유시간(8)	.9	.3
통근거리(−8)	.9	.5
배우자를 만날 기회(7)	.8	.7

세일즈맨의 SEU=7.2+8.0+1.2+7.2-7.2+5.6=22.0

회계사의 SEU=7.2+2.0+3.2+2.4-4.0+4.9=15.7

이 모델은 세일즈맨이 되는 것이 더 나은 선택이라고 제시한다.

2 시사점

훌륭한 진로 의사결정자들은 원하는 결과들을 이끌어 낼 수 있는 실행 가능한 대안들을 규정할 수 있어야 한다. 피츠와 하렌1980이 언급하였듯이, 상담자의 역할 중 하나는 내담자들이 그들의 진로선택을 분석하고, 분석한 것들과 함께 앞서 기술된 여러 가지 분석을 참조할 수 있도록 도와주는 것이다.

진로 의사결정의 여러 결과들에 관한 주관적 가치를 잘 설정하는 것이 최상의 결정을 내리는 데 있어서는 매우 중요하다. 이를 위해서는 내담자들이 가치를 명료화하고, 그렇게 함으로써 진로선택의 어떤 결과에 대한 가치를 사정하는 능력을 향상시키는 것을 도와줄 수 있는 심리측정 도구를 활용하는 것도 큰 도움이 될 것이다. 그러나 내담자들에게 어떤 것이 현재 직업에서 가치있는 것인가를 묻는 것처럼, 직업가치에 대한 명료화를 꾀하는 것도 이러한 과정을 촉진시키는 유용한 방법이 될 수도 있다.

어떠한 선택이 어떤 결과를 가져올 것이라는 가능성은 다양한 직업정보를 평가해 봄으로써 알 수 있다. 그러나 필요한 정보를 찾는 것이 어렵기도 하지만, 개인이 가지고 있는 정보의 형태와 양도 중요한 문제가 된다. 가능성을 확고히 하는 데 도움이 되는 정보는, 의사결정자가 추정한 모든 결과들에 관한 자료를 제공해 줄 수 있어야 한다Slovic & Mac Phillamy, 1974. 개인에게 직업정보의 보유와 사용을 극대화시키도록 도와주기 위해서는 다음과 같은 점들이 고려되어야 한다.

첫째, 개개인은 자신에 대한 잘 발달된 시야를 가지고 있어야 하고특히 가치관, 직업정보는 이러한 개인적 참조 체제의 관점에서 해석될 수 있어야 한다.

둘째, 정보는 특정한 선택의 기대되는 결과들과 관련된 자료를 제공해 주어야 한다.

셋째, 정보는 가장 그럴듯해 보이는 대안 하나로 단순화되는 것이 아니라, 모든 가능한 대안들을 알려주는 방식으로 제공되어야 한다.

(3) 트버스키Tversky의 관점에 따른 배제모델

[1] 주요내용

주관적 기대효용SEU 모델은 단순히 확실하고 가중치가 큰 대안을 선택한다는 것으로 논의되었다. 즉, 선택되는 대안은 가장 가중치가 큰 것이다. 그러나 이 진로 의사결정 모델은 선택과 관련된 가치들이나 원하는 결과들의 획득 가능성이 불확실한 경우 한계를 가지고 있음이 드러났다. 트버스키Tversky, 1972는 동료들과 함께 불확실한 상황에서 더욱 효과적인 의사결정 모델을 개발했다. 관점에 따른 배제elimination by aspects : EBA 모델은 동시에 모든 선택들에 초점을 맞춘다. 각 선택은 수많은 특성과 관점을 가지고 있다. 예를 들어, 어떤 한 직업이 만족할 만한 임금, 적절한 작업환경, 좋은 지리적 위치, 그리고 미래에 관한 가능성 있는 기회를 제공하는 반면, 다른 직업은 다른 특성이나 관점을 제공할 수도 있다. 트버스키에 따르면, 의사결정 과정의 각 단계마다 특정한 측면이나 직업의 특성이 고려된다. 예를 들어, 일단 일련의 잠재적 진로선택이 이루어지면, 의사결정자는 월급에 주의를 기울일 것이고, 그러한 최소한의 기대를 충족시킬 것 같지 않은 대안들은 배제할 것이다. 트버스키는 배제의 원칙에서의 주요한 흐름은, 보유하고 있는 대안들이 실제로 배제된 대안들보다 더 우수하다는 것을 보장하지 못하는 것에 있다고 경고한다. 가티Gati, 1986는 트버스키의 모델을 '순차적 배제 접근sequential elimination approach'이라고 부르면서 SEU모델과 대비시키고 있다. EBA모델이 진로발달 이론들과 양립할 수 없는 것으로 보일지도 모르지만, 이것은 그러한 경우가 아니라고 그는 제안한다. 진로의사결정은 순차적으로 이루어진다. 즉, 다양한 선택의 시점에서 어떤 대안들은 배제된다. 그는 진로의사결정의 과정에서 다양한 직업들의 상이한 관점들이 고려되면 될수록 진로선택의 구체성이 증가될 수 있다고 제안한다. 그는 진로의사결정 과정을 다음과 같이 이야기했다.

① 고려해야 할 진로들에 관련된 여러 관점측면이나 특징들을 확인하라. 이러한 확인의 과정은 진로상담의 맥락 내에서 발생되는 단일 사건이나 혹은 계속되는 과정의 연속으로써 고려될 수 있다.

② 중요성에 따라 여러 가지 측면들의 등급을 분류하라. 이 과정은 주관적인 평가예 : 가치, 객관적인 강제예 : 물리적 필요와 태도, 그리고 직업 그 자체의 성질예 : 작업환경, 월급, 명성에 기반을 두고 등급화해야 한다.

③ 가장 중요한 관점의 등급가장 높게 분류된이 수용할 만한지 확인하라.

④ 고려되고 있는 관점에 대해 수용할 만한 등급에서 벗어난 진로들을 배제하라.

⑤ 고려되고 있는 일련의 진로들이 수용할 만큼 짧게 될 때까지 ③~④ 단계를 반복하라.

⑥ 남아있는 직업들에 대해 더 깊이 탐구하라.

탐구가 계속됨에 따라 직업의 관점들에 대한 더 많은 지식이 획득될 것이며, 유일한 선택이 남아 있을 때까지 연속적인 배제가 행해질 것이다.

2 시사점

가티1986는 진로의사결정에 관한 EBA모델이 SEU모델보다 더 유용할 것이라고 믿는다. 왜냐하면, 후자의 접근은 의사결정의 인지적 구조에 일치하지 않기 때문이며, 몇몇 과정들은 많은 사람에 의해 거부되었기 때문이다. 그는 SEU모델이 의사결정자가 적은 수의 대안들다섯이나 그보다 더 적은과 직면하기만 한다면 유용할 것이라고 믿는다. 이에 대해 EBA모델은 많은 진로선택들을 줄여가는 데 있어서 매우 유용하다.

EBA모델은 개인이 특정한 진로선택의 긍정적 혹은 부정적인 측면들을 확인하고, 그것들의 등급을 설정하고, 각 관점에 대해 수용할 만한 등급을 설정할 것을 요구한다. 그리고 나서 한 번에 한 측면씩 고려하여 선택들이 배제된다. 이 과정은 사람들의 인지적 한계에 부합되고 불확실한 상황에서 의사결정이 가능하도록 해 준다. 그러나 이 모델에서는 의사결정자가 세운 기준을 잠재적으로 만족시킬 가능성이 있는 대안들을 배제하지 않을 것이라고 보장해 주지는 못한다. 그러나 상담자는 내담자가 직업의 수용할 만한 특성들을 확인하고, 직업정보를 분석하는 과정을 도와줄 수 있다.

(4) 한국교육개발원 모델

인간은 보다 효과적인 의사결정을 하려는 욕구를 가지고 있다. 하지만 의사결정을 내리는 절차와 과정은 그렇게 쉽지가 않다. 보다 체계적인 절차와 숙련된 정신기능을 요구한다. 의사결정의 과정은 선택의 복잡성으로 인하여 결정에 이르는 과정에서 몇 가지 절차를 거치게 된다. 한국교육개발원에서는 의사결정의 절차를 다음과 같이 다섯 단계로 나누어 의사결정의 과정을 제시하였다지용근 외, 2005에서 재인용.

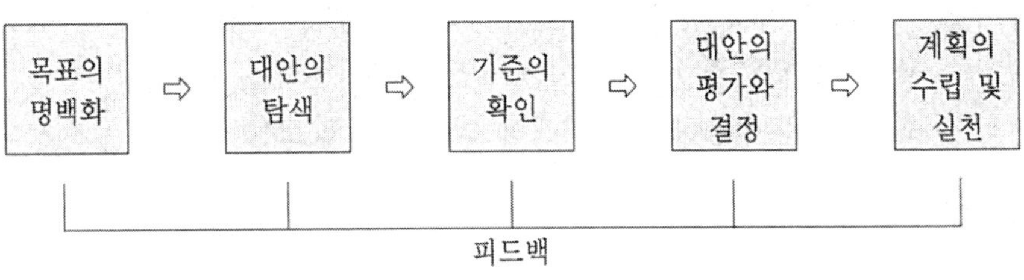

그림 7-3 의사결정의 절차

1 목표의 명백화

이 단계의 목적은 상황을 명백하게 함으로써 결정해야 하는 문제에 대한 올바른 이해가 전제되어야 한다. 자신이 추구하는 가치와 목표를 뚜렷하게 세우고 원하는 바를 분명하게 제시한다. 목표는 실행 가능한 것인지? 진정으로 원하는 것인지? 가능한 한 구체적인 목표를 세우면 좋다.

2 대안의 탐색

자기가 원하는 결과를 이룩하기 위한 방법을 찾는 것이다. 자신의 과거 경험과 다른 사람들이 겪었던 경험 등이 좋은 참고가 될 것이다. 여기서 특히 유의해야 할 점은 가능한 많은 대안방법을 찾아보도록 노력하는 일이다. 대안이 많을수록 가장 적합한 해결방안을 찾을 가능성이 커지므로 가능한 한 많은 방법을 찾아보도록 노력하는 일이 중요하다.

3 기준의 확인

대안의 탐색단계에서 세운 많은 대안 중에서 어떤 것을 선택하고 결정하는데 필요한 기준이 수립되어 있어야 할 것이다. 뚜렷한 선택기준이 설정되었을 때 다음 단계에서 선택기준에 따라 합리적이고 정확한 대안의 평가와 선택이 이루질 수 있다.

- 해결책이 충족시켜야 할 목표는 무엇인가?
- 상황을 해결할 만큼 시간이 충분한가?
- 어느 정도의 인적, 물적 자원들이 필요한가?
- 어떠한 가치가 내포되어 있는가?

4 대안의 평가와 결정

많은 대안을 평가하고 목표를 달성할 수 있는 가장 최선의 대안을 선택·결정하는 것이다. 이 단계에서는 무엇보다도 전 단계에서 세운 대안선택 기준에 따라 각각의 대안을 평가하여 결정된 대안이 자신이 원하는 결과를 가능하게 해 주는 대안을 선택해야만 한다. 그러나 평가한 결과 제시된 대안들이 만족할 만한 것이 없다고 여겨질 때에는 새로운 대안을 탐색하여야 한다. 즉, 만족할 만한 정도의 대안이 없을 경우에는 두 번째 단계인 대안의 탐색단계로 피드백feedback되어야 한다. 만족할 만한 정도란 의사결정자가 결과와 관련하여 얼마나 원하고 있는가를 나타내는 것이다.

5 계획의 수립 및 실천

마지막 단계로 자신이 결정한 대안을 실천할 수 있도록 구체적인 계획을 수립하고 실천하는 단계이다. 계획을 세울 때에는 실천가능성, 실천에 따르는 장애물, 도움을 줄 만한 사람, 실천에 필요한 것 등을 고려하여 계획을 수립하여야 설정한 목표를 달성할 수 있을 것이다. 그러나 실천과정에서 자신이 계획한 것과 다를 경우, 자신의 계획을 재검토해서 바꾸거나 새로운 계획을 수립해야 한다.

제 8 장

구직, 직업적응, 진로전환상담

1. 구직상담
2. 직업적응상담
3. 진로전환상담

진로를 결정하는 일은 개인의 일생을 통해 성취해야 할 가장 중요한 과업 중의 하나이다. 진로선택의 결과에 따라 생활의 양식과 삶의 질이 결정된다. 그러므로 진로를 결정하고 선택하도록 돕는 진로상담, 특히 구직과 직업적응, 그리고 진로전환상담은 아무리 강조해도 지나치지 않을 것이다. '보다 풍성한 삶'을 향한 생의 방향을 설정하고, 실제 구직과 직업적응 및 진로전환 행동을 수행하고 강화하는 진로상담은 삶의 일부분을 의미하는 것이 아니라 우리 전 생애에 걸쳐 필요한 과정이다. 이 장에서는 구직상담과 직업적응상담, 진로전환상담의 개념과 방법을 살펴볼 것이다.

이 장에서 학습해야 할 목표는 다음과 같다.
첫째, 구직상담의 정의를 내리고 주요 과제별 상담방법을 요약할 수 있다.
둘째, 구직자를 위한 국가지원 프로그램을 설명할 수 있다.
셋째, 직업적응 이론을 요약 · 설명할 수 있다.
넷째, 경력개발과 스트레스 관리에 대하여 설명할 수 있다.
다섯째, 진로전환상담의 정의를 내리고 분류할 수 있다.
여섯째, 진로전환 서비스 프로그램을 요약 · 설명할 수 있다.

1. 구직상담

1) 구직상담의 개요

(1) 구직상담의 의미

구직求職상담이란 말 그대로 직업을 구하는 것에 대해 도움을 청하는 사람을

돕는 상담이다. 구직상담은 다른 말로 '취업상담, 직업상담'이라고도 불리며, 넓은 의미에서는 진로상담에 포함되어 설명되기도 한다.

사람들이 직업을 구하는 데 있어 어려움을 겪는 이유는 크게 두 가지이다. 하나는 자신에게 적합한 직업이 무엇인지 정하기 어려운 경우, 즉 어떤 직업을 선택해야 할지에 대한 결정을 내리기 어려운 경우고, 다른 하나는 자신에게 적합한 직업을 정했는데 그것을 성취하지 못해 도움을 청하는 경우일 것이다. 물론 이 두 가지 문제는 서로 분리되어 있다기보다는 서로 관련된 문제이기도 하다.

구직상담은 직업을 구하고자 하는 사람을 대상으로 자신에게 적합한 직업을 결정하고 그 직업을 잘 영위해 가도록 돕는데 초점을 둔 상담이다. 그리고 이 과정에서 채용정보 제공, 구직기술 지도, 취업 실패의 원인 탐색, 구직과정에서 겪는 다양한 심리적 문제 등을 다룬다.

(2) 구직상담의 장면과 대상

구직상담이 이루어지는 장소와 대상은 다양하다. 대표적 장소로는 직업인 양성을 주요 목적으로 하는 마이스터고, 특성화고, 폴리텍대학, 직업훈련기관을 비롯하여 대학의 취업지원센터와 상담센터, 공공 및 민간 고용서비스기관 등이 있다. 이러한 장소에 따라 구직상담 대상이 되는 내담자의 특성에도 다소 차이가 난다. 여기서는 다양한 구직상담 장면 가운데 마이스터고와 특성화고, 대학취업지원센터, 고용센터, 민간 고용서비스기관 등에 대해 설명하고, 각 장면에서 만나게 되는 내담자 특성을 중심으로 구직상담에서 고려해야 할 사항에 대해 기술한다.

1 마이스터고와 특성화고

마이스터와 특성화고는 자신의 흥미와 적성에 맞는 전문적 기술을 배워 고교 졸업 후 바로 취업할 수 있는 능력을 갖춘 특정 분야의 인재를 양성하기 위한 고등학교다. 이러한 학교 설립의 취지를 살리려면 고교 입학 당시에 이 분야가 이 학생에게 적절한지에 대한 탐색이 이루어져야 한다. 그러나 과연 모든 학생이

자신의 현재 전공 분야에 만족해하고 취업을 원할지에 대해서는 확신하기 어렵다.

이런 점에서 구직상담의 대상이 되는 학생들은 크게 두 가지 부류로 구분해 볼 수 있다. 한 부류는 현재의 전공 분야가 자신의 흥미와 적성에 맞아서 졸업 후 같은 분야로 취업을 희망하는 학생들이고, 다른 한 부류는 현재의 전공 분야가 자신의 흥미와 적성에 맞지 않아 갈등을 하는 학생들이다. 전자의 경우, 구직상담의 초점은 학생들에게 일자리 정보를 제공하고, 일자리 선택에 대한 결정을 돕는데 맞추면 된다. 최대한 후회를 줄이기 위해 일자리 선택 시 자신이 중요하게 생각하는 기준을 정리해 보고, 선택하고자 하는 일자리의 대안들이 그러한 기준에 어느 정도 맞는지를 따져보게 할 수 있다. 만약 그 기준이 비현실적으로 높거나 모든 기준을 만족시켜야 한다는 비현실적 기대를 갖고 있다면 이러한 기대를 조정하는 것도 구직상담에서 다루어야 할 과제가 된다.

한편 후자처럼 전공 분야가 자신의 흥미와 적성에 맞지 않아 갈등하는 학생들의 경우, 일자리 선택에 앞서 이러한 갈등을 다루는 것이 필요하다. 구체적으로 어떠한 어려움이 있는지를 살펴보고, 현재의 전공 분야 외에 다른 분야로의 취업 가능성에 대해서도 살펴보아야 한다.

2 대학취업지원센터

청년층 실업이 사회문제로 대두되면서 각 대학에서는 학생들의 취업에 지대한 관심을 갖고 취업 지원을 위한 기관을 운영하고 있다. 그 명칭은 '종합인력개발원, 취업지원센터팀, 커리어개발센터, 경력개발센터' 등 다양하지만, 학생들의 취업동기와 취업능력을 향상해 취업에 성공하도록 돕는다는 목적에 있어서는 동일하다.

이러한 활동 중 대표적인 것으로는 취업캠프, 취업동아리, 입사지원서 및 면접

특강, 학기별 취업 교과목또는 강좌개설, 취업박람회 등을 들 수 있다. 이러한 프로그램 외에도 학생들을 대상으로 한 개인별 구직취업상담이 중요한 업무로 진행되고 있다임언, 최동선, 강혜영, 2006: 44; 최동선, 김나라, 2005.

대학취업지원센터의 내담자들은 대개 자발적으로 방문하는 학생들로 취업에 대한 동기가 높은 경우가 많다. 그러나 취업 동기가 높다고 하더라도 자신이 어떤 분야로 취업할 것인가에 대한 확신, 개인의 취업역량, 원하는 취업처에 대한 기대수준 등이 학생들마다 다양하므로 내담자의 상황에 따라 구체적인 구직상담의 목표와 상담자가 사용하는 전략은 달라진다.

3 공공 고용서비스기관 : 고용센터

고용 서비스란 일자리에 관련된 서비스를 종합적으로 제공함으로써 개인의 평생 직업생활, 기업의 경영활동 및 국가 인적자원의 효율적인 활용을 지원하는 활동이다.

우리나라의 고용 서비스는 크게 공공고용 서비스와 민간고용 서비스로 구분할 수 있다. 이 가운데 공공고용 서비스의 대표적인 기관으로 고용노동부 고용센터를 들 수 있다. 고용센터는 IMF 외환위기 이후 취업의 어려움, 잦은 이직 · 전직, 조기 은퇴 등 고용 불안이 심화되면서 이에 대한 문제를 적극적으로 해결하기 위해 마련된 국가의 고용서비스기관이다.

고용센터는 고용과 관련된 다양한 업무를 하고 있는데, 취업지원, 고용안정사업, 직업능력 개발, 실업급여, 고용보험 관리, 집단 직업상담, 외국인 채용지원, 모성보호 등이다. 이 가운데 취업지원과 관련된 업무 역시 다양한데, 직업심리검사를 통한 적성 발견 및 직업선택 지원, 고용 동향 및 일자리 정보 제공, 직업능력

진단 및 직업훈련 정보 제공, 심층상담을 통한 개인 특성별 맞춤형 취업지원, 저소득층 대상 취업성공 패키지사업, 취약계층 대상 디딤돌일자리사업 등을 실시하고 있다. 이러한 프로그램들은 모두 무료로 제공되며, 어떤 프로그램의 경우에는 무료로 직업훈련을 받을 수 있으며 훈련수당도 지원되고, 취업시 취업성공 수당도 지원된다. 상담자들이 이러한 정보를 알아둔다면 필요한 내담자에게 심리적 지원뿐 아니라 실제적인 도움을 줄 수 있다.

고용센터의 구직상담 내담자들은 연령, 경제적 수준, 학력, 인지적 능력, 구직동기 등에서 매우 다양하다.

4 민간 고용서비스기관

민간 고용서비스업은 넓은 의미로 볼 때, 민간이 주체가 되어 운영하는 인력관련 산업을 의미하며, 민간 고용서비스기관이란 이러한 일을 하는 곳을 말한다김승택 2008.

민간 고용서비스 업체는 다음과 같은 다섯 개의 범주로 분류할 수 있다.

표 8-1 **민간 고용서비스업의 유형**

범주	유형
노동 공급과 수요의 중개 업체	· 유료직업소개소 · 해외직업소개소 · 외국인 근로자의 모집 및 배치를 맡는 소개소
사용업체, 근로자, 민간 직업안정기구 간 계약의 삼각관계를 가진 유형의 업체	· 파견근로업체 · 도급업체 · 직원 임대업체

범주	유형
전문 인력을 탐색하거나 또는 경력을 상담해 주는 업체	· 헤드헌팅업체 · 전직지원업체 · 구직상담업체 · 인력관리상담업체
여러 가지 직업안정 기능을 동시에 제공하는 업체	· 교육훈련과 취업지원을 동시에 수행하는 업체 · 직업정보제공업체
기타 업체	· 직업경력관리업체 · 위탁고용업체

이와 같은 다양한 민간 고용서비스기관에서 구직상담이 이루어지고 있는데, 구직상담의 구체적인 대상과 상담 서비스의 질은 각 기관에 따라 차이가 있다강혜영, 송영희, 정해영, 2009. 구직자에게 단순히 일자리 정보를 제공하는 기관에서부터 구직자의 흥미, 능력, 성격, 가치 등을 고려한 직업 탐색과 결정, 구직 기술 훈련 등의 서비스를 제공하는 기관에 이르기까지 민간 고용서비스 기관의 종류와 그 기관에서 제공하는 구직상담 서비스의 내용과 질은 매우 다양하다.

(3) 구직상담의 주요 과제

구직상담의 주요 과제는 학자와 상담 실무자들에 따라 표현하는 용어가 조금씩 다르기는 하지만 공통된 내용은 다음과 같다예: 김명소 외, 2000; Gysbers, Heppner, & Johnston, 2003. 먼저 구직상담에서도 내담자와 상담자와의 관계형성이 무엇보다 중요하다는 것이다. 그리고 구직상담의 전반적 방향을 설정하기 위해 구직자에 대한 탐색상담 종기, 구직 욕구, 구직 능력, 교육 경험, 직업 경험 등이 필요하다는 것이다.

관계형성과 구직자에 대한 탐색 결과를 토대로 '구직' 이라는 상담목표를 달성하기 위해 상담자는 다음과 같은 활동을 하게 된다. 구직자로 하여금 자기의 특성을 이해하도록 돕는 일, 상담자가 직업정보를 제공하거나 내담자로 하여금 직업정보를 탐색하도록 돕는 일, 의사결정을 돕는 일, 취업에 성공할 수 있도록 구직기술을 습득하고 향상하도록 돕는 일 등이다.

구직상담에서의 상담관계 형성과 구직자에 대한 탐색, 상담자가 해야 할 주요 활동구직자의 자기이해 돕기, 직업정보제공 및 탐색 돕기, 잠정적 의사결정 돕기, 구직기술 습득 및 향상 돕기 등은 다음과 같다.

1 상담관계 형성하기

모든 상담에서 가장 기본이 되고 중요한 것이 내담자와의 신뢰성 있고 온정적인 관계형성이다. 내담자가 상담자를 믿고 자신을 솔직하게 개방하여 이야기할 때 구직상담은 원활하게 진행될 수 있으며, 이러한 이유에서 상담관계 형성은 구직상담에서도 중요하다.

2 구직자에 대해 탐색하기

상담의 초기에 상담자가 해야 할 중요한 활동 가운데 하나는 내담자와 내담자의 문제에 대해 이해하는 것이다. 기본적인 정보는 구직상담 신청서로부터 얻을 수 있으며, 그 외 면접, 내담자에 대한 관찰, 심리검사 등을 통해 얻을 수 있다.

3 주요 활동

① 구직자의 자기이해 돕기

상담에서 내담자가 자신을 이해할 수 있도록 돕는 것은 중요하며 구직상담에서도 예외는 아니다. 다만 자기 이해의 목적이 직업선택 및 취업에 있으므로 자기 이해의 내용도 흥미, 적성 및 강점, 가치, 성격, 건강 상태와 신체적 조건, 가정환경가족의 경제력·심리적 지지 등에 초점을 두게 된다.

② 직업정보 제공 및 탐색 돕기

상담자는 적극적으로 직업정보를 제공해 주고, 내담자로 하여금 직업정보에 대해 탐색할 수 있도록 돕는다.

③ 잠정적 의사결정 돕기

의사결정을 돕는 것도 구직상담에서 중요한 과정이다.

④ 구직기술 습득 및 향상 돕기

구직기술을 습득하고 향상하도록 돕는 것은 취업목표를 달성하기 위한 구체적인 준비과정인데, 일반적으로 이력서와 지기소개서 작성 지도 그리고 면접 지도를 가리킨다. 이 역시 구직상담자가 해야 할 중요한 역할이다.

2) 구직상담의 주요 과제별 상담방법

(1) 구직자 탐색 방법

구직상담은 구직자의 특성에 따라 그 구체적인 목표와 방법이 달라진다. 구직자의 특성은 크게 신규 구직자인가 경력 구직자인가, 연령대가 젊은 층인가 준고령자 층인가, 남성인가 여성인가, 장애를 가진 사람인가 그렇지 않은 사람인가, 자발적인 실업자인가 비자발적인 실업자인가, 하고 싶은 분야를 결정한 사람인가 결정하지 못한 사람인가, 하고자 하는 일에 능력을 갖추고 있는 사람인가 갖추고 있지 못한 사람인가, 구직 동기가 강한 사람인가 약한 사람인가 등에 따라 크게 달라진다.

따라서 구직상담 초반에는 구직자의 특성을 파악하는 일이 중요하다. 연령, 성별, 교육 경험, 희망 직업, 직업 관련 경력과 같은 간략한 정보의 경우, 구직상담 신청서를 작성하도록 하여 파악할 수 있다. 구직동기와 구직능력, 그리고 보다 구체적인 구직자에 대한 정보를 얻기 위해서는 면접 및 관찰, 심리검사 실시 등을 활용할 수 있다.

구직자의 특성을 파악하기 위한 방법 중 구조화된 면접방법인 '생애진로탐색LCA', 그리고 구직동기 및 구직능력 파악에 도움이 되는 '구직준비도구직효율성 검사'에 대해 소개한다.

1 생애진로탐색

생애진로탐색Life Career Assessment: LCA은 구직자의 특성을 파악하기 위한 구조화된 면접방법으로 아들러Adler의 개인심리학에 이론적 근거를 두고 있다Gysbers et al., 2003. 진로에 대한 탐색, 일상적인 생활에 대한 탐색, 내담자의 강점과 장애요인에 대한 탐색이다.

② 구직준비도구직효율성 검사

구직준비도구직효율성 검사는 워크넷 사이트의 성인용 검사에 탑재되어 있는 온라인 검사로 성인 구직자고등학교 졸업예정자 포함의 구직 관련특성을 파악할 수 있다. 이 검사를 통해 파악할 수 있는 구직 관련 특성은 크게 세 가지로 구분된다.

- **현재의 경제적 · 사회적 취약성 정도**: 경제적인 측면에서 얼마나 어려운가, 정서적 · 경제적으로 도움을 받을 수 있는 가족과 지인들이 있는가?
- **구직에 대한 동기 정도**: 자신의 가치와 능력에 대해 어떻게 평가하고 있는가, 구직활동의 효과와 구직문제 해결에 대한 기대수준은 어느 정도인가?
- **구직에 필요한 기술 정도**: 목표 설정, 구직서류 작성과 면접 수행능력, 그리고 구직 정보 수집과 활용 능력에 대해 어떻게 평가하고 있는가?

상담자는 이러한 구직 관련 특성을 파악함으로써 구직에 대한 동기와 능력을 알 수 있고, 구직이라는 목표 달성을 위해 내담자에게 필요한 것이 무엇인가를 알 수 있다.

(2) 구직자의 자기이해를 돕는 방법

구직상담에서 상담자가 중요하게 해야 할 일은 구직자가 자신의 특성을 잘 이해하도록 돕는 일이다.

① 자기이해의 내용

구직상담에서 구직자가 자신의 특성을 이해하도록 돕는 목적은 그 사람에게 가장 잘 맞는 분야의 일직업을 선택하도록 돕기 위한 것이다. 이를 이해서는 그 사람이 무엇을 좋아하고 무엇에 관심이 있는지흥미, 무엇을 잘하는지능력, 장점, 무엇을 중요하게 여기는지가치를 이해하는 것이 중요하며, 이 외에도 직업선택과 적응에 영향을 미칠 수 있는 그 사람의 성격, 건강 상태와 신체적 조건, 가정환경가족의 경제적·심리적 지지 등에 대해 살펴보고, 직업선택 시 이를 적절히 고려할 수 있도록 도와야 한다.

2 자기이해의 방법

구직자의 흥미, 능력 및 강점, 가치, 성격, 건강 상태와 신체적 조건, 가정환경가족의 경제적·심리적 지지 등에 대해 살펴볼 수 있는 방법은 심리검사, 체크리스트, 카드분류, 활동지 작성, 자신에 대한 성찰, 타인의 피드백, 체험 등 다양하다.

① 심리검사를 통한 자기이해

상담에서 내담자의 심리적 특성을 살펴보기 위해 자주 사용하는 방법은 심리검사를 실시하고 이를 해석하는 방법이다. 구직상담에서도 구직자의 흥미, 능력 및 강점, 가치, 성격 등을 알아보기 위해 다양한 심리검사를 활용한다. 여기서는 온라인에서 무료로 실시하고 그 결과를 살펴볼 수 있는 워크넷 사이트의 검사를 간략히 소개하고 한다.

워크넷(www.work.go,kr)은 고용노동부 산하기관인 한국고용정보원에서 개발한 취업포털사이트다. '직업정보 · 심리검사' 메뉴로 들어가면 청소년초등생용 포함 대상 심리검사 10종류와 성인 대상 심리검사 11종류를 볼 수 있다.

표 8-2 워크넷 사이트 심리검사

자기이해 주요영역	청소년 대상 심리검사	성인 대상 심리검사
흥미	청소년 직업흥미검사 대학 전공(학과) 흥미검사 고교 계열 흥미검사	직업선호도 검사(S형, L형) 준고령자 직업선호도 검사
능력, 강점	청소년용 적성검사(고등학생용, 중학생용)	성인용 직업적성 검사 영업직무 기본역량 검사 IT직무 기본역량 검사

자기이해 주요영역	청소년 대상 심리검사	성인 대상 심리검사
가치	직업가치관 검사	직업가치관 검사
성격(인성)	청소년 직업인성 검사(S형, L형)	성격 5요인 검사(직업선호도 검사 L형에 포함)
기타	청소년 진로발달 검사 초등학생 진로인식 검사	구직준비도 검사 직업전환 검사 창업진단 검사 대학생 진로준비도 검사

② 체크리스트

개인의 심리적 특성을 이해하도록 돕기 위해서 체크리스트 방법을 사용할 수 있다. 체크리스트 방법은 여러 개의 항목문항을 나열하고, 이 항목에 대해 가부예/아니오 또는 척도로 평정하는 방법을 말한다. 다음은 체크리스트의 몇 가지 예다.

표 8-3 **보유능력 체크리스트(예시)**

자신이 가지고 있는 장기와 기술에 모두 ✓표 하십시오.			
타인과의 협력, 조화		운전하기	
정리, 정돈		돈 계산(경리, 장부정리)	
탐험과 답사 관련 지식		요약, 발표	
모임에서 사회 보기		조경, 식물재배	
게임 진행		요리	
기계조립		친절하게 전화받기	
중략			

출처: 박가열 · 임은미(2010), 보충자료 3, 4(A)

표 8-4 **성격 체크리스트(예시)**

현재 자신을 잘 나타내는 것에 모두 ✓표 하십시오.			
활동적인		예의 바른	
정확한		독립심이 강한	
융통성 있는		부지런한	
관대한		꼼꼼한	
신중한, 주의 깊은		절제 있는	
자신 있는		눈치 빠른	
중략			

출처: 박가열 · 임은미(2010), 보충자료 3, 4(B)

③ 카드분류 활동

직업카드, 가치카드 등을 활용하여 자신이 좋아하는 직업의 종류 및 특성, 직업 선택 시 중요하게 생각하는 가치 등에 대해 살펴보는 방법이다. 3~5개의 카드를 골라 보고 선택한 이유에 대해 이야기해 본다.

④ 활동지 작성

구직자의 흥미, 능력 및 강점, 가치, 성격인성 등을 알아보기 위해 보다 비형식적인 방법을 활용할 수 있다. 예를 들면 '생애그래프 그리기인생곡선 그리기'와 같은 활동을 통해 개인에게 중요한 경험과 그 경험에서 나타난 특성을 찾아볼 수 있다.

⑤ 자신에 대한 성찰

구직자 자신의 경험, 일기, 기록 등을 살펴보면서 자신에 대해 스스로 생각해 보도록 하는 방법이다.

⑥ 타인의 피드백

구직자 주변의 사람들에게 자신이 어떠한 특성을 갖고 있다고 생각하는지를 물어 보게 함으로써 자신에 대한 이해를 돕는 방법이다.

3 직업정보 제공 및 탐색을 돕는 방법

구직상담에서 상담자가 해야 할 중요한 일 중 하나는 상담자가 직업정보를 제공하거나 내담자로 하여금 직업정보를 찾아볼 수 있도록 돕는 것이다.

직업정보 제공 및 탐색을 돕는 구체적인 방법에는 인쇄물책, 신문, 안내책자 등, 영상매체영화, 비디오테이프, 동영상 등, 인터뷰, 체험, 인터넷 검색 등 다양한 방법이 있듯이 직업정보를 얻는 데도 이러한 다양한 방법을 모두 활용할 수 있다. 상담자는 구직자의 연령, 능력, 상황 등을 고려하여 그에게 적합한 방식으로 정보를 제공하고 탐색할 수 있도록 안내해 주어야 한다.

4 잠정적 의사결정을 돕는 방법

구직상담에서 조력해야 할 중요한 일 중 하나는 여러 개의 대안 중 하나를 결정하도록 돕는 것이다. 우선 적정 분야의 일을 정하도록 도와야 할 것이고, 구체적인 취업기관을 정하도록 도와야 할 것이다. 실제로 성인의 구직을 도울 때는 구인정보를 보고 선택하는 경우가 많으므로 일의 분야와 기업 선택이 동시에 이루어지는 경우가 많다.

직업을 결정하도록 돕는 방법은 다양한데, 여기서는 두 가지를 소개하고자 한다. 하나는 직업결정에 있어서 본인이 포기할 수 없는 조건, 이것만은 꼭 충족되어야 한다는 조건이 있는지를 확인하고, 만약 그러한 조건이 있다면 그것을 충족시키지 못하는 직업은 배제하고, 충족시키는 직업에는 어떤 것이 있는지 나열해 보는 방법이다. 성인의 경우, 어느 정도 자신의 능력, 실현 가능성 등을 고려하여 원하는 직업이나 조건을 제시한다. 그렇다 하더라도 구직자가 제시한 이러한 조건들을 그대로 받아들이기보다는 그것들이 어떤 점에서 본인에게 중요한지를 살펴보는 것이 필요하다.

다른 하나는 직업 대안들을 놓고 비교표를 작성해 보는 것이다. 선택하려는 각 대안을 적어 보고가로축, 결정을 위해 고려해야 할 사항들을 나열해 본 후세로축, 각 대안에 대해 평가를 하는 것이 비교표 작성의 기본 방법이다.

5 구직 기술 습득 및 향상을 돕는 방법

결정한 직업에 성공적으로 취업할 수 있도록 돕기 위해 이력서 및 자기소개서 작성, 면접 등 구직기술을 향상하도록 돕는 것도 구직상담에서 해야 할 중요한 일이다.

구직상담에서는 내담자에게 이력서와 자기소개서를 작성해 오도록 과제를 내주고, 상담시간에 내담자가 작성해 온 서류들을 보며 상담자가 피드백하는 방식으로 진행된다. 또한 면접의 경우 예상 질문을 선별하여 상담 장면에서 모의 면접을 진행해 보며 피드백을 주고, 불안이 높을 경우 불안 감소를 위한 이완훈련, 긍정적 자기언어self-talk 등을 연습시킬 수 있다.

6 과제숙제를 주는 방법

상담에서 많이 활용하는 방법 중 하나가 과제숙제 주기다강혜영, 김계현, 2004.

구직상담에서 많이 제시하는 과제의 종류에는 '자신의 장점과 단점 적어 오기생각해 오기, 직업 관련 심리검사 실시하고 결과물 프린트해 오기, 이력서 및 자기소개서 작성해 오기, 자신이 희망하는 분야의 정보 찾아보기, 나에게 의미 있는 사람들이 추천하는 직업 조사해 오기' 등이다. 과제 주기는 진로상담에서 자주 활용되는 상담기법이므로 내담자의 특성, 구체적인 문제 등에 따라 어떤 과제를 어떤 방식으로 부여하는 것이 효과적인지를 탐구해 나가는 것이 필요하다.

3) 구직자를 위한 국가 지원 프로그램

(1) 청년층 구직자를 위한 지원 정책

고용문제는 국가의 주요 관심사다. 따라서 각 부처에서는 관련 대상자에 대한 고용 촉진 및 지원을 위한 직·간접적인 다양한 정책을 실시하고 있다. 국가의 고용문제를 직접적으로 담당하는 고용노동부 외에도 청소년 문제를 담당하고 있는 여성가족부에서는 취약 청소년의 진로 및 직업선택을 위한 프로그램을 운영하고 있으며 통일부에서는 북한 이탈주민의 남한 생활 적응을 돕기 위해 다양한 취업지원 정책을 마련하여 실시하고 있다.

여기서는 이러한 정책들 가운데 청년층 구직자를 상담할 경우 상담자가 알아두면 유용한 몇 가지 제도에 대해 소개하고자 한다. 다음에 소개된 취업성공 패키지, 내일배움카드제직업능력개발 계좌제, 국가기간전략산업 직종훈련, 청년직장체험 프로그램은 고용노동부에서 실시하는 정책들로, 각 지역의 고용센터www.work.go.kr/jobcenter로 문의하면 안내받을 수 있다. 두드림존 프로그램은 여성가족부에서 실시하는 정책으로 한국청소년상담복지개발원www.kyci.or.kr이나 각 시 · 도 청소년상담복지센터로 문의하면 안내받을 수 있다.

1 취업성공 패키지

취업성공 패키지 지원사업은 지원 대상자에게 최장 1년간의 기간 내에서 통합적인 취업 지원을 해 주는 프로그램으로 1~3단계로 진행되며 취업성공 패키지 지원사업 대상은 위기 청소년, 저소득층 가구 구성원, 노숙인 등 비주택자, 북한이탈주민, 출소예정자, 신용회복 지원자, 결혼이민자, 여성가장, 영세자영업자, 건설일용직, 장애인, FTA 피해 실직자 등으로, 경제적으로 열악한 상황에 있는 내담자들에게 유용한 제도다. 사업에 대한 구체적인 사항은 고용노동부 취업성공 패키지www.work.go.kr/pkg에서 확인할 수 있다.

2 내일배움카드제직업능력개발 계좌제

내일배움카드제란 개인의 직업능력 개발을 위해 자율적으로 직업훈련을 받을 수 있도록 지원하는 제도로, 200만 원 한도 내에서 정부가 훈련비의 80%를 지원해 준다단, 과잉공급 훈련 분야는 정부가 60% 지원. 훈련받을 수 있는 직종은 고용노동부가 인정한 계좌적합훈련과정Eligible Training Program List: FTPL 중에서 선택해야 한다. 지원 신청을 위해서는 거주지 관할 고용센터에 방문하여 구직 등록 및 구직 신청을 하고 훈련, 상담을 받아야 한다. 제도에 대한 구체적인 사항은 고용노동부 HRD-Net www.hrd.go.kr에서 확인할 수 있다.

3 국가기간전략산업 직종훈련

국가기간산업이나 전략산업 중 인력 부족 직종에 대한 지원·기능 인력 및 전문·기술 인력을 양성하기 위한 목적으로 실행되는 제도다. '지원·기능 인력'이란 산업현장에서 생산활동을 하거나 서비스 개발을 지원하는 보조 인력으로 전문대졸 이하 또는 그와 동등한 경력을 가진 자가 해당된다. 훈련비는 무료이며 훈련장려금도 지원된다. 제도에 대한 구체적인 사항은 고용노동부 HRD-Net www.hrd.go.kr에서 확인할 수 있다.

지원대상은 다음과 같다.

① 직업안정기관에 구직 등록한 15세 이상 실업자

② 고등학교 3학년 재학생으로서 고등교육기관에 진학하지 않는 학생

③ 대학전문대학 최종 학년 재학생으로 대학원 등에 진학하지 않는 학생다음 연도 3월말까지 졸업예정자

4 청년직장체험 프로그램

청년직장체험 프로그램은 청년에게 직장체험의 기회를 제공하여 다양한 직업 탐색 및 현장 경험을 하도록 하는 연수 지원제도다. 대상은 15세 이상 29세 이하의 대학 및 고등학교 재학생이다군필자의 경우는 31세까지 가능. 연수시간은 공공기관 및 교육기관의 경우 1개월 이상 2개월 이하이고, 사회단체비영리법인 및 민간기업의 경우는 1개월 이상 4개월 이하다. 연수생에게 연수수당월40만 원이 지급되고, 연수 수료생에게는 '연수인증서'가 발급된다. 자세한 사항은 고용노동부-청년직장체험 www.work.go.kr/experi에서 확인할 수 있다.

5 꿈드림 프로그램

두드림존 프로그램은 자립이 필요한 취약청소년의 자립 준비를 종합적으로 지원하는 서비스로, 현재 학교교육을 받지 않고 경제활동을 하지 못해 경제적·사회적·심리적 어려움을 겪는 청소년들이 건강하고 올바르게 자립할 수 있도록

돕는 종합적 지원 프로그램이다. 대상은 만 9~24세 청소년으로 다음과 같다.

① 개인적 사정으로 집을 떠나 보호 · 복지 · 교정시설에서 생활하거나 퇴소한 청소년 중에 스스로 생계를 책임져야 할 청소년

② 현재 어떤 소속이 없이 생활하는 청소년 중에 취업이나 직업훈련 등을 통해 사회 진출을 희망하는 청소년

이 프로그램에 대한 구체적인 사항은 꿈드림 www.kdream.or.kr에서 확인할 수 있다.

(2) 구직자를 위한 구조화된 집단 프로그램

구직자들의 특성과 각 개인이 처한 상황은 매우 다양하지만 그들이 가진 공통점도 찾을 수 있다. 예를 들면, 실직으로 인한 자존감 저하, 스트레스 경험, 대인관계 어려움, 구직기술 부족 등이 있다. 또한 고령자, 주부, 청년층, 결혼이민자 등과 같이 상황이 유사한 구직자들도 있으며, 이들은 취업과 관련하여 유사한 어려움을 겪을 가능성이 높으므로 개인상담보다는 집단상담의 방식을 통해 도움을 주는 것이 더 효과적일 수 있다.

고용노동부에서는 구직자를 위한 다양한 구조화된 집단 프로그램을 개발하여 운영하고 있다. 현재 실시되고 있는 프로그램들에는 청년층 직업지도 프로그램, 취업희망 프로그램, 성공취업 프로그램, 고령자 재취업 프로그램 등이 있다. 각 프로그램의 실시기관과 구체적인 내용은 고용센터 www.work.go.kr/jobcenter의 각 지역 고용센터 홈페이지 '집단직업상담' 메뉴에서 확인할 수 있다.

개인상담을 진행하면서 필요하다고 판단되는 경우, 특정 프로그램에 대해 구직자에게 안내하고 지역의 고용센터에 신청하여 참여할 수 있도록 하면 유용하다. 개인상담과 집단 프로그램을 병행할 수도 있겠고, 개인상담 도중 상담을 잠시 중단하고 집단 프로그램에 참여하도록 한 뒤 다시 개인상담에서 필요한 점을 다루는 방법도 있을 것이다. 또는 개인상담을 마치면서 필요한 집단 프로그램으로 연결하는 것도 도움이 될 수 있다.

2. 직업적응상담

21세기에는 직업의 세계가 급변하고 있다. 최근 수십 년간 직업세계에는 새로운 직업의 등장과 특정 직업의 쇠퇴가 발 빠르게 이뤄지고 있다. 자연히 이제는 한 직장에서의 평생 근무하는 경우보다는 일생 동안 여러 직장에서 일을 하는 경우가 늘고 있다. 이에 따라 이런 변화에 잘 적응하고, 개인의 일생에 걸친 지속적인 역량을 개발할 필요성이 대두되고 있다. 즉, 개인은 변화해 가는 조직과 새로운 인간관계에 잘 적응해 나가며, 이 과정에서 생기는 스트레스에 효율적으로 대처해야 하는 등 새로운 과제를 갖게 되었다. 우리나라의 경우 대졸자가 직장을 구하기도 힘들지만 어렵게 구한 직장에서 1~2년 이내 조기 퇴사율이 해가 갈수록 높게 나타나고 있어 직업적응 상담은 앞으로 더더욱 필요하고 중요한 상담 분야로 등장하고 있다. 직업적응을 위한 상담은 개인의 경력개발 등 진로와 관련된 측면도 있지만, 직장 내 인간관계에 대한 적응, 직장 문화 적응 등 일반적인 심리상담의 영역을 포괄한다.

1) 직업적응상담의 이론적 기초

(1) 직업적응상담의 개념과 방식

개인이 자신의 특성에 맞는 직업을 선택했다 하더라도 선택한 직업의 직무 및 요구능력 또한 빠르게 변화하기 마련이며, 따라서 주요한 것은 개인과 직업 간의 부조화가 있을 때 이에 대한 대처와 적응 능력이다. 직업적응에서는 변화하는 직업세계에 대한 적응 및 대처 능력, 개인의 경력개발, 직업에서 경험하는 스트레스의 관리 및 대처 등이 중요하게 다루어진다.

직업적응을 위한 상담은 기업 내 상담실, 기업과 제휴를 맺은 외부 상담실,

일반 심리상담실 등에서 광범위하게 이루어질 수 있다. 최근 기업에서는 개인의 직업적응을 돕기 위해 상담자를 고용해서 직장 내 구성원이 경험하는 다양한 어려움을 돕는 서비스를 제공하고 있다.

(2) 직업적응상담 관련 이론

다양한 진로상담의 이론 중 여기에서는 변화에 대한 적응의 개념을 이론에 포함시키고 있는 수퍼Super의 진로적응성career adaptability 개념과 직업적응 이론psychological theory fo work adjustment; Dawis, 2002; Dawis, & Lofquist, 1984; Lofquist, & Dawis, 1991을 중심으로 설명한다.

1 수퍼의 진로적응성

진로적응성이란 현재 당면한 진로 과업 및 직업의 변화에 개인이 대처하는 과정을 강조하는 개념이다. 최근에는 개인이 일생에 걸쳐 여러 개의 직업을 가지게 되며, 하나의 직업 내에서도 기술의 변화에 따라 다양한 업무능력을 키워야 할 필요가 있다. 이때 직업적응성이란 현재의 진로발달 과업, 직업전환, 개인적 외상 등에 대처할 수 있는 개인의 준비도와 자원을 일컫는다Savickas, 2005. 이 개념은 진로발달상의 어느 한 시기가 아니라 모든 시기에 걸쳐 적용 가능하다. 직업적응성은 진로와 관련한 태도, 유능성 대처 행동 등 다차원적으로 이루어져 있는데, 특히 적응 차원adaptability dimension은 진로에 대한 관심, 진로 관련 문제에서의 통제감control, 진로에 관한 호기심duriosity, 진로 관련 자신감의 네 영역으로 구성된다. 각각의 영역에 대한 개입은 진로/직업에 대한 관심 유발, 의사결정 훈련, 정보탐색 활동, 자아존중감 형성 활동 등으로 대응시켜 진행할 수 있다.

2 다위스와 롭퀴스트의 직업적응이론

조직 내에서 개인의 직업적응을 설명하는 가장 대표적인 이론으로는 다위스와 롭퀴스트Dawis & Lofquist의 직업적응 이론Dawis, 2002; Dawis & Lofquist, 1984; Lofquist

& Dawis, 1991을 들 수 있다. 직업적응 이론에서는 개인과 환경의 조화가 중요하게 다루어진다. 개인-환경 간 조화는 개인의 특성과 환경의 요구간의 일치에 의해서 결정된다고 보는데, 개인의 능력과 환경의 요구가 일치할 때 개인이 직업의 요구를 충족satisfactorines시켜 줄 수 있으며, 개인의 가치와 직업의 강화인 간의 조화가 일어날 때 개인의 만족satisfaction이 이루어진다고 보았다. 개인과 직업환경 간의 불일치가 있을 때 개인이 사용하는 전략은 개인의 유연성에 따라 달라지는데, 유연성이 높은 개인은 개인-환경 부조화에 대한 대처 반응을 하기 전에 이를 견뎌 낼 수 있는 힘이 있다. 개인의 대처방식은 크게 적극적activeness 대처방식, 반응적reactiveness 대처방식, 불일치를 견디는tolerant 대처방식으로 구분된다. 적극적 대처방식은 직업 환경을 변화시킴으로써 대처하는 방식을, 반응적 대처방식은 자신을 변화시켜서 환경의 요구에 적응하는 방식을 뜻한다. 그리고 견디는 대처방식은 불일치의 범위가 작을 때 불일치를 조정하려는 노력을 하는 대신에 그 차이를 견디는 것을 말한다. 인내심perseverance이 많을수록 대처방식을 사용해서 노력하면서 좀 더 오래 불일치를 견딜 수 있다.

2) 직업 부적응 요인

직업적응이 개인의 만족과 직업 환경의 요구에 대한 충족에 의해 결정된다면, 직업 부적응은 이 두 가지 요소의 부족, 즉 개인의 만족감이 낮거나 직업 환경에서 성과가 충분하지 못하다고 평가받는 것과 관련된다고 정의할 수 있다.

프릿체와 패리시Fritzsche & Parrish, 2005는 직업 만족에 대한 이론 및 경험적인 연구들을 개관한 후 관련 요인을 크게 6개로 구분하여 제시하였는데, 이전 직업 경험과의 비교, 주어진 일의 사회적 맥락, 직업 자체의 특성, 직업 관련 스트레스, 개인의 특성, 개인-직업 환경의 적합성이 그것이다.

직업에 대한 기대에 비해 현재 직업의 여러 특성이 떨어질 때, 사회 구성원이 주어진 직업에 대한 평가가 좋지 않을 때, 직업 자체의 부정적인 특성한정된 기술 요구, 업무의 중요도가 떨어질 때, 성취감이 없을 때 등, 높은 직업 스트레스, 높은 부정적 정서성,

개인의 특성과 직업 특성의 불일치 등이 직업에서의 낮은 만족도와 관련되며, 궁극적으로 직업 부적응과 관련된다고 볼 수 있다.

3) 직업적응 및 경력개발

(1) 직업적응과 관련되는 요인

직업적응과 관련되는 요인들은 개인의 심리 내적 특성과 환경적 특성을 중심으로 연구되어 왔다. 과거에는 직업에서 요구하는 능력을 개인이 가지고 있는지의 여부가 직업적응에서 중요하게 다루어진 데 반해, 최근에는 직업 환경이 빠르게 변함에 따라 개인이 변화하는 직업 환경에 적응할 수 있는 능력이 있는지에 대한 평가, 즉 적응능력에 대한 평가가 중요하게 다루어진다.

진로상담의 이론과 무관하게, 여러 가지 경험적인 연구를 종합하여 풀라코스, 애러드, 도노반, 플래먼든Pulakos, Arad, Donovan, & Plamondon, 2000은 적응적 수행능력adaptive performance을 8개 영역으로 나누어 설명하였는데, 위기 상황 다루기, 직업 스트레스에 대처하기, 창의적인 문제해결, 불확실하고 예측 불가능한 작업 환경에의 대처, 지속적인 학습, 대인관계 적응능력, 문화적 적응능력, 신체적 적응능력이 포함된다.

풀라코스 등이 제안한 8개 영역이 직업적응 이론에서 제시한 직업적응 방식과 관련되는지를 살펴본 그리핀과 헤스케스2003의 연구에서는 적응 행동의 8개 영역은 크게 적극적 대처와 반응적 대처의 두 가지 요인으로 구분할 수 있다고 하였다. 이에 따르면, 창의적 문제해결, 위기에 대한 대처, 스트레스에 대한 대처는 적극적 대처방식으로, 새로운 과업의 지속적인 학습, 대인관계 적응, 문화 적응 등은 반응적 대처방식으로 구분된다.

(2) 경력개발

1 경력개발의 개요

유사한 개념이지만, 아동과 청소년 대상에서는 주로 '진로발달'이라는 용어로 사용되는 데 반해 성인 대상에서는 '경력개발'이라는 용어가 더 빈번하게 사용된다. 따라서 직업적응을 다루는 이 장에서는 경력개발career development이라는 용어를 사용하기로 한다.

2 정보화시대의 경력개발

산업화시대에는 개인이 한 직장에 취업해 정년까지 그 직장에서 경력을 쌓아 나가는 것이 일반적이었는데 반해, 정보화시대로 넘어오면서 많은 업무가 자동화·국제화되는 변화가 일어나고 있다. 기업의 업무가 자동화·국제화되면서 국가 간 기업의 경쟁이 심화되고, 기업은 필요하면 조직 규모를 축소하거나Downsizing 조직을 해외로 이전하며, 그 결과 고용의 불안정성이 높아지고 있다Blustein, 2006. 산업화시대의 경력개발은 주로 조직에서 개인의 경력목표를 정해 주고, 개인은 기업이 정한 목표와 프로그램에 따라 공식적 교육과 재교육을 받는 방식으로 이루어졌다.

이에 반해 정보화시대에는 고용의 불안정성을 비롯한 다양한 직업세계의 변화로 인해 개인은 더 이상 기업의 경력목표에 의존해 경력계획을 세우기 어렵게 되었다. 결국 정보화시대의 개인은 자신의 가치와 비전에 따른 자신만의 경력목표를 세우고, 이를 이루기 위해서는 환경의 변화에 맞춘 평생학습, 정체성의 지속적인 변화, 취업 가능성의 향상 등이 일어나는 것이 바람직하다는 것이다.

3 발달 단계에 따른 경력개발

경력개발은 초기 경력자, 중간 경력자, 후기 경력자에 따라 다른 목표를 가지고 이루어질 수 있는데, 러셀Russell, 2005은 경력개발 단계에 따라 직업성취를 높일 수 있는 과제들을 다음과 같이 구분하여 제시하였다.

초기 경력자early career employee, 25~40세는 발달 단계에서 확립기establishment and achievement에 해당된다. 이 단계에서는 멘토링 프로그램을 활용하면 초기 경력자의 사회화와 역량개발을 돕고 직장 내 스트레스를 감소시키는 데 도움이 되는 것으로 알려져 있다.

중간 경력자midcareer employee, 40~55세는 발달상 유지기에 해당된다. 이 때의 과업은 자신의 삶을 재평가하고, 삶의 목표와 꿈을 재정립하고, 경력목표와 계획을 다시 정비하는 것이다. 특히 우리나라에서는 공공기관이 아니면 직장인들의 퇴직이 50대 초반으로 빨라지면서 50대 초반에 자신의 경력목표와 계획을 다시 세우는 것이 중요한 과업이 되었다.

후기 경력자late-career employee, 55세 이상의 과업은 직장에서 여전히 생산적으로 활동하고, 자존감을 유지하며, 은퇴를 위한 준비를 하는 것이다. 우리나라의 경우는 55세 이전에 은퇴를 하는 경우가 많으므로, 은퇴 후의 경력목표와 계획을 세우는 작업도 중요하게 다루어질 필요가 있다.

4 경력개발 장애요인

진로 장벽은 여성의 진로발달과 관련해 주로 연구되어 온 개념으로, 흔히 "직업이나 진로 계획에 있어서 자신의 진로목표를 방해하거나 가로막는 내적, 외적 요인들"로 정의된다손은령, 김계현, 2002; Ctites, 1969. 진로 장벽에는 진로 포부를 실행하는 데 있어 낮은 자기효능감, 가정-일에서의 다중 역할로 인한 갈등, 사회가 여성에게 갖는 고정된 성 역할 인식, 직장의 고용과 승진에서 여성에게 가해지는 차별 등이 포함된다.

이러한 진로 장벽진로장애은 여성뿐만 아니라 남성을 포함한 전체 성인으로 확대하여 적용할 수 있는데, 권성욱과 탁진국2002은 일반 직장인의 경력개발 과정에서 개인이 경험하는 장애요인이 있다고 보고 이를 '경력개발 장애요인'으로 분류하였다. 성인 직장인들의 경우 그들이 자신의 경력개발에 장애가 된다고 여기는 요인으로는 업무 적합성 부족, 자신의 배경문제, 경력계획의 부족, 성차별, 상사와의 문제, 업무 과다, 경력제도의 부족, 연령, 가족문제 등이 있었다.

5 경력개발 지원방법

직장인들의 경력개발을 지원하는 방법은 개인상담, 개인의 특성에 맞는 집단프로그램, 개인의 역량개발을 위한 다양한 학습 프로그램, 상사나 관리자와의 멘토링 프로그램, 온라인 상담 및 교육 프로그램 등으로 다양하다.

6 경력개발을 위한 상담

경력개발을 위한 상담은 직장 내에서 진행될 수도 있고, 직장 외의 전문적인 상담기관에서 이루어질 수도 있다. 경력개발과 수행수준을 높이기 위해 상담자가 도움을 줄 수 있는 구체적인 몇 가지 영역은 다음과 같다Russell, 2005. 경력목표의 설정, 개인의 역량개발, 네트워크 형성과 활용 능력 키우기, 변화에 대한 적응 능력 키우기가 있다.

4) 스트레스 관리

스트레스는 환경에서의 특정한 자극stressor, 자극에 대한 개인의 반응, 혹은 자극과 반응의 상호작용으로 정의된다.

(1) 스트레스 관리 전략

스트레스 관리는 불안, 우울, 불면, 무기력감 등 다양한 스트레스 증상에 대한 개인의 대처능력을 높여 스트레스를 효과적으로 다루도록 돕는 것이다. 스트레스 관리에는 다양한 전략이 사용되는데, 대표적으로는 근육이완법, 바이오피드백, 인지행동 기법 등을 들 수 있다.

우종민2005은 직장인들의 경우 '나는 모든 방면에서 뛰어나야 한다.' '나는 모든 동료와 잘 지내야 한다.' '나는 상사와 충돌해서는 안 된다.' '나는 후배들에게 존경받아야 한다.'는 등의 비합리적 신념을 가질 수 있으며, 자신의 역할에 대한 비합리적인 목표나 기대는 스트레스와 관련된다고 보았다. 따라서 직장 생활과 관련된 비합리적 신념을 파악하고, 이를 보다 합리적인 신념으로 수정할 때 그로 인한 기분 변화와 행동 변화를 경험하면서 스트레스 수준을 변화시킬 수 있다.

(2) 스트레스 관리 프로그램

스트레스의 평가와 관리는 개인상담을 통해서도 이루어질 수 있지만, 많은 직장인이 스트레스를 경험하고 있는 스트레스 수준이 낮은 경우라도 예방교육 차원에서 스트레스 관리교육이 이루어지고 있기 때문에 흔히 집단을 대상으로 한 프로그램이 진행된다. 일반적인 스트레스 관리 프로그램에는 스트레스의 평가, 인지적 재구성, 문제해결 능력 강화, 이완훈련, 사회적 기술훈련, 사회적 지지체계의 구축, 자기 자신을 보살피기 등의 내용이 주로 포함된다. 그런데 일반적인 스트레스 관리 프로그램처럼 스트레스와 관련한 모든 요소를 포함시켜 교육하면 오랜 시간과 비용이 소요되고, 참여자들이 자신과 관련이 적은 요소를 배울 때에는 교육과정을 지루해할 수 있다. 따라서 이보다는 특정한 상황에서 집단원들이 경험하는 구체적인 스트레스원을 정하고 그에 대처하는 특징적인 대처방법들을 집중적으로 교육하고 연습하는 것이 효과적이라는 주장이 이루어지고 있다. 예를 들어, 기능직 직장인들을 대상으로 이완훈련, 비합리적 사고의 교정, 주장훈련 등을 집중적으로 훈련한 스트레스 관리집단 프로그램의 실시 결과, 그들이 경험하는 전반적인 스트레스 수준과 직무 스트레스 수준이 모두 감소한 것으로 나타났다윤경원, 2003.

5) 직업적응상담

직업적응상담에서 상담자는 다양한 직업 및 직무와 관련된 지식뿐만 아니라 이로 인한 정서적인 문제를 상담할 수 있는 능력을 두루 갖추어야 한다. 블루스타인과 스펭글러Blustein & Spengler, 1995는 다양한 진로상담의 이론에서 이 두 가지가 통합적으로 다루어지고 있으며, 직업적응 문제의 상담에서는 많은 경우에 진로상담과 심리상담의 문제가 함께 나타난다고 보았다. 따라서 직업적응 문제의 평가 및 진단, 개입에서는 경력개발의 문제와 심리적인 문제를 함께 다루어 나갈 필요가 있다. 여기에서는 직업적응 이론에서의 상담전략을 기초로 해서 상담방법을 기술한다.

(1) 주 호소 문제의 파악과 평가

직업적응 이론에서는 내담자의 가치에 따른 욕구를 직업이 제공해 줄 수 있을 때, 또 직업에서 요구하는 업무를 수행할 수 있는 능력을 개인이 가지고 있을 때 개인의 만족과 기업의 요구 충족이 이루어질 수 있고, 이에 따른 직업적응이 이루어질 수 있다고 보았다.

직업적응 이론에서는 내담자의 문제를 평가하고 진단할 때 내담자와의 인터뷰를 통한 주관적인 평가를 먼저 실시할 것을 제안한다Lofquist & Dawis, 1991. 검사를 통해 내담자의 특성과 직업의 특성이 평가되고 그 결과도 함께 상담에서 사용되기는 하지만, 내담자가 중요하게 여기는 욕구에 대한 보상이 직업에서 주어지는지, 직업의 요구를 잘 수행해 낼 수 있는 능력을 자신이 가지고 있다고 보는지 등 내담자의 주관적인 평가가 중요하다는 것이다. 이 과정에서 내담자의 주관적인 평가가 왜곡되거나 현실성이 떨어진다면 객관적인 검사나 자료를 함께 사용할 수 있다. 또한 내담자가 직장 내에서 경험하는 다양한 종류의 스트레스는 직업적응에 직접 영향을 주게 되므로 이러한 스트레스원과 대처방식에 대한 평가도 중요하게 다루어져야 한다.

(2) 변화를 위한 개입

내담자에 대한 평가와 진단이 이루어진 후에는 그에 대한 개입이 진행될 수 있다. 개입은 내담자가 자신과 직업 간의 부조화에 대해 어떻게 대처하고 있는지, 즉 대처양식에 대한 파악을 기반으로 하여 이루어진다.

내담자의 능력과 관련한 부조화에는 내담자의 능력이 부족한 경우, 업무에서 요구하는 능력이 너무 단순해서 내담자가 자신의 능력을 제대로 발휘하지 못하는 경우, 업무량의 과다로 인한 스트레스 등이 포함된다. 내담자가 업무를 수행하기에 능력이 부족하다고 느낀다면 학습을 통해 능력을 향상하는 자기변화 전략을 취할 수 있다. 내담자가 자신의 능력을 충분히 발휘하고 있지 못한다고 느끼는 경우에는 주어진 조직 문화에서 가능하다면 자신에게 더 적합한 부서로 이동을 요청하는 등의 적극적인 대처방식을 생각해 볼 수 있다. 내담자가 현재 직무에서 충분히 능력을 발휘하고 있지 못한다고 느끼는 경우는 자신의 능력에 맞는 직무를 찾지 못했거나, 구직의 어려움 때문에 자신의 능력과 맞지 않다고 느끼면서도 현 직장에 취업을 했거나, 일에 대한 비현실적인 기대가 있는 등 다양한 원인과 관련될 수 있다. 현 직장에서 부서 조정이나 업무 조정이 가능하지 않은 경우라면 장기적으로 이직 등을 포함하는 경력계획을 세워 볼 수 있다.

내담자의 중요한 욕구에 대해 직업에서 보상이 주어지지 않는다면 이러한 측면도 내담자의 만족을 떨어뜨리게 된다. 직업적응 이론에 기반해서 개발된 미네소타 중요도 질문지Minnesota Importance Qusestionnaire: MIQ에서는 개인의 욕구를 크게 성취achievement, 편안함comfort, 이타성altruism, 안정성safety, 자율성autonomy의 6개 요인으로 구분한다. 따라서 개인이 어떤 욕구를 중요하게 생각하는지를 평가하고, 중요한 욕구들에 대한 보상이 잘 이루어지는지를 평가해 볼 수 있다.

직업적응을 위한 상담은 기업 내에 설치된 상담실의 상담자에 의해 이루어지면 다양한 이점을 가지고 진행될 수 있다. 기업 내 상담자는 기업의 문화적 분위기와 기업의 다양한 업무에 익숙해지기 때문에, 이런 면에서 보다 효과적으로 내담자의 적응을 도와줄 수 있다. 또한 내담자가 변화하도록 하는 반응적인 대처뿐만 아니라 내담자의 환경이 변화하도록 도움을 줄 수도 있다. 예를 들어, 부서가 통합되어 서로 다른 부서에서 온 구성원 간에 의사소통이나 업무 조정의 어려움이 있다고 할 때, 한 내담자만 상담하는 것이 아니라 두 부서의 구성원을 대상으로 집단상담이나 교육 프로그램을 제공하는 등의 방식으로 환경의 변화를 꾀할 수 있다.

영화로 만나는 진로상담

머니볼 Moneyball, 2011

줄거리

게임의 역사를 바꾼 감동의 리그가 시작된다!

메이저리그 만년 최하위에 그나마 실력 있는 선수들은 다른 구단에 뺏기기 일수인 '오클랜드 애슬레틱스'. 돈 없고 실력 없는 오합지졸 구단이란 오명을 벗어 던지고 싶은 단장 '빌리 빈(브래드 피트)'은 경제학을 전공한 '피터'를 영입, 기존의 선수 선발 방식과는 전혀 다른 파격적인 '머니볼' 이론을 따라 새로운 도전을 시작한다. 그는 경기 데이터에만 의존해 사생활 문란, 잦은 부상, 최고령 등의 이유로 다른 구단에서 외면 받던 선수들을 팀에 합류시키고, 모두가 미친 짓이라며 그를 비난한다.

과연 빌리와 애슬레틱스 팀은 '머니볼'의 기적을 이룰 수 있을까?

3. 진로전환상담

진로전환을 어떻게 이해하고 효과적으로 개입하는가는 급변하는 21세기 진로상담의 영역에서 매우 주요한 부분이다.

1) 진로전환상담의 정의 및 분류

(1) 진로전환의 정의 및 특징

1 진로전환의 정의

슐로스버그Schlossberg, 1994는 전환의 정의를 다음과 같이 매우 포괄적으로 제안하였다. "삶의 전환은 어떤 사건이나 비사건으로 인해 자기 자신과 세계관에 변화가 생겨 자신의 행동과 관계 측면에서 그에 상응하는 변화가 요구될 때 발생한다." 전환은 예측할 수 있거나 예측할 수 없는 경우도 있으며, 긍적적이거나 부정적, 자발적이거나 비자발적 혹은 점진적이거나 갑작스럽게 일어날 수 있다. 일반적으로 전환은 스트레스를 수반하고, 스트레스는 조절될 수 있다. 전환은 개인에게 각기 다르게 영향을 주며, 각 개인은 같은 유형의 전환에 다르게 반응하고 또 발생 시점에 따라 다르다Schlossberg, 1995. 또한 슐로스버그1981는 그의 직업전환과 적응 모델에서 전환에 대한 정의를 다음과 같이 내린 바 있다. 즉, 고등학교 졸업이나 취업, 결혼, 첫아이의 출생 등과 같이 분명한 삶의 변화에서부터 진로 포부의 상실, 예상했던 사건들이 일어나지 않는 것예: 기대했던 승진이 이루어지지 않는 것 등과 같은 미묘한 경우도 해당될 수 있다.

2 진로전환의 이유

사람들이 진로를 변경하는 이유는 처음 진로가 자신이 직접 선택한 게 아니었거나 혹은 초기의 포부가 충족되지 않아서, 다른 삶의 역할을 위한 충분한 시간이 없어서 혹은 현재 진로가 변화된 가치나 흥미와 맞지 않아서일 수 있다. 길어진 기대수명과 은퇴에 대한 시각의 변화, 경제적 필요 등이 또한 다른 요인이 될 수 있다Kerka, 1991. '진로전환'은 어떻게 규정하느냐에 따라 다르지만, 미국의 경우 일년에 인구의 5~10% 정도가 직업전환을 하고 있다. 그 중 1/2은 30대 이상이다. 전환의 주요 이유들은 다음과 같다. 즉, 초기 직업적 요구와 자신의 흥미, 적성, 가치관의 불일치, 이상과 현실의 차이, 적정 생활수준 유지를 위한 물질적 필요와 요구, 고용 관행, 작업환경 문제, 일의 다양성 부족, 지나친 스트레스 및 육체노동, 여가시간 부족, 정체감, 권태감 등 예기치 못한 사건들이 될 수 있다Herr & Carmer, 1996.

3 진로전환의 특징: 개인차, 양가적 성격, 맥락의 중요성

첫째, 슐로스버그 모형에서 가장 중요한 것은 개인적인 차이를 부각시켰다는 점이다. 성인들에게 있어서 진로 재평가와 전환 과정을 거칠 수 있는 능력에 개인차가 존재한다는 것은 분명한 사실이다. 어떤 사람은 자신이 현재 있는 위치에서 원하는 위치로 진로전환을 수월하게 이루어 내는 데 비해, 어떤 사람들은 끊임없이 시도하지만 결코 성공하지 못할 수도 있다Gysbers, Heppner, & Johnsosn, 2003. 또한 한 개인에게는 예견되는 사건이 다른 사람에게는 예견되지 않을 수 있다.

둘째, 전환은 양가적 특성을 가진다. 즉, 전환은 '심리적으로 성장할 수 있는 기회'와 '심리적으로 퇴화할 수 있는 기회' 모두를 제공할지도 모른다Moos & Tsu, 1976. 전환의 결과가 항상 긍정적이지는 않으며, 그렇다고 늘 부정적인 것도 아니다. 따라서 전환의 양가적 특성은 매우 신중하게 다루어질 필요가 있다. 전환은 변화의 문제라기보다는 변화에 대해 한 개인이 어떻게 지각하느냐의 문제다Schlossberg, 1981. 또한 전환은 트라우마나 상실감 때문에 연구되지만, 결혼이나 출산, 취업과 같은 긍정적인 삶의 사건들 역시 부정적인 사건처럼 심리적 붕괴를 일으킬 가능성이 많다. 즉, 전환은 성장을 위한 심각한 위험들이나 기회의 창 모두와 관련된다Williams, 1999.

셋째, 전환을 결정하는 사건의 맥락 역시 중요한 고려사항이다. 한 개인에게 일어난 전환이 다른 개인에게도 일어나는가? 전환은 개인적인가 혹은 사람과 사람 사이에 발생하는가? 결국 전환이 개인에게 미치는 영향은 중요하게 고려되어야 할 사항이다. 때로 전환은 여러 갈래로 일어난다. 즉, 한 개인이 하나의 전환을 경험하는 동안 다른 전환들이 동시에 발생하기도 한다. 슐로스버그, 워터스와 굿맨Schlossberg, Waters, & Goodman, 1995은 전환이 복잡하고 역동적인 요소들을 포함하고 있으며, 전환의 성공적 극복 여부는 내담자의 특성과 전환이 일어난 전후 맥락에 달려 있다고 보았다. 때때로 전환은 만족스러운 해결책 없이 실패로 끝나기도 한다.

4 전환의 증진과 억제 요인

다이 윌리엄스Dai Williams, 1999는 전환에 미치는 영향요인을 전환을 억제하느냐 혹은 증진하느냐에 따라 구분하였다. 따라서 여기서는 전환을 이해하는 기초로서

전환의 증진요인과 억제요인을 나누어 살펴보고자 한다.

몇 가지 조건이 내담자의 성공적 전환을 가능하게 하는 것으로 보이는데, 이러한 증진요인은 다음과 같다.

· **경제적 안정성**: 여유 있는 자원, 부채 없음, 안정된 수입, 자신의 집, 낮은 채무, 복합 수입구조
· **정서적 안정성**: 지지적 배우자, 안정적 아이들, 지지적 네트워크, 정서적 · 정신적 건강문제에 대한 개방성
· **건강**: 신체적 건강, 신중한 생활방식, 여가생활을 위한 양질의 시간
· **이전의 전환기술**: 긍정적 직업전환의 경험, 분명한 목표
· **지지적 직업환경**: 높은 존경, 낮은 통제 문화, 좋은 팀 분위기, 분명한 역할 계약조건, 일과 삶의 경계를 존중받기
· **전환에 대한 지지**: 실제적 지지, 삶의 진로계획, 인내심, 존엄성, 과거에 대한 가치 부여하기, 새로운 생각에 대한 인지, 신뢰할 만한 상담

그리고 직업전환의 억제요인은 다음과 같다.

· **재정적 불안정**: 낮은 수입, 채무, 실직에 대한 공포, 임시적 혹은 모호한 계약 조건
· **정서적 불안정**: 배우자 또는 친구가 없음, 의존적 친척, 혼자만 아는 슬픔, 죄의식, 미해결문제, 후회감, 복합적 전환, 정신적 질환에 대한 걱정
· **건강**: 만성적 혹은 미진단 상황, 나쁜 건강 상황, 피로감, 생활양식
· **적대적 업무환경**: 업무 과중, 비현실적 요구, 불충분한 자원, 일과 직장 경계가 없음, 존중하지 않고 통제가 많은 문화, 병결 이외의 휴가가 없는 경우, 팀의 약자를 희생양으로 삼기, 공격적이거나 스트레스를 많이 주는 매니저, 상사가 바뀌는 경우, 경직된 아젠다
· **전환 관리를 잘 못하는 경우**: 지지가 없음, 변화에 대한 준비가 전혀 안 되어 있음, 위기 이전의 주요 문제에 대한 검토가 없음, 새로운 통찰을 할 기회의 부재, 과거 성과가 무시당하거나 사장된 경우

(2) 진로전환의 분류기준

1 예상 및 발생 여부에 따른 분류

진로 의사결정은 한 번에 모든 것을 결정하는 사건이라기보다는 연속적으로 전 생애에 걸쳐 이루어지는 일련의 선택이라고 할 수 있다. 따라서 커리어를 통해 생애 모든 역할이 우리 삶의 연속선에서 나타난다. 이때 나타나는 진로전환은 예상 여부 및 발생 여부에 따라 세 가지로 분류할 수 있다. 즉, 결혼, 빈 둥지 증후군과 같이 우리가 흔히 '예상할 수 있는 일들expected'에서부터 질병, 이혼, 해고와 같이 '예상치 못한 사건들unexpected', 그리고 결혼이나 승진과 같이 '기대했지만 일어나지 않은 일들'nonevents로 나누어 볼 수 있다Leibowitz & Lea, 1985.

2 자발성 여부에 따른 분류

자발성 여부에 따라 진로전환을 분류하자면 자발적 진로전환voluntary changers, 'questers', 비자발적 전환nonchangers, 'traditionalists'의 두 가지로 분류할 수 있다.

500명의 성인을 인터뷰한 결과에서 자발적 전환과 비자발적 전환 간에 차이가 밝혀졌다. 주로 자발적 전환자들은 직업과 커리어를 자신을 표현하는 수단이자 성장의 수단으로 본다. 즉, 그들은 입문, 마스터, 퇴직의 사이클을 이루는데, 퇴직의 단계에서는 자기 평가 결과로 그 직업이 더 이상 만족을 주는 내적 보상이 없기 때문에 다시 변화를 시도하게 된다. 반대로 비자발적 전환자는 주로 자신이 진로결정을 할 때 외적 보상지위, 힘, 돈, 안정성에 가치를 높이 둔다. 그들은 자발적 전환자보다는 위험 부담에 대해서 덜 자기 성찰적이며 덜 개방적이다Kerka, 1991.

2) 진로전환의 이해

(1) 성인 진로전환과 4S

1 4Ssituation, self, support, strategies의 이해

굿맨, 슐로스버그와 앤더슨Goodman, Schlossberg, & Anderson, 2006은 개인의 전환에

영향을 주는 네 가지 요소로 상황situation, 자아self, 지원support, 전략strategies을 제시하고 있다. 각각의 의미를 살펴보면 다음과 같다.

① Situation상황

전환의 변별적 특징을 설명하는 변인들은 무엇인가? 이러한 변인들의 일부는 다음과 같다. 유발요인전환 유발요인은 무엇인가?, 발생 시점전환은 사회적 시계와 관련이 있는가?, 자원통제가 어디에 놓여 있는가?, 지속성일시적인가 또는 영구적인가?, 이전의 유사한 전환 경험, 동시에 발생하는 스트레스 등이다.

② Self자아

내담자가 이용 가능한 대처 자원을 이해하기 위해서 내담자 개인 상황과 심리적 자원을 확인할 필요가 있다. 고려해야 할 내담자의 개인적이며 인구통계학적인 변수들은 사회 경제적인 지원, 문화/인종/민족적 배경, 성 역할, 나이, 생애 단계와 건강 상태 등이다. 내담자의 심리적 자원들은 자아발달, 인성, 인생관, 그리고 수행능력과 가치관에 관련된 변수들을 포함한다.

③ Support지원

상담자는 내담자가 가진 사회적 지원가까운 친인척, 가족, 친구, 연락망, 단체들, 이용 가능한 조력자들의 역할감정, 긍정, 원조, 조언, 대안을 고려하는 것이 중요하다.

④ Strategies전략

대처 반응들은 여러 가지 역할상황 제어, 상황 제어의 의미, 관련된 스트레스과 전략정보 탐색, 직접적 행동, 행동 억제으로 세분화될 수 있다.

2 4S의 분석 및 고려해야 할 사항

① Situation 관련 주제 분석

· **촉발요인**: 사람들은 직업전환 시점에서 특히 그것이 기대했던 것이 아니었을 때 위기감을 안고 상담에 오게 된다. 상담자는 내담자에게 새로운 진로 결정을 할 때처럼 자신의 가치, 흥미, 기질에 대해 생각해 보게 할 수도 있지만, 내담자들은 지금 당장의 '안전'에 대한 욕구 이외에는 다른 것을 생각 못할

수도 있다. 또한 내담자들은 진로계획 세우기를 거부할 수도 있다. 자신이 바라는 것보다 복잡하기 때문이다.

· **시기와 스트레스**: 언제 전환이 일어났는지 뿐만 아니라, 경제 상태가 어떤지 살펴봐야 한다.

· **통제력과 자원**: 두 가지를 할 수 있는 사람은 한 가지만 할 수 있는 사람보다 새 일자리를 찾기가 쉬울 것이다. 또한 세 가지를 할 수 있는 사람은 두 가지를 할 수 있는 사람보다 새 일자리를 찾기가 쉬울 것이다. 직장을 바꿔야만 하는 경우 적응력이 있다면 상황에 대해서 좀 더 통제력을 가질 것이다. 마찬가지로 교육경력이 많다거나 네트워크가 좋고 건강하다면 전환에 대해서 좀 더 통제력을 가질 수 있다. 많은 진로상담자는 내담자들에게 '계획B'를 가지라고 권한다Schlossberg & Robinson, 1996. 왜냐하면 변화에 미리 대비하는 것이 현명하기 때문이다. 직업전환에 직면해서 충고를 받아들인 내담자는 준비하지 않은 내담자보다 더 통제력을 가진다.

· **이전의 비슷한 전환 경험**: 한 직장에서 평생을 일하다가 인수합병으로 실직하게 된 60세 노인을 생각해 보자. 또 현재 상황은 같지만 그간 일해 오면서 6개의 다른 위치에서 일해 본 경험이 있는마지막 세 번은 회사의 결정으로 직업을 잃음 다른 60세 노인을 생각해 보자. 그가 세 번씩이나 전직하게 된 것을 불행하도 볼 수는 있지만, 그는 분명히 직업전환에 대해서는 숙련되어 있을 것이다. 더욱이 그가 첫 번째 사람보다는 변화능력에 대해서 더 확신이 클 것이다.

② Self 관련 주제 분석

· **현저성**salience**과 균형**balance: 일은 성인의 삶에서 대부분 주요한 요소다. 그러나 분명한 것은 전부는 아니라는 것이다. 일과, 사랑, 놀이가 상호작용하는 것이 바로 '균형'이다. 수퍼1980는 이 아이디어를 그림으로 나타내기 위해서 요즘 폭넓게 인용되고 있는 생애 무지개를 개발하였다. 무지개는 아동, 학생, 여가인, 시민, 배우자, 전업주부, 부모, 근로자 등의 역할을 나타낸다. 그는 내담자의 생애구조 속에서 일이나 다른 주요 생애 역할의 상대적 중요성salience을 확인할 수 있다고 보았다.

· **회복탄력성**resilience **혹은 적응성**adaptability: 다시 돌아갈 수 있는 능력을 '회복탄력성'이라고 하는데, 수퍼와 네이즐Super & Knasel, 1981은 '진로 회복탄력성career resilience'이라는 새로운 개념을 제안했다. 이 용어는 일과 개인의 환경, 변화하는 세상에 반응하는 능력 간에서 개인이 추구하는 균형에 초점을 둔 것으로, 성인이 한 많은 진로결정-자발적이든 강제적이든-에 대한 반응을 말한다.

· **자기효능감**self efficacy: 반두라Bandure, 1982는 장애물을 만났을 때 계속하거나 혹은 지속하지 않는 것과 같은 어떤 행동을 설명하기 위한 구인으로 자기효능감을 제시하였는데, 이는 자신의 행동이 환경에 영향을 줄 것이라는 믿음이다.

· **의미 부여하기**meaning making: 의미나 목표 같은 개념은 중년기 성인의 주요 관심사다. 그들은 사람이 유한한 존재라는 점과 죽음이나 시간적 한계와 싸우면서 자신 내면의 가치와 영적인 자아에 대해 깊이 깨닫게 된다. 삶에서 의미는 복합적인 원천을 통해서 나오고, 많은 사람에게 의미의 주요 원천은 영성과 관련된다.

③ Support 관련 주제 분석

굿맨과 호핀Goodman & Hoppin, 1990은 특히 직업전환과 관련해서 필요한 자원에 대해서 다음과 같이 밝혔다.

· **자신에 대해서 긍정적인 느낌 갖기**: 당신을 좋아하고 당신이 무엇을 할 수 있는지 아는 사람들을 통해서

· **격려**: 당신이 성공할 수 있기를 기대하고, 당신에게 긍정적인 방향과 낙관적인 전망을 줄 수 있는 사람들을 통해서

· **정보**: 구직기술이나 직업 또는 고용주에 대해 정보를 주는 사람, 책, 자원을 통해서

· **의뢰체계**: 해고당한 사람이나 실업자들이 이용 가능한 건강관리나 재정적 지원과 같은 도움을 알고 있는 사람이나 기관을 통해서

· **기회 제공자**: 당신과 기꺼이 연락을 계속적으로 하는 사람들을 통해서
· **실제적 도움**: 아기를 봐 주거나, 돈을 빌려 주거나, 교통편을 제공하거나, 편지나 이력서를 타이핑해 줄 수 있는 사람들을 통해서

내담자는 지원을 그들의 모든 욕구를 충족시켜 줄 수 있는 개인에 국한해서 생각한다. 상담자는 내담자가 자신의 필요를 채워 줄 수 있는 사람은 물론 사람이 아니더라도 훈련기관이나 공공도서관, 자신의 믿음, 애완동물 등도 있다는 것을 생각하도록 격려할 필요가 있다.

④ Stategies 관련 주제분석

상담자는 내담자가 협상과 같은 문제해결을 통해서 상황을 바꾸거나 개선하려는 전략에 대해서도 듣게 될 수 있다. 재평가를 통해서 상황의 의미를 바꾸려는 전략을 들을 수도 있고, 운동을 통해서 스트레스에 대한 반응을 조절하려는 전략을 들을 수도 있다.

(2) 진로전환 과정의 4단계

굿맨 등2006은 진로전환 과정을 4단계로 나누어 제시하고 있다. 이는 상담자가 전환 과정에 놓인 내담자가 어떻게 경험을 하고 있는지 듣고 이해하는 데 있어서 도움이 될 만한 틀이 될 수 있다. 새로 입직한 경우는 입직moving in 단계로 말할 수 있고, 승진 궤도에 있거나 정체되어 있는 경우는 승진moving through 단계로, 해고 혹은 은퇴, 자발적 커리어 전환을 한 경우는 퇴사moving out 단계로 분류할 수 있다. 그리고 실업 상태에 있는 경우는 재취업을 위한 노력 단계로 분류 가능하다.

굿맨 등2006이 제시한 진로전환 과정을 정리하면 표 8-5와 같다.

표 8-5 **생애 진로전환 모델**

구분	진로전환	관련 이슈
입직	신입직원	'일의 요령 배우기' · 일(j0b), 문화에 관한 기대 · 명시적, 암무적 규준 · 주변인의 느낌
승진	고속 승진 정체 중간에 끼인 듯한	'견디기' · 외로움과 경쟁 · 지루함, 막힌 듯한 · 요구에 부응하기 위한 경쟁
퇴사	RIF 은퇴 직업변경	'떠나기, 애도하기, 노력하기' · 목표상실과 재형성 · 양가감정의 표현
재취업을 위한 노력	실업 상태	'소외감' · 좌절 · 절망

3) 4S 적용 사례

진로전환을 이해하는 데 가장 기초가 될 수 있는 4Ssituation, self, support, strategies에 기초하여 구체적으로 상담이 어떻게 진행될 수 있는지를 나타내는 사례이다. 이 사례는 44세의 어느 취업지원관이 4S에 기초하여 진로전환상담의 과정과 방법을 제시한 것이다.

44세 취업지원관의 사례

저는 1년 3개월 전부터 취업설계사와 직업상담사로 일해 왔어요. 그 전 7년 동안은 프랜차이즈 형식의 공부방을 운영했지요. 아이들과 학부모와 소통하는 것이 즐거웠어요. 공부방에 다니기 전의 아이들이 다닌 후 성적이 많이 향상되어 보람을 느꼈고 학부모와의 유대감도 갖고 있어 성취감과 경제적으로도 도움이 많이 받게 되었지요.

그러던 중 건강에 이상이 생겨 입원과 수술을 해야 하는 상황이 생겨 공부방의 운영을

더 이상 할 수가 없었지요. 평소에 관심을 갖고 있던 문화센터에 가서 교육을 받으러 접수하러 갔는데 그 곳은 교육과 더불어 취업알선을 해 주는 일을 하는 곳이었지요. 구직신청서 작성 후 상담을 하게 되었는데 취업의식을 고취시키는 5일간의 집단상담 프로그램을 받고 그 센터에서 마침 취업설계사를 모집한다는 말에 입사 지원을 하게 되었지요.

공부방을 운영할 때 상담을 했던 경험은 취업설계사로써 근무를 할 때 많은 도움이 되었지요. 정말 즐겁게 일을 했답니다. 취업설계사로써 일을 하다 보니 저의 나이에 취업하기가 정말 어려운 데 제가 일할 수 있다는 감사함으로 열심히 일을 했지요. 그러다 보니 최우수직원상까지 받게 되었지요.

저의 열심히 하는 모습을 보고 한 단계 더 발전된 직업상담사로써 근무 제안을 받아서 기존의 직무에 좀 더 전문화된 직무를 겸하게 되었지요. 이것이 문제가 되었어요. 신중하지 못하게 결정을 해서 인지 직업상담사의 직무가 많이 부담스러웠지요. 취업설계사로서의 업무와 직업상담사의 업무까지 같이 하려다 보니 둘 다 잘 할 수가 없었어요. 센터에서는 실적을 굉장히 중요하게 여겼어요. 저의 성향을 놓고 볼 때 일을 철저히 해야 하는데 둘 다 하기는 역부족이었던 같아요. 그래서 갈등을 겪게 되었어요.

예전에는 출근이 즐거웠는데 언제부터인가 출근을 할 때면 가슴이 답답하고 머리가 지끈거리는 증상이 지속되었어요. 이직이든 전직이든 결심이 필요해요. 후회하지 않는 결정을 내리려면 어떻게 하는 것이 좋을까요?

이 사례는 진로전환을 겪는 성인들의 대표적인 경우다. 여기서 취업지원관이 전환 상황을 이해하고 전환을 위해 사용한 전략은 다음과 같다.

(1) Situation 관련 주제 분석

- **촉발요인**: 현재 직무에서 변화를 주고 싶다는 마음이 간절하여 직장의 변화와 직무능력 향상을 위해 전직에 관심을 두기 시작했다.
- **시기와 스트레스**: 두 가지 시기와 관련된 측면이 있다. 경제 상황과 시기 문제를 고려해야 한다. 만약 전직을 하고 싶은데 지금 수입이 없으면 곤란한 상황에 처하면 전직을 할 수 없다. 본인은 경제적인 것을 충분히 고려할 수 있었다. 만약을 대비해 전직하는데 시간과 경제력이 필요할 것을 대비해 저축을 해 놓은 것이다.

  전직을 결심한 가장 큰 이유는 극심한 스트레스였다. 본인이 할 수 있는 이상의 것을 해야 한다는 압박감으로부터 자유롭지 못해 불면증과 가슴

답답함, 일이 즐겁지 못해 힘든 상황인 것이 전직을 결심한 이유였다.

· **이전의 비슷한 전환 경험**: 7년 동안의 공부방 운영 경험이 이전 전직에 성공하게 하였고 앞으로도 성공할 수 있다는 자신감으로 작용했다.

(2) Self 관련 주제 분석

· **현저성과 균형**: 휴즈와 그레이엄Hughes & Graham, 1990은 성인이 여섯 가지 생애 역할, 즉 자신, 일, 친구, 지역사회, 부모 그리고 가족들과의 관계 속에서 시작, 적응, 재평가, 화합의 단계를 겪는다고 보았다.
직업을 갖기 전보다 가진 후 자신에 대해서 긍정적이게 되었고 일을 즐겼고 친구를 사귀였으며 일과의 관계 속에서 지역사회 속에 들어가 사회 변화 속에 동참했고 부모와 가족으로 인정을 받았다. 이것은 전직에도 충분히 반영될 중요한 요건이다.

· **회복 탄력성 혹은 적응성**: 이 용어는 일과 개인의 환경, 변화하는 세상에 반응하는 능력 간에서 개인이 추구하는 균형에 초점을 둔 것으로, 성인이 한 많은 진로결정-자발적이든 강제적이든-에 대한 반응을 말한다.

· **자기효능감**self efficacy: 자신의 행동이 환경에 영향을 줄 것이라는 믿음을 뜻하는 데 성공이나 실패에 대한 기대는 동기를 결정하는 데 중요하다. 목표를 달성할 수 있다고 생각한다면 노력할 이유가 많겠지만, 그렇지 않다면 노력할 이유가 거의 없다. 사람은 원하는 일을 하기 위해 목표를 설정하고 집중하면 할 수 있다고 믿는다.

· **의미부여하기**meaning making: 평소에 일을 하면서 안타까운 일이 있었다. 경력단절된 여성들에게 미리 진로교육을 받을 기회가 있었다면 좀 더 행복하게 살지 않았을까 하는 생각이 들었다. 그런데 전직하고자 하는 곳이 바로 그런 일을 할 수 있는 곳이었다.

(3) Support 관련 주제 분석

그동안 가족과 친구들로부터 격려와 지지를 받으며 이전 전환에도 자신감을 갖고 시작했으며 최우수직원상까지 받을 수 있었다. 주위 사람들의 믿음과 격려가 있었기 때문이며 또한 이번 전직에도 마찬가지로 응원을 해 주었다.

(4) Strategies 관련 주제 분석

나의 대처전략은 무엇인가? 전직하고자 하는 곳의 자격요건이 자격증과 1년 이상의 경력이 필요했다.

전직하고자 결심했던 시점이 이 조건을 맞춘 시점이며 또한 대안 B로 7년간의 공부방 운영이 성공적이었던 경험을 살려 전직이 성공하지 못할 경우를 대비했다. 이 전략으로 전직을 큰 고민 없이 결정할 수 있었다.

4) 성인진로전환검사CTI의 활용

성인이 진로를 전환할 때 발생하는 심리적 자원과 장벽을 측정하기 위해 고안된 도구 성인진로전환검사Career Transition Inventory: CTI는 다음과 같다.

(1) CTI의 개요

CTI는 진로전환에 놓인 성인을 대상으로 헤프너Heppner, 1991가 개발한 검사다. 특히 진로전환 과정에서 겪게 되는 내적, 역동적인 심리적 과정을 측정하기 위해서 고안되었다. 준비도, 확신, 지각된 지지, 통제, 의사결정 독립성의 다섯 가지 주요 요인으로 구성되어 있다Peterson & Gonzalez, 2000.

(2) CTI 점수의 해석과 활용

CTI를 내담자 탐색에 활용함으로써 발견의 수단으로 활용할 수 있을 것이다.

① 탐색을 위한 잠정적인 해석도구로 이용하라.

② 점수를 규준화하고 비난을 삼가라.

③ 척도들은 특질이 아닌 상태를 나타낸다.

④ 전환의 어떤 측면이 통제 가능하고 통제 불가능한지를 구분하라.

⑤ 높은 점수가 항상 좋은 것은 아님을 이해하라독립성 대 상호의존성 차원.

⑥ 각 개인에 대한 척도의 중요성을 탐색하라.

⑦ 강점을 부각하라.

⑧ CTI를 심리문제와 진로문제를 통합하는 도구로 이용하라.

⑨ CTI 점수의 의미를 탐색하는 데 창의성을 발휘하라.

5) 기타

(1) 진로전환의 의식평가Williams, 1999

진로전환 의식은 1987년 이래로 진로상담과 전직지원 프로그램의 핵심적 모듈이 되어 왔다.

① 현재 진로 위기에 처한 내담자들의 기저에 놓인 이슈를 확인하고, 대응전략과 회복할 수 있는 새로운 희망을 찾도록 하기

② 이전에 받았던 교육 경험과 내담자의 현재 자신감을 약화시킨 생애진로 위기를 정리해 보도록 하기

③ 내담자들로 하여금 미래 생애나 진로 변화에 대해 준비하도록 하기현재 그들의 가족이나 동료들에게 미칠 영향 포함

④ 내담자들을 대신하여 고용주들에게 결근, 수행, 관계문제 등과 관련된 전환에 대해서 설명하고, 직원이나 조직 변화를 위한 전환관리 기술을 개발하도록 하기

(2) 스트레스와 변화 측정Williams, 1999

1 24항목의 스트레스 체크리스트

건강과 삶의 질, 개인적 환경, 최근 생애 사건에 관한 질문들을 담고 있으며, 내담자의 잠재적 스트레스나 변화, 관련된 이슈 등을 확인하기 위해 초기에 사용할 수 있는 선별도구다.

2 직업스트레스지표

내담자의 정신적·신체적 건강, 직장에서 힘들어 하는 원인, 추후 분석 여부, 의뢰 혹은 스트레스 코칭 회기와 같은 활동을 할 것인지 등과 같은 특정의 이슈를 확인하기 위해 모니터링할 수 있는 도구다.

3 생애곡선

내담자들의 자서전적 리뷰1~4시간를 위한 활동으로, 내담자는 주요 사건들을 반추해 보고 좋았던 때와 힘들었던 때를 회상해 도표화한다. 이는 교육 경험이나 일 경력에 대해 이야기하는 데 사용되기도 하고, 또한 내담자로 하여금 이전의 일 경험이나 생애전환 경험을 떠올려 보게 함으로써 내담자가 변화에 어떻게 대처해 왔는지를 정리해 볼 수도 있다.

6) 진로전환 사례와 서비스 프로그램

(1) 진로전환 집단 프로그램의 특징 Goodman et al., 2006; Peterson & Gonzalez, 2000

진로전환 시기에는 지지에 대한 요구가 크다. 진로전환을 하는 성인은 같은 처지에 놓인 사람이거나 혹은 앞으로 그 과정에 있을 다른 사람에게 말할 기회를 갖고자 한다. 진로결정 문제로 힘들어 하거나 혹은 새 직장을 찾는 사람들은 보통 친구나 동료들에게 도움받기를 꺼린다. 따라서 진로상담 집단원들의 지지는 특히 중요하고, 사람들로 하여금 다른 사람에게 지지를 구하도록 격려하는 모델이 될 수 있다. 집단에서는 의사결정을 하거나 구직, 직업 유지, 은퇴 계획을 세우는 데 있어서 성공적인 대처전략을 가르쳐 주거나 연습할 수 있다. 예를 들어, 구성원들은 목표를 세우고 목표 달성을 위한 행동계획을 만들 수 있다. 집단은 활동계획을 실천하도록 하는데 특히 도움이 된다.

(2) 기타 프로그램 및 기법Goodman et al., 2006: 238

성인을 위한 진로집단상담은 주로 학교나 대학, 직장, 지역사회에서 제공된다. 다양한 세팅에서 제공될 수 있는 프로그램의 예는 다음과 같다.

1 퀼트Quilts

퀼트는 여성이 자신의 삶과 일 속에서 일어난 여러 사건과 그 의미를 보다 효과적으로 보도록 일종의 은유로서 사용된다. 퀼트를 통해 내담자는 자신의 커리어를 새로운 방식으로 보게 됨으로써 자신의 약점들을 극복하게 된다Sagaria, 1989.

2 스토리텔링storytelling

스토리텔링은 진로상담에서 아주 강력한 기능이 있다. 스토리텔링은 말하는 사람과 청중 모두를 이해시키기 때문이다. 스토리는 '역경Trouble' 혹은 '드라마'로 만들어지는데, 이는 집단원의 진로결정이나 진로문제를 나누는 흥미로운 방식이다. "청중상담자, 동료, 집단원들은 이야기의 몇몇 측면을 구상하도록 돕고…… 상담자의 특별한 기술이 진로 이야기를 완전히 털어놓게 하는데 결정적이다"Jepsen, 1992.

3 집단구직job search groups 프로그램

직업전환에 놓인 많은 성인은 이미 그들이 무엇을 원하는지 혹은 무엇이 되고자 하는지 알지만 행동계획을 짜는 데는 도움이 필요하다. 직업탐색 집단은 참여자들에게 자신의 강점, 능력을 이해하고, 고용주의 요구를 분석하고, 적합한 것을 찾도록 한다. 굿맨과 호핀1990은 널리 사용되고 있는 역량 기반 프로그램competence-based program을 개발하였다. 여기에는 자기 평가, 의사결정, 구직 캠페인 계획 세우기, 고용주와 의사소통하기, 인터뷰하기, 직업 유지하기, 다른 직업을 준비하기 등을 위한 유용한 전략들이 있다.

4 주관적 직업정체감 모델PEIM

페레고이와 슐리브너Peregoy & Schliebner, 1990는 주관적 직업정체감 모델Personal Employment Identity Model: PEIM을 개발해, 내담자들이 보이는 네 가지 직업적 자아정체감에 따른 네 유형에 따라 실무자들이 적절한 개입을 할 수 있도록 하였다. 첫째는 정체감 자체가 일에 묶여 있는 사람과 현재 자아감을 상실한 사람이다. 이런 사람들은 수입이 없거나 정서적 관여 대상을 상실하면서 정서적으로 매우 큰 영향을 받을 수 있다. 둘째는, 정체감에 있어서 직업적 도전을 중요하게 생각하는 사람이다. 이러한 사람들은 보통 실패나 지위 상실, 자신을 거절하는 경험, 불만족, 무기력감에 대해 매우 예민하다. 셋째는, 강제적으로 실업을 맞게 되어 정체감을 상실한 사람이다. 이러한 사람들은 슬픔, 좌절, 무감각을 경험한다. 넷째는, 자신의 일에 거의 투자를 하지 않았던 사람이다. 이러한 사람들은 자신의 경제적 상황이나 새로운 직업을 찾을 가망이 없다고 생각한다. 또는 종종 거절당한 경험을 개인화하거나 아무런 대안이 없이 자신이 어떤 기술이 있는지 혼란스러워하고, 구직과정에서 거의 동기가 없거나 소진됨으로써 무기력한 증상들을 보인다.

직업적 자아정체감에 따른 유형을 파악함으로써 실무자들은 내담자들에게 적절한 질문을 하고 과거의 일 관련 경험들 속에서 필요한 정보들을 얻음으로써 그들이 재취업하도록 효과적으로 도울 수 있을 것이다.

(3) 전직지원 서비스

회사 규모가 작아지거나 재조직되면서 많은 회사는 직원들에게 구직 프로그램을 제공한다. 전직지원 상담자는 해고당한 노동자들에게 구직 알선을 해 주고, 직원들이 다시 자리잡는 데 필요한 모든 도움을 준다. 진로계획 또는 이력서 작성, 포트폴리오 준비 등과 같은 부수적인 도움도 제공한다. 회사가 이러한 서비스를 제공하는 데에는 많은 이유가 있다. 즉, 회사의 긍정적인 이미지를 유지하기 위해서, 남은 사람들의 사기 진작을 위해서 혹은 법적 대응 가능성을 최대한 줄이기 위해서다.

커크Kirk, 1994의 통합적 전직지원 모델holistic outplacement model은 세 가지 기능요소를 포함하고 있다. 첫째는 평형감을 회복하도록 하고, 실직에 따른 슬픔, 수입 상실, 자기효능감과 스트레스 등을 다루도록 한다. 이를 통해 두 가지 방향의 미래에 대한 오리엔테이션을 갖게 되는데, 이는 다음 두 가지 요소에 의해 움직인다. 하나는 진로발달로 자기 평가, 진로 탐색, 의사결정, 행동하기 등에 관한 것들이다. 다른 하나는 네트워킹, 영향을 미치고 협상하기 등과 같은 구직에 초점을 둔다.

제 9 장

집단진로상담

1. 집단진로상담의 필요성
2. 집단진로 프로그램의 목표
3. 집단진로 프로그램의 구조 및 원칙
4. 집단진로상담 프로그램의 구성 내용
5. 집단진로상담 프로그램의 실제

모든 학생은 진로문제에 대하여 적절한 도움을 필요로 한다. 이들을 효율적으로 돕기 위해서는 상담교사의 수가 부족한 학교 장면에서는 개인상담보다는 집단상담 또는 집단 워크숍이 더 효율적일 수 있다. 이 장에서는 집단진로상담의 필요성과 목표를 살펴본 다음, 집단진로상담의 구조와 내용을 살펴볼 것이다. 그리고 실제 집단진로 활동 프로그램의 예를 제시할 것이다.

이 장에서 학습해야 할 목표는 다음과 같다.
첫째, 집단진로상담의 필요성과 목표를 진술할 수 있다.
둘째, 집단진로상담 프로그램의 구조와 내용을 요약할 수 있다.
셋째, 집단진로상담 프로그램을 운영할 수 있다.

1. 집단진로상담의 필요성

진로문제는 모든 학생이 당면하는 문제이며 거의 모든 학생들에게 예외 없이 적절한 도움이 필요하다.

진로지도를 위한 집단지도와 집단상담, 집단 워크숍은 종종 혼용하여 사용되기도 한다. 집단지도는 정보 제공을 통한 사실의 학습에 초점을 두고, 대단위 집단원을 대상으로 1회기로 진행된다. 여기에 반해 집단상담은 6~10명 이내의 집단원이 감정의 표현과 함께 반응을 명료화하는 등 집단원들의 생산적인 상호작용이 7~10회기 지속된다. 집단상담자는 집단원들의 상호작용을 촉진하면서 진로와 관련한 현실적인 계획과 기대를 갖고 다양한 정보와 자원을 효과적으로 활용하도록 돕는다. 집단 워크숍은 10~40명 정도의 인원으로 진행되며, 시간은 짧은 것은 2시간에서 긴 것은 8시간이 될 수 있는 집단작업Figer etc., 1999으로 집단지도와 집단상담의 성격을 모두 가지고 있다.

특히, 진로지도를 위한 집단상담은 개인상담이 제공할 수 없는 많은 이점을 제공한다. 집단과정에서 집단원들은 자기점검을 통한 자기이해와 함께 의사결정이나 정보수집에 대한 기술들을 훈련하며, 피드백을 주고받는 상호작용을 통해 정서적인 지지를 주고받음으로써 소속의식이나 동료애를 키울 수 있다. 이러한 효과 때문에 진로지도에서 집단에 대한 요구가 개인상담에 대한 요구보다 더 많아질 가능성이 있다Figer 등, 1999. 따라서 진로상담자는 집단상담, 집단 워크숍 등 다양한 집단작업에서도 유능해져야 한다.

2. 집단진로 프로그램의 목표

변창진1994은 프로그램으로서 성립되기 위한 기본 조건을 목적성, 조직성, 계획성, 통제성, 보증성의 다섯 가지로 제시하고 있다. 특히 목적성이란 프로그램이 누구나 쉽게 이해할 수 있는 구체적인 목적이나 목표를 갖고 있어야 하며, 포함되는 내용이나 활동, 실시 절차가 그러한 목표에 적합해야 하는 것을 의미한다.

진로선택과 계획을 돕기 위한 진로지도 집단프로그램의 내용에는 그 형식이 집단상담이든, 집단 워크숍의 형식이든 개인에 대한 이해와 일의 세계에 대한 이해 및 이를 돕기 위한 구체적인 정보와 자료 제공이 포함되어야 한다. 그리고 이러한 정보들을 통합해 개인이 진로를 선택할 수 있는 의사결정 기술의 학습 및 훈련이 포함되어야 한다. 또한 집단원 간의 상호작용을 통해 피드백을 주고받으면서 대인관계에서의 의사소통의 훈련은 물론 다양한 생애역할에 대한 이해와 역할 연습의 기회를 갖는 것도 포함되어야 한다.

피거Figer, 1999는 집단진로는 자기 평가, 가능한 진로options를 만들어 내기, 기술 연습하기취업면접, 정보수집, 면접, 필기 등, 정보 수집하기 등과 같은 몇 가지 목표를 가지고 프로그램을 계획해 진행할 수 있다고 보았다.

집단진로상담의 경우 집단프로그램 내용에 따라 차이는 있겠지만 일반적으로 집단진로상담의 목표나 과정은 개인 진로상담의 목표나 과정과 별반 차이가 없다. 그러나 집단이라는 특성 때문에 심리상담의 집단상담처럼 집단진로도 성립단계와 전환단계, 그리고 집단의 규범을 수용하고 개인의 사고와 감정을 개방적으로 표출하고 통합해 가는 성장단계 및 종결단계와 같은 단계를 가정하고 진행하는 것이 필요하다.

바람직한 집단진로 과정의 진행을 위해서도 집단리더는 개인상담에서처럼 집단원들이 서로를 신뢰하고 솔직하게 상호작용할 수 있도록 수용적이고 긍정적인 분위기가 형성되도록 노력하여야 한다.

그러나 집단원 선발 시에 특히 진로 문제와 관련해서는 동기가 비교적 뚜렷하고 어느 정도 준비된 사람을 대상으로 하는 것이 바람직하다. 내담자의 진로 의사결정 수준에 따른 분류Sampson, Patterson, Reardon, 1992에서처럼 우유부단형에 속하는 개인인 경우 적절한 심리상담 이전에 진로문제를 다루는 것이 준비도 면에서 시기상조일 수 있고, 그 결과 중도탈락과 같은 현상이 나타나 집단 응집력을 약화시키는 결과를 가져올 수도 있으므로 집단원 선발은 매우 중요하다.

3. 집단진로 프로그램의 구조와 및 원칙

피거는 집단진로는 주로 집단원 간의 대화를 통해서 이루어지기는 하지만 보다 잘 설계된 집단진로는 진로탐색과 일자리 찾기에 관련된 기술을 연습하고 그것을 실제로 실행해 보는 기회를 제공할 뿐 아니라 집단원들이 상호작용을 통해 대인관계 향상까지도 도울 수 있도록 구조화될 필요가 있다고 하였다.

그는 또한 진로지도를 위한 집단 워크숍의 구조화의 순서 및 내용을 다음과 같이 제시하고 있다.

첫째, 설명하기 이 작업의 내용은 무엇이고, 왜 이런 방식으로 해야 하는지, 왜 이것이 개인의 진로발달을 위해 중요한지를 설명하고 안내하기

둘째, 시범보이기 집단원들이 집단과정 중에 무엇을 하기 원하는지 시범

셋째, 연습 또는 훈련하기 시범 보인 활동을 하거나 기술을 연습하도록 요청하기

넷째, 집단 피드백 연습 또는 훈련이 끝나면 그 효과를 점검하기

피거는 특히 집단 피드백에서는 이 작업에서 배운 점, 영향받은 점, 어떤 측면에서 이 작업이 도움이 되었는지, 이전에 어떤 점이 달랐더라면 좋았을지 등과 같은 내용을 포함하는 것이 필요하다고 하였다. 집단진로상담 시에도 이러한 구조화의 순서는 매우 중요하다고 본다.

집단 워크숍의 설계와 촉진을 위한 주요 원칙은 다음과 같다.

첫째, 각 회기마다 연습 시에 2~4명 이내의 인원을 배정하기 소수의 집단원일 때 부끄러움과 위협감을 덜 느끼므로

둘째, 집단원들을 섞어 작업하기 매 연습마다 가급적 가장 잘 모르는 사람들을 선택하도록 하기, 친숙함이 관여도를 낮출 수 있으므로

셋째, 재미있으면서도 유익하게 진행하기 사람들은 웃을 때 보다 더 잘 배우므로

넷째, 연습 시간을 타이트하게 하여 지루해하는 집단원들이 생기지 않도록 하기

다섯째, 가능한 다양한 연습 또는 훈련하기 처음에 질문지를 사용했다면 다음에는 그림 그리기를 한다든지

여섯째, 파격적인 사건이나 예상치 못한 사건에 부드럽게 잘 대처하기

일곱째, 특별히 유별한 집단원에게 잘 반응하기

집단프로그램의 내용이 연계성이 있는 경우에 집단원들을 섞기보다는 지속적으로 같은 팀에 고정시켜 집단작업을 하는 것이 피드백을 통한 자기이해 및 성장에 보다 효과적이기 때문에 집단원 상황에 따라 적절하게 구성해야 한다.

4. 집단진로상담 프로그램의 구성 내용

진로지도를 위한 집단프로그램은 집단 특성에 따라 그 내용을 달리 구성할 수 있다. 다음에 소개하는 집단진로 프로그램은 지속성과 연계성을 갖는 진로탐색 집단상담의 한 예로서 대상 인원이 10명 이내, 소요시간은 90분, 장소는 집단상담실, 진행자는 상담자인 집단을 가정한 것이다.

1) 자기 소개

① 진로탐색 집단프로그램의 소개와 구조화하기
② 자기 소개하기 : 별칭짓기를 통해서 서로 자신을 소개한다.
③ 집단에 참여 동기와 목표 및 기대 나누기

2) 나의 생애 역할 알아보기

① 진로 개념 이해하기
② 생애 진로 무지개를 통해 인생 전반에 대해 조망하기
③ 자신이 중요하게 생각하는 생애역할에 대해 자각하고 이해하기

3) 15년 후의 나의 모습

① 15년 후의 나의 모습을 그려 보면서 중장기적인 삶을 조망해 보기
② 목표달성을 위한 과정의 중요성 이해하기
③ 목표달성을 구체화하기 위한 노력의 중요성을 인식하기
④ 구체적이고 실현 가능한 생애역할을 인식하기

4) 흥미에 대한 점검 및 이해나의 흥미

① 흥미에 대한 개념 이해하기
② 개인적 흥미를 자각하고 발견하기
③ 직업세계와 개인의 흥미간의 관계를 인식하기
④ 흥미 점검을 통해 여가생활과의 관계 인식 및 여가생활의 중요성과 풍요로운 삶에 대해 인식하기

5) 적성에 대한 점검 및 이해나의 적성

① 적성에 대한 개념 이해하기
② 개인적 적성을 자각하고 적성 개발의 필요성을 인식하기
③ 직업세계와 적성간의 관계를 인식하기
④ 개인의 적성과 흥미와의 관계를 이해, 인식하기

6) 기술에 대한 점검 및 이해나의 기술

① 기술에 대한 개념 및 다양성 이해하기
② 개인적 기술을 자각하고 인식하기
③ 일상생활 속에서의 기술 개발 가능성에 대해 인식하기
④ 직업세계와 기술간의 관계를 인식하기
⑤ 개인의 기술과 적성, 흥미 등과의 관계를 이해, 인식하기

7) 성격에 대한 점검 및 이해나의 성격

① 성격에 대한 개념 및 개인의 성격 특성을 이해하기
② 성격 변화의 가능성과 개인 성격 중의 장점과 보완할 점을 인식하기
③ 직업세계와 성격간의 관계를 인식하기

④ 성격과 개인의 기술과 적성, 흥미 등과의 관계를 이해, 인식하기

8) 삶의 가치에 대한 점검 및 이해 나의 삶의 가치

① 개인의 삶의 가치 인식 및 그 중요성 인식하기
② 다양한 가치를 이해하고 수용하기
③ 개인 가치의 우선순위를 인식하기 : 가치관 경매게임 활용
④ 진학 및 진로선택과 개인의 삶에 대한 가치와의 관계 인식하기

9) 직업 가치에 대한 점검 및 이해 나의 직업 가치

① 직업 가치 이해하기
② 다양한 직업 가치를 이해하고 수용하기
③ 직업선택과 개인의 직업 가치간의 관계 인식하기

10) 자기이해 요약 및 종합

① 개인의 흥미, 적성, 기술, 성격, 가치관 등의 특성 요약 정리해 보기
② 가장 관심이 있는 직업 3~4개 정도로 축소해 보기
③ 주변 환경과 기대 및 개인의 직업과 관련된 지식이나 정보 등을 활용하여 직업선택을 위한 평가표 작성해 보기
④ 직업선택과 관련하여 앞으로 보완해야 할 점 인식하기

11) 직업 · 진학 정보 수집을 위한 준비

① 미래 직업세계의 변화와 인력 수급의 의미를 이해하기
② 진로 계획 및 선택을 위한 정보 수집의 중요성을 인식하기
③ 정보 제공이 가능한 자원 활용 방법을 이해하고 활용하기

④ 관심직업에 대한 면담 조사 및 정보 수집 방법 체험하고 습득하기

12) 직업세계 이해하기

① 개인의 직업 동기 이해 및 명료화하기
② 직업세계의 다양성에 대한 인식 넓히기
③ 직업정보에 대한 가공 경험을 위한 기회 갖기
④ 개인의 직업 준비도 재점검 및 직업 준비에 대한 현실감 갖기
⑤ 다양한 직업정보 얻기
⑥ 희망 직업목록의 구체화로 실질적인 진학 및 직업선택 준비하기

13) 의사결정 연습하기

① 의사결정의 중요성 인식하기
② 진로선택을 위해 개인의 의사결정 유형, 이해 및 훈련의 필요성 인식하기
③ 진로 의사결정 유형을 알고 진로 문제와의 관련성 이해하기
④ 계획형의 의사결정 단계 및 실제 경험해 보기

영화로 만나는 진로상담

비긴 어게인
Begin Again, 2013

줄거리

"다시 시작해, 너를 빛나게 할 노래를!"
싱어송라이터인 '그레타'(키이라 나이틀리)는 남자친구 '데이브'(애덤 리바인)가 메이저 음반회사와 계약을 하게 되면서 뉴욕으로 오게 된다. 그러나 행복도 잠시, 오랜 연인이자 음악적

파트너로서 함께 노래를 만들고 부르는 것이 좋았던 그레타와 달리 스타가 된 데이브의 마음은 어느 새 변해버린다.

스타 음반프로듀서였지만 이제는 해고된 '댄'(마크 러팔로)은 미치기 일보직전 들른 뮤직바에서 그레타의 자작곡을 듣게 되고 아직 녹슬지 않은 촉을 살려 음반제작을 제안한다. 거리 밴드를 결성한 그들은 뉴욕의 거리를 스튜디오 삼아 진짜로 부르고 싶었던 노래를 만들어 가는데…

5. 집단진로상담 프로그램의 실제

집단진로상담 프로그램의 실제로 전주대학교에서 발간한 진로진학워크북 『행복의 길, '드림스타'』 프로그램 중 일부를 소개하도록 하겠다. 『행복의 길, '드림스타'』 프로그램은 온라인 설문과 직접 설문, FGIFocus Group Interview, 전문가 자문을 통한 요구조사로 개발을 위한 시사점을 도출하고, 시범운영으로 프로그램에 대한 모니터링 과정을 거쳐 교사용 매뉴얼과 학생용 워크북으로 발간되었다. 〈Happiness → Me → Jobs → Values → Decision-making → Dreams → Plans〉란 일곱 개의 주제 34회기 활동으로 진행되는 『행복의 길, '드림스타'』 프로그램은 중 · 고등학교 학생들이 각 회기별 활용 가능한 활동지와 개별, 혹은 모둠별 활동이 이루어질 수 있는 다양한 내용들을 포함하고 있다.

차례

전주대학교 진로 프로그램

Happiness

1 행복의 나라로 출발~~!
2 행복을 요리해요.

Me

1 먹지 마세요. '나'에게 양보하세요
2 나를 표현하는 1, 2, 3
3 내 인생의 대박사건
4 제 자신감 점수는요
5 남을 통해 나를 보다
6 나의 색깔은?

Jobs

1 일을 하지 않는다면?
2 직업 속으로 Go Go!
3 이런 장소, 이런 직업!
4 과목 속에 이런 직업이?
5 응답하라, 2030
6 Mega Trends
7 새로운 트렌드, 새로운 직업

Values

1 무엇이 될 것인가, 무엇을 할 것인가
2 All in 1
3 200만원이 입금 되었습니다
4 야누스의 두 얼굴

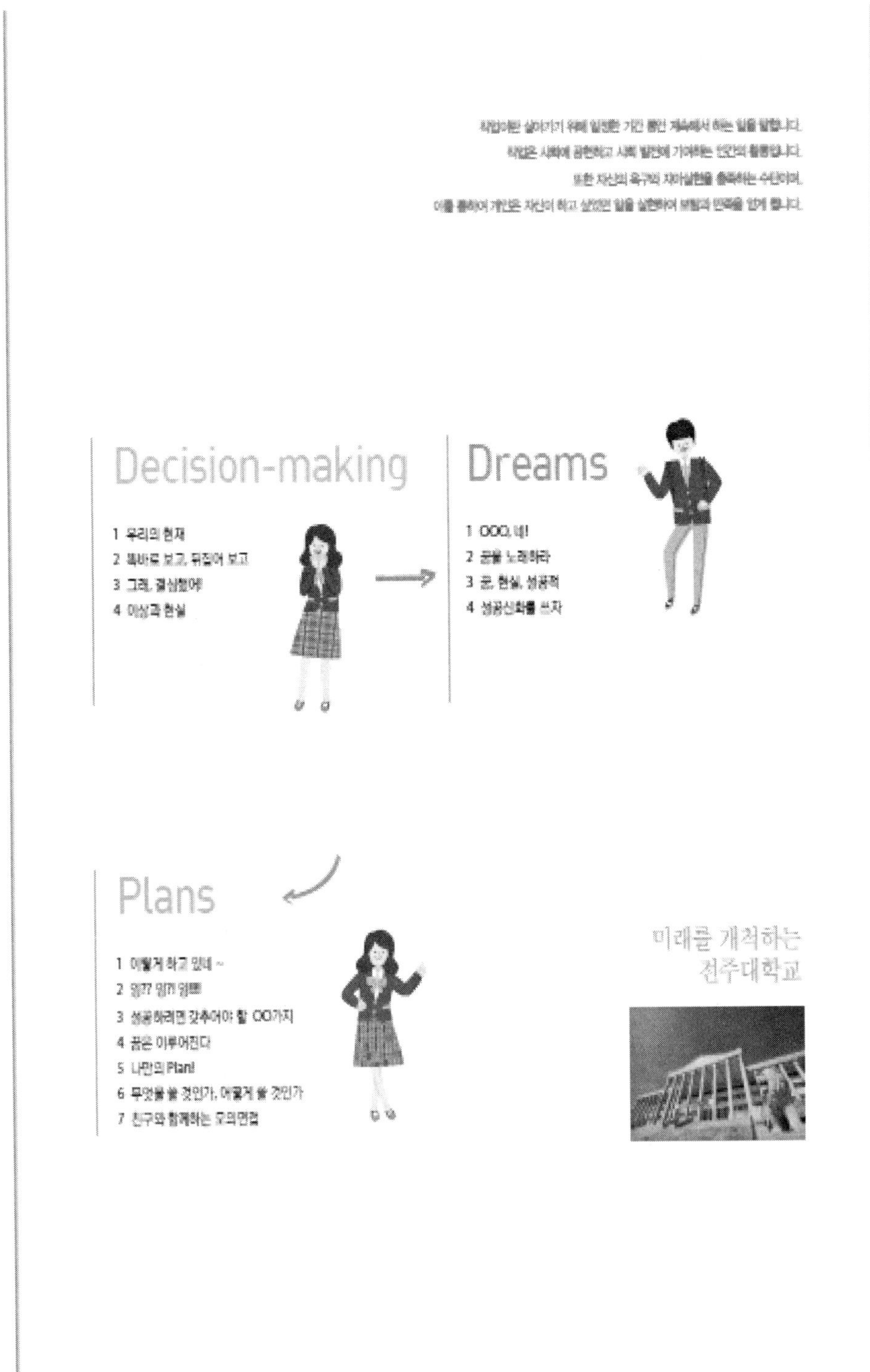

직업이란 살아가기 위해 일정한 기간 동안 계속해서 하는 일을 말합니다.
직업은 사회에 공헌하고 사회 발전에 기여하는 인간의 활동입니다.
또한 자신의 욕구와 자아실현을 충족하는 수단이며,
이를 통하여 개인은 자신이 하고 싶었던 일을 실현하여 보람과 만족을 얻게 됩니다.

Decision-making

1 우리의 현재
2 똑바로 보고, 뒤집어 보고
3 그래, 결심했어!
4 이상과 현실

Dreams

1 OOO, 네!
2 꿈을 노래하라
3 꿈, 현실, 성공적
4 성공신화를 쓰자

Plans

1 어떻게 하고 있니~
2 뭘?? 뭘?! 뭘!!
3 성공하려면 갖추어야 할 OO가지
4 꿈은 이루어진다
5 나만의 Plan!
6 무엇을 할 것인가, 어떻게 할 것인가
7 친구와 함께하는 모의면접

미래를 개척하는
전주대학교

1) 행복의 나라로 출발

(1) 목표

① 진로, 행복의 의미를 이해한다.
② 프로그램 전체의 흐름을 알고 기대감을 가진다.

(2) 준비물

① 행복에 관한 노래영상
② 읽기자료 1, 2
③ PPT1. 알쏭달쏭 퀴즈, 2. 여러 갈래 길 혹은 기찻길 사진
④ 활동지 : '드림스타'들의 약속

(3) 진행방법

① 행복에 관한 노래를 듣고, 학생들이 생각하는 행복에 대하여 발표하게 한다.
· 노래 영상은 유투브에서 '행복'을 키워드로 선택

② 읽기자료를 보며 그 동안 그려온 삶의 그림이 어떤 것이었는지, 행복에서 일이 갖는 의미는 무엇인지 생각해 보고, 발표하도록 한다.

③ 알쏭달쏭 퀴즈를 진행한다.
· PPT 1을 제시하고, 학생들이 자유롭게 단어를 만들고 발표하게 한다. 교사 재량으로 학생들의 다양한 답을 정답으로 인정해 준다.
- 진로는 빈칸 채우기처럼 각자의 생각과 경험들을 바탕으로 스스로 채워 가는 일과 관련된 모든 과정을 의미함을 설명한다.
· PPT 2를 제시한다.
- 사진들처럼 모두가 다르기는 하지만 자신만의 목표, 방향을 향해 나아가고 있으며, 꿈을 향한 모든 과정이 진로임을 이야기한다.

④ 프로그램의 전체 과정을 소개함으로 기대감을 가질 수 있도록 격려한다.

읽기 자료 1

행복과 불행 중 무엇을 그릴 것인가.

과거에 일어난 일은 당신이 바꿀 수 없다.
다른 사람 또한 당신이 바꿀 수 없다.
그러나 현재와 미래, 당신 자신은 얼마든지 바꿀 수 있다.

세상사 모든 일은 마음먹기에 달려 있다.
슬프고 짜증나는 일도 시각을 조금만 바꾸면 긍정적이고 희망적으로 다가온다.
어차피 닥친 상황이고 헤쳐 나가야 할 일이라면, 긍정적으로 수용하고 적극적으로 행동해야 한다.

우리는 화가와 같다.
행복이란 이름의 그림을 그릴 것인지 불행의 그림을 그릴 것인지는 내가 선택하는 것이다.

– 김정민(2015). 오늘, 행복을 쓰다. 북로그 컴퍼니 –

읽기 자료 2

〈행복과 일의 관계〉 한국 고용정보원2006. CDP-H 진로 모의 주행

알쏭달쏭 퀴즈

□ 안에 적당한 말을 넣어 단어를 만들어 봅시다.

1. □□로
2. □이□
3. □치□□
4. □리□리
5. □장□
6. □국□
7. □랑□랑

2) 나를 표현하는 1, 2, 3

(1) 목표

① 숫자로 자신을 표현해 본다.
② 숫자 안에 담긴 자신만의 의미와 서로의 의미를 공유할 수 있다.

(2) 준비물

① 읽기자료
② 활동지: 나를 표현하는 1, 2, 3
③ 기본 필기도구

(3) 진행방법

① 읽기자료의 예시를 통해 숫자로 표현하기 활동을 설명한다.
② 숫자들을 나의 삶과 관련된 의미들로 채운다.
③ 완성한 숫자와 의미들을 발표한다.
* 표면적인 영역생년월일, 전화번호, 주소 등에 국한되지 않도록 유도한다.
* 최소 5가지 이상의 숫자를 쓸 수 있도록 유도한다.
* 좋아하는 영역, 관계 영역, 잘하는 영역 등 다양하게 기재하도록 유도한다.

읽기 자료

〈예시〉

4
우리 가족. 아빠, 엄마, 나, 남동생. 무심한 듯하지만, 서로에게 따뜻한 내 편들

100
단거리 달리기는 내가 1인자. 나는야 100m의 왕자!

1
달성해 보고 싶은 마음은 굴뚝같았지만, 한 번도 다가서지 못한 등수

3
내 마음을 다 터놓고 이야기할 수 있는 가장 친한 친구들의 수

24
내가 꿈나라로 가는 시간, 꿈 속에서 꿈 꿔야지~^^

5
내 눈꺼풀을 괴롭히는 마의 시간이지만, 내가 좋아하는 국어 수업이 있는 시간

15
유난히 친구들 때문에 마음이 아프기도, 행복하기도 했던 나이

7
행운의 숫자. 그래서 내가 제일 좋아하는 숫자

2019
내가 원하는 대학, 학과에 입학하여 첫발을 내딛는 해

45
열심히 일한 내게, 함께 해 준 가족에게 주는 상으로 유럽 크루즈 여행가는 나이

3) 남을 통해 나를 보다

(1) 목표

① 활동을 통해 나에 대한 여러 모습을 확인할 수 있다.
② '나를 보는 네 개의 창'활동으로 자신에 대한 이해를 높일 수 있다.

(2) 준비물

① 활동지: 나를 보는 네 개의 창

② A4용지
③ 포스트잇, 테이프
④ 기본 필기도구

(3) 진행방법

① "나를 보는 네 개의 창"에 대해 설명한 후 활동지, A4, 포스트잇, 테이프를 나눠 준다.

② 등에 A4종이를 테이프로 붙인 후 교실을 서로 돌아다니면서 포스트잇에 친구의 장점이나 응원하고 싶은 것 중 하나를 적어서 해당 친구 등의 A4종이에 붙인다.

③ 종료 후 모둠으로 돌아와 자신에게 붙은 포스트잇의 내용을 활동지에 옮겨 적는다.

* 친구들의 피드백을 내가 받아들인 느낌에 따라 영역을 분류한다나도 그렇다고 생각되는 피드백은 '나도 알고 친구도 알고 있는 나', 내게 이런 면이? 라고 생각되는 피드백은 '친구들만 알고 있는 나', 나만이 아는 내 모습은 '나만 아는 나', 친구들의 응원 메시지는 '가능성 있는 나'에 적는다.

④ 모둠원과 결과를 나누고, 모둠별 대표자 발표를 진행한다.

읽기 자료

〈자기를 발견해야 '올인'할 수 있습니다〉 이태형2012. 인생에서 가장 소중한 것. 서울: 좋은생각.

4) 이런 장소 이런 직업

(1) 목표

① 일상생활에서 드러나지 않는 직업을 확인할 수 있다.
② 직업세계에 대한 이해를 확장시킨다.

(2) 준비물

① 기본 필기도구

② 전지

③ 활동지직업퍼즐/교사 재량으로 PPT 퍼즐판 진행 가능

(3) 진행방법

① 직업퍼즐 활동지를 통해 모둠별 퍼즐 많이 맞추기를 진행한다.

② 친숙한 장소를 설정한 후 그 공간 안에서 유추할 수 있는 직업들을 모둠별로 찾아본다.

* 예) 대학로, 지역 번화가 등

* 유의사항: 상세분류하지 않고 '자영업자' 등 큰 카테고리로 쓸 것을 안내
- 카페 주인, 안경점 주인, 꽃집 주인 식의 세부 분류로 표기하지 않도록 미리 안내한다.

③ 모둠별로 돌아가며 전지를 들고, 유추한 과정과 직업들을 발표한다.

* 학생들이 유추해 낸 다양한 직업에 대해 그 이유와 타당성을 함께 이야기하고 격려하여 활발한 발표가 이루어질 수 있도록 한다.

읽기 자료

〈마네킹을 치료하는 의사가 있다고?… 'VJ특공대' 이색직업 탐구〉 뉴스웨이 정학영 기자 2015-10-30 21:30.

직업퍼즐

학년　　반　　성명:

		1.			2.					3.		
1.								2.				
						6.					7.	
						5.						
		4.		5.								
									8.			
4.						6.						
			7.									
											10.	
			9.									
								8.				

가로 열쇠

1. 항공기의 안전운행을 위해 항공기의 동체 및 엔진, 계기 등을 조립, 조정, 정비한다.
2. 외국인의 대화나 발표를 우리말로, 혹은 우리말을 외국어로 전달한다.
3. 고객에게 안경과 콘택트렌즈를 처방하고 맞추어 주며 시력 보조기구의 사용법을 알려준다.
4. 보험가입자에게 사고로 인한 손해가 발생했을 때 그 손해액을 결정하고 보험금을 객관적이고 공정하게 산정하는 업무를 수행한다.
5. 개인이나 단체의 성격이나 특성을 분석하여 그에 적합한 이미지를 만들어 주고 관리해 주는 일을 담당한다.
6. 라디오와 텔레비전 방송을 통하여 각종 정보를 전달하고 프로그램을 진행한다.

세로 열쇠

1. 치과의사의 의뢰에 따라 다양한 형태와 재료의 치아, 치아장치, 교정장치 등을 제작·수리한다.
2. 건강증진 및 질병치료를 목적으로 영양기법 및 응용에 관하여 연구·개발하고 전문적인 영양서비스를 제공한다.
3. 무대, 영화, 텔레비전 등의 공연을 위해 공연의 주제에 맞춰 춤을 고안하고, 무용수들에게 춤을 가르치는 일을 담당한다.
4. 애완동물에서 희귀동물까지 질병과 상해를 예방, 진단, 치료하고 이를 위해 연구하고 자문한다.
5. 조세에 대한 상담을 하고, 의뢰인을 대리하여 세무에 대한 각종 서류를 작성하여 세무서에 신고, 신청, 청구하는 등의 일을 한다.

7. 광고나 영상매체의 그림이나 문양을 도안하고 제작하는 일을 담당한다. 8. 인터넷 홈페이지를 디자인하고 웹사이트를 구축한다. 9. 도소매사업체에서 재판매를 하기 위해 공급자로부터 상품을 구매하거나 구매한 상품을 판매한다.	6. 화장을 통해 아름다움을 연출하는 것으로 분위기와 상황에 따라 메이크업을 한다. 7. 연극, 영화, 드라마 등에서 주연 배우를 대신하여 특수한 기술을 요하는 역할이나 고난위도의 연기를 대신하는 일을 담당한다. 8. 각 기관의 도서관과 자료실에서 도서 및 자료를 배치 · 보관하며 이용자가 자료를 편리하게 열람, 대출할 수 있도록 지원한다. 9. 커피를 만드는 전문가로서 좋은 원두를 선택하고 커리기계를 활용하여 고객이 원하는 커피를 만들어 서비스하는 일을 담당한다. 10. 기발한 아이디어나 감수성으로 특정 상품이나 서비스가 일반인들에게 쉽게 기억될 수 있는 광고 문구나 문안을 작성하는 일을 담당한다.

5) 응답하라 2030

(1) 목표

① 직업의 변천 과정을 파악한다.

② 기준별로 직업을 분류해 보며, 사회의 변화에 따른 직업의 변화를 생각한다.

(2) 준비물

① 활동지

· 직업 이름들은 사전에 오려서 코팅하여 수업시간에 활용 후 회수/관리

② 기본 필기도구

(3) 진행방법

① 과거에 있다가 사라진 직업들을 함께 생각해 본다예: 버스 차장, 인력거꾼, 얼음

장수, 극장 간판화가 등

② 사회의 변화에 따라 직업이 어떻게 변화해 가는지 모둠별로 주어진 직업들을 분류해 본다산업구조의 변화, 생활양식의 변화, 인구구조의 변화에 따라 분류해 보고, 분류의 이유를 생각해 본다.

- 모둠별로 산업구조의 변화에 따른 분류, 생활양식의 변화에 따른 분류, 인구구조의 변화에 따른 분류를 나누어 활동한 후 함께 이야기를 나누어 볼 수도 있고, 세 가지 변화에 따른 분류를 모든 모둠이 다 해 볼 수도 있다.

③ 모둠별 분류에 대한 발표그렇게 분류한 이유까지와 이에 대한 서로의 의견을 나누어 본다.

- 교사용에 제시된 직업명은 따로 프린트하여 모둠별로 제공하거나, 모둠이 발표를 할 때 칠판에 붙여 보여주는 용도로 활용할 수 있다.

④ 모둠원들의 희망 직업이 산업구조의 변화, 생활양식의 변화, 인구구조의 변화에도 필요한 직업인지 의견을 나누어 본다.

읽기 자료

〈똑똑한 미래 정보를 만드는 미래 마인드셋 10가지〉 최윤식2013. 2030 대담한 미래. 서울: 지식 노마드.

6) 야누스의 두 얼굴

(1) 목표

① 자신의 재능이 무엇인지 파악할 수 있다.
② 자신의 재능을 무엇에 써야 할 것인지 판단할 수 있다.
③ 자신의 재능의 다양성과 양면성을 파악할 수 있다.

(2) 준비물

① 읽기자료: 명창과 귀명창은 세트메뉴다.

② 활동지 : 야누스의 두 얼굴

(3) 진행방법

① 재능이 있는 것도 중요하지만, 재능을 무엇에 쓰는지가 더 중요한 것임을 알려 준다.

② 읽기자료를 제시하여 글의 주인공은 어떤 재능을 가졌으며, 가진 재능을 어떻게 사용했는지 알아본다.

③ 재능이 좋게 쓰이기도 하지만 나쁘게 쓰이기도 함을 알려 준다.

예) 컴퓨터의 재능이 있는 사람이 블랙해커가 된 경우
명석한 기업체 ceo가 이중장부 작성, 페이퍼 컴퍼니 설립 등을 통해 세금 포탈하는 경우

④ 자신이 가진 재능이 무엇인지 생각해 보고 활동지 작업을 한다.

· 자신의 재능에 대한 다양성과 양면성선/악에 대해 생각해 본다.

⑤ 모둠별로 나눠 보며 모둠원들의 재능이 무엇인지 알아본다.

⑥ 자신의 재능을 선용하는 것이 중요함을 알려주며 회기를 마친다.

읽기 자료

〈명창과 귀명창은 세트 메뉴다〉 김미경2012. 한 달에 한 번, 12명의 인생 멘토를 만나다. 경기: 21세기북스.

7) 우리의 현재

(1) 목표

① 꿈에 관한 자신의 현재 상태를 파악할 수 있다.

② 서로의 이야기를 공유함으로써 문제해결에 도움을 얻을 수 있다.

(2) 준비물

① '우리의 현재' 스티커판교사가 A3 크기로 인쇄하여 준비
② 스티커
③ 활동지 : 각 분야별 질문

(3) 진행방법

① '우리의 현재'에 현재 자신의 상태를 체크해 보도록 한다.
· 쉬는 시간을 이용할 수 있음게시 혹은 돌려가며 자신이 해당하는 란에 스티커 부착
② 같은 문제를 가진 친구끼리 새롭게 모둠을 이룬다.
③ 새롭게 모인 모둠별로 서로의 이야기를 나누며 적어 본다.
④ 모둠의 논의 내용을 발표한다.
· 다른 모둠의 발표를 통해, 직 · 간접적인 도전과 문제해결을 위한 방향을 설정할 수 있도록, 교사가 각 모둠별 발표의 핵심을 잘 정리하고 격려한다.

읽기 자료

〈모든 계기가 멋질 필요는 없다〉 김은주2012. 달팽이 안에 달. 서울: 랜덤하우스코리아.

우리의 현재!

꿈이 없어요. 그런데 아무렇지도 않아요.	꿈이 없어요. 그래서 불안하고 걱정돼요.	꿈이 있어요. 그런데 노력하고 있지 않아요.
꿈이 있어요. 그런데 어떻게 준비해야 할지 모르겠어요.	꿈이 있어요. 그런데 방해하는 것이 있어요.	꿈이 있어요. 그리고 꿈을 이뤄낼 자신이 있어요.

꿈이 없어요. 그런데 아무렇지도 않아요.	어린 시절 내가 가졌던 꿈은 무엇이 있을까? 그 꿈은 왜 포기하게 됐을까? 꿈이 없는 것이 아무렇지 않은 이유는 뭘까? 좋아하거나 잘하는 활동에는 무엇이 있을까? 서로에게 어울리는 꿈, 직업을 추천해 준다면?
꿈이 없어요. 그래서 불안하고 걱정돼요.	어린 시절 내가 가졌던 꿈은 무엇이 있을까? 그 꿈은 왜 포기하게 됐을까? 꿈이 없는 것이 왜 불안한가? 좋아하거나 잘하는 활동에는 무엇이 있을까? 서로에게 어울리는 꿈, 직업을 추천해 준다면?
꿈이 있어요. 그런데 노력하고 있지 않아요.	나의 꿈은 무엇인가? 노력하지 않는 이유는 무엇인가? 노력하지 않아도 이룰 수 있는 것인가? 만약 무언가 시도해 본다면 어떤 노력을 할 수 있을까?
꿈이 있어요. 그런데 어떻게 준비해야 할지 모르겠어요.	나의 꿈은 무엇인가? 꿈을 이루기 위해 필요한 것은 무엇이라 생각하는가? 현재 내가 노력하고 있는 것은 무엇인가? 노력해 보았으나 실패해 본 경험이 있는가?
꿈이 있어요. 그런데 방해하는 것이 있어요.	나의 꿈은 무엇인가? 꿈을 이루는데 방해하는 요소는 무엇인가? 방해 요소를 해결하기 위해 시도해본 것이 있다면? 친구들의 이야기를 들었을 때 해 주고 싶은 이야기는 무엇인가?
꿈이 있어요. 그리고 꿈을 이뤄 낼 자신이 있어요.	나의 꿈은 무엇인가? 꿈을 가지게 된 이유는 무엇인가? 현재 꿈을 이루기 위해 노력하고 있는 것은 무엇인가? 꿈을 이루기 위한 구체적인 계획은 무엇인가?

8) 똑바로 보고, 뒤집어 보고

(1) 목표

① 합리적 의사결정의 과정을 이해한다.
② 자신의 진로 문제로 직접 합리적 의사결정을 시도한다.
③ 진로를 방해하는 요소를 찾을 수 있다.

(2) 준비물

① 합리적 의사결정 PPT
② 활동지 : 똑바로 보고, 뒤집어 보고

(3) 진행방법

① '몸으로 말해요'를 진행한다.
* 하나의 직업을 제시함
* 앞에 나온 모둠원들이 각각 자신이 떠올린 대표적인 행동을 묘사함
예) 제시어 '의사' → 집도 장면, 청진기진료 장면, 무릎반사검사 장면 등

② 게임의 장면뿐만 아니라 진로에서도 의사를 결정하는 것은 중요함을 설명한다.

③ 합리적인 의사결정을 위한 과정과 절차에 대해서 설명한다.

④ 제시된 사례를 함께 보며 합리적 의사결정의 과정을 연습해 본다.

⑤ 자신의 진로 문제를 활동지에 대입하여 합리적 의사결정과정을 해 보도록 한다.

⑥ 작성한 합리적 의사결정 과정을 모둠 안에서 나누고, 모둠원들과 의견을 교환하며 보완된 의사결정과정을 만들어 본다.

읽기 자료

〈Be Special!〉 김은주2013. 1cm+. 서울: 허밍버드.

합리적 의사결정 과정

◈ 의사결정의 구체적 과정

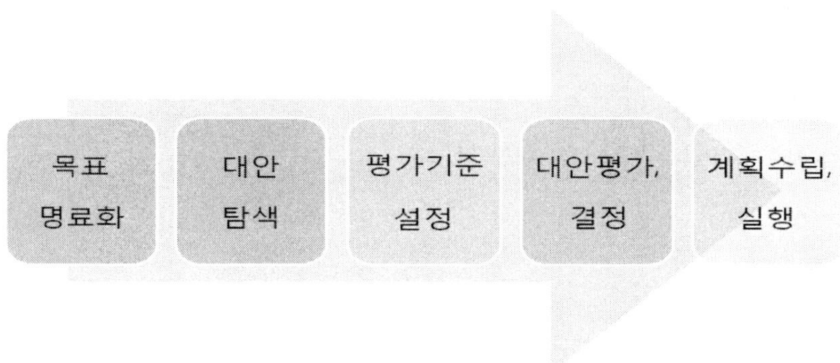

1 목표 명료화

가장 먼저 거쳐야 할 단계는 우리 자신이 원하는 것목표을 명확하게 파악하는 단계이다.

2 대안 탐색

자신이 원하는 목표를 성취할 수 있는 방법을 찾아보는 단계로 '과거의 상황에서 어떻게 했는가?', '다른 사람들은 어떻게 했는가?', '해결을 위해 어떤 도움이 필요한가?' 등을 잘 생각해 보고 여러 가지 대안을 찾아보는 단계이다. 가능한 한 대안을 많이 찾도록 하고, 대안이 많을수록 해결책을 찾기가 쉬워진다.

3 평가 기준 설정

각각의 대안들 중 어떤 것을 선택할 것인가에 대한 기준을 설정하는 단계로,

먼저 각각의 대안에 대하여 자신을 만족시킬 수 있는 장점을 나열해 보고 해결책을 받아들이기 위해 충족되어야 할 조건들을 열거해 본다. 그런 다음, 우리들이 이루고자 하는 목표의 충족 기준을 열거하는 단계이다.

4 대안 평가 및 선택

제시된 각각의 대안을 설정한 기준과 비교해 가면서 판단해 보는 단계로, 각 대안이 갖는 바람직한 정도, 가능성, 위험성 등에 대해 상·중·하로 등급을 매겨서 최선의 대안을 선택하는 단계이다.

5 진로 계획 수립 및 실행

의사결정의 마지막 단계로, 목표 달성을 위한 구체적인 활동 계획을 수립하고 이를 철저히 실천해 가는 단계이다.

합리적 의사결정의 예

합리적 의사결정의 5단계에 맞춰 의사결정하는 예를 들어 보겠습니다.
새 학년을 맞아 계발 활동을 선택하는 데 합리적 의사결정 5단계에 따라 계발 활동을 정해 보겠습니다.

단 계	과 정	결정한 내용
제1단계	목표 명료화	• 1년간 활동할 계발 활동 정하기
제2단계	대안 탐색	• 내가 하고 싶고, 가능한 계발 활동을 뽑아본다. : 등산부, 애니메이션부, 컴퓨터부
제3단계	평가 기준 설정	• 내가 하고 싶어야 한다. • 도움이 되어야 한다. • 비용이 많이 들지 않아야 한다.

제4단계	대안 평가 및 선택	◎ 등산부 ☞ 좋은 점 : 좋은 공기를 마실 수 있고 체력이 좋아진다. ☞ 나쁜 점 : 시간이 많이 소요될 수도 있고, 다녀온 후 피곤하여 지장을 줄 수 있다. ◎ 애니메이션부 ☞ 좋은 점 : 내가 하고 싶고 장래 진로와도 연결이 되기 때문에 도움이 된다. ☞ 나쁜 점 : 전문 용구를 사는 데 비용이 든다. ◎ 마술부 ☞ 좋은 점 : 자격증 획득을 할 수 있다. ☞ 나쁜 점 : 인원이 많아 세세한 지도를 받기 어려울 수 있다. ♥ 결정 : 애니메이션부
제5단계	진로계획 수립 및 실행	• 부모님께 애니메이션부를 하려는 이유를 설명하고, 전문 용구는 어느 정도 실력이 갖춰진 이후에 구비해도 되므로, 용돈을 조금씩 모으고, 부족한 부분은 부모님께 도움을 구한다.

9) 꿈, 현실, 성공적

(1) 목표

① 자신의 10년 후 상태를 어떻게 upload 할 것인지 직접 작성할 수 있다.

② 활동을 통해 자신의 미래를 그려 보고, 꿈의 성취를 위한 구체적인 준비과정을 계획할 수 있다.

(2) 준비물

① 활동지 ; Facebook upload 상태창

② 기본 필기도구

(3) 진행방법

① 자신의 미래와 그때의 일상적인 모습을 생각함으로써, 진로계획을 세우는 것이 꿈의 성취를 돕는 방법임을 소개한다.

② 10년 후 자신의 일상적인 모습을 상상함으로써 주변의 사람, 생각, 상황 등을 그려 볼 수 있다.

③ 학생들이 막연해한다면 꿈 출석부와 연관지어 생각할 수 있음을 알려 준다.

④ 미래를 그려 보는 여러 가지 방법 중 SNS의 형식을 제시한다.

· Facebook/해시태그(#), 태그, 위치, 사진, 글 등 이용 가능

⑤ 자신의 SNS에 10년 후 상태를 upload한다면 어떤 글을 올릴지 생각하여 활동지에 그려 보도록 한다.

⑥ 모둠별로 발표를 통해 모둠원들에게 자신의 10년 후 SNS를 소개한다.

⑦ 자신의 미래를 현실화하기 위해 구체적인 계획 수립의 중요성을 강조한다.

⑧ 수업 후 교실 내에 전시할 수 있다.

읽기 자료

· 인기 연재만화 딜버트의 작가 스콧 애덤스. 그는 '나는 미국을 대표하는 유명한 시사만화 작가가 될 것이다'라는 문장을 하루에 15번씩 썼다. 10년 이상 많은 회사를 찾아다녔으나 그는 계속 퇴짜를 받았다. 하지만 그는 멈추지 않고 노력했다. 현재 그가 그리는 만화가 전 세계 2,000개 신문에 매일 실리고 있다.

· 영화배우 이소룡이 유명배우가 아닌 시절 자신에게 쓴 편지가 있다. '앞으로 10년 후에는 중국영화 붐이 헐리우드에 일어날 것이다. 헐리우드는 물론, 미국 내 중국영화 붐이 일어나면서 배우의 주연은 나 이소룡의 활약이 휩쓸게 될 것이다.' 이소룡은 힘들 때마다 그 편지를 읽어 보곤하였다. 그 편지의 꿈을 달성하기 위해 노력한 결과, 10년 후 이소룡의 주연 영화가 중국을

휩쓸고 아시아는 물론 미국 헐리우드까지 이소룡의 영화가 상륙하면서 중국 영화의 붐을 일으켰다.

-2008년 10월 9일 KBS1 아침마당. 〈가슴 뛰는 삶〉 저자 강헌구 교수 특강 중에서

상태 업로드

10년 후 자신의 SNS상태창을 업로드해 볼까요?

10) 꿈은 이루어진다

(1) 목표

① 지금까지의 활동들을 마인드맵 형식으로 정리한다.

② 자신의 진로에 대해 정리함으로써 구체적인 계획 수립의 바탕을 마련할 수 있다.

(2) 준비물

- 활동지 : 꿈 마인드맵A3에 인쇄하여 각자 책상에 붙여 놓도록 할 수도 있다

(3) 진행방법

① 동요 '원숭이 엉덩이는 빨개'를 함께 불러 본다.

· 마인드 맵 활동에 대한 소개를 위한 동요 부르기임

② 계획 수립을 위해서는 자신의 현재 상태에 대한 확실한 이해가 필수적임을 알려주며 마인드 맵 작업에 대해 소개한다.

③ 지난 여러 활동을 생각하며 활동지에 자신의 직업에 대한 마인드맵 작업을 하도록 한다.

· 원하는 직업, 학교, 준비사항, 방해 요소, 롤모델, 미래 나의 모습, 직업 캐릭터, 직업 가치관 등을 기록할 수 있다.

· 작업에 충분한 시간을 부여한다.

④ 현재 상태를 알 수 있는 기회이며 계획 수립을 위한 디딤돌 작업임을 설명한다.

읽기 자료 :

- '앞에 위험이 감지됨. 브레이크를 밟고 후퇴하시오!'
- 이것은 두려움이나 의심 같은 부정적인 감정에 보내오는 뇌의 자동 메시지다.
- 저항은 '좀 더 안전한 영역'으로 후퇴하라고 부추긴다.
- 잠정적 위험을 과장해서 부풀리고 긍정적인 가능성은 깎아 내린다.
- 저항은 위험해 보인다는 핑계로 아무것도 하지 못하게 하는 거짓말쟁이와도 같다.
- 더 큰 문제는 저항이 의미 있는 일을 하려는 사람에게 악착같이 달라붙는 걸 좋아한다는 것이다.
- 아무것도 하지 않으면 아무 일도 일어나지 않는다.
- Ryan Babineaux & John Krumboltz2013. Fail fast, Fail often. 이현정 역2014. 천 개의 성공을 만든 작은 행동의 힘. 경기: 프롬북스.

Mind Map

다양한 활동들을 통해 꿈꾸게 된 진로의 Mind Map을 그려 볼까요?
되고 싶은 직업, 가고 싶은 학교, 준비해야 할 것, 장애 요소, 직업 멘토, 미래 나의 모습, 나의 직업 캐릭터, 직업 가치관 등을 생각하며~~

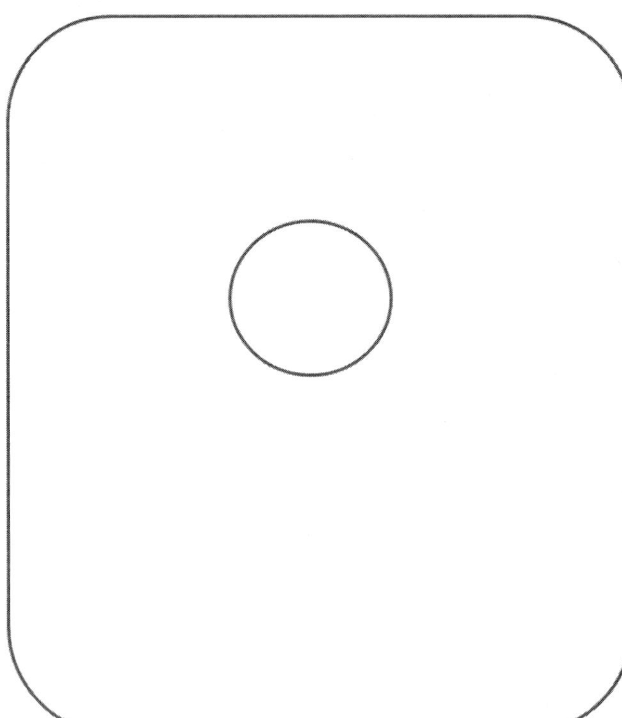

부 록

1. 2017-2060 미래예측 연대표
2. 이색직업
3. 고등학교 '진로의 날' 프로그램

부록 1

2017-2060 미래예측 연대표

미래의 연대표를 보면 세상이 어떻게 변할지 그 흐름을 읽을 수 있다. 따라서 미래예측기구들은 어느 한 시점의 미래만 예측하는 것이 아니라 연대표를 만든다. 컴퓨터공학자인 피터 페스티Peter Pesti가 연대표를 조합하고 있고, 퓨처타임라인, 위키피디아 등에서도 미래 연대표를 잘 정리해서 보여 준다. 미래의 흐름을 볼 줄 아는 개인과 기업, 국가만이 미래를 준비할 수 있다.

2017년

- 언론기업의 추락이 지속되고 대형 미디어기업 파산이 속출한다. 〈뉴욕타임즈The New York Times〉 〈데일리 텔레그래프The Daily Telegrph〉마저 온라인 디지털로 옮기면서 선진국의 모든 신문은 소멸하고 인쇄를 중단한다. 미국에서 시작되어 유럽도 같은 트렌드로 가게 된다 호주의 신문은 2022년에 완전히 소멸할 것이며, 이 추세는 아시아로 넘어가서 2025년에 아시아와 남미의 신문사가 소멸한다. 아프리카는 가장 늦은 2040년에 종이신문이 소멸한다.
- 전자종이가 보급되어 종이 없는 사무실 환경이 만들어진다.
- 치아 재생기술이 보편화된다.
- 에이즈 예방 백신이 사용화된다.
- 전립선암에 새로운 치료법이 등장한다.

2018년

- 소아마비의 치료법이 개발된다.
- 비만 치료약이 등장한다.
- 거의 모든 수술을 로봇이 실행한다.
- 전세계 인류가 인터넷을 무료로 사용할 수 있게 되며, 사물인터넷internet of things: IOT이 차량과 기기, 가구 등 모든 것을 하나로 연결시킨다.
- 휴대용 3D 스캐너가 보급되어 언제 어디서 무엇이든 스캔한 뒤 프린트해서 사용할 수 있게 되면서 지적 재산권에 대한 침해가 심각해질 것이다.

· 바이오연료가 급성장한다. 피크오일peak oil, 석유 생산의 정점이 7년 앞으로 다가온 시점에서, 중동의 각종 정치위기나 내전으로 에너지 독립의 필요성이 더욱 커지고 기후변화의 대안으로 바이오 연료가 급부상하기 때문이다. 특히 에탄올이 1,000억 달러 시장으로 성장하며, 2012년 미세 조류로 수입 원유의 17%를 대체하겠다는 오바마 대통령의 연설 이후 미세조류micro-algae 바이오연료도 성장한다.

2019년

· 유럽우주국의 탐사로봇 엑소마스 로버가 화성에 착륙한다.
· 무인자동차 기술이 세상을 연결시켜 준다.

2020년

· 인터넷 사용자가 50억 명을 넘는다.
· 생각만 해도 뇌파를 통해 문자 메시지가 전달된다.
· 줄기세포로 성장시킨 장기로 손상된 장기를 교체한다.
· 수명 연장기술이 급성장한다.
· 석유 위기가 다시 한 번 세계를 흔든다. 석유 및 가스 가격이 통제 불능에 도달하자 타격을 받고 혼돈에 빠지는 것이다. 대부분의 국가들은 석유 소비를 줄이고 에너지 절약 및 보존을 위한 각종 제도를 정비한다. 기업들은 신재생에너지 및 이를 사용한 제품들을 생산하는데, 하이브리드나 전기 자동차, 연료 효율이 높은 제품들이 그것이다.

2021년

· 지구 온도가 1℃ 상승한다.
· 인공 콩팥이 상용화된다.
· 일과 가사의 균형을 맞추는 법률이 제정되면서 모든 기업은 재택근무, 유연근무를 보편화시킨다. 그 결과 생산성 향상과 업무 효율성이 더욱 높아질 것이다.

2022년

· 국제열핵융합실험로 International Thermonuclear Experimental Reactor:ITER가 국제핵융합장치의 가동을 시작한다.
· 중국이 우주정거장을 완공한다.
· 물 전쟁이 본격적으로 발발한다. 기후변화로 인한 장기적 가뭄이 지속되면서 동남아시아,

중동, 북아프리카에서 최초의 물 전쟁이 일어난다. 특히 여러 국가를 경유하는 강 줄기를 국토에 보유하고 있는 나라가 전쟁 위험이 높다. 강 상류의 국가는 물을 저장하려 하고, 하류 국가는 상류지역 국가의 발전소와 댐을 집중 공격해 파괴시킴으로써 물을 얻는 테러를 일으키면서 전쟁으로 번진다.

2023년

· 핵융합기술 개발에 큰 진전을 얻는다.
· 뇌공학의 발달로 뇌 이식이 가능해지고 잃어버린 기억을 되찾을 수 있게 된다. 또한 현재의 쥐의 뇌에서 다른 쥐의 뇌로 지식을 직접 전파할 수 있는 단계에서 2023년에는 인간과 인간 사이에 뇌로 지식을 전파하고 전달할 수 있게 된다.
· 보르네오 섬의 밀림이 사라진다.

2024년

· 역사상 최대의 기후난민이 생긴다. 수많은 섬들이 가라앉고 해수면 상승으로 대도시가 내륙으로 이주하게 된다.
· 냉동 보존되었던 쥐를 부활시킨다. 이로써 냉동인간을 살리는 기술의 실마리를 얻는다.

2025년

· 뇌공학이 급속히 발전해 인간의 뇌 시뮬레이션이 가능해진다.
· 의료용 뇌노봇이 개발된다.
· 최초의 에코도시 마스다르 시가 완성된다.

2026년

· 알츠하이머병의 새로운 치료법이 나온다.
· 해수면 상승으로 몰디브가 수면 밑으로 가라앉는다.
· 인간의 능력과 비슷한 로봇 손이 개발된다.

2027년

· 수소연료전지 차량의 연 매출이 1억 달러를 달성한다.
· 탄소 포집기술이 대다수 국가에서 실행된다.

2028년

· 비행기에서 조종사가 사라지고, 모든 비행기는 시스템이 조종하는 무인비행기가 보편화 된다.
· 잘려 나간 신체를 줄기세포 등으로 재생시키는 기술이 등장한다. 이로써 팔과 다리 보철이 소멸된다.
· 멸종된 동물 일부가 복원된다.

2029년

· 인간과 동일한 인공지능을 가진 안드로이드가 등장해 인간처럼 행동하게 된다.
· 마이크로센서나 나노센서가 이식된 스마트 광고판이 유행한다. 광고판 앞을 지나는 사람의 라이프스타일을 파악하고 있는 스마트폰과 센서가 작동해서 개인형 맞춤 광고를 선보이게 된다.

2030년

· 전세계 대학교 절반이 문을 닫고 대학의 온라인 무료 과정이 보편화된다.
· 스마트폰, 웨어러블 컴퓨터를 넘어 마침내 몸에 이식되는 바이오폰의 시대가 온다.
· 텔레파시로 더욱 많은 것을 할 수 있도록 뉴로스카이 등 다양한 기기들이 인간의 능력을 강화해 준다.
· 인간의 몸에 이식되는 센서와 칩은 현금에 이어 카드마저 소멸시킨다.
· 각 가정에서 3D 프린터를 보유하게 되어 제조업이 대부분 사라지며 무엇이든 집에서 만들어 사용하는 시대가 된다.
· 인도가 지구상에서 인구가 가장 많은 나라가 된다.
· 이슬람교 인구가 크게 증가한다.
· 고령사회가 도래하면서 모든 음식에 건강 또는 의약 기능이 첨가된다.

2031년

· 유전자 변형을 통해 다년생 밀, 옥수수 등이 등장한다.
· 웹 4.0은 인터넷 풍경을 완전히 바꿔 놓는다.
· 줄기세포 치료가 보편화된다.

2032년

· 4세대 원자력이 등장한다.

· 인터넷 속도가 테라바이트 수준으로 빨라진다.

2033년

· 유인 우주선이 화성을 목적지로 삼는다.
· 극초음속 비행기가 서비스를 개시한다.
· 기후변화와 환경오염으로 중국의 폐질환 사망자가 8,000만 명에 달한다.

2034년

· 스위스가 원자력발전소를 완전히 폐쇄한다.

2035년

· 온난화로 인해 9월 한 달간 북극의 얼음이 사라진다.
· 대부분의 차는 무인자동차가 된다.
· 사망한 사람들이 홀로그램으로 재현되어, 삶과 죽음의 경계가 모호해진다. 돌아가신 부모님도 재생시켜 함께 지낼 수 있기 때문이다.
· 로봇이 전쟁을 치르게 된다.

2036년

· 배양육이 가장 빨리 성장하는 산업이 된다.
· 생명공학이 인간의 시력을 능가하는 인공 눈을 만든다.

2037년

· 양자컴퓨터가 널리 사용된다.

2038년

· 사형이 거의 모든 국가에서 사라진다.
· 생명체의 순간이동telelportation이 가능해진다.

2039년

· 완벽한 가상현실 기술이 인류의 삶에 보편화된다.

· 미국의 인구가 4억 명에 달한다.
· 미국이 적도처럼 더운 나라가 된다.

2040년

· 급속한 경제 성장으로 이미 미국을 따라잡은 인도 경제가 중국을 능가하게 되며, 인도 · 중국 · 미국이 'G3'가 된다. 젊은 나라로 줄곧 성장해 가는 인도는 2040년에 인구가 15억 명, 국가 평균연령은 34세로 예상되어, 같은 시기 인구 13억 명, 평균연령은 46세로 노동력이 급격히 줄어들 것으로 예상되는 중국과 비교해 볼 만하다. 이런 인도도 기후변화로 인한 지구온난화로 자연재해에 시달리고, 국민이 다수 이주하게 된다. 또 급속한 자동화는 실업난을 심화시켜 인도의 성장은 2050년에 멈추고 추락이 시작될 것이다.
· 핵융합 에너지가 상용화된다. 프로토타입 상업용 핵융합이 최종 단계에 도달해 기존의 모든 에너지를 대체할 수 있는 상태가 된다. 2024~2033년에 지어진 실험용 핵융합시설이 확장되고 개보수되어온 가운데 2040년에 드디어 완성을 맞는 것이다. 상업용 핵융합 발전소는 2기가와트의 지속적인 출력이 가능할 것이다.
· 가상 텔레파시가 개인 소통수단으로 사용된다.
· 담배가 거의 소멸된다.

2045년

· 레이 커즈와일Ray Kurwell이 예언한 특이점이 온다. 기술 변화의 속도는 인간의 지능으로 따라갈 수 없을 정도로 빨리 발전하며, 컴퓨팅, 나노기술, 의학 및 신경과학 등에서 특히 기록적인 변화가 일어난다. 정보의 양이 엄청나게 많아져 이를 이해하고 해석하려는 사용자에게 유일한 방법은 자기 뇌와 컴퓨터를 결합하는 길 밖에 없다.
· 항공기 추락 사고가 사라진다. 그래핀 등 최선 나노물질이 더 튼튼하고 가벼운 항공기를 만들어 주며, 자가 치유, 나노 센서 등으로 그동안 비행기 사고를 일으켜 온 구조적 결함을 완전히 제거한다. 또한 폭발위험이 있는 가연성 액체연료가 아닌 순수 전기 시스템을 이용하게 되어 사고의 위험은 극적으로 줄어든다.
· 중국이 민주주의를 선택한다.

2050년

· 인류의 절반이 기계를 이식한 기계인간이 되어, 인류의 범위가 모호해진다.
· 아마존 열대우림의 절반이 소멸한다.

2053년

· 너무나 빠른 기술 발전은 무어의 법칙Moore's Law, 반도체 집적회로의 성능이 18개월마다 2배로 증가한다는 법칙 조차 무시하게 된다.

2054년

· 지구촌 강우량이 20% 증가한다.

2055년

· 일반인들에게 우주여행이 해외여행처럼 쉬어진다.
· 전세계 국가가 거의 대부분 민주주의를 완성한다.
· 전통 미디어가 소멸하고 몸 속으로 들어간 바이오컴퓨터로 뉴스를 인지하게 된다.

2056년

· 지구 평균 온도가 지금보다 3℃ 증가한다.
· 인조합성 바이오 인간이 탄생한다.

2059년

· 석유시대가 종말을 맞는다.
· 화성에 인류가 거주하기 시작한다.

2060년

· 급속한 지정학적 변환으로 발생하는 위기를 모면하려고 많은 인구가 기후난민이 된다. 국민이 모두 기후난민이 되는 적도 부근 국가들은 이미 파산하거나 파산 상태가 된다. 이때 아예 사라지는 국가가 나타나서, 세계지도가 바뀌게 될 것이다.
· 노인인구가 41%에 도달할 것이다.

부록 2

이색직업

유품정리인 유품정리인은 고인의 물건이나 재산 등이 고인의 뜻에 따라 제대로 정리·처리되도록 고인의 마지막 가는 길을 돕는 정리 도우미다.

정리수납컨설턴트 정리수납컨설턴트는 각각의 분야에서 정리를 돕고, 정리 노하우 등을 소개하는 정리 전문 도우미다.

옥상정원디자이너 옥상정원디자이너는 일상에서 자연을 그리워하는 도시인과 자연을 이어주는 옥상정원 전문 설계사다.

애견유치원교사 애견유치원교사는 애견의 전문적인 생활교육과 각종 사회화 훈련 등을 돕는 애견 전문 교사다.

라이프코치 라이프코치는 삶과 일 속에서 자신만의 비전과 가능성을 찾지 못해 무기력증에 빠진 사람들의 잠재력을 끌어내 삶의 비전을 찾을 수 있게 돕는 삶의 조력자다.

공정여행기획자 여행지의 지역경제 활성화를 궁극적인 목적으로 하여

기존의 여행형태에서 벗어난 형태의 공정여행 상품을 기획한다. 즉, 여행자와 여행대상국의 국민이 평등한 관계를 맺는 공정여행이 되도록 관련 상품을 기획한다.

도시농업활동가 도시농업 보급 확대를 목적으로 도시농업에 적합한 농법을 개발, 보급하고 도시텃밭 멘토를 양성한다. 도시농업 관련 자재 개발과 도시농업 관련 사업을 기획하기도 한다.

호텔레비뉴매니저 호텔의 매출 증대를 위해 일, 월, 연 단위로 상황에 적합하게 호텔 숙박료를 조정하고 결정한다.

큐그레이더 커피 품질의 등급(grade)을 정하는 일을 한다. 커피의 원재료인 생두의 품질과 맛, 특성을 감별해 좋은 커피콩을 선별하고 평가하며, 커피 수입, 로스팅, 음료판매 부분에 관여한다.

반려동물사진작가 개인이나 기업체의 의뢰에 따라 반려동물의 사진을 전문적으로 촬영한다.

아트토이디렉터 아트토이디렉터는 작가들이 입체적인 플랫폼토이에 그림을 그리도록 기획하고, 콘셉에 맞게 전시를 기획하거나 브랜드화하는 일을 맡고 있다. 이들의 일은 평소 잡지나 웹진 등을 보면서 여러 분야에 관심을 갖고 자료를 수집하는 것에서 시작된다.

생태세밀화가 생태세밀화가는 주로 동 · 식물도감이나 그림책에 들어갈 '생태세밀화'를 그린다. 생태세밀화가 수록될 책이 '도감'이냐 '그림책'이냐에 따라 그릴 대상

을 확보해 관찰하는 단계에서 하는 일이 달라진다.

숲해설가 숲해설에 대한 의뢰가 들어오면 현장을 방문해 사전탐사를 한다. 또 숲해설을 들을 사람들을 분석해 동료 숲해설가들과 함께 교재를 제작한다.

동물원큐레이터 동물원큐레이터의 일은 새로운 전시를 기획하는 것으로 시작된다. 초기엔 어떤 주제로 동물을 전시할지 자료를 수집 · 조사하면서 아이디어 회의를 한다. 기획안이 나오면 기획안에 따라 전시할 동물종 등을 선택하고 전시한다.

음악분수연출자 음악분수연출자는 이미 설치된 분수시설을 이용해 하나의 연출 프로그램을 기획하는 일을 한다. 때문에 음악분수 연출을 위해서는 우선 하드웨어인 분수시설에 대한 파악이 필요하다.

막걸리 소믈리에 막걸리 소믈리에는 레스토랑이나 막걸리 전문점에서 막걸리의 구입과 보관을 책임지고 고객에게 적합한 막걸리를 추천하여 막걸리의 선택에 도움을 준다.

웃음치료사 웃음치료사는 웃음을 도구로 사람을 치유하는 행복전도사이다. 웃음으로 사람의 마음을 건강하고 즐겁게 만들어 주고 그 영향으로 몸이 건강해지도록 돕는 일을 하는 것이다.

재활승마치료사 재활승마치료사는 말을 매개로 환자를 치료하는 치료승마전문가이다. 환자를 대상으로 치료목표를 세우고, 치료방법을 찾는 일은 치료사들의 일상적인 업무이다. 재활승마치료사는 환자만 돌보는 것이 아니다.

수중재활운동사 수중재활운동사는 물을 이용해 우리 신체가 건강해질 수 있도록 돕는 물 전문 운동사 혹은 치료사이다.

애완동물장의사 애완동물장의사는 애완동물의 장례와 관련한 모든 것을 책임지는 애완동물 장례전문가입니다. 이들은 애완동물의 장례식을 주관하고 장례절차 및 각종 용품을 준비하는 등 장례관련 업무를 한다.

퍼스널쇼퍼 퍼스널쇼퍼란 개인의 맞춤형 쇼핑 도우미이다. 퍼스널쇼퍼는 고객의 직업, 나이, 체형, 구매성향, 스타일, 경제수준 등을 총체적으로 파악해 고객에게 가장 적합한 상품을 추천하는 일을 한다.

매장 배경음악 전문가 매장 배경음악 전문가는 매장의 음악 선곡을 담당하는 일종의 디제이라고 할 수 있다. 이들은 백화점이나 대형마트, 대형서점, 패스트푸드점 등에 배경음악을 제공하고 관리하는 일을 하는 사람으로 음악코디…

산업잠수사 산업잠수사란, 바다 속에서 산업적 가치가 있는 것들을 발견하고 개발하는 바다사업가이다. 이들은 영리를 주목적으로 하는 잠수를 한다.

소믈리에 중세 유럽에서 식품보관을 담당하며, 영주의 식사 전에 식품의 안전여부를 알려주는 솜(somme)이라는 직책에서 유래된 소믈리에(sommelier)는 프랑스어로 '맛을 보는 사람'을 말한다.

신발디자이너 신발디자이너는 시장조사, 콘셉트 기획, 디자인, 소재 선택 등 신발이 생산되는 전 과정을 지휘하는 사람이다. 이들은 새로운 디자인의 신발을 선보이기 위해 새로운 잡지나 인터넷을 통해 패션경향을 파악한다.

안경디자이너 안경디자이너는 제조될 안경의 형태를 구상하고 디자인하며, 이를 위해 시장조사부터 콘셉트 선정, 디자인 결정, 주문수량 결정과 최종샘플 수정 및 검토작업 등 안경의 생산에 관한 전반적인 업무를 담당한다.

쇼콜라티에(Chocolatier) 초콜릿으로 인형, 트리, 촛대 등 다양한 작품을 만드는 사람들이다. 우리나라에서는 생소한 직업이지만 초콜릿의 역사가 오래된 유럽 등지에서는 400여 년의 역사를 자랑한다.

아트워크매니저 S라인 몸매, 쭉 뻗은 다리… 보다 아름답고 예술적인 모습을 담기 위해 카메라 앞에 선 모델들! 이들의 포즈만을 전문적으로 지도하는 사람이 바로 아트워크매니저이다.

풍선아티스트 기다란 풍선이 뚝딱하는 사이에 강아지로 변하는 것을 보며 신기하게 쳐다보신 적이 있나요? 조그마한 동물모형에서부터 큰 무대용 장식품까지 다양한 풍선작품을 만드는 사람이 바로 풍선아티스트이다.

캘리그라퍼(Calligrapher) 딱딱하고 남들이다 사용하는 문자는 싫다! 이런 생각을 하면서 점차 자연스럽고 아름다운 글씨를 사용하고자 하는 사람들이 증가하고 있는데, 서예를 현대적으로 변형시켜 더욱 개성있는 서체를 만들어 내는 사람이 캘리그라퍼이다.

경주장아나운서 숨도 안 쉬며 이어지는 경주 상황 설명… 경주장 아나운서의 중계상황을 말하는 것이다. 그렇게 말을 빠르게 하는데도 관객들이 모두 이해할 수 있도록 또박또박하게 발음한다는 것이 신기할 뿐이다.

영화제 프로그래머 부산국제영화제를 비롯하여 국내에는 크고 작은 영화제가 열리고 있는데, 이런 영화제의 성격에 맞게 프로그램을 구성하고, 상영영화를 선택하는 등 영화제 전반을 기획하는 사람들이 영화제 프로그래머이다.

호텔컨시어지 혈혈단신 홀로 외국에 출장이나 여행을 가서 그 나라의 문화를 즐기고 싶은데 유명한 식당이 어디인지, 재미있는 뮤지컬이 무엇인지, 가볼만한 곳이 어디인지 또 어떻게 찾아가야 하는지 모른다면 정말 막막하다.

조향사 소리로 음악을 만들 듯이 냄새로 향을 만드는 조향사, 이들은 새로운 향을 만들어 내고, 제품에 향을 입히는 일을 한다. 일하는 분야는 다르지만 '퍼퓸디자이너Perfume designer'도 같은 직종이다.

다이어트프로그래머 생활수준이 높아짐에 따라 식생활습관이 변화하고 바쁜 사회생활로 운동이 부족하게 됨으로써 나타나는 비만! 비만은 남녀노소 가릴 것 없이 나타난 대표적인 현대 질병으로 우리들의 생명까지 위협하고 있다.

파티플래너 파티에는 여러 가지 종류가 있는데, 흔히 소규모 가족 모임에서부터 동창회, 결혼피로연, 생일축하연, 각종 기념회 등과 같은 대규모 모임까지 다양한 파티가 열리고 있다.

푸드스타일리스트 요리에 예술적인 감각을 불어넣는 요리디자이너. 푸드스타일리스트! 이들은 음식에 시각적인 생명을 불어넣어 요리를 먹음직스럽고 아름답게 형상화하는 일을 한다.

브루마스터 하우스맥주 전문점에서는 맥주제조에서 판매에 이르기까지 동일한 매장에서 이루어지는데, 이 곳에서 맥주가 만들어지기까지의 제조공정을 관리하는 사람을 맥주의 맛을 결정하는 '맥주 예술가' 브루마스터라고 한다.

애견옷디자이너 인간의 반려동물로 당당히 자리잡은 애완동물! 최근 애완동물 시장이 커지면서 자신이 키우는 애완동물에게 보다 예쁜 옷을 입히고 싶은 주인들의 욕망은 증가하고 있다. 애견옷디자이너는 애견옷을 제작하여 보급한다.

아트컨설턴트 미술품과 공간의 조화를 창조하는 아트컨설턴트! 사무실 및 생활공간의 활용과 격을 높이기 위해 고객의 취향과 분위기, 공간의 조건, 목적 등에 따라 그림, 조각 등 작품을 선정하고 설치하는 사람이다.

쇼다이버 마치 동화 속의 인어공주처럼 물고기들과 친구가 되어 수족관에서 유영하며 수중 동물과 쇼를 보여주는 사람이 있다. 바로 쇼다이버들이다. 이들은 대형 수족관(아쿠아리엄)에서 물고기나 바다동물들과 함께 생활한다.

아쿠아리스트 형형색색의 물고기, 거북이, 수달, 상어… 이러한 수중생물을 보면서 꼬마들과 부모들이 사진도 찍고 웃고 떠드는 곳이 바로 대형 수족관이다. 이러한 대형 수족관에 깊은 관련을 맺고 있는 사람이 아쿠아리스트이다.

부록 3

고등학교 '진로의 날' 프로그램

제5회 전주사대부고 진로캠프

2015학년도 1학년 진로캠프

Dream high, Dream up

– 진로탐색 프로그램 path? pass! –

- 일시 : 2015. 5. 21(목) 08:10~16:30
- 대상 : 전주사대부고 1학년 전체
- 강사 : 최희진, 김래경, 김미라, 고은숙, 서진경, 양의주, 임은실, 임정아, 윤평강, 홍은경
- 장소 : 전주사대부고
- 협력 : 전주대학교 입학사정팀
- 주관 : 전주사대부고 상담실 Wee 클래스

차 례

제5회 진로캠프

Dream high, Dream up

진로캠프 일정표

영역	시 간	차시	프 로 그 램	담당
자기 이해	**1교시 08:10~10:00** (1시간 40분)	8:10~8:20	출석 확인, 모둠 편성 진로캠프 워크북 배부	담임 교사
		1 (8:20~9:00)	- 오리엔테이션 및 강사소개 - 행복한 삶이란? 진로의 의미 - '나는~' 스티커판	강사
		2 (9:00~10:00)	- 과자로 자기 표현하기 - 표현물 보며 발표하기	강사
자기 이해 진로 탐색	**2교시 10:20~12:10** (1시간 50분)	**3** (10:20~11:10)	- Holland 진로탐색검사 해석 상담 1 "너의 꿈은 무슨 색깔이니?" 나의 홀랜드 진로유형	강사

		4 (11:10~12:10)	- Holland 진로탐색검사 해석 상담 2 검사결과 해석 및 그룹작업 진로코드를 활용하여 진로 찾기	강사
	12:10~1:00	점심식사~ 맛있게 얌얌~ <식생활관>		
진로 탐색	**3교시** **13:00~14:20** (1시간 20분)	1:00~1:20	- 교실 자리 정돈, 자율학습	강사
		5 (1:20~2:20)	- 동영상 보며 직업 찾기 - 장소에서 직업 찾기	강사
진로 계획	**4교시** **14:40~16:30** (1시간 50분)	**6** (2:40~3:30)	- 신문에 내가 보도된다면 1	강사
		7 (3:30~4:30)	- 신문에 내가 보도된다면 2 동영상 <꿈을 향한 도전> 비전선언문 작성하기 느낀 점 나누기 및 평가지 작성	강사
	소감문 배부	☺ **나의 꿈을 향하여 ~~~**		담임

★ 매 시간마다 시간을 잘 지켜주세요. 시작 전에 교실에 앉아 자리를 정돈해 주세요.

참고 문헌

김승택(2008). 민간고용서비스(서치펌, 무료소개업, 국외소개사업)의 현황과 정책과제. **노동리뷰**, 41, 19-32.

강혜영(2011). 이공계 대학생의 흥미-전공일치도, 자기효능감과 전공적응도의 간의 관계. **상담학연구**, 12(1), 115-127.

강혜영, 송영희, 정해영(2009). 민간고용지원서비스기관의 직업상담자 교육 수요 조사. 연구보고서. 한국기술교육대학교.

강혜영 · 김계현(2004). 상담기법으로서 숙제부여 방법 활용 실태. **상담학연구**, 5(3), 519-532.

강혜영 · 김계현(2006). 상담숙제 부여방법에 따른 숙제순응도의 차이. **상담학연구**, 7(3), 731-743.

고용노동부(2011). **고용노동백서**. 고용노동부.

권성욱 · 탁진국(2002). 경력장애척도 개발 및 타당도 분석. **한국심리학회지: 산업 및 조직**, 15(1), 1-18.

김명소 외 6인(2000). **직업심리 및 상담**. 서울: 학지사.

김봉환(2011). **직업카드: 중 · 고 대학생용**. 서울: 학지사심리검서연구소.

김봉환 · 강은희 · 강혜영 · 공윤정 · 김영빈 · 김희수 · 선혜연 · 손은령 · 송재홍 · 유현실 · 이제경 · 임은미 · 황매향(2013). **진로상담**. 서울: 학지사.

김봉환 · 김병석 · 정철영(2000). **학교진로상담**. 서울: 학지사.

김선희(2006). 역할지향성과 타협상황에 따른 여성의 진로선택: 타협요인의 선호도 비교.

아주대학교 박사학위논문.

김완석 · 허창구(2005). Holland 육각형모형의 구성타당성 검증. **한국심리학회. 연차학술대회발표 논문집**, 216-217.

김인기 · 이향정(2011). **실전 성공취업전략**. 경기: 양서원.

김재환 · 오상우 · 홍창의 · 김지혜 · 황순택 · 문혜신 · 정승아 · 이장한 · 정은경(2014). **임상심리검사의 이해 2판**. 서울: 학지사.

김정민(2015). **오늘, 행복을 쓰다**. 서울: 북로그 컴퍼니.

김정택 · 김명준 · 심혜숙(2004). 한국 스트롱 직업흥미 검사 표준화 연구. **한국심리학회지: 상담 및 심리치료.** 16(3), 383-405.

김지현 · 박관성(2007). 교직진출 희망자의 진로만족 및 결정수준과 Holland 직업흥미 이론에서의 일치성, 일관성, 변별성. **진로교육연구**, 20(3), 43-53.

김창대 · 민경화 · 윤숙경 · 공은혜(2008). 직장에서의 대인 역량에 대한 직장인들의 인식: 대인 역량 교육 및 개발을 위한 기초 조사. **아시아교육연구**, 9(1), 133-148.

김창수 · 윤정륜 · 석수융 · 김성희(1990). 진로의사결정 프로그램: 대학생용. **학생지도연구** Vol. 23. No. 1. pp. 1-60.

김충기 · 장선철(2006). **진로상담**. 서울: 태영출판사.

김효정(2013). 아로플러스를 활용한 진로탐색 프로그램이 중학생의 진로성숙도와 진로결정 자기효능감에 미치는 영향. 경희대학교 교육대학원 석사학위논문.

김희정(2007). 한국대학생을 위한 Holland 직업흥미 모델의 적용성에 관한 연구. **상담학연구**, 8(2), 603-619.

노동부(2001). **직업선호도검사 실시요람(2001)**. 중앙고용정보관리소.

박가열, 임은미(2010). 2010 **취업희망프로그램 진행자 매뉴얼**. 한국고용정보원.

박관성(2008). 한국남자대학생의 성 역할과 진로타협. 단국대학교 박사학위논문.

박영목 · 김호연 · 박미진(2003). 2003학년도 신입생 실태조사 연구. **학생생활연구**, 17, 103-134. 서울: 홍익대학교 학생상담센터.

박제일(2004). 성격유형검사의 타당화 연구-LCSI 성격유형검사와 Holland 진로탐색 검사를 중심으로. **상담학연구**, 5(3), 547-560.

부산종합고용지원센터(2009). **희망을 나누는 사람들**. 부산청 심층상담사례집. 부산지방노동청 부산종합고용지원센터.

서울고용지원센터(2009). **똑!똑!똑! 심층상담**. 서울지방노동청 서울고용지원센터.

설재풍(2004). 합리적인 진로의사결정유형 증진을 위한 가치명료화 프로그램의 개발과 적용효과. **진로교육연구**, 제17권 제2호. pp. 15-28.

손은령, 김계현(2002). 여자대학생이 지각한 진로장벽요인에 관한 연구. **한국심리학회지:**

상담 및 심리치료, 14(1), 121-139.

엄동욱(2008). 대졸 신입사원의 조기퇴사 실태와 원인: 기업 인적자원관리(HIRM)에의 시사점을 중심으로. **직업능력개발연구**, 11(2), 237-260.

우종민(2005). 직장인 스트레스 관리기법의 효과에 대한 고찰. **인지행동치료**, 5(1), 43-52.

유나현 · 박용두 · 이기학(2007). 사회인지진로모형을 통한 Holland 예술형 직업선택과 성역할 정체감과의 관계 연구. **한국심리학회지: 여성**, 12, 361-375.

유정이 · 김지현 · 황매향(2002). 초등학생 직업포부 및 인식의 발달에 관한 연구, **한국진로교육학회지**, 15(2), 1~17.

유정이 · 김지현 · 황매향(2004). 중 · 고등학생의 직업포부 변화에 관한 연구. **교육학연구**, 42(2), 315-333.

윤경원(2003). 스트레스 대응훈련이 기능직 직장인의 스트레스 감소에 미치는 효과. **상담학연구**, 4(3), 463-478.

이기학(2005). 진로선택타협과정에서 보이는 선호도에 대한 생물학적 성과 성 역할 특성의 상호작용효과 연구. **상담학연구**, 9(3), 849-859.

이기학 · 조미랑(2003). 인문계 고등학생의 진로의사결정 타협과정에서 보이는 남녀 간 선호도 차이. **한국심리학회지: 여성**, 8(3), 1-12.

이무근(2011). 진로와 직업. 서울: 교학사.

이요행(2002). 개인과 환경의 상응이 직무만족, 수행 및 이직가능성에 미치는 영향. 중앙대학교 박사학위논문.

이은철(2006). **튀는 인재의 구직 매뉴얼**. 서울: 새로운 사람들.

이재창(1994). 진로교육 발전방안 탐색에 관한 연구. **진로교육연구**, 2, 80-119.

이재창(1995). 대학생의 진로상담에 관한 연구. **교육연구**, 12, 81-99.

이재창(1996). **청소년상담 제도의 문제점 및 대책. 청소년상담 발전의 방향과 과제**(pp. 19-48). 서울: 청소년대화의 광장.

이재창 · 박부권 · 유혜경 · 최상근 · 고진영(1981). **청소년상담 종합진단 연구: 자아개념과 가치관을 중심으로**. 서울: 한국교육개발원.

이정애 · 최웅용(2008). 진로가치명료화 프로그램이 대학생의 진로정체감 진로결정수준 진로결정 자기효능감 및 진로성숙에 미치는 영향. **상담학연구**, 9, 129-146.

이지연(2001). 대학내 진로지도 서비스기관 현황. **직업과 인력개발**, 4(5), 47-53.

이현림 · 김지영(2001). 진로의사결정 상담 프로그램이 대학생의 진로의사결정 능력에 미치는 효과. **상담학연구**, 제2권 제2호, pp. 211-230.

임언, 최동선, 강혜영(2006). 대학취업지원기능 확충사업 효과분석 및 개선방안 연구. 수탁연구, 2006-35, 한국직업능력개발원.

정원식 · 김경동 · 김신일 · 배규한 · 최일섭(1995). **청소년 의식구조 조사연구**. 서울: 서울대학교 사회과학연구소.

정윤경 · 정철영(2006). 실업계 고등학교 전문교과 교사의 직업적응과 조직몰입의 관계. **농업교육과 인적자원개발, 38(4)**, 89-114.

지용근 외(2005). **진로상담의 이해**. 서울 : 동문사.

천석준 · 이기학(2008). 대학생의 진로결정과정에서의 Hollan 흥미유형별 내적 · 맥락적 장벽 요인의 효과모형 검증 연구. **한국심리학회지: 상담 및 심리치료, 20(2)**, 407-430.

청소년대화의광장(1992). **청소년 일상생활 실태조사**. 서울: 저자.

최동선, 김나라(2005). 미래의 직업세계 인프라 구축: 대학 재학생 희망직업 조사. 한국직업능력개발원.

한국고용정보원(2002). **청소년용직업적성검사**. 서울: 한국고용정보원.

한국고용정보원(2004). **성인용직업적성검사**. 서울: 한국고용정보원.

한국고용정보원(2005). **성인용 직업가치관 검사**. 서울: 한국고용정보원.

한국고용정보원(2007). **직업정보 활용을 위한 가이드: 고마워요 직업정보**. 한국고용정보원 직업연구센터.

한국상담학회(2011). **한국상담학회 윤리강령**. 한국상담학회.

한국심리학회(1998). **심리검사: 제작 및 사용지침서**. 서울: 중앙적성출판사.

황매향(2002). 진로의사결정에서 나타나는 타협과정 : 대학 및 학과 선택을 중심으로. 서울대학교 박사학위논문.

황매향(2004). 대학생의 진로선택을 중심으로 한 Holland 이론의 문화간 타당화연구, **한국심리학회지: 상담 및 심리치료, 16(4)**, 635-666.

황매향 · 김계현(2001). 진로의사결정에서의 타협과정에 관한 연구동향. **한국심리학회지: 상담 및 심리치료, 13**(1), 111-124.

황매향 · 김계현(2003). 대학입시 의사결정 과정에 나타나는 타협유형. **상담학연구, 4(1)**, 19-36.

황매향 · 김지현 · 유정이(2003). 중 · 고등학생의 직업인식 발달연구. **청소년상담연구, 11(1)**, 3-12.

황매향 · 박은혜 · 유성경(2006). 학업우수청소년과 일반청소년의 직업포부수준 비교. **상담학연구, 7**(4), 1137-1152.

황순택 · 김지혜 · 박광배 · 최진영 · 홍상황(2012). **한국 웩슬러 성인용 지능검사 4판**(K-WAIS-Ⅳ). 대구: 한국심리(주).

황애영 · 탁진국(2011). 주도성이 주관적 경력성공에 미치는 영향: 프로틴 경력지향을 매개변인으로. **한국심리학회지: 산업 및 조직, 24(2)**, 409-428.

Anastasi, A.(1983). Evolving trait concepts. *American Psychologist, 38,* 175-184.

Atkinson, D. R., Lowe, S. L., & Matthews, L.(1995). Asian-American acculturation, gender, and willingness to seek counseling, *Journal of Multi cultural Counseling and Development, 23(3),* 130-138.

Baer, M. F., & Roeber, E. C.(1951). *Occupational information: Its nature and use.* Chicago: Science Research Associates.

Bandura, A.(1982). Self-efficacy: Mechanism in human agency. *American Psychologist, 37(2),* 122-147.

Bandura, A.(1982). The self and mechanisms of agency. In J. Suls(Ed.), *Psychological perspectives on the self* (pp. 3-39). NJ: Erlbaum.

Bandura, A.(1986). *Social foundations of thought and action: A cocial cognitive theory.* NJ: Prentice Hall.

Betz, N. E., & Hackett, G.(1981). The relationship of career-related self-efficacy expectations to perceived career option in college women and men. *Journal of Counseling Psychology, 28,* 399-410.

Bluestein, D. L. & Spengler, P.(1995). Personal adjustment: Career counseling and psychotherapy. In B. Walsh & S. Osipow (Eds.), *Handbook of vocational psychology: Theory, researcb, and practice*(2nd ed.). Hillsdale, NJ: Lawrence Erlbaum Associates. 295-329.

Bluestein, D. L.(2006). *The psychology of working: A new perspective for career development, counseling, and public policy.* Mahwah, NJ: Lawrence Erlbaum.

Bordin, E. S.(1983). A Working alliance based model of supervision. *The Counseling Psychologist, 11(1),* 35-42.

Brayfield, A. H.(1950) Putting occupational information across. In A. H. Brayfield (Ed.), *Readings in modern methods of counseling.* New York: Appleton-Century-Crofts, 212-220.

Brown, D.(2002). *Career Choice and Development(4th Ed.).* Jossey-Bass. A Wiley Company. CA.

Campbell, D. P., & Borgen, F. H.(1999). Holland's theory and the development of interest inventories. *Journal of Vocational Behavior, 55,* 86-101.

Carroll, M.(2010). **기업상담,** 전종국 · 왕은자 · 심윤정 역. 서울: 학지사(원전은 1996년에 출판).

Chiocchio, F., & Frigon, J-Y.(2006). Tenure, satisfaction, and work environment

flexibility of people with mental retardation. *Journal of Vocational Behavior, 68*, 175-187.

Costa, P. T., Jr., McCrae, R. R., & Holland, J. L.(1984). Personality and vocational interests in adulthood. *Journal of Applied Psychology, 69,* 390-400.

Crites, J. O.(1969). *Vocational Psychology.* New York: McGraw-Hill.

Crites, J. O.(1981). *Career counseling: Models, methods and materials.* McGraw-Hill.

Darley, J. G.(1950). Conduct of the interview. In A. H. Brayfield(Ed.), *Reading in modern methods of counseling.* New York: Appleton-Century-Crofts, 265-272.

Dawis, R. V.(1996). Vocational psychology, vocational adjustment, and the workforce; Some familiar and unanticipated consequences. *Psychology, Public Policy, and Law, 2,* 229-248.

Dawis, R. V.(2002). Person-environment-correspondence theory. In D. Brown and Associates. *Career choice and development*(4th ed.). San Francisco, CA: Jossey-Bass. 427-464.

Dawis, R. V., & Lofquist, L. H.(1984). *A Psychological theory of work adjustment.* Minneapolis, MN: University of Minnesota Press.

Flores. L. Y., & Heppner. M. J.(2002). Multicultural Career Counseling: Ten Essentials for Training. *Journal of Career Development, 28(3),* 181-20

Fong, R.(2003). Cultural competence with Asian Americans. In D. Lum(Ed.), Culturally competent practice (2nd ed., pp. 261-282). Pacific Grove; CA: Brooks/ Col Thomson Learning.

Fritzsche, B. A., & Parrish, T. J.(2005). theories and research on job satisfaction. In S. D. Brown & R. W. Lent(Eds.), *Career development and counseling: Putting theory and research to work.* Hoboken, NJ: Wiley & Sons. 180-202.

Fritzsche, B. A., & Parrish, T. J.(2005). Theories and research on job satisfaction. In S. D. Brown & R. W. Lent(Eds.), *Career development and counseling: Putting theory and research to work*(pp.180-202). Hoboken, NJ: Wiley & Sons.

Goodman, J., & Hoppin, J. M.(1990). *Opening doors: A Practical guide to job hunting*(2nd ed.). Rochester, MI: Continuum center, Oakland University.

Goodman, J., Schlossberg, N., & Anderson, M. L.(2006). C*ounseling Adults in Transition.* New York: springer Publishing Company.

Gottfredson, L. S.(1980). Change and development in careers. Final report for grant NIE-76-0075. Baltimore: Center for Social Organization of Schools, The John

Hopkins University (Eric Document No. ED., 182-465.

Griffin, B., & Hesketh, B.(2005). Counseling for work adjustment. In S. D. Brown & R. W. Lent(Eds.), *Career development and counseling: Putting theory and research to work*. Hoboken, NJ: Wiley & Sons. 483-505.

Gysbers, N. C., Heppner, M. J., & Johnston, J. A.(1998). *Career Counseling: Process, Issues On Techniques*. Boston: Allyn and Bacon.

Gysbers, N. C., Heppner, M. J., & Johnston, J. A.(2003). *Career counseling: Process, issues, and tecbniques*(2nd ed.). Boston: Allyn & Bacon.

Hall, D. T.(1996). Protean careers of the 21st century. *Academy of Management Executive, 10(4)*, 8-16.

Harren, V. A.(1979). *A model of career decision making*. Los Angeles: Westem Psychological Services.

Heppner, M. J.(1991). He CTI is available from Mary J. Heppner, Ph. D., 305 Noyes Hall, University of Missouri, Columbia, Missouri 65211, E-mail psymary@mizzou1. missouri.edu.

Herr, E., & Cramer, S. H.(1996). *Adults Sevelopment, Career Guidance and counseling through the life span*. Harper Collins College Publishers.

Hershenson, D. B.(1996). Work adjustment: A neglected area in career counseling. *Journal of Counseling & Development*, *74*, 442-446.

Holland, J. L.(1997). *Making vocational choices*(3rd ed.). FL: Psychological Assessment Resources.

Hughes, J., & Graham, S.(1990). Adult Life Roles. *Journal of Continuing higher education,* 38(2), 2-8. (EJ 408098).

Jepson, D. A.(1992). Career as Naratives. Paper presented at the annual meeting of the American Counseling Association, Baltimore, MD.

Kerka, S. (1991). Adults in Career Transition. ERIC Clearinghouse on Adult Career and Vocational Education Columbus OH. (ED 338896)

Kirk, J. J. (1994). Putting outplacement in its place. *Journal of Employment Counseling, 31*, 10-18.

Klein, K. L. & Weiner, Y.(1977). Interest congruency as a moderator of the relationship between job tenure and job satisfaction and mental health. *Journal of Vocational Behavior, 10,* 91-98.

Krumboltz, J. D.(1996). A learning theory of career counseling. In M. L. Savickas

& W. B. Walsh (Eds.), *Handbook of career counseling theory and practice*(pp. 55-80). Palo Alto, CA: Consulting Psychologists Press.

Krumboltz, J. D., & Levin, A. S.(2004). *Luck is no accident: Making the most of happenstance in your life and career.* Atascadero, CA: Impact.Mitchell, C. B. Jones, & J. D. Krumboltz(Eds.), *Social learning and career decision making*(pp. 19-49). RI: Carroll.

Lent, R. W., Brwon, S. D., & Hackett, G.(1994). Toward a unifying social cognitive theory of career and academic interest, choice, and performance. *Journal of Vocational Behavior, 45,* 79-122.

Lent, R. W., Brwon, S. D., & Hackett, G.(2002). Social cognitive career theory. In D. Brown & Associates, *Career choice and development* (4th ed., pp. 255-311). San Francisco: Jossey-Bass.

Lofquist, L. H., & Dawis, R. V.(1991). *Essentials fo person-environment-correspondence counseling.* Minneapolis: University of Minnersota Press.

Matthews, G., Zeidner, M., & Roberts, R. D.(2010). **정서지능: 그 오해와 진실**(문용린 · 곽윤정 · 강민수 · 최경아 역). 서울: 학지사(원전은 2002년에 출판).

Miller, D. C.(1974). *Industrial sociology.* New York: Harper & Row.

Moos, R. H., & Tsu, V.(1976). Human competence and coping: An overview. In R. H. Moose(Ed.), *Human adaptation: Coping with life crises.* Lexington, MA: Heath.

National Career Development Association(NCDA).(1991). *The professional practice of career counseling and consultation: A resource document.* Alexandria, VA: National Career Development Association.

Odman, J., & Oppin, J. M.(1990). *Opening doors: A practical guide to job hunting* (2nd ed.), Rochester, MI: Continuum Center, Oakland University.

Osipow, S. H.(1990). Convergence in theories of career choice and development: *Transition.* New York: springer Publishing Company.

Pepinsky, H. B.(1948). The selection and use of diagnostic categories in clinical counseling. *Applied Psychology Monographs, 8(15),* 12-20.

Peregoy, J. J., & Schliebner, C. T.(1990). Long-term unemployment: Effents and counseling interventions. *International Journal for the advancement of counselling, 13,* 193-204.

Peterson, N., & Gonzalez, R. C.(2000). Career Counseling for Adults: Career transition.

In the Role of Work in People's Lives(pp. 326-365). Brooks & Cole.

Pulakos, E. D., Arads, S., Donovan, M. A., & Plamondon, K. E.(2000). adaptability in the workplace: Development of a texanomy of adaptive performance. *Journal of Applied Psychology, 85*(4), 612-624.

Richard, S. Sharf(2008). **진로발달이론을 적용한 진로상담**(이재창 외 공역). 서울: 아카데미프레스.

Rounds, J. B., & Armstrong, P. I.(2005). Assessment of needs and values. In S. D. Brown and R. W. Lent (Eds.). *Career development and counseling: Putting theory and research to work*(pp. 305-329). New York: Willy & Sons.

Russell, J. E. L.(2005). Work performance and careers. In S. D. Brown & R. W. Lent(Eds.), *Career development and counseling: Putting theory and research to work,* Hoboken, NJ: Wiley & Sons. 203-224.

Sagaria, M. A.(1989). Toward a woman-centered perspective of careers: The quilt metaphor. *Journal of Employment Counseling, 26*, 11-15.

Savickas, M. L.(1990). The career decision-making course: description and field test. *The Career Development Quarterly, 38(3).* pp. 275-284.

Savickas, M. L.(2005). The theory ad practice of career construction. In S. D. Brown & R. W. Lent(Eds.), *Career development and counseling: Putting theory and research to work.* Hoboken, NJ: Wiley & Sons. 42-70.

Schlossberg, Mok. (1981). A model for analyzing human adaptation to transition. *The Counseling Psychologist, 9*(2), 2-18.

Schlossberg, N. K.(1994). *Overwhelmed: Coping with life's ups and downs.* New Lexington Press. (Original work published 1989)

Schlossberg, N. K., & Robinson, S. P.(1996). *Going to plan B.* New York: Simon & Schuster.

Schlossberg, N. K., Waters, E. B., & Goodman, J.(1995). *Couseling Adults in Transition* (2nd ed.). New York: Springer Publishing Company.

Sharf, R. S.(2002). *Applying career development theory to counseling*(3rd ed.). Pacific Grove, CA: Brooks/ Cole.

Spokane, A. R., Fouad, N. A., & Swanson, J. E.(2001). Culture-centered career intervention. Paper presented at a symposium on career intervention(S. Whiston, Chair). San Francisco: American Psychological Association.

Spokane, A. R., Luchetta, E. J., & Richwine, M. H.(2002). Holland's theory of personalitis in work environments. In D. Brown, & Associates(Eds.) *Career choice and development*(4rd ed., 373-426). San Francisco: Jossey-Bass Publishers.

Strong, S. R., & Schmidt, L. D.(1970). Expertness and influence in counseling. *Journal of Counseling Psychology, 17(2),* 81-87.

Super, D. E.(1980). A life-span, Life-space approach to career development. *Journal of Vocational Behavior, 13,* 289-298.

Super, D. E.(1990). A life-span, life-space to career development. In D. Brown, L. Brooks, & others(Eds.), Career choice and development: Applying contemporary theories to practice(2nd ed., pp. 197-261). San Francisco: Jossey-Bass.

Super, D. E., & Knasel, E. G.(1981). Career development in adulthood: Some theoretical problems and a possible solution. *British Journal of Guidance and Counseling, 9,* 194-201.

Tolbert, E. L.(1980). *Counseling for career development.* Boston: Houghton Mifflin.

Ton, M-T. N., & Hansen, J-I. C.(2001). Using a person-environment fit framework to predict satisfaction and motivation in work and marital roles. *Journal of Career Assessment, 9,* 315-331.

Vernon, G. Zunker(2004). **커리어 상담**. 김완석 · 김선희 옮김. 서울: 시그마프레스(주).

Vernon, G. Zunker(2006). Career Counseling: A Holistic Approach(7th ed.).

Vondracek, F. W., & Porfeli, E.(2002). Integrating person- and function-centered approaches in career development theory and research. *Journal of Vocational Behavior, 61,* 386-397.

Wechsler, D.(2008). *Wechsler Adult Intelligence Scale*(4th ed.). New York: Psychological Corporation.

Williamson, E. G.(1939). *How to counsel students.* New York: McGraw-Hill.

Willliams, D.(1999). Life events and career change: transition psychology in practice. *British Psychological society's Occupational Psychology Conference*, January, 1999.

Zaccaria, J.(1970). *Theories of Occupational Choice & Vocational Development.* Boston: Houghton Mifflin Co.

Zunker, V. G.(2002). *Career counseling: Applied concepts of life planning*(6rd ed.). Pacific Grove, CA: Brooks/ Cole.

〈참고 사이트〉

고용노동부(www.moel.go.kr)

꿈드림(www.kdream.or.kr)

나라지표(http://www.index.go.kr)

다누리 홈페이지(http://www.liveinkorea.kr)

법무부 홈페이지(www.moj.go.kr)

워크넷(www.work.go.kr)

한국청소년상담복지개발원(www.kyci.or.kr)

HRD-net(www. hrd.co.kr)

저자 소개

✍ 장선철(張善喆)

· 대구교육대, 대구대 사범대학 졸업
· 고려대에서 석사 학위, 건국대에서 교육학박사 학위 취득
· 초 · 중등, 특수학교 교사
· 부산교육대, 대구대, 조선대, 오산대, 상명대, 건국대 강사, 안산1대 겸임교수
· 부산경상대 교수
· '빛과소금' 편집장, NGO ECC DIRECTOR
· 고려대 대학원, 상명대교육대학원, 건국대교육대학원 외래 교수
· 상담심리학(동문사), 건전한 성격론(배영사, 교육신서 142), 교육심리학(동문사), 현대인의 정신건강(동문사), 아동상담(동문사) 외 저서 18권
· 현, 전주대학교 상담심리학과 교수

진로상담의 이해 -개정판-

초판발행 2015년 9월 5일
개정1쇄 2017년 8월 10일

2017. 8.

저 자 장 선 철
발행인 김 현 태
발행처 태영출판사

주 소 (08301) 서울 구로구 구로동 104-10 동남오피스텔 201호
전 화 02 · 839-3757, 839-3752
팩 스 02 · 837-3754
등 록 2005년 5월 30일 제12-421호
홈페이지 http://www.taeyeongbook.co.kr
E-mail tys2005@hanmail.net
ISBN 978-89-6302-217-8 93370
정 가 19,000원

NAVER 태영출판사

* 잘못 만들어진 책은 교환해 드립니다.